Totengrund

Eine Heidereise

Für Bettina, Edith, Julie, Marion, Sanne und Sibylle.

Schön, dass es euch gibt.

TOTEN GRUND

Eine Heidereise

JULIA SYPKE

Bibliografische Informationen der Deutschen Nationalbibliothek
Die Deutsche Nationalbibliothek verzeichnet diese Publikation in der Deutschen Nationalbibliografie; detaillierte bibliografische Daten sind im Internet über http://dnb.d-nb.de abrufbar

Wilsede 2c, 29646 Bispingen
Julia-Sypke@web.de

2. Auflage
Druck und Bindung: Booksfactory, Szczecin (Polen)
Bestellung und Vertrieb: Nova MD GmbH, Vachendorf
Lektorat/Korrektorat: Susanne Meyer, Edith Birger
Unter Verwendung der ›Greifswalder Deutsche Schrift‹ (Kurrentschrift, OFL by Peter Wiegel)

Coverdesign © Der verzauberte Blick / Der-verzauberte-Blick.de
Mail: info@derverzauberteblick.de
Unter Verwendung von Illustrationen von Creativefabrica.com/Busy May Studio sowie der Samalia Schrift und Stay Glory

Informationen zu weiteren Veröffentlichungen der Autorin unter:
https://www.facebook.com/JuliaSypkeAutorin

ISBN: 978-3-96966-871-9

»Jedes Werden in der Natur, im Menschen, in der Liebe muss abwarten, geduldig sein, bis seine Zeit zum Blühen kommt.«

Dietrich Bonhoeffer

Kapitel 1

»Es ist aus!«

Rose schwieg, das Handy am Ohr. Was sollte sie auch sagen? Draußen schien die Sonne, die Blumen aus der Gärtnerei warteten darauf, eingepflanzt zu werden und die Vögel in den alten Eichen zwitscherten so laut, dass sie es durch die angelehnte Küchentür bis ins Wohnzimmer hören konnte. Ein herrlicher Frühsommertag im Juni, ein Traum, wie sie ihn sich schon vor ihrem Umzug immer ausgemalt hatte – bis zu dem Augenblick, als das Telefon klingelte.

Die Nummer sagte ihr nichts, aber die Stimme hatte sie gleich erkannt: René.

Vermutlich hätte sie gleich wieder auflegen sollen. Das wäre sicher das Beste gewesen. Aber er hatte sofort angefangen zu reden. Von seiner Arbeit und den Kumpels. Von seiner neuen Wohnung mit Blick auf die Außenalster. Und davon, wie mies es ihm gerade ging und wie oft er an die Zeit mit ihr, Rose, denken musste.

Rose hatte ihm zugehört, sprachlos, während alles, was sie in den letzten Monaten glaubte überwunden zu haben, wieder auf sie einprasselte.

Sprachlos – bis zu dem Moment, als er seinen Monolog mit einer bedeutungsvollen Pause unterbrach und damit signalisierte, dass er auf eine Reaktion von ihr wartete. Natürlich hatte sie sich aus Höflichkeit dazu verpflichtet gefühlt, nach dem Grund seiner schlechten Verfassung zu fragen.

Und nun das.

Die unterschiedlichsten Gedanken rasten durch ihren Kopf. War sie erleichtert? Empfand sie Genugtuung? Triumph?

Sie wusste es nicht, und noch weniger wusste sie, was sie auf diese Eröffnung entgegnen sollte. Also flüchtete sie sich in eine Phrase, für die sie sich schon im nächsten Moment hasste.

»Das tut mir leid.«

»Echt, die Alte ist voll gestört. Kannst du dir das vorstellen? Sie hat sich absichtlich in unsere Beziehung gedrängt. Genauso wie sie auch gerade versucht, mir im Job alles kaputtzumachen.«

Rose schwieg.

»Ich bin total runter mit den Nerven, seit Tagen habe ich nicht mehr richtig geschlafen. Ich muss unbedingt auf andere Gedanken kommen. Wie sieht's aus, hast du Lust, irgendwo einen Kaffee trinken zu gehen?«

War das sein Ernst? Er wollte einen Kaffee mit ihr trinken – nach allem, was passiert war?

»René, ich …«

»Ach stimmt, du wohnst ja jetzt draußen in der Pampa. Mal ehrlich, Rose: Glaubst du nicht, dass du da etwas übertrieben hast? Einfach alles hinzuschmeißen – deinen Job, unsere schöne Wohnung am Stadtpark?«

»René …«

»Ich meine, wir wissen ja beide, dass du öfter mal ein wenig überreagierst. Deine Mutter ist schließlich genauso. Aber man wirft doch nicht gleich *alles* weg, nur weil man sich von seinem Partner getrennt hat. Oder findest du das wirklich normal?«

Da war es wieder, dieses Gefühl. Eine Mischung aus Hilflosigkeit und quälenden Zweifeln. Ob sie nicht souveräner mit der Situation damals hätte umgehen müssen. Erwachsener. Und vor allem: Weniger hysterisch, wie ihr René immer wieder vorgeworfen hatte.

»Komm schon, Rose. Die letzte Zeit war für uns beide hart. Aber jede Beziehung erlebt ihre Höhen und Tiefen. Und ja, ich gebe zu, es war nicht richtig, was ich gemacht habe. Es tut mir leid, okay?«

Leid? Rose schüttelte ungläubig den Kopf, was René durch das Handy natürlich nicht sehen konnte. Es tat ihm leid? Sie wusste nicht, was sie dazu sagen sollte.

»Rose, bist du noch dran?«

»Ja, ich …« Sie schluckte. Nie hätte sie gedacht, dass es immer noch so verdammt weh tun würde, selbst jetzt, nach über einem halben Jahr.

»Rose?«

»René, ich …«

»Komm, gib deinem Herzen einen Ruck. Wir waren doch immer ein gutes Team, oder?«

»Ja, aber … verdammt René, du hast mich wegen dieser Frau verlassen!«

Einen Moment lang war Schweigen am anderen Ende der Leitung. Dann räusperte er sich. »Ja, ich habe einen Fehler gemacht, Rose. Einen blöden Fehler. Ich habe dich verletzt. Aber … na ja, wenn wir jetzt schon so ehrlich zueinander sind, möchte ich auch mal die andere Seite der Medaille ansprechen. Hast du jemals darüber nachgedacht, dass du an der Sache nicht ganz unschuldig warst?«

»Ich?«

»Ja, genau du, Rose. Das willst du natürlich nicht sehen, klar. Aber ich hatte schon vor unserer Trennung mit etlichen Leuten gesprochen, und alle waren erschüttert, als sie erfuhren, wie es in unserer Beziehung inzwischen aussah. Die meisten hatten uns immer für das Traumpaar schlechthin gehalten.«

»Das hatte ich auch gedacht«, meinte Rose tonlos.

»Ja, kann ich mir vorstellen. Aber weißt du eigentlich, wie egoistisch es ist, immer nur deine Sicht der Dinge wahrhaben zu wollen? Sicher nicht – oder hast du dich jemals gefragt, wie es mir in unserer Beziehung ging?«

»Aber …«

»Nicht gut, Rose, das kann ich dir sagen. Nur konnten wir darüber ja nie reden, weil ich jedes Mal Angst haben musste, dass du überreagierst. Kannst du dir vorstellen, wie es ist, wenn man sich mit seinen Problemen nicht vertrauensvoll an seine Partnerin wenden kann, aus Sorge, dass sie einem dann wieder eine völlig überzogene Szene macht?«

»Ich soll dir …?«, fragte Rose fassungslos.

»Ja, Rose. Du fängst übrigens schon wieder an, fällt dir das auf?«

»Aber ich …«

»Und dann war da mit einem Mal Anett. *Rose, verdammt!* Ich hatte mich zum ersten Mal seit langer Zeit wieder verstanden gefühlt. Und auch alles andere, was in unserer Beziehung nicht mehr möglich war, weil du dich nur noch um deine Sachen gekümmert hast. Deinen Job, deine Karriere! Und abends warst du ständig bei Stefanie …«

»Steffi hatte sich gerade erst von Robert getrennt. Sie brauchte mich!«, begehrte Rose auf.

»Na klar brauchte sie dich. Aber ich brauchte dich auch, hattest du daran auch nur mal einen einzigen Gedanken verschwendet? Nein, natürlich nicht, du warst ja die ganze Zeit nur mit deinem Kram beschäftigt. Und wofür das Ganze? Deinen Job hast du inzwischen geschmissen, und deine beste Freundin ist nach Australien ausgewandert.«

»Wie bitte? René, das ist Blödsinn, und das weißt du auch. Sie macht nur ein Sabbatical für ein Jahr.«

»Ja klar, sagt sie. Aber hey, lass uns doch nicht wieder streiten.« Renés Stimme wurde plötzlich versöhnlich. »Ich habe doch gesagt, dass es mir leidtut. Was soll ich denn noch tun, auf Knien zu dir in die Heide rutschen? Würde dir das gefallen? Komm schon Rose, gib deinem Herzen einen Ruck. Du fehlst mir. Ist es denn so schwierig, über deinen Schatten zu springen und mir zu verzeihen? Jeder von uns macht schließlich mal Fehler. Also versuch doch einfach auch mal Verständnis für meine Situation aufzubringen, anstatt immer nur selbstsüchtig deinen eigenen Standpunkt zu sehen, ja?«

»Selbstsüchtig?«, echote Rose. »Du nennst mich selbstsüchtig? Mich? Du hattest doch was mit deiner … *Kollegin* angefangen und bist aus unserer Wohnung ausgezogen. Unsere

Beziehung wäre schon lange am Ende, das waren doch deine Worte!«

»Das habe ich so nie gesagt, da verwechselst du was. *Ich* war am Ende, ja, und den Grund dafür habe ich dir eben erklärt. Aber du steigerst dich da gerade wieder rein. Vielleicht solltest du dich wirklich erst mal beruhigen.«

»René, ich …«

»Nein, so emotional, wie du reagierst, kommen wir im Moment nicht weiter. Ich liebe dich immer noch, und ich mache mir echt Sorgen um dich, weißt du das, Rose? Bitte pass auf dich auf – ich melde mich die Tage noch mal. Okay? Bis dann!«

Nachdem René aufgelegt hatte, behielt Rose das Handy noch eine Weile in der Hand und starrte blicklos durch das Fenster nach draußen.

Alles war wieder da: der Schmerz, die Erinnerung. Renés Gesicht, als er Anfang Dezember nach Hause gekommen war, übermüdet und aufgedreht, und ihr eröffnet hatte, er müsse mit ihr reden. Die Vorahnung, die plötzlich zur Gewissheit wurde.

Nicht nur eine Kollegin.

Nicht nur ein Arbeitsessen.

Und vor allem: Nicht erst seit ein paar Tagen.

René, der sich zerknirscht gab. Vordergründig reumütig und voller Entschuldigungen. Er könne sie verstehen, natürlich. Überhaupt wäre sie, Rose, für einen Typen wie ihn viel zu schade, aber er käme nicht dagegen an, was solle er machen?

Was hätte Rose dazu sagen sollen? Das ihm das nach fast zehn Jahren Beziehung reichlich spät einfiel? Das sich seine Ansprache komplett auswendig gelernt und wie aus einer drittklassigen Nachmittagsserie anhörte, seine Erklärungen halbherzig und schal, während ihr die Galle bitter in der Kehle brannte?

Später hatte sich Rose oft gewünscht, sie hätte souveräner reagiert. Ihn mit irgendeiner toughen Antwort in die Schranken gewiesen und ihm damit gezeigt, was für ein erbärmlicher

Feigling er doch war, sich hinter diesen abgedroschenen Phrasen zu verstecken. Dass er wenigstens jetzt den Anstand haben sollte, ehrlich zu sein und ihr kein Theater vorzuspielen. Und dass es ihm bei seinem Geständnis nicht mal ansatzweise um sie ging, sondern nur um sich selbst und das Gefühl, ›sauber‹ aus der ganzen Sache herauszukommen. Denn genau das hatte er von seinem Auftritt offenbar geglaubt. Dass er sie vorher schon wochenlang belogen und betrogen hatte, war für ihn damit gleich mit abgegolten – schließlich hatte er sich bei ihr entschuldigt. Wie einfach die Welt doch sein konnte, wenn man sie sich so zurechtlegte.

Vor lauter Wut, Enttäuschung und dem Gefühl der Demütigung hatten ihr die Worte gefehlt. Vielleicht hätte sie stattdessen irgendwas zerschlagen sollen. Die kleine antike Vase beispielsweise, die er ihr vier Wochen zuvor noch geschenkt und über die sie sich so gefreut hatte, weil es sie an ihre verstorbene Großmutter erinnerte. Jugendstil. Und sicher nicht günstig – ein Unterpfand der Schuld, nur dass sie das damals noch nicht geahnt hatte. Natürlich nicht.

Vielleicht hätte sie die Vase auch nicht nur zerschlagen, sondern gleich in seinen 85-Zoll LCD Monitor ballern sollen, den er sich erst kürzlich gegönnt hatte und auf den so stolz war. Unreif und kindisch wäre das gewesen, natürlich, aber auch absolut befreiend. Zumindest wäre es ihr danach besser gegangen.

Doch Rose hatte nichts davon gemacht. Sie hatte ihn nur reden lassen und am Ende genickt. Nicht einmal laut war sie geworden, selbst nicht, als er längst die Wohnung verlassen hatte. Stattdessen war sie still und leise ins Badezimmer gegangen. Dort hatte sie sich ausgezogen und unter die Dusche gestellt, bis das Wasser aus der Therme nur noch kalt aus dem Brausekopf strömte, und sich dann ins Bett gelegt. Nackt, ohne sich abzutrocknen oder sich zuzudecken, es hatte keine Rolle mehr gespielt. Nichts hatte noch irgendeine Rolle gespielt.

Inzwischen war das Ganze mehr als ein halbes Jahr her, und seit sie hierher in die Heide gezogen war, hatte sie es endlich auch geschafft, die Erinnerungen an ihre gescheiterte Beziehung zu verdrängen. So viel war passiert, seit Steffi ihr kurz nach der Trennung abends beim Rotwein mehr aus Spaß vorgeschlagen hatte, sie mit nach Australien zu begleiten. Alles hinschmeißen, ein Jahr lang auf Selbstfindungstrip gehen und immer nur dahin ziehen, wohin die Nase zeigt …

Rose hatte ihre Freundin überrascht angesehen.

Nein, nicht Australien, und hinschmeißen konnte sie ihren Job auch nicht so einfach. Dafür stand dort gerade viel zu viel auf dem Spiel. Aber plötzlich hatte sie wieder ein Bild vor ihren Augen, von blühendem Heidekraut, summenden Bienen, Sandwegen und reetgedeckten Häusern. Kindheitserinnerungen an unbeschwerte Ausflüge und glückliche Zeiten in der Lüneburger Heide, lange bevor ihre Großmutter starb und ihre Eltern sich trennten – Erinnerungen, die sie wie einen Schatz in ihrem Herzen trug.

Als sie Steffi davon erzählte, sah diese sie verblüfft an.

»Die Heide? Echt jetzt? Und warum höre ich das gerade zum ersten Mal?«

Rose zuckte die Schultern. »René reagierte immer ziemlich genervt, wenn ich damit anfing. Er meinte, ich hätte das alles nachträglich verklärt, um Oma Gretes Tod und die Scheidung meiner Eltern zu kompensieren.«

»Das hat er allen Ernstes gesagt?«

Rose hob erneut die Schultern. »Er ist halt Realist.«

»Er ist ein selbstgerechter, herzloser Arsch.«

»Das auch.« Rose lächelte traurig. »Jedenfalls hatte ich in den letzten Jahren nicht mehr viel daran gedacht. Aber jetzt, wo du mir von Perth und Sydney vorgeschwärmt hast …«

»Na klar, wenn ich an Sydney denke, fällt mir auch immer sofort die Lüneburger Heide ein. Die Assoziation ist ja geradezu klassisch«, gluckste Steffi. »Okay, dann muss ich in Down Under wohl notgedrungen auf dich verzichten. Aber nur unter der Bedingung, dass du mich zum Ende meines

Sabbaticals höchstpersönlich vom Flughafen abholst. Und mich dann direkt zu deinem alten Heidehof bringst, um mich dort der Liebe deines Lebens vorzustellen. Und ich will Brautjungfer und Trauzeugin werden. Und natürlich auch Blumenkind!«

Rose hatte ihr einen Vogel gezeigt und demonstrativ die Rotweinflasche gehoben, die Steffi inzwischen fast allein geleert hatte. Aber Steffi hatte nur gelacht.

Am nächsten Morgen hatte Rose trotzdem einen dicken Schädel, aber immer noch die Bilder vor ihrem inneren Auge. Die weite Natur, mystische Moore, Bauernhöfe unter alten Eichen und im August die Heideblüte, deren gigantisches Blütenmeer den kargen Sandboden überdeckte und die Luft mit Honigduft tränkte.

Auch in den nächsten Wochen hatte sie diese Bilder weiter mit sich herumgetragen, unschlüssig, wie sie mit der Sehnsucht umgehen sollte, die ihre Erinnerungen in ihr geweckt hatten. Steffi hatte ihr vorgeschlagen, dass sie vor ihrer Abreise noch mal zusammen in die Heide fahren sollten, doch das hatte Rose abgelehnt. Jetzt im Spätwinter war die Heide nur braun, kahl und trostlos – und damit kaum der richtige Zeitpunkt, um Pläne für einen verheißungsvollen Neuanfang zu schmieden. Und ihre Arbeit hatte sie hier in Hamburg ja auch noch.

Ende März hatte sie Steffi schließlich nach Fuhlsbüttel zum Flughafen gebracht.

Obwohl keine Ferien waren und die Woche gerade erst angefangen hatte, war es im Terminal voll und die Schlange vor dem Check-in von British Airways ziemlich lang.

Steffi war, nachdem sie am Abend zuvor schon den Online-Check-in vergessen hatte, komplett überdreht und hüpfte während des Wartens aufgekratzt zwischen allen möglichen Themen hin und her. Zwischen ihren Witzeleien, dass der Winter in Perth vermutlich wärmer als der Sommer in Hamburg werden würde, nahm sie Rose aber noch das Versprechen ab, demnächst endlich in die Lüneburger Heide zu fahren.

»Ich sehe das schon kommen. Ich bin in einem Jahr zurück, und du hockst immer noch in Winterhude in deiner sündteuren Wohnung. Erlaube dir doch endlich mal zu träumen, Rose! Warum suchst du dir nicht ein Häuschen in der Heide und fängst noch mal ganz von vorne an? Aussteigen ist doch voll im Trend, gerade jetzt, wo du frei und ungebunden bist!« Sie schob ihren Gepäckwagen mit den beiden Koffern ein winziges Stück weiter. Die Schlange vor dem Schalter bewegte sich nur langsam voran.

Rose lachte auf. »Hey, ich arbeite immerhin hier in Hamburg. Träume hin oder her, das werde ich sicher nicht einfach so hinschmeißen.«

Steffi wurde plötzlich ernst und sah sie skeptisch an. »Du glaubst immer noch, dass Tom dir die Stelle als stellvertretende Geschäftsleitung gibt, oder? Schätzchen, ich will dir ja nicht die Hoffnung rauben, aber er hält dich jetzt seit Monaten hin.«

Rose lächelte und schüttelte den Kopf. »Ich hatte vor dem Wochenende noch mal mit ihm gesprochen. Er meinte, spätestens Mitte dieser Woche würde die Entscheidung fallen. Das *Designbüro Meckelbach* hat inzwischen über zwanzig Mitarbeiter, da kann das schon seine Zeit dauern.«

Steffi seufzte. »Gut, musst du wissen. Wobei ich immer noch nicht verstehe, warum du ausgerechnet in einem Job, den du eigentlich nie machen wolltest, die Karriereleiter hochklettern willst.«

»Was soll ich denn sonst machen? Ich kann doch nichts anderes«, witzelte Rose. »Außerdem arbeite ich seit über einem Jahr auf diese Stelle hin, von meinen Überstunden ganz zu schweigen. Tom wäre ein echter Schuft, wenn er mir den Job jetzt nicht geben würde.« Und für irgendwas musste es doch auch gut gewesen sein, dachte Rose, als sie an die Vorwürfe dachte, die ihr René deswegen gemacht hatte. Aber das sprach sie nicht laut aus.

Ihre beste Freundin schien trotzdem nicht überzeugt zu sein. »Bilanzen und die ganze Betriebswirtschaft liegen dir doch gar nicht. Warum machst du nicht lieber wieder was im zeichnerischen Bereich? Du kannst so wunderbare Illustrationen erstellen!«

Rose zuckte die Achseln. »Da gibt's aber so gut wie keine offenen Stellen, das weißt du. Was im Umkehrschluss bedeutet, dass ich mich selbstständig machen müsste, mit allen Risiken und Unwägbarkeiten, die so eine Entscheidung mit sich bringt. Mal ehrlich, welchen Grund sollte ich haben, dafür meinen gut bezahlten Job aufzugeben?«

Steffi sah sie mit gerunzelter Stirn an. »Interessante Frage. Zufriedenheit? Berufliche Erfüllung? So unwichtige Dinge halt.«

Rose hatte daraufhin nur gelacht und gesagt, dass ihr das kaum den Kühlschrank füllen würde. Anschließend hatten sie das Thema gewechselt und über die Rundreise gesprochen, die Steffi gleich zu Anfang unternehmen wollte. Die letzten Minuten verstrichen viel zu schnell, und Rose musste ihre Tränen zurückhalten, als sie ihre beste Freundin ein letztes Mal in den Arm nahm, bevor Steffi durch die Sicherheitskontrolle in Richtung der Gates verschwand.

Zwei Tage später hatte sich Rose vor der Arbeit sorgfältig frisiert und geschminkt. Dazu das anthrazitfarbene Kostüm, eins ihrer Lieblingsstücke. Sonst reichten ihr im Büro Jeans und Bluse – doch dies würde ein besonderer Tag werden, das hatte sie im Gefühl. Nicht nur, dass der Deal mit *VegChocolate Dreams* kurz vor dem Abschluss stand, auf den sie seit Monaten hingearbeitet hatte, heute war auch Mittwoch und damit Mitarbeiterkonferenz.

Beschwingt ging Rose ihren täglichen Weg in Richtung Goldbekkanal, wo das Designbüro Meckelbach in einem Neubau mit spiegelnden Fensterfronten untergebracht war. Als sie das Büro betrat, sah sie Tom hinter seinem Schreibtisch eifrig gestikulierend telefonieren. Er war Mitte Dreißig, also in ihrem Alter, und Mediendesigner mit ganzem Herzen. Aus dem ehemaligen Grafikbüro seines Vaters, einer in die Jahre gekommenen Klitsche in Eppendorf, hatte er nach dem Umzug nach Winterhude ein florierendes Unternehmen aufgebaut, das inzwischen auch internationale Aufträge an Land zog. So wie der von *VegChocolate Dreams*, die sich auf vegane Pralinen und andere Süßwaren spezialisiert hatten und das komplette Marketing plus Corporate Design gestaltet haben wollten. Das Unternehmen selbst war in Hamburg ansässig, doch hinter dem Ganzen stand ein großer internationaler Süßwarenhersteller – und so war von Anfang an klar gewesen, dass hier keine halben Sachen gemacht werden durften.

Rose lächelte stolz. Ein verdammt großer Fisch, so hatte es Tom genannt. Das traf es genau – und sie, Rose, war maßgeblich daran beteiligt gewesen, diesen Auftrag an Land zu ziehen. Im Vorbeigehen winkte sie Tom zu. Er erwiderte den Gruß abwesend, ganz auf sein Telefonat konzentriert. Es schien wirklich wichtig zu sein – aber okay, Tom würde bestimmt noch Zeit finden, um vor der Konferenz mit ihr zu reden. Davon abgesehen war es auch noch früh; außer ihr und Tom waren bisher nur Toms Assistentin Magret, Frank und die neue Kollegin Bella im Büro. Bis zur Konferenz um elf waren es immerhin noch drei Stunden. Und es war ja nicht so, dass es bis dahin nicht noch einiges zu tun gab, wie sie sich selbst zur Ordnung rief, während ihr Rechner hochfuhr.

Als sie sich jedoch kurz vor elf auf den Weg in den ersten Stock machte, hatte ihre Vorfreude schon einen Dämpfer erhalten. Tom war bis eben am Telefonieren gewesen, es hatte sich keine freie Minute gefunden, um mit ihm noch vor der Konferenz zu sprechen. Aber gut, vermutlich waren es neue Auftraggeber, sagte sich Rose. Das ging natürlich vor.

Oben im Konferenzraum hatte Magret bereits alles vorbereitet. Getränke und Gebäck standen auf dem langen Tisch aus hellem Ahornholz, der Beamer war warmgelaufen und projizierte das Meckelbach-Logo auf die Leinwand. Nach und nach trudelten jetzt auch die anderen Kollegen ein und setzten sich auf ihre Plätze. Der Einzige, der immer noch fehlte, war Tom. Rose spürte, wie ihre Nervosität weiter anstieg.

Als Tom schließlich mit zehnminütiger Verspätung in den Raum trat, wurde er von einem jungen, sympathisch aussehenden Mann in Jeans und Cashmere-Pulli begleitet.

Jemand von VegChocolate? Doch bevor Rose noch weiter darüber nachdenken konnte, ergriff Tom das Wort.

»Liebe Kollegen, liebe Freunde, ich freue mich, euch heute gleich zwei großartige Mitteilungen machen zu können. Zum einen habe ich eben erfahren, dass wir den Auftrag von *VegChocolate Dreams* jetzt definitiv bekommen werden.« Er wartete kurz ab, bis der Beifall und die zustimmenden Rufe wieder abgeklungen waren. »Und zum anderen habe ich die große Freude, euch heute unseren neuen stellvertretenden Geschäftsleiter Michael Neuhaus vorzustellen.«

Rose erstarrte. Auch die anderen sahen überrascht aus. Keiner sagte ein Wort, bis Tom wieder das Wort ergriff.

»Allen von Euch ist die *Werbeagentur Wertlieb* mit Sicherheit ein Begriff, die von Michaels Vater schon in dritter Generation geführt wird. Michael hat sein Handwerk also sozusagen von der Pike auf gelernt«, Tom lachte kurz über seine Anspielung auf das Logo der Wertliebschen Agentur, »und hatte bereits herausragende Erfolge im Bereich Marketing sowie mehrere Werbepreise gewonnen. Ich bin mir sicher, dass er unser Team hervorragend ergänzen wird, genauso wie ich weiß, dass er mit offenen Armen in unsere kleine Familie aufgenommen wird. Michael, du möchtest doch sicher auch ein paar Worte sagen?«

»Gern, Tom. Zuerst einmal möchte ich mich natürlich dafür bedanken …«

Während Michael weitersprach, wurde Rose mit voller Wucht bewusst, was ihnen gerade mitgeteilt worden war. Das Designbüro Meckelbach hatte einen neuen stellvertretenden Geschäftsleiter.

Und das war nicht sie.

Die ganze Arbeit, die unzähligen Überstunden der letzten Monate. Dazu die Vorwürfe von René, sein Betrug und die Trennung. Alles für nichts.

»… jede Unterstützung, die du brauchst«, hatte Tom das Wort inzwischen wieder übernommen. »Gerade der Deal mit *VegChocolate Dreams* ist ziemlich umfangreich, aber Rose Hermanns wird dir da zu Anfang sicher gern Schützenhilfe leisten. Nicht wahr, Rose?«

Während die Gedanken noch in ihrem Kopf durcheinanderwirbelten, hatten plötzlich alle zu ihr herübergesehen. Rose war nicht in der Lage gewesen zu antworten. Stattdessen hatte sie Toms Blick nur kurz erwidert, war dann aufgestanden und hatte den Konferenzraum und das Büro ohne ein weiteres Wort verlassen.

Auch zurück in ihrer Wohnung konnte sie immer noch keinen klaren Gedanken fassen. Also hatte sie nur das Nötigste zusammengepackt, alles in ihren kleinen blauen VW Up geladen und war dann in Richtung Undeloh losgefahren, um sich dort ein Hotel zu suchen, in dem sie in Ruhe nachdenken konnte.

Als sie abends nach einem langen Spaziergang durch die spätwinterlich-triste Landschaft der Lüneburger Heide wieder im Hotel auf ihrem Bett saß, klingelte das Handy. Auch vorher hatte sie schon mehrere Anrufe gehabt, alles Nummern aus dem Büro, die sie jedes Mal weggedrückt hatte. Dieses Mal war es allerdings die private Nummer eines Kollegen.

»Hermanns?«

»Mensch Rose, endlich erreiche ich dich. Weißt du eigentlich, was hier los war? Ich hatte mir schon Sorgen um dich gemacht!«

»Das ist lieb, Hannes, aber bei mir ist alles okay. Ich war vorher nur nicht drangegangen, weil ich nicht wusste, ob sich Tom nicht den nächstbesten Apparat geschnappt hat. Und mit dem wollte ich heute ganz bestimmt nicht mehr sprechen.«

»Tom hatte es tatsächlich auch mehrmals bei dir probiert. Er ist immer noch verdammt sauer nach deinem Auftritt heute Vormittag.«

»Nicht halb so sauer wie ich, Hannes, da wette ich mit dir.«

Ein Seufzen erklang am anderen Ende der Leitung. »Ach min Deern, ich kann dich ja verstehen. Aber glaubst du wirklich, dass das klug war? So wie heute habe ich Tom noch nie erlebt. Kurz vor Feierabend hat er Magret vor versammelter Mannschaft angewiesen, deine Kündigung aufzusetzen. Fristlos. Du solltest dir bis morgen gut überlegen, was du ihm sagen willst.«

»Das weiß ich jetzt schon, Hannes. Nämlich gar nichts. Ich werde nicht zurückkommen, weder morgen noch sonst irgendwann.«

»Toms Entscheidung hat dich echt hart getroffen, oder?«

»Tja. Schwer nachvollziehbar, oder?«, erwiderte Rose sarkastisch. »Gut sechshundert Überstunden, und noch fast alle Urlaubstage vom letzten Jahr offen. Für meinen Exfreund war das übrigens der Trennungsgrund. Und wofür das alles? Damit ich unserem neuen stellvertretenden Geschäftsleiter *Schützenhilfe* leisten darf – und wenn ich ganz artig bin, darf ich ihm bestimmt auch Kaffee an den Schreibtisch bringen!«

Am anderen Ende der Leitung war ein verhaltenes Räuspern zu hören. »Ich kann dich ja verstehen, Rose. Und unter uns: Toms Entscheidung ist bei den meisten Kollegen nicht auf Wohlwollen gestoßen.«

»Oh, *Wohlwollen*! Heißt das, dass jetzt alle Kollegen die Arbeit niederlegen, um sich mit mir zu solidarisieren?«

»Nein, das natürlich nicht.«

»Natürlich nicht«, echote Rose. »Schließlich will sich's keiner mit dem Boss verscherzen. Ist ja jeder von uns ersetzbar, wie wir heute erfahren durften. Aber weißt du was, Hannes? Ich habe trotzdem keinen Bock mehr, verarscht zu werden. Und genau das ist passiert: Ich bin verarscht worden, und das seit Monaten. Und zwar nach Strich und Faden.«

Hannes seufzte wieder.

»Dem kann ich kaum widersprechen. Aber wie soll's jetzt weitergehen?«

»Im Büro? Keine Ahnung, das ist nicht mehr mein Problem. Soll sich doch der neue stellvertretende Geschäftsführer um den Deal mit *VegChocolate Dreams* kümmern. Das Einzige, was ich vom Designbüro Meckelbach noch erwarte, ist die Auszahlung meiner Urlaubstage und der Überstunden. Und zwar bis auf den letzten Cent, das kannst du Tom gern von mir ausrichten.«

»Ach, min Deern …« Hannes Stimme klang jetzt resigniert. »Das werde ich Tom natürlich weitergeben, kein Thema. Aber was ist mir dir? Hast du schon einen neuen Job? Dein Abgang heute wird sich ziemlich schnell rumsprechen, das wird dir die Suche nicht gerade erleichtern.«

»Nein, einen neuen Job habe ich noch nicht. Aber einen Plan.«

»Und der wäre?«

»Alles auf Anfang«, hatte Rose geantwortet, und zum ersten Mal seit dem Vormittag wieder gelächelt. »Und den ersten Schritt habe ich bereits gemacht.«

Gleich am nächsten Morgen hatte sie ihren Aufenthalt im Hotel *Zur Dorfeiche* von zwei Übernachtungen auf eine Woche verlängert. Glücklicherweise war das problemlos möglich gewesen – Ostern war erst in zwei Wochen, und bislang gab es nur eine Handvoll Gäste im Hotel, sodass sie sogar ihr Zimmer behalten konnte.

In den kommenden Tagen nutzte sie die Ruhe und Einsamkeit, um stundenlange Spaziergänge durch die Heide zu machen. Das sanft gewellte Radenbachtal bei Undeloh, der Wilseder Berg, das winzige Heidedorf Wilsede, das mit seinen reetgedeckten Fachwerkhöfen und den wenigen Einwohnern im Grunde ein halbes Museumsdorf war – über allem schien noch die Stille des Winters zu liegen.

Sobald aber die Sonne mal hinter den dichten Wolken hervorlugte, war hoffnungsvolle Erwartung zu spüren: Das

Versprechen auf wärmere Tage, auf frisches Grün an Sträuchern und Bäumen und auf neues Leben, das längst unter dem kargen, braunen Heidekraut darauf wartete, wieder ans Licht zu kommen.

Bei einem ihrer Spaziergänge kam sie einmal mehr an einem der reetgedeckten Schafställe vorbei, die für diese Landschaft typisch waren. Doch während die anderen Ställe alle leer und verlassen gewirkt hatten, klang aus diesem lautes Mähen und Blöken, das schon von Weitem zu hören war.

Der Schäfer stand gerade draußen, als sie den Stall erreichte, und spülte vor dem großen, halbgeöffneten Tor Bottiche aus. Ein freundlich aussehender Mann Mitte fünfzig, mit wettergegerbtem Gesicht, grauem Rauschebart und dem typischen Lodenmantel der Schäfer, der ihr lächelnd zunickte, als sie ihn grüßte.

Rose war entzückt. Die Schäfer, die mit ihren Schnuckenherden über die weiten Heideflächen zogen, waren untrennbar mit den Erinnerungen ihrer Kindheit verbunden, doch damals hatte sie die Tiere immer nur aus einiger Entfernung beobachten dürfen. Daran, dass Heidschnucken so laut waren, konnte sie sich allerdings nicht mehr erinnern. Als sie den Schäfer danach fragte, musste sie fast schreien, um sich verständlich zu machen.

Während der Schäfer sich mit einem zerschlissenen Stück Stoff die Hände abtrocknete, erklärte er ihr, dass Heidschnucken entgegen der Erwartung der meisten Menschen tatsächlich keine leisen Tiere seien. Eine Schnuckenherde konnte man üblicherweise schon aus mehreren hundert Metern hören. Und jetzt zur Lämmerzeit ginge es natürlich besonders lebhaft zu.

Lämmer!

Als der Schäfer Roses sehnsuchtsvollen Blick bemerkte, stahl sich ein Schmunzeln in sein Gesicht. Dann drehte er sich zum Stall um und bedeutete ihr, ihm zu folgen.

Drinnen war es sogar noch lauter als draußen, denn zwischen dem dunklen Blöken der erwachsenen Tiere mischten sich jetzt unzählige helle Stimmchen. Es dauerte einen Moment, bis sich Roses Augen an das dämmerige Licht, das durch das halboffene Tor und die kleinen Seitenfenster ins Innere des Stalls fiel, gewöhnt hatten. Doch dann sah sie sie: Dutzende – nein, bestimmt mehr als hundert kleine, wollige Pompons mit großen, schwarzen Knopfaugen, die zwischen den größeren Tieren herumwuselten, kläglich blökend, sobald sie ihre Mütter aus den Augen verloren, dann plötzlich wieder ganz still und mit eifrig wackelndem Schwänzchen, sobald sie sich erneut zwischen die Hinterbeine ihrer Mama werfen konnten, um auf den Schreck die nächste Portion Milch zu trinken.

Rose war wie verzaubert. So viele Lämmer! Einige von ihnen waren schon älter und größer, andere dagegen noch ganz zart und wackelig auf den Beinen. Und zwei waren offenbar gerade erst auf die Welt gekommen; ihre Mütter kümmerten sich bereits liebevoll um die nassen Fellbündel, obwohl die Nachgeburt noch nicht ganz abgegangen war. Die Geburt neuen Lebens, ein Wunder – und gleichzeitig doch die natürlichste Sache der Welt.

Während Rose ganz verzückt die wuselnden, felligen Leiber um sich herum bestaunte, war der Schäfer wieder neben ihr aufgetaucht, in den Händen zwei Milchflaschen mit Sauger. Nicht alle Mütter hätten genug Milch, erklärte er. Ob sie vielleicht helfen mochte, wenn sie schon mal hier war?

Rose hatte ihn angestrahlt und genickt. Und als sie einem der Wollknäuel, das ihr der Schäfer gezeigt hatte, die Flasche hinhielt und auf das eifrig wackelnde Schwänzchen sah, fühlte sie sich zum ersten Mal seit langer Zeit wieder vollkommen glücklich.

Der Frühling hatte begonnen.

Kapitel 2

Während Rose mit dem Auto ins drei Orte weiter gelegene Handeloh zum Supermarkt fuhr, war sie in Gedanken noch immer bei dem Telefonat, dass sie vorhin mit René geführt hatte.

Das Gespräch hatte sie mehr aufgewühlt, als sie sich eingestehen mochte, und je länger sie darüber nachdachte, umso schlimmer wurde es. Inzwischen war sie völlig verunsichert. Hatte sie damals wirklich überreagiert, als sie ihr altes Leben komplett hingeschmissen hatte? Sie dachte an ihre kleine Kate, die sie noch während ihres Aufenthalts im Hotel durch eine Anzeige im Wochenblatt entdeckt hatte, und das heimelige Gefühl von Geborgenheit bei ihrem Einzug.

Sicher, es war damals alles sehr schnell gegangen. Auch für ihre Wohnung in Hamburg hatte sich innerhalb kürzester Zeit eine Nachmieterin gefunden, eine Frau mittleren Alters, die sich selbst erst von ihrem Mann getrennt hatte und am liebsten sofort eingezogen wäre. Nachdem sie sich mit dem Vermieter geeinigt hatten, blieben Rose gerade noch drei Wochen, um alles für ihren Umzug in die Heide zu organisieren. Sie hatte mehr als neun Jahre in dieser Wohnung gelebt, doch als sie schließlich die Schlüssel übergab, spürte sie keinerlei Wehmut, sondern nur Erleichterung. Alles hatte sich auf wunderbare Weise gefügt und absolut richtig angefühlt – bis zu dem Moment, als vorhin das Telefon klingelte.

Rose seufzte, während sie auf der Landstraße durch den Wald und die Heideflächen fuhr, die zwischen Wesel und Inzmühlen lagen. Jetzt im Frühsommer war die Landschaft längst in ihr grünes Gewand gekleidet, doch zum ersten Mal seit ihrem Einzug hatte Rose keinen Blick für die Schönheit der Natur um sie herum.

Hatte René womöglich recht? Bis eben war Roses Welt einfach gewesen: Er hatte sie betrogen und verlassen, Punkt. Das einzusehen war zwar schmerzhaft gewesen, aber irgendwann hatte sie es akzeptiert. Er war halt ein mieser Dreckskerl, ein Bastard, eine eierlose Kröte, wie Steffi ihn genannt hatte. Aber zumindest war die Schuldfrage eindeutig geklärt.

Doch jetzt nach ihrem Gespräch ... Rose spürte, wie sich das altbekannte Gefühl der Unsicherheit wieder in ihr breitmachte. So wie René es darstellte, trug sie einen mindestens ebenso großen Anteil an der Trennung. Ob sie, Rose, sich jemals gefragt hätte, wie verzweifelt er damals gewesen sein musste?

Nein, das hatte sie sich tatsächlich nicht gefragt. Sicher, sie hatten sich mehr als früher gestritten. Wegen ihres Jobs, vor allem aber wegen irgendwelcher Belanglosigkeiten. Ihrer neuen Lieblingsbluse, die er geschmacklos fand. Oder einer neuen Bekannten, die er nicht mochte. Sinnlose Streitigkeiten, die meist in persönliche Kränkungen ausarteten und damit endeten, dass Rose mit erstickter Stimme und verheulten Augen das Zimmer verließ, weil sie sich nicht mehr anders zu helfen wusste. Natürlich hatte sie da verletzt und emotional reagiert – aber nicht hysterisch, wie René es ihr vorwarf. Oder doch?

Inzwischen hatte Rose Handeloh erreicht. Der Ort war nicht übermäßig groß, vielleicht zwei- bis dreitausend Einwohner, aber es war alles vorhanden, was man zum täglichen Leben brauchte. Für alles andere gab es die Heidebahn, den *Erixx*, mit dem man innerhalb einer knappen Stunde in Hamburg sein konnte, ohne sich mit dem Stadtverkehr oder den teuren Parkhäusern herumschlagen zu müssen.

Wenn man es denn wollte. Rose wollte es nicht, zumindest nicht in der nächsten Zeit, und schon gar nicht, nachdem ihre Erinnerungen gerade erst wieder so schmerzhaft aufgewühlt worden waren.

Als sie auf den Parkplatz des kleinen Supermarktes einbog, wanderten ihre Gedanken zurück zu René. Es war schon wieder aus zwischen ihm und seiner Kollegin, und es ging ihm, wie er behauptet hatte, dreckiger als je zuvor.

Rose hörte in sich hinein. Freute sie sich darüber?

Nein.

Das Einzige, was sie spürte, war Traurigkeit. Renés neue Beziehung war schon wieder zerbrochen, gerade mal sechs Monate nach ihrer eigenen Trennung. Ein Strohfeuer, mehr nicht – und dafür hatte er alles zerstört, was ihm und Rose wichtig und wertvoll gewesen war. Alles, was sie sich in beinahe zehn Jahren zusammen aufgebaut hatten.

Alles für nichts.

Genauso wie ihr monatelanger Einsatz für ihren Job. Dort hatte Tom allerdings noch allen Ernstes versucht, sie im Nachhinein zu erpressen. Falls sie auf die Auszahlung ihrer Überstunden bestehen sollte, würde sich dies nicht nur in ihrem Arbeitszeugnis niederschlagen … Rose hatte ihm nur geantwortet, dass er das gern mit ihrem Anwalt klären könne, wenn das Geld nicht vollständig bis zum Ende des Monats auf ihrem Konto wäre. Dann hatte sie aufgelegt und seine Nummer gesperrt. Das Spielchen konnten auch zwei Leute spielen – und tatsächlich war das Geld, eine recht stattliche Summe, zwei Wochen später auf ihrem Konto eingegangen. Das Zeugnis war allerdings wirklich nur mäßig ausgefallen, gerade noch gut genug, dass sie nicht rechtlich dagegen vorgehen konnte. Aber geschenkt – inzwischen wusste sowieso jeder in der Branche, dass Tom und sie sich nicht gütlich getrennt hatten.

Ein Mistkerl mieser als der andere!

Aber okay, ohne das unschöne Vorspiel in den letzten Monaten wäre sie jetzt weder hier in der Heide, noch hätte sie ihre gemütliche Kate am Wald gefunden. So betrachtet hatte die Sache also eindeutig was Gutes gehabt. Rose lächelte, als sie an ihren Garten dachte, in dem der Lavendel und die anderen Kräuter noch darauf warteten, eingepflanzt zu werden.

Die hatte sie nach dem Telefonat vorhin völlig vergessen. Genauso wie die Vorhänge aus ungebleichtem Leinen, die heute früh mit der Post gekommen waren. Der Karton stand immer noch ungeöffnet auf dem Wohnzimmertisch. Die würde sie bei ihrer Rückkehr gleich aufhängen, noch bevor sie wieder in den Garten ging. Obwohl – vielleicht sollte sie die weißen Wände ihres Schlafzimmers vorher in einem hellen Cremeton streichen? Das würde zusammen mit den dunklen Dielenbrettern und ihren Möbeln bestimmt wunderbar aussehen, gemütlich und gleichzeitig zeitlos …

Zufrieden mit ihrem Plan stellte Rose den Motor aus. Inzwischen wohnte sie schon seit zwei Monaten in der Kate – *ihrer* Kate, wie sie sie längst nannte – aber es gab immer noch genug zu tun. Außerdem musste sie sich auch langsam mal Gedanken darüber machen, wie sie zukünftig ihren Lebensunterhalt bestreiten wollte, denn weder ihr Erspartes, noch das Geld, das Tom ihr überwiesen hatte, würden ewig reichen.

Was sie zu einem weiteren Problem brachte, denn auf dem Land waren die Jobs für Mediendesigner noch deutlich spärlicher gesät als in Hamburg. Soweit sie wusste, arbeiteten die meisten von ihnen hier selbstständig – doch dafür brauchte man wiederum Zeit, um sich einen eigenen Kundenstamm aufzubauen. Ob sie dafür vielleicht ihre alten Kontakte aus dem Designbüro nutzen konnte?

Während sie ihren Weidenkorb in einen der bereitstehenden Einkaufswagen stellte und zum Eingang ging, prüfte sie in Gedanken die Liste der Kunden durch, mit denen sie persönlich zusammengearbeitet hatte. Viele kamen dafür nicht infrage; gerade größere Firmen nahmen für ihre Aufträge eher eine Agentur in Anspruch, bei der sie alles aus einer Hand bis hin zum fertigen Marketing bekommen konnten. Und um ehrlich zu sein war das auch nicht das Klientel, mit dem sie zukünftig zusammenarbeiten wollte. Eher mit regionalen Firmen, Buchverlagen oder anderen Medienunternehmen. Kunden, bei denen sie auch ihr Talent für Zeichnungen und Illustrationen mit einbringen konnte, das hatte sie in den letzten Jahren leider wirklich vernachlässigt.

Doch dazu musste sie erst mal an neue Kontakte kommen. Und sie bräuchte vorab ein entsprechendes Portfolio, überlegte sie, während sie ihren Einkaufswagen zwischen den Gängen entlangschob und nach und nach alles zusammensuchte, was sie benötigte.

Nicht zum ersten Mal fiel ihr dabei auf, dass der kleine Laden erstaunlich gut sortiert war – es gab kaum etwas, was sich nicht finden ließ, zumindest was den täglichen Bedarf betraf. Selbst ihren Kokosnuss-Joghurt gab es im Kühlregal.

Rose musterte ihren Einkaufswagen: Obst und frisches Brot, Eisbergsalat, Tomaten und Ziegenkäse für heute Abend, dazu der Joghurt für ihr Müsli morgen früh und zwei Flaschen Milch. Doch, damit hatte sie alles. Trotzdem hielt sie noch einmal an einem kleinen Tisch an, auf dem regionale Produkte liebevoll zwischen Töpfen mit Heidekraut arrangiert lagen. Heidehonig, Honigbonbons und sogar eine Backmischung für Buchweizentorte waren dort ausgelegt, dazu drei Sorten Schnaps, falls die Dosenwurst von der Heidschnucke zu schwer im Magen liegen sollte. Außerdem Wacholderbeeren zum Kochen, Gewürzmischungen aus einer ›Kräuterey‹ und Früchtetees mit Heideblüten. Geschäftstüchtig waren die Heidjer ja, das musste man ihnen lassen, dachte Rose schmunzelnd. Ihr Blick blieb schließlich an einer der handgesiedeten Seifen hängen. Haarseife mit Avocado- und Mandelöl, dazu pürierte Kapuzinerkresse – das klang im Gegensatz zu den anderen Produkten richtig exotisch. Aber warum nicht? Seit ihrem Umzug ließ Rose ihre dunkelblonden, ehemals schulterlangen Haare wachsen. Warum also statt der Shampoos und Pflegemittelchen ihres Hamburger Figaros nicht mal was Neues ausprobieren? Die Buchweizentorte nahm sie sich zu einem späteren Zeitpunkt vor, aber zwei der Teemischungen wanderten ebenfalls in ihren Einkaufswagen.

Auf dem Weg zur Kasse ließ sie sich dann noch von einer der dort ausliegenden Gartenzeitschriften verführen, in der etliche schöne Dekoideen abgebildet waren. Vielleicht die ersten Inspirationen für ihre Illustrationen? Die Rosenblüten und Hortensienzweige, ja, aber ein anderer Ausschnitt, und statt der Schleifendeko einige Schmetterlinge, die es hier in der Heide gab. Doch, das wäre schon mal ein guter Anfang: typische Szenen aus ihrer neuen Heimat …

Beschwingt von ihrer ersten konkreten Idee stellte sie sich an die Kasse und begann, ihren Einkauf auf das Band zu packen. Jetzt, zur Mittagszeit, war es ziemlich ruhig im Laden. Ein weiterer Vorteil auf dem Dorf, ging es Rose nebenbei durch den Kopf. Es gab nicht nur genügend Parkplätze direkt vor jeder Tür, auch die Schlangen an den Supermarktkassen waren überschaubar. Genaugenommen bestand diese hier nur aus zwei Leuten, nämlich ihr selbst und dem Mann vor ihr, der gerade sein Brot, abgepackten Käse und eine Flasche Cola aufs Band gelegt hatte.

Rose musterte ihn beiläufig. Helle Haare, Ende Dreißig, Typ unauffällig. Feste Schuhe, schwarze Arbeitshose und ein dunkelblaues T-Shirt ohne Aufdruck. Die verwuschelten Haare gaben ihm etwas jungenhaftes, doch er schien sich darüber keine Gedanken zu machen, genauso wenig wie über die beige-grauen Halmstückchen, die überall an seinen Klamotten hingen.

Stroh? Rose wusste es nicht, und es war im Grunde auch egal. Während er bei der jungen Frau an der Kasse bezahlte, war sie in Gedanken längst wieder bei den Zeichnungen, mit denen sie gleich heute Abend beginnen wollte.

»Das macht dann dreißig Euro und neun Cent.« Die Kassiererin lächelte Rose freundlich an. Doch als Rose ihre Karte zücken wollte, schüttelte sie bedauernd den Kopf.

»Tut mir echt leid, aber wir haben gerade Probleme mit dem EC-Gerät. Haben Sie es auch bar dabei?«

»Oh, ich weiß nicht …«

Rose begann in ihrem Portemonnaie zu wühlen, das mit zahllosen Kassenzetteln und Visitenkarten vollgestopft war. Dann förderte sie einen Schein und einige Münzen zu Tage.

»Neunundzwanzig Euro und fünfzehn Cent.« Sie hob bedauernd die Schultern. »Dann muss ich wohl irgendwas hier lassen.« Sie überlegte rasch. Vielleicht den Tee? Oder die Milch? Zuhause hatte sie noch zwei Tüten H-Milch, die mussten dann eben erst mal reichen.

»Kann ich dir aushelfen?«

Als Rose überrascht aufsah, stellte sie fest, dass ihr der Typ mit den wuscheligen Haaren auffordernd eine Münze hinhielt.

Im ersten Moment war sie völlig perplex. »Aber – das kann ich nicht annehmen!«

»Warum nicht? Ist doch nur ein Euro.«

Er lächelte sie an. Erst schelmisch, dann wandelte es sich in ein Lächeln voller Wärme. Einen Augenblick lang nahm es Rose vollkommen gefangen. Dann zwinkerte er, und der Zauber war gebrochen.

»Du solltest es annehmen. Alles andere wäre egoistisch.«

»Egoistisch?« Rose hatte keinen blassen Schimmer, was er meinte.

»Na klar – jeden Tag eine gute Tat. Wenn du sie nicht annimmst, versaue ich mir meinen Schnitt. Und das wäre ziemlich herzlos von dir.«

Rose fand zwar die Logik nicht ganz schlüssig, nahm aber die Münze trotzdem an und bedankte sich.

»Keine Ursache, gern geschehen.« Er zwinkerte ihr noch einmal zu, nahm seine drei Teile und verschwand mit einem Abschiedsgruß in Richtung Ausgang.

Rose gab die Münze an die Kassiererin weiter, noch immer ziemlich verdattert.

»Das war aber … nett.«, meinte sie lahm, als sie einen Cent Wechselgeld zurückbekam.

»Ein Glückscent«, sagte die Kassiererin. »Verschenken Sie ihn weiter. Das bringt beiden Glück, dem Schenkenden und dem Beschenkten.«

»Das mache ich. Wollen Sie …?« Aber die Kassiererin winkte lachend ab.

Als Rose mit ihrem Einkaufskorb nach draußen trat, sah sie gerade noch einen weißen Transporter vom Parkplatz fahren. Auf der Seite des Fahrzeugs stand ein Firmenname: *Bent Sage – Reetdachdeckerei* – und eine Telefonnummer, die sie aber schon nicht mehr erkennen konnte. Aber gut, die sollte herauszubekommen sein; vielleicht bekam sie ja die Möglichkeit, sich bei Gelegenheit für die nette Geste zu revanchieren.

Rose hatte eben erst die letzten Einkäufe ins Haus getragen, als ihr Handy klingelte.

Nicht schon wieder.

Aber es war nicht René, sondern eine Festnetznummer mit örtlicher Vorwahl.

»Hermanns?«

»Kindchen, ich bin's, Käthe. Es ist mir wahnsinnig unangenehm, aber ich wollte dich trotzdem fragen, ob ich dich um einen Gefallen bitten darf. Du kannst natürlich auch ›Nein‹ sagen, ich hatte ja eigentlich versprochen, dass ich nichts mehr vom Dachboden brauche.«

Rose musste über die etwas umständliche Art ihrer Vermieterin schmunzeln. »Ich denke, das bekommen wir hin. Um was geht es denn?«

»Oben auf deinem Dachboden muss noch eine alte Kaffeemühle stehen. War damals ein Geschenk der Mutter meines Mannes zu unserer Hochzeit. Scheußliches Teil, aber meine Nachbarin hat mich gefragt, ob ich etwas zu der Heimatausstellung der Landfrauen beisteuern könnte. Und das wäre eine gute Möglichkeit, das Ding in Ehren zu halten.«

Rose musste sich auf die Zunge beißen, um sich ein Lachen zu verkneifen. Käthes Tonfall hatte etwas Triumphierendes. Offenbar war das Verhältnis zu ihrer Schwiegermutter nicht das Beste gewesen.

»Kein Problem, ich schaue gleich mal nach.«

»Das ist lieb von dir. Aber es hat keine Eile, Kindchen. Die Landfrauen sind die letzten fünfzig Jahre ohne die Kaffeemühle ausgekommen, sie werden es auch noch ein bisschen länger aushalten. Bring sie einfach vorbei, wenn du sie findest. Und hab schon mal vielen Dank!«

Eine schwache Lampe erhellte den Dachboden, in dessen Mitte Rose gerade halbwegs stehen konnte. Hier oben hatte man einen guten Blick auf die unverkleidete Unterseite des Reetdaches und die vom Alter geschwärzten Dachsparren – soweit man sie zwischen den Unmengen an Gerümpel überhaupt erkennen konnte. Alte hölzerne Gartengeräte, ein Waschzuber und ein Butterfass, ein in seine Einzelteile zerlegtes Bett, Milchkannen, Kisten, Kästen und Kartons – jeder freie Platz war über Jahrzehnte hinweg vollgestellt worden, und dort, wo es möglich war, hatte man die Sachen auch kreuz und quer übereinandergestapelt. So wie das Spinnrad, das auf zwei Kartons stand und als Krone noch einen Tuff irgendeines farblosen faserigen Materials trug.

Rose seufzte. Seit ihrer ersten Besichtigung der Kate war sie nicht mehr hier oben gewesen, und die Unmengen alten Zeugs hatte sie schlichtweg verdrängt. Vermutlich, weil ihr von Anfang an klar gewesen war, dass sie den Dachboden nicht würde nützen können. Nicht, dass es sie damals gestört hätte; nachdem sie beim ersten Gespräch mit ihrer Vermieterin bereits das Schlimmste befürchtet hatte, war sie im Anschluss von der kleinen Kate angenehm überrascht worden.

›Kl. Haus, idyll. Lage, Bad., ca. 70qm Wf, an EP o.Paar z. verm.‹ Die Anzeige war Rose ins Auge gesprungen, als sie im hell und gemütlich eingerichteten Frühstücksraum des Hotels *Zur Dorfeiche* zwischen Teetasse und Marmeladenbrötchen die druckfrische Ausgabe der regionalen Wochenzeitung durchgeblättert hatte.

Warum eigentlich nicht? Rose hatte ihr Handy genommen und war in das um diese Uhrzeit ungenutzte Kaminzimmer des Hotels gegangen, um dort in Ruhe telefonieren zu können.

Die Frau am anderen Ende der Leitung hatte sympathisch geklungen. Doch, die Kate wäre noch frei. Sie solle gleich vorbeischauen, wenn es ihr passen würde – später wäre sie unterwegs, und sie wisse nicht, wann sie wieder zurück sei. Rose war es recht gewesen. Der Wohnungsmarkt schien hier auf dem Dorf deutlich entspannter zu sein als in Hamburg, wo es nahezu unmöglich war, ohne Beziehungen eine annehmbare Wohnung zu bekommen. Trotzdem wollte sie die Gelegenheit nicht vertrödeln, zumal die Adresse, die ihr Frau Husmann genannt hatte, in Handeloh, also gerade mal drei Orte weiter war. Kein großer Aufwand, selbst wenn sich das Haus als ungeeignet herausstellen sollte. Außerdem war sie inzwischen auch ziemlich neugierig.

Als Rose eine knappe halbe Stunde später mit ihrem Auto auf den mit Kopfsteinpflaster befestigten Hof holperte, war erst einmal niemand zu sehen. Sie parkte den Wagen neben einem kleinen Schuppen, stellte den Motor aus und orientierte sich kurz, bevor sie ausstieg. Das Haupthaus unter den mächtigen Eichen war eins der typischen neueren Hofgebäude hier in der Nordheide, ein kastenförmiger Bau in rotem Klinker, mit den in den Sechzigern üblichen kleinen Fenstern. Rechteckig, pragmatisch, ohne Schnörkel und Verzierungen – und im Vergleich zu den vielen alten Fachwerkhäusern dieser Gegend auch nicht sonderlich einladend. Rechts des Haupthauses waren die ehemaligen Stallungen, inzwischen offenbar zu Wohnungen umgebaut. Deren Anmutung war schon etwas moderner, die Fenster größer, das Dach neu eingedeckt, doch trotz der Töpfe mit Frühlingsblumen, die vor den drei Eingängen standen, genauso wenig anheimelnd. Dazu gegenüber noch eine Remise, die mehreren Autos als Garage diente – viel mehr gab es hier nicht.

Eine Kate war jedenfalls nicht zu sehen. Oder sollte die Frau am Telefon etwa den winzigen Treppenspeicher gemeint haben, den Rose hinter dem Stallgebäude erkennen konnte?

Zweifelnd stieg Rose aus ihrem Wagen und ging ein Stück in Richtung des Speichers. Je dichter sie kam, umso mehr sank ihr Mut; das bemitleidenswerte Gebäude hatte schon eindeutig bessere Zeiten gesehen. An dem Häuschen schien alles noch im Originalzustand zu sein, der Zahn der Zeit hatte inzwischen sichtlich daran genagt. Trotzdem standen vor der Holztür zum Speicher ebenfalls einige Blumentöpfe.

Das darf doch nicht wahr sein! Am liebsten wäre Rose sofort auf dem Hacken umgekehrt. Doch ihre gute Erziehung nötigte sie, sich zumindest am Haupthaus zu melden und Bescheid zu sagen, dass die Bruchbude für sie nicht in Frage kam.

Es dauerte einen Moment, bis auf ihr Klingeln geöffnet wurde. Vor ihr stand ein Mann Anfang fünfzig, graubraune Haare, wettergegerbtes Gesicht, Cordhose und Karohemd. Er sah sie stirnrunzelnd an.

»Ja?«, schnauzte er.

Lieber Himmel, was für eine Begrüßung.

Rose bemühte sich trotzdem um ein höfliches Lächeln. »Mein Name ist Rose Hermanns. Es geht um das Haus, das Sie vermieten wollen. Ich –«

»Welches Haus?«, fiel ihr der Mann schroff ins Wort.

Rose sah ihn überrascht an. »Das Haus, dass Sie im *Nordheide Wochenblatt* inseriert hatten.«

»Da müssen Sie sich vertan haben. Hier gibt es kein Haus, und die Wohnungen sind alle vermietet.«

»Aber Ihre Frau hat mir doch extra den Weg hierher … das ist doch hier die Nummer vierzehn, oder bin ich hier falsch?«

Der Typ musterte sie von oben bis unten. »Ich habe keine Frau.«

Rose blinzelte ihn an wie eine Eule. Anscheinend erlaubte sich jemand einen ziemlich üblen Scherz mit ihr – nur schien dieser furchtbare Kerl genau dasselbe von ihr zu denken. Wie auch immer: Ihr erster Anlauf mit einem Häuschen in der Heide war jedenfalls ein Reinfall auf ganzer Linie.

»Dann entschuldigen Sie bitte die Störung. Ich hatte mit einer Frau Husmann telefoniert, und die hatte mich gebeten, jetzt gleich vorbeizukommen. Offenbar gab es da ein Missverständnis. Ich wünsche Ihnen noch einen schönen Tag.«

Tief enttäuscht drehte sie sich um und machte sich auf den Weg zurück zu ihrem Auto.

»Warten Sie mal!«, brüllte ihr der Typ plötzlich hinterher, dem sie eben nicht mal ein paar höfliche Abschiedsworte wert gewesen war. Rose war im ersten Moment versucht, nicht zu reagieren. Doch dann siegte ihre Neugier und sie drehte sich noch mal um.

Der Muffelkopp war inzwischen schon halb über den Hof zu den Mietwohnungen marschiert und winkte ihr mit einer nachlässigen Bewegung zu, dass sie folgen solle. Rose starrte ihm empört hinterher. Was glaubte dieser Kerl eigentlich, wer er war?

Normalerweise wäre sie jetzt umstandslos in ihr Auto gestiegen und vom Hof gefahren. Doch die Szene war so absurd, dass sie nicht widerstehen konnte und dem Stoffel mit einigen Schritten Abstand folgte.

Dieser stürmte zur Rückseite des Hauses, wo sich drei weitere Eingänge befanden. In den ersten marschierte er ohne zu klingeln hinein.

»Mutter?«

Die Antwort konnte Rose von draußen nicht hören, aber sie würde einen Teufel tun, und dem Typen einfach so in die Wohnung folgen. Also blieb sie vor der Tür stehen.

Lange musste sie nicht warten, bis er wieder nach draußen kam. Er deutete mit dem Kopf in die Wohnung.

»Sie hatten mit meiner Mutter telefoniert. Den Flur durch, im Wohnzimmer.« Damit ging er an Rose vorbei zum Haupthaus zurück und ließ sie völlig verdutzt vor der Wohnungstür stehen.

So, und nun? Rose hatte nicht den leisesten Schimmer, was sie jetzt tun sollte. Also ging sie durch die Tür einen Schritt in den hell gefliesten Flur hinein und blickte zur offenen Wohnzimmertür. »Hallo?«

»Ich bin hier, Liebes!«, erklang die Stimme der Frau, mit der sie vorhin telefoniert hatte. Eine kleine, zierliche Person erschien in der Tür. Sie hielt eine Tasse in der Hand, die sie gerade mit einem Geschirrtuch abtrocknete, und lächelte, als sie zu Rose hochsah. Dann erschien plötzlich ein sonderbarer Ausdruck auf ihrem Gesicht und die Tasse rutschte aus ihren Händen.

»Warten Sie, ich helfe Ihnen!« Mit wenigen Schritten war Rose bei der alten Dame und half ihr, die Scherben von den Fliesen aufzulesen.

»Ach, ich bin aber auch tüddelig. Wie das nur wieder passieren konnte …«

»Kein Problem«, beruhigte Rose die alte Dame, die ihr Missgeschick sichtlich aufgewühlt hatte. Ihre Hände zitterten, während ihr die aufgesammelten Porzellanstücke immer wieder aus den Finger glitten.

»Nicht schlimm, dass passiert jedem mal. Warten Sie, ich sammle die kleinen Scherben auf. Oder haben sie was zum Auffegen?«

»Unter der Spüle.« Die alte Dame deute hinter sich durch die Tür, immer noch sichtlich erschüttert.

Rose ging durch das altmodisch und dunkel eingerichtete Wohnzimmer in die winzige Küche und kam dann mit Handfeger und Kehrblech zurück.

»Sehen Sie, ist schon erledigt«, meinte sie, nachdem sie die letzten Bruchstücke auf das Kehrblech gefegt hatte. »Gleich in den Mülleimer?« Sie lächelte Frau Husmann warm an. Immerhin schien sich die alte Dame inzwischen wieder gefangen zu haben, denn sie nickte und ging mit Rose in die Küche. Während Rose alles wegräumte, öffnete sie einen der Hängeschränke und nahm zwei neue Tassen mit Untertassen heraus.

»Auf den Schreck brauche ich jetzt erst mal eine Tasse Tee. Mit Milch und Zucker?«

»Danke, aber eigentlich wollte ich nur …«

»Papperlapapp. Wir können jetzt beide ein Tässchen gebrauchen. Ich freue mich übrigens sehr, dass du die Kate mieten möchtest, Kindchen.«

Rose wollte die Bruchbude draußen ganz bestimmt nicht mieten, mochte der alten Dame aber auch nicht direkt vor den Kopf stoßen, nachdem sie sich gerade erst wieder etwas gefangen hatte.

»Frau Husmann …«

»Nenn mich Käthe, Kindchen.« Sie schenkte nacheinander die beiden mit Goldrand verzierten Teetassen voll und stellte dann die Porzellankanne zurück auf ein zierliches Stövchen. Offenbar hatte sie für Roses Besuch schon alles vorbereitet.

Rose seufzte unhörbar. Sie konnte sich kaum drücken, wenn sie nicht ganz und gar unhöflich erscheinen wollte. Außerdem erinnerte sie die alte Dame – nein, Käthe – an ihre eigene Großmutter Grete. Auch sie hatte ihre liebenswerten Schrullen gehabt. Rose beschloss, ihren Tee in Ruhe zu trinken und Käthe in der Zwischenzeit einfach gewähren zu lassen. Was konnte schon passieren?

»Ihr Sohn schien gar nicht zu wissen, dass die Kate vermietet werden soll«, meinte sie stattdessen, als sie die Tassen auf einem Tablett zu dem wuchtigen Eichentisch im Wohnzimmer hinübertrug und sich anschließend auf das mit Häkeldeckchen geschmückte Sofa setzte.

Käthe Husmann setzte sich umständlich in den gegenüberliegenden Sessel, nahm die Tassen vom Tablett, maß aus dem bereitstehenden Porzellanset je einen Löffel Zucker und einen Schuss Milch in die Tassen und schob Rose dann ihren Tee zu.

»Reinhard? Sicher weiß er das, ich hatte es ihm doch gesagt. Oder wollte ich es ihm sagen? Nun, egal. Mach dir nichts draus, falls er kurz angebunden war. Frauen gegenüber ist er immer etwas unbeholfen.«

Unbeholfen wäre jetzt zwar nicht das Wort gewesen, das Rose gewählt hätte, aber sie nickte höflich.

Einen Moment lang schwiegen beide und tranken die ersten Schlucke Tee. Rose überlegte kurz, ob sie die Dame um einen Löffel zum Umrühren bitten sollte, kam dann aber zu dem Schluss, dass es den Aufwand nicht lohnte. Inzwischen schien sich die alte Dame wieder beruhigt zu haben, so dass sie den Besuch langsam abschließen konnte.

»Nun, jedenfalls habe ich die Kate ja eben schon gesehen. Und ich muss gestehen, dass sie für meine Zwecke … na ja, zu dunkel sein wird mit den kleinen Fenstern.«

»Du hast sie schon gesehen?« Käthe musterte sie verblüfft über den Rand ihrer Teetasse hinweg.

»Ja, natürlich. Sie meinen doch die Kate hinter den Wohnungen, oder?«

»*Du*, Kindchen, nicht *Sie*. Und welche Kate … meine Güte, du meinst doch nicht etwa den alten Treppenspeicher?« Sie fing an zu lachen. Zum Glück war die Tasse nicht mehr voll, sonst hätte Rose vermutlich als Nächstes auch noch aufwischen dürfen.

»Nein, Liebes. Die Kate befindet sich in Eickenloh, direkt im Naturschutzgebiet. Hast du eine Karte?«

»Ich habe ein Navi im Auto.«

»Das wird dir nichts nützen, in Eickenloh gibt es nur Hausnummern, keine Straßennamen. Aber warte, ich müsste hier doch irgendwo …« Käthe stand auf und ging zu einer Anrichte aus dunkler Eiche hinüber.

»Nein, bleib sitzen, Kindchen. Wo war sie noch … ach ja, hier.« Sie schob die Schublade wieder zu und kam zu Rose zurück.

»Hier ist Handeloh«, sie tippte mit einem schmalen Finger auf die Karte, nachdem sie sie halb aufgeklappt neben Roses Teetasse auf den Tisch gelegt hatte. »Hier ist Undeloh, von dort bist du gekommen. Eickenloh ist hier, und die Kate liegt etwas außerhalb am Wald. Hier.« Sie tippte wieder auf die Karte, auf der Rose nichts außer topografische Zeichen für Bäume, Wiese und Heide sehen konnte. Immerhin schien ein Weg dahin zu führen, auch wenn der Strich schmal und wenig vertrauenserweckend aussah.

»Die Kate liegt wirklich idyllisch. Mein Mann und ich haben die Ruhe immer sehr genossen, als wir dort noch wohnten. Aber es ist nicht gut, solch ein Haus zu lange leer stehen zu lassen. Das macht es traurig.« Sie setzte sich wieder in ihren Sessel und trank einen Schluck Tee.

Rose fand diese Aussage ziemlich seltsam, beschloss aber, nicht weiter darauf einzugehen. »Warum sind Sie … seid ihr dann umgezogen?«, fragte sie stattdessen. Doch schon im nächsten Augenblick hätte sie sich am liebsten für ihre Taktlosigkeit geohrfeigt.

»Nach dem Tod meines Mannes war es nicht mehr dasselbe.« Käthe lächelte wehmütig in ihre Teetasse.

»Entschuldigung. Das tut mir leid.«

»Das muss es nicht, Kindchen. Wir hatten eine gute Zeit, mehr als fünfzig Jahre. Und wir konnten Abschied nehmen. So viel Glück ist nicht jedem vergönnt.« Sie schwieg einen Moment, dann sah sie wieder auf und lächelte. »Du wirst sehen, es ist ein wundervolles Häuschen. Und ich freue mich sehr, dass jetzt jemand darin einzieht, der es zu schätzen weiß.«

»Nun, ich …«

»Einen Keller hat die Kate leider nicht, aber du kannst den Dachboden natürlich mitbenutzen.«

Rose fühlte sich auf äußerst charmante Art überrumpelt. Aber alte Menschen hatten ja oft diese bestimmende Art, also ließ sie sich erst einmal darauf ein und konzentrierte sie sich auf das Nächstliegende.

»Mitbenutzen? Wohnt denn schon jemand in dem Haus?«

»Was? Ach so, nein. Aber auf dem Dachboden steht noch allerlei Gerümpel. Halt das, was sich im Laufe der Jahrzehnte so angesammelt hat. Ein paar persönlichen Dinge hatte ich bei meinem Umzug mitgenommen, aber der Rest ist eben dort geblieben. Zum Wegschmeißen zu schade, aber hier habe ich einfach nicht genug Platz.«

»Ja, okay … aber es ist schon etwas ungewöhnlich, dass ein Mietobjekt auch gleichzeitig vom Vermieter genutzt wird, oder? Wie soll ich mir das vorstellen? Den Dachboden kann man ja nur durch das bewohnte Haus erreichen, oder?«

Käthe schüttelte den Kopf.

»Es gibt noch eine Außentreppe. Aber da musst du dir wirklich keine Sorgen machen, meine Liebe. Auf dem Dachboden befindet sich nur noch nutzloser Krempel, an den niemand mehr drangeht. Ich bin die Letzte, die damit nostalgische Erinnerungen verbindet, und wenn ich meinem Hans irgendwann mal nachfolge, wird Reinhard den ganzen Kram vermutlich ungesehen abfahren lassen. Im Grunde könnte man es jetzt schon machen, aber ich bringe es einfach nicht übers Herz.« Sie überlegte kurz, bevor sie weitersprach. »Wenn dir die Vorstellung trotzdem unangenehm ist, können wir das alte Kinderzimmer aus dem Vertrag herausnehmen. Das ist das Zimmer mit der Außentreppe, von dort gelangt man auch auf den Dachboden. Es gab sogar mal die Überlegung, das Kinderzimmer komplett abzutrennen und als Gästezimmer umzubauen, aber von der Idee sind wir damals zum Glück wieder abgekommen.«

Rose war immer noch skeptisch. »Das klingt alles recht umständlich.«

»Das ist es nicht. Am besten schaust du es dir an, dann weißt du, was ich meine. Wobei es schade wäre, auf das Kinderzimmer zu verzichten. Es liegt nach Süden und ist herrlich sonnig. Außerdem kommt man von dort aus direkt in den Garten.«

Rose gab es auf. Am besten sah sie sich das Wunderwerk der Baukunst tatsächlich erst einmal an. Nach der Besichtigung konnte sie dann immer noch behaupten, dass sie eine Nacht darüber schlafen müsse, bevor sie eine Entscheidung traf. Und absagen würde sie morgen einfach telefonisch.

»Gut, wollen wir gleich losfahren?«

Käthe sah sie überrascht an. »Aber nein. Ich hatte doch erzählt, dass ich noch Termine habe. Die kann ich unmöglich warten lassen.«

Jetzt war es an Rose, sie verblüfft anzustarren. »Ja, aber …«

»Wir sind hier auf dem Dorf, Kindchen«, unterbrach sie die alte Dame und strahlte sie an. »Ich gebe dir die Schlüssel mit. Dann siehst du dir alles in Ruhe an und meldest dich, sobald du weißt, wann du einziehen willst. Du wirst sehen, die Kate wird dir wunderbar gefallen.«

Als ihr Wagen eine Viertelstunde später über Kopfsteinpflaster holperte, zweifelte Rose nicht mehr daran, dass sich hier jemand einen ausgesprochen miesen Scherz mit ihr erlaubte. Das Dörfchen Eickenloh, ein hübscher kleiner Ort mit überwiegend reetgedeckten Fachwerkhäusern, hatte sie bereits hinter sich gelassen. Jetzt befand sie sich mitten im Wald. Um sie herum waren nur kahle Bäume, kahle Büsche und am Wegesrand kahles Gestrüpp – und sonst nichts.

Oder hatte sie sich in dieser Wildnis verfahren? Sie brachte den Wagen zum Stehen und warf noch mal einen Blick auf die Landkarte, die ihr Käthe zusammen mit den Schlüsseln in die Hand gedrückt hatte.

Nein, alles okay – sie hatte die Abbiegung direkt hinter dem Hofgebäude mit der Inschrift *›De Minsch ward toe freuh ool un toe laat klook‹* genommen, genau wie die alte Dame gesagt hatte. Eine andere Abzweigung war nicht einzeichnet.

Aber sie musste doch längst den halben Kilometer gefahren sein, von dem Käthe gesprochen hatte. Oder etwa nicht?

Wie auch immer, sie würde erst mal weiterfahren müssen. Der Weg war an dieser Stelle viel zu schmal, um zu wenden. Nicht auszudenken, wenn ihr jemand entgegenkommen würde! Aber vermutlich fuhr hier sowieso niemand lang. Niemand bis auf irgendwelche leichtgläubigen Hamburger – die Einzigen, die noch auf eine Anzeige hereinfielen, die eine alte, tüddelige Frau womöglich regelmäßig im Wochenblatt schaltete, aus welchem senilen Grund auch immer.

Rose war inzwischen überzeugt, auf ein Luftschloss hereingefallen zu sein.

Vermutlich glaubte die alte Dame sogar selbst an die Geschichte, die sie ihr erzählt hatte. Ein altes Häuschen, mitten im Wald. Tatsächlich hatte sie alles so anschaulich beschrieben, als ob sie es direkt vor ihren Augen sehen könne. Und vielleicht hatte es das Haus wirklich mal gegeben – vor fünfzig Jahren oder so. Alte Menschen lebten ja oft in der Vergangenheit, vor allem, wenn sie langsam den Bezug zur Gegenwart verloren.

Andererseits sahen die Schlüssel, die neben ihr auf dem Beifahrersitz lagen, alles andere als alt aus. Sicherheitsschlüssel, nur für den Gartenschuppen gab es zwei einfache Ausführungen mit altmodischem Bart. Aber was bewies das schon? Resigniert legte Rose den ersten Gang wieder ein und ließ den Wagen langsam weiterrollen.

Dass die Straße kurz darauf in einen unbefestigten Sandweg überging, trug nicht gerade dazu bei, ihre Laune zu heben. Und noch immer gab es keine Möglichkeit zu wenden.

Wäre das halbverwitterte Holzschild an der rechten Seite nicht gewesen, hätte sie die schmale Stichstraße vermutlich überhaupt nicht wahrgenommen. »Nr. 17« stand dort in verblasster weißer Farbe unter einem Pfeil. Der Weg war mit reichlich Laub bedeckt und verschwand nach wenigen Schritten in einer Kurve, doch tatsächlich: Als Rose angestrengt durch das Beifahrerfenster zwischen den unbelaubten Bäumen hindurchspähte, meinte sie, ein Gebäude zu erkennen.

Unwillkürlich hielt sie die Luft an, während sie mit dem Wagen in den Weg einbog und die letzten Meter zum Haus fuhr.

Die Bäume öffneten sich zu einer Art großen Lichtung, auf der gleich vorn die Kate stand. Wirklich eher ein Häuschen als ein Haus, an der Giebelseite kaum mehr als sechs oder sieben Meter breit, und, soweit Rose es von hier aus sehen konnte, auch nicht wesentlich länger.

Sie stellte den Wagen auf dem kleinen Vorplatz ab und stieg aus. Die Luft war klar und kalt, doch Rose bemerkte selbst den leichten Wind kaum, der ihr unter die Winterjacke kroch.

Sie fühlte sich völlig verzaubert. Grauschwarz verwitterte Fachwerkbalken, die Gefache mit roten Ziegeln ausgemauert, das moosbewachsene Reetdach bis zu den weißen Sprossenfenstern heruntergezogen. Auch im ersten Stock gab es zwei winzige Sprossenfenster im Giebel, und in jeder Dachfläche zwei Gauben, deren geschwungene Oberlinien sich fließend in die Reetbedeckung einfügten.

Mit den Schlüsseln in der Hand ging sie zur Haustür.

Das Haus wirkte auf sie irgendwie … erwartungsvoll. Als Rose sich dieses Gedankens bewusst wurde, konnte sie sich ein Grinsen nicht verkneifen. Himmel, sie fing ja schon genauso an wie die alte Dame, die behauptet hatte, das Haus wäre traurig, weil keiner mehr in ihm wohnte!

Immer noch schmunzelnd probierte sie, welcher der drei Sicherheitsschlüssel ins Schloss passte. Der zweite ließ sich drehen und öffnete die Tür nach innen in einen kleinen Windfang, der direkt ins Wohnzimmer führte.

Zuhause. Auch dieser Gedanke drängte sich ungefragt in den Vordergrund, nachdem sie die Tür hinter sich geschlossen hatte. Ein seltsam heimeliges Gefühl, obwohl es auch im Inneren des Hauses kalt und damit nicht gerade gemütlich war.

Die Hände gegen die Kälte reibend sah sich Rose in dem Raum um.

Das Wohnzimmer ging über die gesamte Breite des Hauses. Rose schätzte es auf knapp fünfzig Quadratmeter, womit es einen Großteil der Grundfläche im Erdgeschoss einnehmen musste. Neben einem großen Kachelofen, der die gegenüberliegende Wand dominierte, gab es noch einige Möbelstücke, die man beim Auszug wohl aufgrund ihrer Größe und des Gewichts zurückgelassen hatte: ein massiger Tisch aus dunklem Eichenholz vor einer Eckbank, eine ausladende, ebenfalls dunkle Anrichte und eine Truhe mit breiten Eisenbeschlägen. Die offene, schmale Treppe, die im hinteren Teil des Raumes in die oberen Zimmer führte, sah dagegen geradezu zierlich und recht abenteuerlich aus, fügte sich aber mit den weiß gestrichenen Wangen, dem einseitigen Handlauf und den dunklen Holzstufen wie ein Möbelstück in den Raum ein.

Rose drehte sich langsam um sich selbst. Mehrere Fenster an den Längswänden sorgten dafür, dass der Raum auch bei diesem trüben Wetter angenehm hell war – sicher einer der Gründe, warum das Wohnzimmer so freundlich wirkte. Ein weiterer war die schlichte, aber einladende Atmosphäre, die dieser Raum ausstrahlte: dunkler Dielenboden, hell verputzte

Wände, dazu die Fachwerkbalken unter der Decke. Selbst die Sprossenfenster trugen durch ihre altmodische Anmutung zur Gemütlichkeit bei, denn anstatt die alten Holzrahmen durch moderne Isolierverglasung zu ersetzen, hatte man von innen jeweils ein weiteres Sprossenfenster vor die Außenscheiben gesetzt.

Fasziniert untersuchte Rose eines der Fenster, deren innere Flügel sich mittels Drehgriffs zu ihr öffneten, während die hinteren nach außen aufgemacht und dort mit zwei hochklappbaren Figürchen arretiert werden konnten. Raffiniert.

Ansonsten gab es in dem Raum nur noch eine einzige weitere Tür, die rechts vom Kamin in die Küche dahinter führte. Diese war zwar keine Offenbarung, mehr altmodisch-praktisch als stilbewusst. Aber zumindest war alles vorhanden, so dass Rose nicht in die Verlegenheit kommen würde, sich selbst eine Einbauküche zulegen zu müssen. Ihre Küche in Hamburg gehörte ihrem Vermieter, und bis eben hatte sie sich keine Gedanken darüber gemacht, dass hier womöglich noch erhebliche Kosten auf sie zukommen konnten, wenn sie umzog. Oder auch nicht, wie sie ja gerade festgestellt hatte.

Neugierig lugte Rose in alle Schränke und besah sich die Elektrogeräte. Alles schon in die Jahre gekommen, aber leergeräumt und sauber bis auf den Staub – damit konnte sie leben. Und die Küchenfronten ließen sich auch streichen oder austauschen.

Gegenüber der Tür, durch die sie gerade in die Küche gekommen war, führte eine weitere wieder nach draußen. Soweit Rose es durch die beiden Fenster über der Arbeitsfläche erkennen konnte, lag dort wohl der Garten, aber außer Gestrüpp war jetzt im Spätwinter nicht viel zu sehen. Rose hatte noch nie einen eigenen Garten gehabt, aber die Vorstellung, ihr eigenes Gemüse zu ziehen, um es anschließend gleich in der Küche verarbeiten zu können, bekam plötzlich etwas unwiderstehlich Verführerisches. Und Blumen! Ein ganzes Meer voller Blumen und duftender Kräuter! Und Erdbeeren und Himbeeren. Und Bohnen und Erbsen und …

Rose musste über sich selbst lachen, als ihr auffiel, dass sie für ein Haus, das sie bis eben gar nicht hatte haben wollen, schon den Garten plante.

Eine dritte Tür führte schließlich links von der Küche in ein kleines Bad. Ungewöhnlich, aber andererseits auch ganz praktisch, vor allem, wenn man gerade aus dem Garten kam – zumal man auf dem altmodischen Terrazzoboden auch nicht gleich jeden Krümel sah.

Das Badezimmer selbst bekam allerdings eindeutig Abzüge in der B-Note. Zwar konnte es tatsächlich mit einer Badewanne punkten, ein Luxus, den Rose in ihrer gemeinsamen Wohnung mit René immer schmerzlich vermisst hatte. Auch die Brennwerttherme hinter der Tür sah vertrauenserweckend aus. Doch der Rest der Badausstattung präsentierte sich in vorsintflutlichem Bahamabeige. Das würde auf keinen Fall so bleiben, beschloss Rose, und wenn sie dafür selbst Hand anlegen musste. Aber vielleicht ließ ihre Vermieterin auch da noch mit sich reden.

Blieben noch die oberen Räume.

Die Stufen der Holztreppe knarrten und knarzten bei jedem Schritt. Sie schienen aber durchaus geneigt, ihren Dienst auch weiterhin zuverlässig verrichten zu wollen, wie Rose mit einiger Erleichterung feststellte, als sie probehalber auf einer der unteren Stufen herumwippte.

Oben mündete die Treppe in einen kleinen Flur, von dem ebenfalls nur eine einzige Tür abging. Und spätestens in dem Moment, als Rose die Tür öffnete, wusste sie, dass sie nur hier und nirgendwo anders mehr wohnen wollte.

Der Raum, der sich hinter dem dunklen Flur verbarg, war anheimelnd und lichtdurchflutet. Die Dachgauben und die beiden Giebelfenster ließen selbst an diesem trüben Tag ausreichend Helligkeit ins Zimmer, um alles in einen warmen Honigton zu tauchen. Rose war wie verzaubert. Dieses Licht! Es umschmeichelte die Deckenbalken, die weiß verputzten Dachschrägen und ließ den Dielenboden seidig schimmern.

Im Raum selbst führte eine zweite Tür ins nächste Zimmer.

Dieses war kleiner, aber durch eine weitere Gaube auf der linken Dachseite sowie ein Fenster und die halbverglaste Außentür in der Giebelwand genauso hell wie der Raum zuvor. Durch das Fenster konnte Rose erkennen, dass es draußen vor der Tür noch ein kleines, hölzernes Podest gab, von dem die Außentreppe schließlich in den Garten führte.

Ein Traum für jeden Künstler, ging es ihr durch den Kopf. Sie sah sich schon an ihrem Schreibtisch in den Garten blicken, während die warme Sommerluft und das Vogelgezwitscher ins Zimmer fluteten. Es war einfach ideal.

Dies war also das ehemalige Kinderzimmer, von dem Käthe gesprochen hatte. Rose verstand jetzt auch, warum die alte Dame ihr empfohlen hatte, es sich erst einmal anzusehen: Es wäre jammerschade, auf diesen Raum zu verzichten. Zumal sie rechts neben der Verbindungstür noch ein winziges Bad mit Toilette, Dusche und Waschbecken entdeckte – dieses Mal in unaufdringlichem Weiß und einem traumhaften Blick durch ein weiteres Gaubenfenster in den nahen Wald.

Inzwischen stand Roses Entschluss längst fest. Trotzdem blieb noch ein offener Punkt auf ihrer Liste: der ominöse Dachboden. Eigentlich eine Lappalie zum Rest des Hauses, aber allein die Vorstellung, dass ständig jemand unangemeldet vor ihrer Tür stehen könnte, um irgendetwas vom Dachboden holen zu wollen, bereitete ihr dezente Kopfschmerzen.

Als sie allerdings die Bodenluke mit der Hakenstange herunterzog, die sie hinter der Verbindungstür gefunden hatte, kam ihr erst einmal ein ganzer Schwung trockener Blätter, Staub und ein halbes Wespennest entgegen – Letzteres zum Glück nicht mehr bewohnt. Auch diese Treppe knirschte protestierend, als sie langsam die Stufen hochstieg, hielt aber stand.

Oben steckte Rose vorsichtig den Kopf durch die Öffnung. Sehen konnte sie vorerst nichts – bis auf das spärliche Licht, das durch die winzigen Eulenlöcher auf beiden Giebelseiten hereinfiel, war der Dachboden stockfinster. Immerhin ließ sich durch das Licht von unten eine Art Geländer an der Bodenluke erkennen – und ja, tatsächlich: Einen Lichtschalter, den man direkt am Ausstieg angebracht hatte.

Eine einzelne Glühbirne flammte auf.

Als Rose in ihrem schummerigen Licht mehr erkennen konnte, war sie ausgesprochen erleichtert – nur das Kind in ihr war ein wenig enttäuscht. Kein geheimnisvoller Wandschrank nach Narnia, kein Spiegel in eine andere Welt – dafür aber auch nichts Unheimliches, Ekelhaftes oder etwas, das ihr fauchend ins Gesicht sprang. Zumindest, wenn man von der uralten Erntekrone absah, in der sich die andere Hälfte des Wespennestes befand und die direkt vor Roses Nase lag – vermutlich irgendwo heruntergefallen, nachdem sich die ehemaligen Bewohner nicht mit so unnützen Dingen wie Statik und Balance aufgehalten hatten. Auch das Laub stammte aus der Erntekrone; es stand also nicht zu befürchten, dass ihr jedes Mal beim Öffnen der Luke ein Haufen Unrat ins Gesicht fiel, wenn sie den Eingangsbereich erst mal freigeräumt hatte. Was allerdings ein gutes Stück Arbeit bedeuten würde, denn der Dachboden war bereits mit allem möglichen Gerümpel bis unter das niedrige Spitzdach vollgestellt. Außerdem lag über allem eine dicke Staubschicht – Käthe hatte Recht, hier oben war schon seit Jahren niemand mehr gewesen. Und vielleicht sollte man das auch einfach so lassen, beschloss Rose, während sie das Licht wieder ausschaltete und die Treppe nach unten kletterte.

Als Rose jetzt zum zweiten Mal auf dem Dachboden stand, schalt sie sich selbst, nicht an das Chaos hier oben gedacht zu haben, *bevor* sie ihre vollmundige Zusage gemacht hatte. Aber es half alles nichts, versprochen war versprochen.

Nach einer Viertelstunde war sie jedoch bereit, jeden Meineid zu schwören, niemals irgendetwas zugesichert zu haben. Inzwischen hatte sie sich bis zur nördlichen Giebelwand durchgearbeitet und hinter etliche Boxen und Kartons gelugt, aber nichts gefunden, was auch nur im entferntesten einer Kaffeemühle glich. Scheinbar musste sie in einer der Kisten sein. Wenn sie überhaupt hier oben war, dachte Rose frustriert und klopfte sich den Staub von ihrer Jeans. Auch ihre Hände waren graubraun, und aus den Haaren hatte sie schon mehrfach Spinnenweben pulen müssen – gottlob ebenfalls ohne Bewohner. Vielleicht war ihr das Glück beim nächsten Mal ja gewogener. Im Moment hatte sie jedenfalls keine Lust mehr, im stickigen Halbdunkel des Dachbodens in den abgelegten Sachen fremder Menschen herumzuwühlen, während draußen die Sonne aus allen Knopflöchern strahlte. Außerdem warteten im Garten immer noch ihre Blumen auf sie – die Landfrauen mussten sich also gedulden, bis mal wieder ein Regentag kam. Oder bis zum Winter. Und im Zweifelsfall auch bis zum Sankt-Nimmerleins-Tag.

Kapitel 3

Die nächsten Tage ging Rose völlig in ihrem Garten auf. Aus alter Gewohnheit wurde sie morgens meist gegen halb sieben wach, doch spätestens wenn die Sonne ein Stück herumgewandert war und durch die Gaube in ihr Gesicht schien, hielt es sie nicht mehr im Bett.

Auch heute trank sie ihren Frühstückstee wieder auf der Holzbank vor der Küche, während sie ihren Blick über den Garten wandern ließ. Sie hatte schon viel geschafft: Berge von Unkraut gejätet, die alten, mit Ziegeln gepflasterten Wege freigelegt, die vorderen Beete umgegraben und die Büsche im hinteren Teil halbwegs von den meterlangen, stacheligen Ranken befreit, die sie in den letzten Jahren komplett überwuchert hatten. Wilde Brombeeren, vermutete Rose, war sich aber nicht ganz sicher. Allerdings ahnte sie bereits, dass sie den Kampf gegen das Gestrüpp noch lange nicht gewonnen hatte und vermutlich auch nie endgültig gewinnen würde. Doch das war erst mal egal, denn unter den Ranken waren weitere Büsche zum Vorschein gekommen – die Himbeeren, Stachelbeeren und anderes Strauchobst, von dem Käthe ihr vor einiger Zeit erzählt hatte.

Eigentlich war der Garten bereits ausgesprochen schön gestaltet, nur im Laufe der Zeit ziemlich verwildert. An zahllosen Stellen hatte sich der Fingerhut ausgesamt, den man überall wild wachsend in der Heide finden konnte, und weiter hinten standen die Brennnesseln meterhoch, vor allem dort, wo Rose die drei alten Komposthaufen gefunden hatte. Hinter dem Kompost durften sie auch gern stehenbleiben und Raupen und anderen Tierchen als Futter dienen, wie sie in einer ihrer Gartenzeitschriften gelesen hatte. Aber im restlichen Garten mussten sie weichen, um anderen Pflanzen Platz zu machen. Bleiben durften dagegen die zartblauen Glockenblumen, die Hornveilchen und Löwenmäulchen, die sich offenbar ebenfalls selbstständig ausgebreitet hatten und das frische Grün des beginnenden Sommers mit zahlreichen bunten Blüten tupften.

Und ein bisschen verwildert sollte es sowieso bleiben, denn Rose hatte sich in die farbenprächtigen Bilder der englischen Cottagegärten verliebt, in denen die Blumen in überbordender Fülle wachsen durften. Kein Wunder, dass sich so viele Maler von ihren Gärten inspiriert fühlten – auch Rose kribbelte es längst in den Fingern, in ihren Illustrationen diese Blütenpracht für die Ewigkeit festzuhalten.

Vorerst schwelgte sie aber noch in den Düften und Farben der Natur und genoss es aus vollem Herzen, sich beim Hacken, Jäten und Pflanzen zu verausgaben. Nie im Leben hätte sie gedacht, dass ihr die Gartenarbeit so große Genugtuung bereiten und sie jeden Abend todmüde, aber glücklich ins Bett fallen würde. Und je mehr sie im Garten machte, umso mehr flogen ihr die Ideen zu. Zugegeben, die Gartenmagazine, die inzwischen einen beachtlichen Stapel auf ihrem Wohnzimmertisch bildeten, waren daran nicht ganz unschuldig, ebenso wie der nette Mitarbeiter im Gartencenter, der sie immer wieder auf neue, bislang unentdeckte Schätze hinwies.

Wie beispielsweise die historische Rose, die sie heute ergattert hatte und die sie hinten am Übergang zum naturbelassenen Teil der Lichtung pflanzen wollte. Zäune gab es auf ihrem Grundstück nicht, nur der ehemalige Gemüsegarten war mit Staketen eingefasst worden, um Rehe, Hirsche und Hasen abzuhalten. Allerdings war sich Rose noch nicht ganz sicher, ob sie wirklich Erbsen, Kohl und Erdbeeren anpflanzen wollte, also hatte sie die Überlegung erst mal aufgeschoben. Festgesetzt hatte sich dagegen die Idee, die Heide auch in ihren Garten zu holen. Ein bisschen war das natürlich

Eulen nach Athen zu tragen, aber im hinteren Teil wuchsen bislang nur Gras und Gestrüpp. Außerdem hatte sie bei einem Besuch im Schneverdinger *Höpen* der ›Heidegarten‹ beeindruckt, in dem rund zweihundert verschiedene Sorten zu allen Jahreszeiten blühten – also hatte sie beschlossen, der Heideblüte im Spätsommer ein wenig vorwegzugreifen. Nicht gerade mit zweihundert Sorten, aber im Gartencenter gab es reichlich Auswahl. Herr Schmitz, ein hochgewachsener, grauhaariger Mann Anfang sechzig hatte dafür Winter- und Glockenheide empfohlen und ihr den Unterschied zur Besenheide erklärt, die die weiten Flächen der Lüneburger Heide bedeckte. Sie war gar keine *Erica*, wie Rose immer geglaubt hatte, sondern bildete ihre eigene Gattung, *Calluna*. Wieder was gelernt, dachte Rose – und weil die ›echte‹ Besenheide natürlich ebenfalls in einen richtigen Heidegarten gehörte, hatte sie auch davon gleich einige Pflanzen in ihren Einkaufswagen gestellt. Im Anschluss hatte ihr Herr Schmitz mit seinem schier unerschöpflichen Wissensschatz noch den Tipp gegeben, neben dem Wacholder eine Rose zu pflanzen, die den Garten im Herbst und Winter mit leuchtend orangeroten Hagebutten schmücken würde. Dafür empfahl er ihr verschiedene historische Rosensorten, die den Wildrosen noch recht nahe kamen, aber meist deutlich kleiner blieben und nicht alles überwucherten. Roses Wahl war schließlich auf die außergewöhnliche ›*Rosa Mundi*‹ gefallen, deren rosa-weiß gestreifte Blüten fast modern anmuteten, obwohl sie bereits in den Gärten des Mittelalters gestanden hatte. Und am liebsten hätte sie auch gleich noch die wunderschöne ›*Königin von Dänemark*‹ und die betörend duftende ›*Rose de Resht*‹ mit eingepackt. Aber sie wusste bereits von ihren vorausgegangenen Touren ins Gartencenter, dass sie schon jetzt ihre Ausbeute nur mit Mühe in ihr kleines Auto bekommen würde. Es blieb ihr also nichts anderes übrig, als die Tage noch einmal herzukommen … So ein Pech aber auch.

Zuhause hatte Rose die Pflanzen direkt in den Garten gebracht und bei der Gelegenheit auch gleich nach den Schälchen geschaut, die seit Neustem neben der Gartenbank standen. Bevor sie vorhin losgefahren war, hatte sie eins mit Trockenfutter gefüllt und im anderen das Wasser erneuert. Zumindest das Trockenfutter war inzwischen bis auf wenige Krümel verschwunden. Demnach hatte der magere schwarze Schatten, der die letzten Tage öfter ums Haus geschlichen war, sein Mittagessen gefunden.

Rose lächelte, als sie die Küchentür aufschloss. Wenn die Katze jetzt regelmäßig kam, konnte sie beim nächsten Mal auch Dosenfutter aus dem Supermarkt mitbringen. Vielleicht ließ sich das Tierchen damit bestechen, nicht immer gleich wegzuhuschen, sobald sie sich im Garten blicken ließ.

In der Küche legte Rose ihre Tasche und die Hausschlüssel auf die Arbeitsplatte und wusch sich die Hände in der Spüle. Sie überlegte gerade, ob sie sich zum Mittagsessen eine Pizza in den Ofen schieben oder nur schnell einen Salat zubereiten sollte, als es an der Haustür klingelte.

Nanu?

Stirnrunzelnd trocknete sich Rose die Hände ab. Die Post war doch schon durch? Bislang hatte sie in ihrem neuen Zuhause noch keinen Besuch gehabt. Wer mochte das sein, vielleicht jemand aus dem Dorf?

Als sie jedoch die Haustür öffnete, glaubte sie im ersten Moment an eine Halluzination.

»Hi, Rose! Mensch, das ist hier ja wirklich tiefste Pampa, unglaublich! Ich dachte schon, die Leute in diesem komischen Kuhkaff hätten mich verarscht und mich in die Wüste geschickt, als ich nach dem Weg zu dir gefragt habe.«

René. Rose blinzelte wie eine Eule.

»Wie sieht's aus, willst du mich nicht reinbitten?« René strahlte sie mit seinem gewinnendsten Lächeln an.

Er war es tatsächlich. Businesskleidung, die hellbraunen Haare frisch frisiert, sein A8 hinter ihm wie immer auf Hochglanz poliert. Ganz der erfolgreiche Broker.

Selbst seine rahmengenähten italienischen Schuhe blitzten in der Sonne, als ob er gerade über den Neuen Wall und nicht ihren staubigen Vorplatz gegangen wäre. Hanseatisches Understatement war nie sein Ding gewesen, und hier, vor der Haustür ihrer Kate, wirkte er so surreal wie ein Schneesturm im Sommer.

»Was machst du denn hier?«

»Na, das ist ja eine Begrüßung.« René lächelte immer noch, und bevor Rose wusste, wie ihr geschah, hatte er sie auch schon umarmt und ihr einen Kuss auf die Wange gedrückt. Dann sah er sich angelegentlich um.

»Das ist also dein neues Zuhause, ja? Sehr … pittoresk, das muss man ja sagen. Obwohl Lennard meinte, raus aufs Land wäre wieder voll im Trend. So mit Wiesen und Kühen und so. Und … Bäumen.« Er wedelte mit einer Hand in Richtung Wald. »Ja, Bäume sind wichtig. Gute Luft und so. Und Selbstfindung.« Er drehte sich wieder zu Rose und grinste sie frech an.

Die hatte sich inzwischen halbwegs von ihrem Schock erholt. »Du bist doch sicher nicht extra von Hamburg hierher gefahren, um dich mit mir über Bäume zu unterhalten. Was willst du also?«

»Nun sei doch nicht so abweisend. Ich war neugierig, wo du jetzt wohnst. Und ich wollte mit dir reden.«

»Ich will aber nicht mit dir reden. Außerdem wurde bereits alles gesagt.«

Renés Gesicht wurde ernst. »Ich merke schon, mein Überraschungsbesuch haut dich nicht so um. Darf ich trotzdem kurz reinkommen?«

»Ich wüsste nicht, warum.«

»Okay, vielleicht habe ich dein Misstrauen verdient.« René gab sich zerknirscht.

»*Vielleicht* hast du es verdient? Ist das dein Ernst?«

»Ja, okay, du hast ja recht. Aber komm schon, Rose, in spätestens zehn Minuten bin ich wieder verschwunden, versprochen. Und ich habe was auf dem Herzen, das möchte ich nicht hier draußen auf der Türschwelle mit dir bereden. Kann ich kurz reinkommen?«

Rose rang einen Moment mit sich selbst, dann nickte sie und ließ ihn durch.

René marschierte gleich ins Wohnzimmer, ohne sich die Füße abzutreten oder auf Rose zu warten. Rose blieb deshalb am Windfang stehen, die Arme vor der Brust verschränkt. Nicht, dass René noch auf die Idee kam, sich erst mal mit Kaffee und Kuchen bewirten zu lassen. Sie kannte ihn schließlich lange genug.

»Also, ich höre.«

»Hey, lass mich erst mal Luft holen. Machst du jetzt auf Antiquitäten?« Er klopfte gegen die Anrichte. »Massiv, oder? Bestimmt Jugendstil.«

»Habe ich übernommen«, meinte Rose ungehalten. Als ob René Ahnung von alten Möbeln hätte. Er wollte nur Zeit schinden. Rose merkte plötzlich, wie sehr es sie störte, dass ihr Exfreund durch das Wohnzimmer stiefelte und alles angrabbelte.

»Wie cool, ein Telefon mit Wählscheibe. Ist ja irre, die kenne ich auch noch.« Zielstrebig ging René auf den olivgrünen Apparat zu. »Funktioniert das etwa? Sag bloß, du hast hier noch einen Analoganschluss!«

»Nein, das ist nicht angeschlossen«, antwortete Rose. Überflüssigerweise, denn René hatte natürlich schon den Hörer abgenommen und hielt ihn sich gerade ans Ohr. Jetzt sah er sie fragend an.

»Du hast ein Telefon, das nicht funktioniert? Wofür soll das gut sein?«

»Ich habe ein Telefon, das funktioniert. Mein Handy. Das da ist nur Deko.« Sie hatte das alte Teil bei ihrem Einzug in der Truhe gefunden und auf ihr Sideboard gestellt, weil es so *retro* aussah. Außerdem hatte auch Oma Grete so einen Apparat gehabt, aber das würde sie René garantiert nicht erzählen.

»Deko, aha. Na ja, das ganze Haus sieht ja aus wie ein Museum. Da ist das Teil noch das Modernste hier, oder?«

»Das kann dir doch egal sein, oder?« Langsam wurde Rose echt sauer.

René lächelte entschuldigend. »Sorry, du hast recht. Ich bin gerade ein bisschen durch den Wind. Sieh es mir nach, falls ich dich verärgert habe.«

Rose konnte zwar beim besten Willen nicht erkennen, dass er etwas anderes ausstrahlte als sein übliches Selbstbewusstsein, enthielt sich aber eines Kommentars.

»Okay, dann hast du ja alles gesehen. Worüber willst du jetzt mit mir sprechen?«

René legte den Hörer zurück auf die Gabel und strahlte sie an. »Was, bekomme ich keine Hausbesichtigung?«

»René!«

»Schon gut, schon gut. Also, was ich sagen wollte …«, er kam die paar Schritte auf Rose zu, nahm ihre Hände in seine und lächelte sie verzeihungsheischend an, »… komm zu mir zurück.«

»Wie bitte?«

Rose starrte ihn an wie eine Erscheinung. Damit hatte sie jetzt am Allerwenigsten gerechnet.

»Das meine ich ernst, Rose. Komm zurück.«

»Ich … aber …« In Roses Kopf wirbelte alles durcheinander.

»Komm schon. Wir waren doch ein richtig gutes Team, du und ich. Und wir könnten es wieder sein.« Er hob die Hand und strich ihr mit dem Zeigefinger über die Wange. »Du siehst müde aus«, flüsterte er.

Rose wich seiner Hand aus. »René, lass das.«

»Hey, sei doch nicht so.«

»Was? Sag mal, spinnst du?« Rose befreite auch ihre andere Hand aus seinem Griff. »Ich hatte monatelang nichts von dir gehört. Du glaubst doch nicht ernsthaft, dass du jetzt einfach hier reinschneien kannst und alles wäre damit vergessen?«

»Das ist nicht wahr, Rose. Ich hatte mich bei dir gemeldet.«

»Du hast mich vor ein paar Tagen mal angerufen, richtig. Um mir zu sagen, dass mit deiner neuen Ische schon wieder Schluss ist. Und jetzt willst du mich zurück. So ein Zufall, findest du nicht?«

»Das stimmt nicht, Rose. Ich hatte dir zwischendurch auch Mails geschickt, aber darauf hast du nicht reagiert. Deshalb fing ich an, mir Sorgen zu machen.«

Rose spürte, wie ihr Ärger ins Wanken kam. War das wahr?

»Ich habe hier noch kein Internet«, musste sie eingestehen.

René sah sie verblüfft an. »Was, gar nicht?«

Rose schüttelte den Kopf.

»Und was ist mit dem Handy?«

»Da kam nichts an.«

Renés Blick war erst ungläubig, doch dann nickte er.

»Logisch, wenn dein Rechner deine Emails nicht anfordert, können sie auch nicht auf dein Handy weitergeleitet werden. Mensch, Rose, und das ist dir in der ganzen Zeit nicht aufgefallen?«

Rose fühlte sich schon wieder unangenehm in die Ecke gedrängt. »Ich hatte einen Umzug zu wuppen, falls dir das entgangen sein sollte.«

»Stimmt.« René ließ den Blick abfällig durchs Wohnzimmer schweifen. »Und ehrlich gesagt glaube ich nicht, dass es eine gute Idee war, hier ins Nirgendwo zu ziehen. So ganz allein.«

»René, hör auf. Wir leben im 21. Jahrhundert, nicht mehr im Mittelalter. Ich habe Telefon und irgendwann demnächst auch wieder Internet.«

»Niemand bekommt mit, wenn dir irgendwas passiert.«

»Es würde auch niemand was mitbekommen, wenn ich in einer dieser seelenlosen Mietskasernen in Wilhelmsburg wohnen würde.«

»Wilhelmsburg, ausgerechnet. Warum nicht gleich Veddel oder Billstedt?«

»Weil man in den normalen Wohngegenden von Hamburg kaum noch eine Wohnung bekommt, wie du sehr wohl weißt! Und weil du mich mit der sündhaft teuren Miete für unsere alte Wohnung einfach sitzengelassen hast. Von mir selbst mal ganz zu schweigen!«

»Hey, bleib mal ruhig! Kein Grund, gleich wieder hysterisch zu werden!«

»Hysterisch? Ich?« Rose war kurz vor dem Platzen. »Ich habe überhaupt keinen Grund hysterisch zu werden, nachdem der Typ, der mich monatelang mit so einer dämlichen Trulla betrogen hat, hier vor mir steht und mir schlaue Ratschläge gibt!«

»Komm, jetzt übertreibst du aber wieder. Es war nicht …«

»Ich übertreibe? Das darf ja wohl nicht wahr sein!« Rose marschierte in den Windfang und öffnete die Haustür. »Die zehn Minuten sind längst um. Raus! Und zwar sofort!«

»Rose …«

»Raus habe ich gesagt!«

René sah ihr ins Gesicht, dann zuckte er die Achseln. »Dein Wunsch sei mir Befehl. Aber du solltest mal einen Blick in den Spiegel werfen. Du siehst aus wie eine Furie, nicht wie eine erwachsene Frau. Wenn das nicht hysterisch ist, weiß ich es auch nicht. Scheint dir ja nicht besonders gut zu bekommen, deine Heide. Mach's gut.«

Er marschierte an ihr vorbei und ging, ohne zurückzublicken, zu seinem Auto.

Rose wartete nicht, bis er eingestiegen war. Sie knallte die Tür hinter ihm zu, lehnte sich von innen dagegen und schloss die Augen. Ihre Hände verschränkte sie ineinander, um das Zittern zu stoppen, aber die Tränen ließen sich trotzdem nicht zurückhalten.

Verdammt! Es war schon wieder passiert. Wieder hatte sie sich provozieren lassen, war lauter und lauter geworden. Und natürlich wurde sie dann angeblich auch *hysterisch* – Renés Lieblingswort, wenn sie sich zu verteidigen versuchte. Genauso wie *überempfindlich* oder *hormongesteuert*.

Dabei hatte sie doch viel souveräner reagieren wollen, jetzt, wo sie ihr neues Leben begonnen hatte.

Und nun das.

Rose ging in die Küche, um den Wasserkocher anzuschalten. Der Appetit war ihr erst mal gründlich vergangen, aber eine Tasse Tee war vielleicht ganz gut, um wieder runterzukommen.

Während sie darauf wartete, dass das Wasser zu kochen begann, sah sie aus dem Fenster, ohne wirklich etwas wahrzunehmen. Wie war René überhaupt an ihre neue Adresse gekommen? Sie hatte sie doch nur an zwei oder drei Bekannte weitergegeben. Und – ja, natürlich: Auch an die Nachbarin, falls doch noch Post an die alte Anschrift zugestellt wurde. Möglicherweise hatte Frau Nermann, die immer eine Schwäche für René gehabt hatte, sich auch dieses Mal wieder um den Finger wickeln lassen. René wusste sehr genau, wie er die Menschen für seine Zwecke einspannen konnte – einer der Gründe dafür, warum er in seinem Job so erfolgreich war.

Leider wusste er auch, mit welchen Sprüchen sich Rose antriggern ließ. Und sie reagierte natürlich – selbst jetzt noch.

Dabei hatte Rose schon vor ihrer Trennung den Verdacht gehabt, dass René diese Knöpfe meist ganz bewusst einsetzte, um recht zu behalten und seinen Willen durchsetzen. Und gleichzeitig sollte sie sich schuldig fühlen. Wertlos. Neurotisch. Seufzend goss Rose das kochende Wasser in die Tasse mit dem Teebeutel und sah zu, wie sich das Wasser langsam golden färbte.

Sie hatte es gewusst, schon lange, bevor sie sich getrennt hatten. Und was hatte sie gemacht?

Nichts. Immer in der Hoffnung, dass am nächsten Morgen alles wieder vergessen war und sie ihren alten René zurückhatte, charmant, lustig, strahlend. Wie oft hatten sie sich in den letzten Jahren gestritten? Und wie oft hatte sie danach nachts neben ihm gelegen, still weinend und dem Gefühl, keine Luft mehr zum Atmen zu haben? Warum war sie nicht schon viel früher darauf gekommen, dass ihr diese Beziehung nicht guttat?

Die Antwort war leider ebenso einfach wie bitter: Weil sie es nicht sehen wollte. Sie hatte es nicht wahrhaben wollen, dass sich ihre eigene Beziehung auch nicht besser entwickelte als die ihrer Eltern, hatte sich nicht eingestehen wollen, dass die Heimat, die sie sich so viele Jahre erhofft hatte, ebenfalls nur eine Illusion gewesen war.

Rose atmete tief durch – dieses lang verdrängte Eingeständnis musste sie erst mal sacken lassen. Während sie jedoch gerade den Teebeutel aus der Tasse fischte, hielt sie unvermittelt in ihren Gedanken inne und schnupperte überrascht.

Es roch intensiv nach Rosen.

Wo mochte das herkommen? Sie warf einen Blick auf das Etikett des Teebeutels.

Nein, es war wirklich Darjeeling, und er roch auch wie Darjeeling. Daran konnte es also nicht liegen. Außerdem hatte sie den Rosenduft vor ein paar Tagen schon mal wahrgenommen, allerdings im Wohnzimmer, und ohne Tee.

Ob es von draußen hereinkam? So musste es wohl sein, obwohl im Garten bislang keine Rosen standen, und die *Rosa Mundi*, die sie vorhin gekauft hatte, nicht duftete. Zumindest nicht für sie – Herr Schmitz hatte behauptet, nicht jeder könne ihren Duft wahrnehmen, aber schön sei sie natürlich trotzdem.

Inzwischen war der Duft auch wieder verflogen. Vielleicht blühte ja irgendwo am Waldrand eine wilde Rose, die sie bisher übersehen hatte. Und im Grunde war es auch völlig egal, denn es gab genug wichtigere Dinge, um die sie sich jetzt kümmern musste.

Beispielsweise um ihr Portfolio und die leidige Kundenakquise. Schließlich konnte sie das Thema nicht ewig verdrängen und stattdessen anfangen, Blumen zu züchten. Oder doch?

Rose gab einen Löffel Zucker und einen Schuss Milch in ihren Tee, setzte sich nach draußen auf die Bank und ließ den Blick über den Garten schweifen. Mochte René lästern, wie er wollte, sie war garantiert nicht die Einzige, die sich für die Natur begeistern konnte, was die zahlreichen Gartenzeitschriften und *›Raus aufs Land‹*-Magazine bewiesen. Und sie wohnte jetzt dort, wo andere Urlaub machten …

Langsam begann sich eine Idee in ihrem Kopf zu formen. Nein, Blumen züchten sicher nicht, davon hatte sie keine Ahnung. Aber Pflanzen zeichnen und Geschichten dazu erzählen, das konnte sie. Vielleicht ließ sich daraus auch gleich eine Broschüre zaubern ... zum Beispiel mit alten Sagen und Märchen dieser Gegend. Hermann Löns und so – *Retro* lag schließlich voll im Trend.

Rose nickte nachdenklich. Ja, ein Büchlein mit Geschichten und Zeichnungen, das die Touristen für ein paar Euro mit nach Hause nehmen konnten – und damit gleich Werbung für sie machten. Und natürlich für die Lüneburger Heide. Win-win für alle.

Je länger Rose darüber nachdachte, umso besser gefiel ihr die Idee. Bislang hatte sie in den Buchläden nur Reiseführer oder Bildbände über die Heide gesehen, dazu einige Regionalkrimis. So etwas wie ihr Projekt gab es ihres Wissens noch nicht – dafür aber die Touristinformationen und zahlreiche Erlebniszentren, Cafés, Restaurants, Hotels und Pensionen, bei denen sie nachfragen konnte, ob Interesse an der Broschüre bestand. Möglichkeiten für ihr Marketing gab es also reichlich ...

Aber halt – einen Schritt nach dem anderen. Wenn sie Blumen zeichnen wollte, sollte sie sie jetzt erst einmal einpflanzen.

Rose stellte ihre Tasse auf die Bank und machte sich entschlossen an die Arbeit.

Kapitel 4

Es war wärmer, als Rose gedacht hatte. Als sie vorhin ihr Fahrrad aus dem kleinen, windschiefen Gartenschuppen geholt hatte, war es unter den Eichen und Buchen noch recht schattig gewesen, aber inzwischen hatte sie längst die leichte Strickjacke ausgezogen und hinter sich in den Fahrradkorb gelegt. Während sie von Wehlen nach Wesel fuhr, genoss sie die milde Luft, die ihr Gesicht und die unbedeckten Arme streichelte.

Die letzten zwei Tage hatte sie im Garten mit Hacken, Jäten und Pflanzen verbracht und sich dabei jeden Gedanken an René verboten. Eigentlich war das auch heute wieder ihr Plan gewesen, doch nachdem sie vorhin beim Einräumen des Geschirrspülers kaum mehr aus der Hocke hochgekommen war, hatte sie beschlossen, stattdessen ihren Muskelkater auszuführen und ihm die nähere Umgebung zu zeigen.

In Hamburg hatte sie ihr Fahrrad kaum genutzt. Zu viel Verkehr, zu viel Stress – alle hatten es eilig, und irgendwer stand immer auf der Hupe, weil es ihm nicht schnell genug ging. Dazu die Radwege, oft gerade mal handtuchbreit und holperig. René nahm das als sportliche Herausforderung, sich zur Not auch zwischen den Autos hindurchzuschlängeln, wenn der Radweg mal wieder komplett zugeparkt war. Falls der Lenker dann am Lack entlangkratzte – so what, die Karre hatte da schließlich nicht zu stehen. Zumindest, solange es sich nicht um *sein* Auto handelte, dann sah die Sache natürlich anders aus.

Für Rose war es dagegen immer einem Spießrutenlauf gleichgekommen; sie hatte sich auf ihrem Drahtesel im Hamburger Stadtverkehr nie wohl gefühlt. Hier war es dagegen die reinste Erholung, Fahrrad zu fahren: Nicht nur, dass es ein gut ausgebautes Wegenetz gab, die Straßen im Naturschutzgebiet waren auch zusätzlich für den allgemeinen Kraftfahrzeugverkehr gesperrt. In der letzten halben Stunde waren ihr daher auch nur zwei Anwohner mit dem Auto entgegengekommen, ansonsten beschränkte sich der Verkehr auf ein paar Fußgänger und einige andere Radfahrer, die ebenfalls die Ruhe und das wundervolle Wetter genossen.

Erst als Rose wieder anhielt, um mit der Handykamera weitere Eindrücke einzufangen, bemerkte sie, wie heiß es inzwischen tatsächlich geworden war. Die Luft stand über den Heideflächen – ungewöhnlich für diese Gegend, in der fast immer zumindest ein leichter Wind ging. Doch heute bewegten sich nicht einmal die Blätter an den filigranen Ästen der Birken, die links und rechts des Weges standen, und zwischen den Wacholderbüschen und Kiefern, die sich vereinzelt über dem Heidekraut erhoben, flimmerte die Luft in der Sonne.

Rose wischte sich mit der Hand über die Stirn und atmete tief ein. Die Luft roch nach Sommer und frischem Grün. Als sie die Blätter eines niedrigen, rosa blühenden Krauts abzupfte, gesellte sich noch ein weiterer Duft dazu, unerwartet, doch gleichzeitig vertraut. Thymian. Verblüfft stellte Rose fest, dass er hier in großen Polstern zwischen blauen Glockenblumen und lilafarbenen Heidenelken wuchs.

Je länger Rose ihren Blick über die Vegetation wandern ließ, umso mehr Details fielen ihr dabei auf: Gräser, Flechten und die vielen gelben und weißen Blüten, die auf ihren kurzen Stängeln kaum über das Heidekraut hinausragten, aber offensichtlich regen Zuspruch bei der heimischen Insektenwelt fanden. Die Heideblüte selbst würde dagegen erst frühestens in vier Wochen beginnen, hatte ihr Käthe bei ihrem letzten Besuch erzählt. Bis dahin zeige sich die Landschaft noch von ihrer zurückhaltenden Seite und offenbare ihre Schönheit nur dem, der sich genug Zeit für sie nahm. Rose hatte bei ihren weihevollen Worten insgeheim schmunzeln müssen, doch nun gab sie der alten Dame vorbehaltlos recht. Inzwischen bedauerte sie es, nicht ihre Spiegelreflexkamera mit dem Makroobjektiv mitgenommen zu haben, denn bei den meisten blütenbesuchenden Insekten kam ihr Handy leider an seine Grenzen. Gerade die kleineren Schmetterlinge und die Wildbienen ließen sich damit kaum festhalten; sobald sie dichter heranging, waren sie auch schon wieder davongeflogen.

Aber gut, dann beim nächsten Mal. Eigentlich hatte sie sich für heute sowieso vorgenommen, vor allem Landschaftsszenen und Gebäude zu fotografieren – typische Heidemotive für ihre Illustrationen. In Eickenloh und Wehlen hatte sie bereits etliche Anregungen für ihr Moodboard sammeln können: Zauberhafte nostalgische Details an alten Fachwerkhöfen, urige Treppenspeicher und einen der reetgedeckten Schafställe, an dessen Gatter sie allerdings nicht von Heidschnucken, sondern zwei Eseln begrüßt worden war, die ihren Unmut, dort allein herumstehen zu müssen, mit durchdringenden Rufen kundgetan hatten.

Das nächste Ziel auf ihrer Tour war jetzt das *Hexenhaus* in Wesel, das nach Aussage ihrer Vermieterin durchaus einen Besuch lohnte. Rose war das reetgedeckte Fachwerkhäuschen schon im Vorbeifahren aufgefallen, doch bisher hatte sie nie die Zeit gefunden, um dort mal anzuhalten.

Auf dem Fahrrad war die Wärme wieder erträglicher, trotzdem war Rose froh, als sie in Wesel zwischen der alten Schule und der Gaststätte *Heidelust* auf die Dorfstraße traf. Schräg gegenüber lag bereits ihr Ziel, und im Schatten der Bäume an der Kate würde es deutlich angenehmer sein.

Die Seitenstraße, die am Hexenhaus entlangführte, trug den klangvollen Namen ›*Am Höllenhoff*‹, wie Rose amüsiert feststellte. Die größere Überraschung war jedoch der weiße Transporter, der auf Höhe der Kate am Straßenrand stand.

Rose lächelte, als sie den Schriftzug der Reetdachdeckerei Sage an der Seite entdeckte. Nicht nur, dass sie sich jetzt noch mal für die nette Geste im Supermarkt bedanken konnte, vielleicht ergab sich auch gleich die Gelegenheit, mehr über das Hexenhaus zu erfahren.

Bis jetzt war allerdings niemand zu sehen. Rose schloss ihr Fahrrad am Zaun an und ging die paar Schritte den schmalen gepflasterten Weg entlang, der zum Hexenhaus führte. Das Häuschen war kleiner als ihre eigene Kate und durch das steile, tiefgezogene Reetdach nur eingeschossig, aber äußerst liebevoll instandgesetzt worden. Und auch sonst sah es mit seinen sorgfältig ausgemauerten Gefachen, den weißen Sprossenfenstern und den Petunien in den Blumenkästen alles andere wie ein Hexenhaus aus. Woher es wohl seinen merkwürdigen Namen hatte?

Während Rose Fotos machte, erklangen von der Rückseite des Hauses plötzlich dumpf klopfende Geräusche. Neugierig ging sie um die Kate herum. Und tatsächlich: Der Mann, der ihr im Supermarkt aus der Not geholfen hatte, stand auf einem Tritt neben einer Leiter auf dem Dach und klopfte gerade mit einem Brett neues Schilfrohr in ein großes Loch im Reet. Dabei hatte er ihr den Rücken zugekehrt und sie noch nicht bemerkt, was Rose die Gelegenheit gab, ihn genauer zu betrachten.

Auch heute trug er wieder eine schwarze Arbeitshose und ein dunkles T-Shirt, nur seine Haare schienen noch verwuschelter als beim letzten Mal. Vermutlich war das auch kein Wunder, denn das Einklopfen des Reets schien selbst hier im Schatten schweißtreibende Arbeit zu sein – und reichlich staubig. Trotzdem bekam Rose den Eindruck, dass jeder Handgriff geübt und präzise ausgeführt wurde. Und seine Arbeit machte ihm offenbar Freude, denn er schien ganz darin versunken zu sein.

»Hallo?«

Der Dachdecker drehte überrascht den Kopf in ihre Richtung, lächelte aber, als er sie wiedererkannte.

»Moin! Wolltest du zu mir?«

»Nein … also doch, irgendwie schon. Ich habe den Transporter an der Straße gesehen. Also habe ich gedacht, ich könnte mich bei der Gelegenheit noch mal für die Rettung aus der Not bedanken. Und mich revanchieren.« Sie zog den Glückscent aus der Hosentasche, den sie jetzt schon seit mehreren Tagen mit sich herumtrug. »Und um ehrlich zu sein, war ich auch ein bisschen neugierig. Ich habe noch nie gesehen, wie Reetdächer gedeckt werden.«

Der Dachdecker – oder Bent, wie er ja wohl hieß – wischte sich unbewusst die Haare aus der Stirn. »In diesem Fall nur repariert. Die Windböen letzte Woche hatten einen der großen morschen Äste runtergerissen. Normalerweise kann ein Reetdach einiges ab, aber der hier hat die Kate ganz ungünstig getroffen, direkt an der Traufe.«

Er hakte das Brettchen mit einem Dorn in das Dach ein. Dann kletterte er die Leiter herunter und reichte Rose die Hand. »So funktioniert das aber nicht, weißt du?«

»Was?«, fragte Rose perplex. Irgendwie schaffte es der Kerl, sie ständig aus dem Konzept zu bringen.

»Man darf sich für eine gute Tat nicht revanchieren. Das macht sie ungültig.« Wieder dieses schelmische Lächeln, aber diesmal war Rose gewappnet.

»Das will ich auch gar nicht.«

»Nicht?« Er legte den Kopf leicht schräg und sah sie erwartungsvoll an. »Sondern?«

Flirtete er etwa mit ihr? Rose war sich nicht sicher – vielleicht wollte er auch nur höflich sein. Schließlich hatte sie ihn ja gerade mehr oder weniger überfallen. Egal, jetzt wollte sie loswerden, was sie zu sagen hatte.

»Ich bringe Glück.«

»Tatsächlich?«

Rose nickte und merkte, wie ihr die Röte in die Wangen kroch. Mist. Eigentlich hatte sie das doch ganz anders formulieren wollen. »Also … ich meine … einen Glückscent. Das war das Wechselgeld … und die Kassiererin meinte, ich soll ihn weitergeben, dann bringt er Glück. Und das wollte ich machen … und mich noch einmal bedanken.« Sie brach ab, als sie merkte, dass sie immer mehr ins Stottern kam. Himmel, was war bloß los mit ihr? »Also, ähem … ja. Das ist also das Hexenhaus von Wesel?«, fragte sie stattdessen, um von ihrer Verlegenheit abzulenken. »Irgendwie hatte ich es mir ganz anders vorgestellt. Verwunschen und düster, nicht so schön restauriert. Muss ja eine sehr stilbewusste Hexe gewesen sein, die hier gewohnt hat.«

Bent schmunzelte. »Du hättest es mal vor seiner Sanierung sehen sollen. Wobei der Name nicht von einer früheren Besitzerin, sondern der verwinkelten Bauweise kommt. Ursprünglich war es mal ein Backhaus, das erst später notdürftig zum Wohnhaus umgebaut wurde, indem man überall noch was angebastelt hat. Zum Schluss war es dann völlig heruntergekommen. Hätte sich der Förderverein nicht für den Erhalt eingesetzt, wäre es inzwischen längst abgerissen. Mit Hexen hat es also nichts zu tun.«

»Schade, das hätte so gut zum Straßennamen gepasst.«

»Am Höllenhoff?« Bent stutzte kurz. »Ach so, verstehe. Nein, der Name bezieht sich nicht auf die Unterwelt, sondern auf die Ilexbüsche, die hier *Hülse* oder *Holler* genannt werden.« Er deutete auf mehrere Sträucher mit stacheligen, lackgrün glänzenden Blättern, die neben der Kate standen.

»Oh.« Ein wenig war Rose von der profanen Erklärung enttäuscht. »Na ja, jedenfalls wäre es jammerschade gewesen, es abzureißen. Es ist so hübsch.«

»Inzwischen ist es zu einer Art Wahrzeichen von Wesel geworden. Und falls du irgendwann heiraten willst – das Standesamt Hanstedt hat hier seine Außenstelle.«

Wie schön, aber wohl eher nicht. Rose beschloss, den letzten Satz großzügig zu überhören.

»Wobei ich jetzt auch mal neugierig sein will«, meinte Bent, als von ihr keine Reaktion kam. Rose sah ihn fragend an.

»Ich fahre ja mit meiner Visitenkarte durch die Gegend.« Er deutete mit dem Kopf in Richtung des Transporters. »Aber hat das Glück auch einen Namen?«

Es dauerte einen Moment, bis Rose verstand, was er damit meinte. Dann errötete sie wieder, als ihr auffiel, dass sie ihn zwar überfallen, sich aber nicht vorgestellt hatte. »Rose. Rose Hermanns.«

»Freut mich sehr, dich kennenzulernen, Rose«, sagte Bent lächelnd. Dann drehte er sich der Kate zu. Ein leichter Windzug streifte Rose und trug ihr den Duft seines Aftershaves in die Nase. Sandelholz und Zitrus. Und ja, auch Schweiß, doch Rose fand es wider Erwarten nicht unangenehm.

»Na ja, hätte schlimmer kommen können. Immerhin nur der Ast, und nicht gleich die ganze Eiche. Aber sag mal, wenn du noch nie gesehen hast, wie ein Reetdach gedeckt wird, dann wohnst du noch nicht lange hier. Oder machst du Urlaub?«

Rose musste über seinen recht unverhohlenen Versuch, sie auszufragen, schmunzeln. Da Bent mit dem Rücken zu ihr stand, konnte er es natürlich nicht sehen, aber Rose spürte erleichtert, wie ihre Befangenheit verflog. Außerdem hatte er ihr damit auch gleich das passende Stichwort gegeben.

»Ersteres. Ich bin vor zwei Monaten hierher gezogen. Zur Zeit sammele ich so viele Eindrücke wie möglich – ich mache mich als Mediendesignerin selbstständig und bin gerade dabei, mein Portfolio aufzubauen.«

Bent sah sie überrascht an. »Wow, cool. Und in welche Richtung soll es gehen?«

»Das weiß ich noch nicht genau«, musste Rose zugeben. »Ich glaube, ich werde erst mal möglichst breit gefächert starten, und dann sehen, was gefragt wird. Vielleicht in Richtung Tourismus, das würde hier in der Gegend ja naheliegen. Deshalb möchte ich als Erstes eine kleine Broschüre erstellen, mit Sagen und Mythen der Lüneburger Heide. Bisher habe ich so etwas noch nicht gefunden.«

»Wüsste ich auch nicht«, meinte Bent nachdenklich. »Zumindest nichts, was in der letzten Zeit erschienen wäre. Die Heide ist touristisch leider ein wenig aus der Mode gekommen, fürchte ich.«

Rose nickte begeistert. »Deshalb meine Idee. Die Broschüre soll gleichzeitig Werbung für die Heide und meine Arbeit machen. Allerdings kein Reiseführer, sondern eher etwas, was sich vom Üblichen abhebt. Besondere Stimmungen, mystische Orte …«

»… Nebel über dem Moor …«, warf Bent ein.

»Genau. Also einerseits bodenständig wie die Heide selbst, andererseits aber auch unterhaltsam und … na ja, irgendwie verzaubernd. Ich möchte, dass der Leser den Wind in den Eichen rauschen hört oder spürt, wie der Nebel langsam vom Moor hochsteigt.«

»Du meinst, so richtig mit klammen Füßen und eiskalten Wassertropfen, die einem den Nacken hinunterlaufen, wenn man versehentlich einen der Birkenzweige im Vorbeigehen streift?«

Rose erwiderte Bents Grinsen. »Okay, dann doch eher die sonnigeren Seiten der Heide. Aber im Prinzip genauso anschaulich. Und mit meinen Illustrationen entsprechend untermalt.«

»Klingt spannend. Hast du schon jemanden, der die Texte für dich schreibt?«

»Das mache ich auch selbst. Was mir jetzt noch fehlt, ist Inspiration. Hast du eventuell ein paar gute Tipps für mich?«

»Tja … abgesehen vom Hexenhaus und dem Weseler Pastorenteich, dem Büsenbachtal, dem Pietzmoor, dem Totengrund und dem Wilseder Berg … hm, schwierig. Da muss ich mal überlegen. Manchmal hat man es ja direkt vor Augen und kommt trotzdem nicht drauf …« Er begann zu lachen. »Nein, im Ernst: Hier sind so viele schöne Ecken, da gibt es einiges, was ich dir erzählen kann. Nur ist es im Moment etwas ungünstig«, er drehte sich wieder zum Hexenhaus und deutete auf die Arbeit, die auf dem Dach auf ihn wartete. »Aber was hältst du davon, wenn wir uns auf einen Kaffee oder Tee treffen? Vielleicht am Wochenende?«

»Ich weiß nicht …« Rose fühlte sich von dem unerwarteten Angebot überrumpelt. Einerseits war es bestimmt spannend, sich mit Bent über ihre neue Heimat zu unterhalten. Auf der anderen Seite fand sie es jetzt aber auch ziemlich offensichtlich, dass er mit ihr flirtete. Und Rose fühlte sich noch nicht bereit, jemand Neues in ihr Leben einzulassen – zumindest nicht, bevor sie ihre Gefühle in Bezug auf René geklärt hatte.

Sie schüttelte den Kopf. »Tut mir leid …«

»Schade«, unterbrach Bent sie leise, »ich dachte, ich hätte Glück.« Seine Augen blitzten mutwillig, als er mit dem Kinn in Richtung des Glückcents deutete, den Rose immer noch in der Hand hielt. Graue Augen, wie Rose bemerkte – doch es war sein Lächeln, das sie wieder gefangen nahm.

Es war irgendwie … vertraut, wie das ferne Echo einer längst verloren geglaubten Erinnerung. Nur wusste Rose beim besten Willen nicht, welche das sein sollte. Sie war sich sicher, dass sie Bent vor wenigen Tagen zum allerersten Mal begegnet war. Und trotzdem … sein Lächeln war es, das sie schließlich doch nicken ließ.

»Wunderbar.« Bent schien sich aufrichtig über ihre Zustimmung zu freuen. »Dann treffen wir uns … Ach Mist, das hatte ich jetzt fast vergessen. Kommendes Wochenende bin ich ja auf dem Darß. Aber wie sieht es mit dem darauffolgenden aus? Vielleicht am Samstag, so gegen achtzehn Uhr?«

»Gern. Und wo?«

»Was hältst du vom *›Teetied‹* in Undeloh? Die haben einen gemütlichen Teegarten und unglaublich leckeren Kuchen. Oder warme Küche, falls dir das lieber ist. Aber ich sag's dir gleich, du verpasst was, wenn du nicht mindestens zwei Stück Torte probierst.«

Jetzt musste Rose doch lachen. »Erst mal sehen. Nicht, dass ich hinterher nach Hause rollen muss.«

»Und wenn schon. Manchmal muss man halt Prioritäten setzen. Zur Not gebe ich dir auch einen Schubs, damit der Schwung bis nach Hause reicht. Also abgemacht?«

»Ja, gut … also dann … bis Samstag nächste Woche.«

Plötzlich fühlte sie sich wieder befangen.

»Ich freue mich«, meinte Bent schlicht, aber seine Augen blickten sie warm an.

»Okay, dann … werde ich jetzt mal weiterfahren«, murmelte Rose und kam sich im selben Moment ziemlich töricht vor.

»Na klar. Wo willst du als Nächstes hin?«

»Das weiß ich noch nicht. Bis auf das Hexenhaus hatte ich nichts weiter geplant und wollte mich überraschen lassen.«

»Keine schlechte Idee.« Bent lächelte wieder und deutete mit dem Kopf zur Straße. »Dann solltest du dir auf jeden Fall noch den Pastorenteich und die Weseler Heide ansehen. Einfach den Höllenhoff weiter runter und dann immer geradeaus zwischen den Feldern hindurch. Dann kommst du direkt darauf zu.«

Rose war heilfroh, als sie wieder auf dem Fahrrad saß und der Fahrtwind ihr erhitztes Gesicht abkühlte. Himmel, was war eben bloß mit ihr losgewesen? Manager, CEOs oder wichtige Influencer der Werbe- und Medienbranche – mit allen hatte sie in den vergangenen Jahren locker und charmant plaudern können. Selbst wenn ihr Gegenüber ein gewisses Interesse an ihrer Person durchblicken ließ, hatte sie das Gespräch immer wieder auf eine rein berufliche Ebene zurückgeführt, ohne dass sich irgendjemand zurückgewiesen oder brüskiert fühlen musste. Sie genoss die Komplimente, vergaß aber nie, dass sie sich in einer festen Beziehung befand – und damit waren die Grenzen klar abgesteckt.

Und nun? Kaum war sie hier auf dem Land, ließ sie sich von dem erstbesten netten Typen, der ihr aus einer kleinen Patsche geholfen hatte, komplett aus der Fassung bringen. Dabei sah er weder außergewöhnlich gut aus, noch hatte er besonders offensiv geflirtet. Er hatte sie einfach nur angelächelt – doch genau das hatte etwas in ihr berührt, was sie nicht erklären und noch weniger benennen konnte.

Tatsächlich benötigte sie kaum fünf Minuten, bis sie hinter den Maisfeldern und einem Wäldchen den Pastorenteich erreichte. Er lag in einer kleinen Senke, die dunkle Wasseroberfläche mit Schwimmpflanzen bewachsen, geheimnisvoll und trotzdem einladend, voller Ruhe und Frieden. Der Weg schlängelte sich links am Waldrand entlang zu einer Bank am Ufer des Teiches, um danach die kleine Anhöhe dahinter zu erklimmen und schließlich in den weitläufigen Heideflächen zu verschwinden.

Rose hielt kurz an und ließ das Panorama auf sich wirken. Dann stieg sie ab und schob das Rad bis zur Bank. Außer ihr war keine Menschenseele zu sehen, und das einzige, was sie hier hören konnte, war das Zwitschern der Vögel und ab und an mal das Quaken einiger Frösche, die irgendwo am Ufer sitzen mussten.

Sie blieb allerdings nicht lange allein. Kaum, dass sie ihr Rad an der Birke neben der Bank abgestellt und sich hingesetzt hatte, kam auch schon eine große, blaugrüne Libelle auf sie zugeflogen, die sie von mehreren Richtungen in Augenschein nahm. Rose war im ersten Moment unsicher, wie sie auf das neugierige Insekt, das sich ihr immer wieder bis auf wenige Handbreit näherte, reagieren sollte, entschied sich dann aber, einfach still sitzen zu bleiben und sich nicht zu bewegen.

Es dauerte nicht lange, bis die Libelle das Interesse an ihr verlor und ihre ursprüngliche Aufgabe wieder aufnahm, am Ufer entlangzupatroullieren. Rose sah ihre schillernden Flügel regelmäßig aus den Augenwinkeln, während sie selbst über die Wasserfläche des Teiches sah und nachdachte.

Für ihre berufliche Perspektive hatte sich in den letzten Tagen eine neue Tür geöffnet, dafür stand sie jetzt vor der Frage, wie es privat bei ihr weitergehen sollte. Wenn sie ehrlich war, hatte René ihr einiges an den Kopf geworfen, was sie immer noch beschäftigte.

Hatte sie ihn wirklich in die Arme der anderen Frau getrieben? Und ihr alter Job – sein Vorwurf, sie hätte auch da völlig überreagiert, war nicht ganz von der Hand zu weisen. Sie war tatsächlich einfach abgehauen, ohne nachzudenken und nur aus dem Gefühl heraus, vor versammelter Mannschaft gedemütigt worden zu sein. Hätte sie professioneller reagieren müssen?

Rose seufzte. Inzwischen war es sowieso zu spät, es ließ sich nicht mehr ändern. Und sie wollte es auch nicht ändern, für kein Geld der Welt. Seit sie hier in der Heide ihr neues Zuhause gefunden hatte, fühlte sie sich so ausgeglichen wie schon lange nicht mehr.

Obwohl … René würde vermutlich behaupten, sie mache sich auch hier nur etwas vor, nachdem sie vor den alten Problemen davongelaufen war. Kognitive Dissonanz – die nachträgliche Rechtfertigung oder das Schönreden eines Fehlverhaltens. Ausgelöst natürlich durch ihre angebliche psychische Labilität, die sie aus jeder Kleinigkeit eine Szene machen ließ. Auch eines seiner Lieblingsthemen, vor allem, wenn sie sich stritten. Sogar jetzt konnte sie seine spöttische, herablassende Stimme in ihrem Kopf hören.

Die Frage war nur: Hatte er recht?

Darauf wusste Rose beim besten Willen keine Antwort. Was sie aber wusste, war, dass sie das Thema immer noch viel zu sehr beschäftigte – mehr, als nach der ganzen Zeit gut für sie war. Was sie auch gleich zu der nächsten Frage brachte: War sie überhaupt schon wieder bereit für eine neue Beziehung?

Unwillkürlich schüttelte sie den Kopf.

Davon abgesehen wusste sie nicht einmal, ob Bent tatsächlich Interesse an ihr hatte. Womöglich war das, was sie als Flirten aufgefasst hatte, einfach nur freundlich und unverbindlich gemeint gewesen. Außerdem trafen sie sich nur im *Teetied*, weil er ihr Tipps zu ihrem Projekt geben wollte, sonst nichts. Bestimmt hatte er Frau und vier Kinder …

Du bist ein elender Feigling, Rose Hermanns!

Trotz ihrer trüben Gedanken musste sie grinsen, als ihr auffiel, dass sie gerade alle möglichen Ausflüchte hersuchte, um sich vor der Frage zu drücken, die sie in Wahrheit am meisten beschäftigte: Wie stand sie zu Bent?

Doch, sie mochte ihn. Sehr sogar, wie sie sich eingestehen musste. Sein Lächeln, seine charmante Art, sie aus der Reserve zu locken – er gehörte zu den Männern, in die man sich erst auf den zweiten oder dritten Blick verliebte, dann aber mit Haut und Haaren.

Doch genau das war ihr Problem. Wollte sie sich schon wieder verlieben?

Eigentlich nicht. Nein, auf keinen Fall. Und schon gar nicht in einen Typen, den sie eben erst zum zweiten Mal zufällig wiedergetroffen hatte. Im Grunde ein völlig Fremder … wäre da nicht dieses seltsame Gefühl, ihn bereits viel länger zu kennen. Oder war das nur Einbildung? Ein kleiner Selbstbetrug, romantisches Wunschdenken, nachdem ihre letzte Beziehung so kläglich gescheitert war? Jetzt, im Nachhinein, erschien es ihr fast so.

Sie sah auf die dunkle Wasseroberfläche, in der sich die umliegende Landschaft perfekt spiegelte. Nur sich selbst konnte sie von der Bank aus nicht sehen, dazu hätte sie aufstehen und noch einen Schritt weiter auf das Ufer zugehen müssen.

Stattdessen nahm sie einen kleinen Ast vom Boden auf, zerbrach ihn in mehrere Teile und warf sie dann nacheinander ins Wasser, wo sie wie Schiffchen langsam in verschiedene Richtungen davontrieben.

Rose lächelte. Vielleicht sollte sie endlich anfangen, das Leben weniger schwer zu nehmen. Bent war einfach ein netter Kerl und konnte ihr bestimmt einiges über ihre neue Heimat erzählen. Und nur, weil er ihr sympathisch war, musste sie ihn ja nicht gleich heiraten.

Als Rose schließlich aufstand, um zu ihrem Fahrrad zurückzugehen, trat sie doch noch mal einen Schritt dichter ans Ufer heran. Während sie durch das flache, glasklare Wasser bis auf den sandigen Grund sehen konnte, lächelte ihr gleichzeitig ihr Spiegelbild von der unberührten Oberfläche entgegen. So viel war in den letzten Monaten passiert, trotzdem sah es glücklich aus. Und warum auch nicht? Immerhin hatte sie großartige Pläne für ihre Zukunft. Das sollte doch für das Erste genügen, oder?

Und ob das genügt!

Entschlossen schwang sich Rose wieder auf ihr Fahrrad.

Da Bent sich so hilfsbereit gezeigt hatte, beschloss Rose, gleich am nächsten Tag weiterzurecherchieren. Allerdings nicht mehr mit dem Fahrrad, nachdem sie sich gestern in der Hitze noch über die unbefestigten Sandwege der – zugegebenermaßen traumhaft schönen – Weseler Heide geplagt hatte. Und im Anschluss dann über Undeloh zurück nach Hause – dort immerhin wieder auf asphaltierten Wegen, aber als sie endlich an ihrer Kate ankam, war sie trotzdem völlig geschafft. Kein Wunder, dass ihr unterwegs etliche Radfahrer mit E-Bikes entgegengekommen waren …

Jedenfalls hatte sie sich für heute eine Pause verdient und sich deshalb überlegt, die Umgebung zu Fuß zu erkunden. Starten wollte sie hier in Eickenloh, denn wer wusste besser über die Lüneburger Heide Bescheid als die Einheimischen selbst?

Außerdem hatte ihr bis jetzt immer die Zeit für Spaziergänge und vielleicht ein Schwätzchen mit den neuen Nachbarn gefehlt, das wollte sie endlich nachholen. Und dabei gleich das Nützliche mit dem Angenehmen verbinden, denn bei der Durchfahrt durch Eickenloh war ihr schon mehrfach das kleine Hofcafé an der Dorfstraße aufgefallen, für das ein fröhlich-buntes Schild verkündete, dass es mittwochs bis sonntags geöffnet hatte.

Vor dem Café waren bereits Tische und Stühle für das Wochenende aufgebaut, doch bislang saß noch niemand draußen. Rose suchte sich einen Tisch unter dem Blätterdach einer Buche aus, setzte sich auf einen der mit rot-weiß karierten Kissen ausgestatteten Metallstühle und genoss die Sonne, die in hellen Sprenkeln zwischen dem Laub hervorblitzte.

Lange musste sie nicht warten, bis eine rundliche Frau Ende fünfzig zu ihr an den Tisch kam.

»Moin. Was darf es denn sein?«

»Moin.« Rose erwiderte ihr Lächeln. »Was haben Sie denn an Kuchen da?«

»Einiges«, antwortete die Grauhaarige. »Wir starten ja gerade erst, da haben Sie noch die volle Auswahl. Ich kann Buchweizentorte anbieten, Himbeer-Sahne, Apfel-Schmand, Käsekuchen mit oder ohne Cranberrys, Himbeer-Baiser …«

»Halt, halt!« Rose hob abwehrend die Hände und lachte. »Ich kann mich jetzt schon nicht mehr entscheiden! Ich glaube, ich fange mit der Buchweizentorte an. Und könnte ich einen Latte macchiato dazu haben?«

»Aber natürlich, kommt sofort.«

Nachdem die Bedienung wieder im Café verschwunden war, nutzte Rose die Gelegenheit, um sich umzusehen. Das Hofcafé lag mitten im Dorf – wobei ›Dorf‹ schon fast übertrieben war, denn Eickenloh bestand aus kaum mehr als einem Dutzend Häuser, wie Rose inzwischen wusste. Dafür waren die Grundstücke hier alle riesig – in Hamburg hätte man allein in dem Cafégarten zwei Mehrfamilienhäuser untergebracht. Das Hofgebäude selbst war eins der moderneren, für diese Gegend typischen Klinkerbauten, strahlte aber durch seine gepflegte Gartenanlage und die geschmackvollen Dekorationen eine heimelige Gemütlichkeit aus.

Rose fiel die Ruhe auf, die hier ebenso wie an ihrer kleinen Kate herrschte. Dadurch, dass es in Eickenloh keinen Durchgangsverkehr gab, hätte man sich mit den Fachwerkhäusern, die sie von hier aus sah, auch um hundert Jahre zurückversetzt fühlen können.

Die meisten Gäste, die hierherkamen, waren vermutlich Wanderer, und das vor allem zur Heideblüte. Wenn Eickenloh dann ähnlich beliebt war wie Undeloh, würde hier in vier Wochen der Bär steppen. Schwer vorstellbar, dachte Rose, während sie eine Amsel beobachtete, die ein Stück neben ihr in aller Seelenruhe Regenwürmer aus dem Rasen zog.

Kurz darauf kam ihre Bestellung. Das Kuchenstück war riesig und so verführerisch, dass Rose spontan beschloss, erst mal alles in Ruhe zu genießen. Wenn es so ruhig blieb, war später immer noch genug Zeit, um mit der Dame vom Service zu plauschen.

Schon nach dem ersten Bissen war Rose klar, dass sie die richtige Entscheidung getroffen hatte, denn die Buchweizentorte war einfach himmlisch. Als sie alles aufgegessen hatte war sie allerdings auch so pappsatt, dass sie am liebsten nur noch nach Hause gekugelt wäre. Aber es half nichts, sie hatte die letzten Wochen genug getrödelt, jetzt mussten Taten folgen. Schließlich war sie deswegen auch hierhergekommen.

In der Zwischenzeit hatte ein Paar mittleren Alters ein Stück weiter Platz genommen und gab gerade seine Bestellung auf. Als die Kellnerin auf dem Rückweg sah, dass Rose fertig war, kam sie auch gleich zu ihr, um abzuräumen.

»War alles in Ordnung?«

»Ja, danke. Besonders der Kuchen war göttlich!«

»Vielen Dank! Selbstgebacken, wie alles bei uns.«

»Das hört sich verlockend an, dann komme ich jetzt bestimmt öfter hierher. Die anderen Torten muss ich schließlich auch noch probieren, aber bei den Riesenstücken schafft man nicht mehr als eins auf einmal.«

»So soll das sein«, meinte die Grauhaarige schmunzelnd. »Sie sind Gast hier in Eickenloh?«

Rose strahlte sie an. »Nein, ich bin ihre neue Nachbarin. Leider hatte ich bisher noch keine Möglichkeit, mich vorzustellen, das wollte ich jetzt nachholen. Mein Name ist Rose Hermanns.«

Die Kellnerin sah sie verblüfft an. »Sie wohnen hier in Eickenloh? Wo denn?«

Rose konnte förmlich sehen, wie es hinter der Stirn der Grauhaarigen arbeitete. »In der kleinen Kate im Wald. Dem Haus von Frau Husmann aus Handeloh.«

»Ach, Sie sind das?« Der Gesichtsausdruck der Kellnerin wurde plötzlich verschlossen. Rose musterte sie überrascht. Hatte sie irgendwas Falsches gesagt? Oder war die ältere Dame beleidigt, weil sie sich nicht schon früher vorgestellt hatte?

»Ja«, beeilte sie sich deshalb zu sagen, »ich bin erst vor zwei Monaten eingezogen. Es hat einige Zeit gedauert, bis endlich alles eingerichtet war, aber jetzt ist das meiste geschafft und ich bin gerade dabei, meine Selbstständigkeit aufzubauen.«

»So, wollen sie das.« Der Ton der Grauhaarigen war jetzt eindeutig abweisend. Was war denn plötzlich los?

»Genau«, plapperte Rose unsicher weiter. »Ich bin Mediendesignerin und möchte ein Büchlein über alte Geschichten aus der Lüneburger Heide zusammenstellen.«

»Tatsächlich. Das macht dann sieben Euro fünfzig. Haben Sie es passend?«

Rose sah die Kellnerin perplex an, dann zog sie ihr Portemonnaie hervor und angelte einen Zehn-Euro-Schein heraus.

»Kleiner haben Sie es nicht?« Den Tonfall konnte man inzwischen nur noch als patzig bezeichnen.

»Nein, das stimmt so.«

Doch selbst das konnte die Grauhaarige nicht milder stimmen. Stattdessen nahm sie das Geld und ließ Rose ohne ein Dankeschön oder ein Wort des Abschieds stehen. Rose sah ihr irritiert hinterher. Hatte sie die Frau irgendwie beleidigt? Sie ging in Gedanken noch mal das Gespräch durch, konnte aber beim besten Willen nichts finden, was man hätte falsch verstehen können. Oder hatte es am Trinkgeld gelegen? Aber nein, die Frau hatte sich schon vorher abweisend verhalten.

Rose zuckte die Schultern und stand auf. Vielleicht hatte es überhaupt nichts mit ihr zu tun. Wie auch immer, sie würde es jetzt nicht auflösen können – und in der nächsten Zeit auch ganz bestimmt nicht mehr herkommen, beschloss sie verärgert. Cafés gab es schließlich in der Heide mehr als genug.

Während sie durch Eickenloh schlenderte, ließ sie die ruppige Abfuhr trotzdem nicht los. Immer wieder fragte sie sich, ob es nicht doch an ihr gelegen haben könnte, aber ihr wollte beim besten Willen nicht einfallen, was das gewesen sein mochte.

Erst als sie bei einem der Häuser einen älteren Mann in brauner Cordhose und kurzärmeligem blauen Hemd im Vorgarten herumwerkeln sah, rief sie sich wieder zur Ordnung.

Vergiss es einfach. Neuer Versuch, neues Glück.

Sie sprach den Herrn an und stellte sich vor.

Es wurde eine Katastrophe.

»So, aus Hamburg.« Der Mann fixierte sie mit kritischem Blick.

»Ja, genau.«

»Dann geh'n Se'ma schön dahin zurück.« Sprach's und ließ Rose ebenso stehen wie die Kellnerin.

Was geht denn hier ab? Rose sah ihm verblüfft hinterher. Eine Antwort auf ihre Fragen bekam sie an diesem Tag allerdings nicht mehr.

Kapitel 5

Als Rose am nächsten Tag schon vor dem Weckerklingeln erwachte, fiel das Licht grau und trüb in ihr Schlafzimmer.

Regen, dachte sie mürrisch. Passend zu ihrer Stimmung.

Als sie die Vorhänge aufzog, begrüßte sie sogar ein richtiger Wolkenbruch. Unter dem Reetdach war davon nichts zu hören, aber als sie das Fenster öffnete, füllte das eintönige Rauschen den Raum.

Na großartig.

Nach ihren unerfreulichen Erlebnissen gestern im Dorf hatte sie sich eigentlich vorgenommen, heute wieder im Garten zu arbeiten. Sollten die Stinkbüdel aus der Nachbarschaft doch bleiben, wo sie waren. Zum ersten Mal war Rose richtig froh, dass ihr Häuschen so einsam lag, denn der typische Eickenloher schien alle Klischees des unzugänglichen Heidjers in sich zu vereinen. Ihre Großmutter hatte mal erzählt, dass in dem Dorf ihrer Kindheit viele so gewesen seien. Hart und unerbittlich zu sich selbst und ihren Familien, geprägt von einer entbehrungsreichen Existenz, die sie immer wieder aufs Neue dem kargen Sandboden der Heide abtrotzen mussten. Natürlich gab es auch Feste und Feiern – aber Fremden gegenüber blieben sie verschlossen und misstrauisch. Rose hatte es früher für eine Übertreibung gehalten, nachträglich überlagert von den Entbehrungen der Kriegsjahre, die ihre Oma als junges Mädchen erlebt hatte. Und den Jahren danach, besonders dem Hungerwinter 1946/47, als die Hamburger das Umland wie die Heuschrecken heimsuchten. Vorgeblich, um ihre Wertsachen zu tauschen, vor allem aber um zu *fringsen*, nachdem der Kölner Erzbischof Frings den

Mundraub zum Eigenbedarf abgesegnet hatte. Also kamen tausende und abertausende Hamburger in die Heide, um die Heidjer um ihre restlichen kargen Vorräte zu bringen. Häufig kam es dabei zu Streit, nicht selten sogar zu Gewalt – auch in den ersten Jahren nach dem Krieg ging es für die meisten noch ums nackte Überleben.

Aber in der heutigen Zeit? Rose hatte die Heidjer bisher nur als aufgeschlossene Menschen kennengelehrt. Die Eickenloher mussten dagegen in der Zeit stehengeblieben sein, anders konnte sie sich deren Verhalten nicht erklären.

Der kleine Vorhof ihrer Kate hatte sich durch die Wassermassen längst in eine Seenplatte verwandelt, und es sah auch nicht so aus, als ob sich die bleigrauen Wolken in den nächsten Stunden verziehen wollten. Frustriert schloss Rose wieder das Fenster.

Als sie die Treppe hinunter in die Küche ging, überlegte sie, was sie heute machen sollte. Für die Texte ihrer Broschüre fehlten ihr immer noch die passenden Geschichten. Bent sah sie erst in zehn Tagen wieder, und auf ihr Internet würde sie vermutlich auch noch mindestens drei Wochen warten müssen – zumindest, wenn man nach dem ging, was ihr die Dame bei der Servicehotline gesagt hatte. Die Schulferien standen kurz bevor, und bis Mitte Juli waren alle Termine ausgebucht. Danach würde sich ein Techniker zwecks Terminabsprache mit ihr in Verbindung setzen, und nein, die Dame konnte ihr keinen Zeitrahmen nennen, die Außendienstler planten ihre Touren selbst.

Na super. Blieben ihr also vorerst nur der Buchhandel oder eine Bücherei – der Internetempfang auf ihrem Handy war hier draußen dermaßen unterirdisch, dass sie es gar nicht erst probieren wollte. Während ihr Frühstückstee zog, beschloss Rose deshalb, ihr Glück nachher erst mal in Buchholz zu versuchen.

Draußen regnete es weiterhin in Strömen. Auch das Schälchen mit Katzenfutter, das halbwegs geschützt unter der Außentreppe stand, war randvoll mit Wasser. Die letzten

Reste Trockenfutter schwammen aufgequollen und wenig appetitlich an der Oberfläche und trugen nicht unbedingt dazu bei, Roses Stimmung zu heben. Die Katze selbst war nirgends zu sehen. Rose konnte nur hoffen, dass sie irgendwo ein halbwegs trockenes Plätzchen zum Unterkriechen hatte. Ein Zuhause hatte sie wohl nicht, dafür war sie viel zu mager und struppig. Und leider auch immer noch sehr wild – die letzten Tage war Rose kaum näher als sechs, sieben Meter an die Katze herangekommen, obwohl diese die meiste Zeit im Garten unter den Sträuchern gedöst oder Rose bei ihrer Gartenarbeit beobachtet hatte.

Da sie keine Lust hatte, sich im Schlafanzug nassregnen zu lassen, nahm Rose kurzerhand eine Untertasse, füllte sie mit neuem Trockenfutter und stellte sie direkt neben die Küchentür. Nach dem Besuch der Bücherei würde sie auf jeden Fall noch im Baumarkt oder einer Zoofachhandlung vorbeifahren und schauen, ob sie dort ein wetterfestes Häuschen für die Katze bekommen konnte. Bis dahin musste die Mieze mit aufgeweichtem Futter leben – wenn sie bei dem Schietwetter überhaupt vorbeikam.

Die Bücherei befand sich im ersten Stock eines Gebäudes mit luftiger Glasfront und hatte nicht nur Bücher, sondern auch die ›Arthothek‹ zu bieten, in der Künstler aus der Umgebung ihre Werke ausstellen konnten. Und nicht nur das – es war sogar möglich, sich diese gegen ein erstaunlich geringes Entgelt auszuleihen.

Rose schlenderte neugierig die kleine Ausstellungsfläche entlang. Das ein oder andere Bild gefiel ihr dabei ausgesprochen gut, allerdings waren nicht alle davon verkäuflich. Und sich ein Bild nur für drei Monate an die Wand zu hängen und es anschließend wieder zurückzugeben war vermutlich eher für eine Praxis oder Kanzlei von Interesse. Obwohl … vielleicht die Moorlandschaft?

Sie überlegte kurz, entschied sich dann aber wegen des Mistwetters draußen erst einmal dagegen.

Dafür wartete die Auswahl der Bücherei mit einer Überraschung auf, denn sowohl ›Heimatkunde‹ als auch ›Sagen und Märchen‹ hatten ihren eigenen Bereich und waren erstaunlich gut sortiert. Rose stöberte zwischen Mythen der Weltmeere, Sagen des klassischen Altertums und deutschen Fabeln, bis sie drei Bücher mit Erzählungen aus dem hiesigen Raum fand. Also gab es doch schon einiges, und das sogar zweisprachig, auf Platt und auf Hochdeutsch. Aber gut, dann musste sie halt schauen, dass sie da niemandem in die Quere kam.

Die Bücher wanderten genauso in ihren Korb wie zwei Werke von Hermann Löns und vier weitere Bücher über die Lüneburger Heide, eins davon mit fantastischen Naturaufnahmen. Das sollte als Inspiration wirklich erst mal genügen.

Als Rose am späten Nachmittag nach Hause kam, war ihr Auto wieder bis unter den Dachhimmel vollgepackt. Die Bücher lagen neben ihr im Fußraum des Beifahrersitzes, und auf der eingeklappten Rückbank hatte sie mit Mühe und Not das wetterfeste Thermohäuschen eingekeilt, dass sie im Tierfutterhandel gekauft hatte. Dazu kamen zwei Eimer mit Farbe für ihr Arbeitszimmer, das demnächst in einem warmen Puderton gestrichen werden sollte, Pinsel, Farbrolle, Folie, Klebeband und eine Zwergmirabelle im Kübel, an der Rose einfach nicht hatte vorbeigehen können.

Immerhin hatte es zwischenzeitig mal aufgehört zu regnen, so dass das Thermohäuschen gleich hinten im Garten unter der Außentreppe seinen Platz finden konnte. Ein Kissen befand sich ebenfalls schon darin, und unter dem Vordach stand jetzt auch das Futter vor Wind und Wetter geschützt.

Ein Großteil des neu aufgefüllten Trockenfutters war inzwischen auch verschwunden, der Hunger war also doch größer gewesen als die Abneigung gegen das Nass von oben.

Zufrieden schloss Rose die Küchentür auf und ging durch das Wohnzimmer nach vorn, um auch noch die restlichen Einkäufe auszuladen. Die Farbe und das Zubehör kamen an die Treppe, die Bücher auf den Wohnzimmertisch und die Mirabelle fand ihr Plätzchen erst mal neben der Haustür, denn gerade begann es wieder zu nieseln.

Perfektes Timing. Außerdem war es inzwischen kurz vor fünf, also war jetzt erst mal Tea-Time angesagt.

Mit ihrer Tasse und ein paar Keksen setzte sie sich an den Wohnzimmertisch und blätterte nacheinander die Bücher durch. Etliche Geschichten schienen gleich mehrfach vorzukommen, aber alle waren mit stimmungsvollen Fotos ergänzt. Rose war hin- und hergerissen. Einerseits gab es noch kein Buch mit Illustrationen, wie es ihr für ihre Broschüre vorschwebte, aber andererseits wollte sie auch keine der Geschichten, die schon dutzendfach kursierten, noch mal erzählen. Am besten sichtete sie also erst mal das Material und machte sich Notizen, welche der Sagen und Mythen tatsächlich hier in der Gegend spielten, bevor sie mit dem Schreiben anfing – zumal die Tage noch zwei weitere antiquarische Bücher mit der Post kamen, die sie an einem der Online-Terminals der Bücherei im Internet entdeckt und gleich bestellt hatte.

Und im Anschluss? Mal überlegen - vielleicht fing sie nachher einfach mit einigen Skizzen und Zeichnungen an, typische Heidelandschaften und florale Details, mit denen sie später ihre Geschichten verzieren würde. Ein wenig in der Art der alten Handschriften, mit ausgeschmückten Initialen zu Anfang – doch, die Idee gefiel ihr.

Rose holte sich Zettel und Kuli von der Anrichte, um ihre Ideen zu notieren. Dabei fiel ihr ein neonroter Post-it entgegen, der halb unter dem Papier geklebt hatte.

›*Kaffeemühle!*‹ stand darauf.

Stimmt, Käthe wartete ja auch noch auf ihr Prunkstück. Am liebsten hätte sie das Zettelchen gleich wieder unter den Stapel mit Zeitschriften geschoben, aber sie wusste aus Erfahrung, dass ihr die Sache jetzt keine Ruhe mehr lassen würde. Versprochen war versprochen, und obwohl sie ihre vollmundige Zusage längst bereute, fühlte sie sich immer noch an ihr Wort gebunden.

Rose seufzte. Es half nichts, sie musste den Dachboden noch einmal durchforsten. Vielleicht war das Regenwetter dafür gar nicht so schlecht – und womöglich fand sie bei der Gelegenheit auch gleich noch ein, zwei alte Sachen, die sie für ihre Illustrationen verwenden konnte. Irgendwas Authentisches – das Spinnrad beispielsweise. Dann war dieses Himmelfahrtskommando zumindest keine komplette Zeitverschwendung. Und wenn sie die Kaffeemühle auch dieses Mal nicht fand, konnte sie wenigstens sagen, sie hätte es ernsthaft versucht und die Sache damit endlich abschließen.

Dieses Mal schlauer, hatte Rose sich ein Kopftuch um die Haare geknotet und eine Taschenlampe mitgebracht. Die Funzel an der Decke brachte nicht viel, und bis zu den Giebelseiten und in die Ecken kam ihr Licht gar nicht erst hin.

Trotzdem stand Rose wieder ratlos vor der unglaublichen Menge an Krempel, der hier oben verstaut worden war. Wo anfangen? Dazu kam, dass es praktisch keinen Platz gab, um die Sachen von A nach B zu räumen, außer sie baute den schmalen Gang in der Mitte des Dachstuhls zu. Allein bei dem Gedanken, sich damit auch ihren Fluchtweg zu blockieren, musste Rose kurz mit einem klaustrophobischen Anfall kämpfen, doch dann kam ihr die Idee, einfach hinten anzufangen. Was dann im Weg liegenblieb, war das Problem derjenigen, die irgendwann mal nach ihr kamen – für sie war es auf jeden Fall der definitiv letzte Ausflug in diese Rumpelkammer.

Doch leider erwies sich auch diese Strategie als ausgesprochen zäh. Kartons, Kisten und Tüten waren bis weit in die Dachschrägen geschoben worden, um alles unterbringen zu können, und im Anschluss hatte man den Rest einfach darüber gestapelt. Und schwer war das Zeug! Um an die hinteren Kartons zu kommen, musste Rose immer wieder

Pappboxen, Kunststoffwannen, Zinkbecken, Holztruhen und andere Behältnisse ausräumen, um sie überhaupt bewegen zu können.

Obwohl die Luft beim Hochklettern gar nicht so drückend gewesen war, fühlte sie sich nach zehn Minuten wieder wie in der Sauna. Die Klamotten klebten ihr am Körper, ihre Arme starrten vor Dreck und ihr ehemals bordeauxrotes T-Shirt trug ein graubraunes Batikmuster.

Rose richtete sich schnaufend auf und fuhr mit der Hand über die Stirn. Falls sie jetzt tot umfiel, würde sie zwischen dem ganzen Plünn gar nicht weiter auffallen. Und vermissen würde sie auch niemand. Wobei – vielleicht war sie nicht mal die Erste, der das passierte und ihr kippte womöglich noch die vertrocknete Mumie eines früheren Bewohners entgegen. So wie in diesem Horrorfilm, wie hieß er doch gleich …

Der Name des Streifens fiel Rose nicht mehr ein, doch dafür hatte sie sofort wieder die Filmszene vor Augen. Der vermeintliche Garderobenständer, der den Hauptdarstellern mit dem ganzen anderen Gerümpel entgegenstürzte …

Allein bei der Erinnerung daran stellten sich bei Rose alle Haare auf, bis sie sich energisch zur Ordnung rief. Schluss jetzt mit der Spökenkiekerei! Das Einzige, was sie hier oben vielleicht an Mumien finden würde, waren die von Insekten oder Mäusen; zwar auch keine sonderlich angenehme Vorstellung, aber schlimmer als der halbskelettierte Maulwurf, der im Gartenhäuschen gelegen hatte, konnte es dann auch nicht mehr sein.

Tatsächlich fand sie beim Weitersuchen weder tote Vögel noch andere Überreste irdischen Lebens, wenn man mal von dem alten Wespennest, der Erntekrone und den Blättern eines Kranzes absah, die unter ihren Händen zu Staub zerbröselten. Stattdessen kamen Unmengen von Klamotten, Vorhängen, Bettdecken und uralte Schuhe, deren Leder inzwischen steinhart geworden war, zum Vorschein. Darüber hinaus gab es kistenweise alte Bücher, die bei näherer Betrachtung allerdings völlig uninteressant für Rose waren, Heimatromane aus den Sechzigern, kartonweise landwirtschaftliche Zeitschriften, altes Geschirr und Besteck, Porzellangefäße, eine umfangreiche Sammlung Nippesfiguren, einen eingedrückten Globus, abgeliebte Spielzeuge und ein Schaukelpferd aus Holz, dessen Mähne und Schweif aus echtem Pferdehaar bestand, welches sich jetzt beim Hochheben aus der Verklebung löste.

Alles, nur keine Kaffeemühle.

Verdammter Mist.

Entnervt pustete Rose eine Haarsträhne, die sich unter ihrem Kopftuch hervorgestohlen hatte, aus dem Gesicht.

Seit über einer Stunde wühlte sie jetzt hier oben herum. Immerhin hatte sie die längere Seite des Dachbodens inzwischen durchgegraben, blieb also nur noch die Südseite über ihrem Arbeitszimmer übrig. Leider war bisher auch ihre Ausbeute an potentiellen Zeichenvorlagen mäßig – außer einem Hauswirtschaftsbuch aus den Dreißigern, in dem sich vielleicht das eine oder andere Motiv finden ließ, war der Rest entweder zu schwer, zu sperrig oder zu modern gewesen, um es für ihre Illustrationen verwenden zu können.

Uff!

Am liebsten hätte sie jetzt erst mal Pause gemacht. Aber sie wusste genau, dass sie sich später nicht mehr aufraffen würde, um noch den Rest des Dachbodens durchzustöbern. Blieb also nur, sich zusammenreißen – mit etwas Glück war sie in einer halben Stunde durch und dieses unleidige Thema dann endlich Geschichte.

Tatsächlich war ihr Fortuna diesmal gewogener: Nach nicht einmal fünf Minuten blitzte in einem Umzugskarton zwischen einem prähistorischen Fondue-Set, einer schwarz angelaufenen Servierplatte, einigen Zeitschriften und mehreren alten Schulheften ein Kurbelgriff aus Porzellan hervor.

Rose nahm die Hefte und die Servierplatte, die sich als überraschend schwer erwies, aus dem Karton und hob dann die Kaffeemühle hoch, um sie sich genauer anzuschauen.

Eigentlich war das gute Stück gar nicht so schlecht. Der Aufsatz, in den die Kaffeebohnen eingefüllt wurden, war ebenfalls aus Porzellan, der Unterbau mit der kleinen Schublade aus hellem Holz. Gut, die Bemalung war ein wenig speziell, aber ganz okay, wenn man auf dirndltragende Schäferinnen und Hütepudel in knallbunten Farben stand. Oder war das ein Schaf?

Rose konnte nicht anders, sie musste lauthals losprusten. Die tiefe Zuneigung zwischen Käthe und ihrer Schwiegermutter hatte wohl eindeutig auf Gegenseitigkeit beruht, anders war dieses Hochzeitsgeschenk nicht zu erklären.

Immer noch grinsend stellte sie die Mühle neben sich auf dem Boden ab und begann, den Karton wieder einzuräumen. Ein Bogen mit Schnittmustern fiel ihr dabei vor die Füße. Rose hob ihn auf und blätterte die dazugehörige Zeitschrift kurz durch. Der letzte Schrei der Sechziger: todschicke Hängerkleidchen in Rehpinscherbraun mit gelben Streifen sowie Blusen mit rot-blauen Prilblumenmustern. Gru-se-lig! Aber gut, in der Mode kam alles irgendwann wieder – und wenn es so weit war, konnte sie immerhin mit den Originalschnittmustern punkten, dachte Rose amüsiert.

Erst als alles wieder übereinandergestapelt war, fiel ihr auf, dass sie vergessen hatte, auch die dünnen, grau eingebundenen Schulhefte zurückzulegen. Egal, dann kamen sie in die oberste Kiste, das würde schon keiner kontrollieren.

Als sie jedoch nach den Kladden griff, fiel ihr die seltsame Schrift darauf auf.

Erlebnisse einer Heidereise

Oha, die schienen älter als der Rest zu sein. Soweit sie wusste, waren die altdeutsche ›Kurrentschrift‹ und die ›Sütterlin‹ um 1941 in der Schule verboten und durch die ›Deutsche Normalschrift‹ abgelöst worden. Zumindest hatte Herr Plischke das mal in der Kalligrafie-AG erwähnt, während

Rose und ihre Mitschüler fleißig die Schrift ihrer Urgroßeltern lernten. Sie sah ihren Lehrer wieder vor sich, wie er mit seinen bunten Klamotten und dem braunen Zwirbelbart herumstolzierte und dozierte, wie wichtig es sei, die schriftlichen Zeugnisse vergangener Generationen lesen zu können. Leider war seitdem ziemlich viel Zeit vergangen, und obwohl Rose damals beide Schriften recht flüssig hatte lesen und schreiben können, musste sie jetzt feststellen, dass sie das meiste inzwischen vergessen hatte.

Trotzdem war ihr Ehrgeiz gepackt. Bestimmt waren das die bisher unentdeckten Memoiren von Hermann Löns, dachte sie feixend. Wäre ja nicht das erste Mal, dass man so etwas auf einem Dachboden fand.

Okay, das erste ist ein ›E‹, *das nächste ein* ›v‹ … *nein, ein* ›r‹ …

Reichlich mühsam entzifferte sie im Schein der Taschenlampe den Titel.

Erlebnisse einer Heidereise

Ha, also doch Hermann Löns! Oder wenigstens jemand, der Löns noch persönlich kannte?

Eigentlich gar nicht so unwahrscheinlich, überlegte Rose. Die anderen beiden Hefte trugen nur die Nummern 2 und 3, aber alle Einbände waren eingerissen und fleckig. Vom Aussehen her waren sie abgegriffen genug, um mindestens hundert Jahre auf dem Buckel zu haben.

Doch als sie das erste Heft aufschlug, folgte die Ernüchterung. ›Montag, 15. Januar 1940‹, entzifferte Rose das Datum auf der ersten Seite.

Also kein verschollenes Werk von Löns, der – soweit Rose wusste – bereits im Ersten Weltkrieg gefallen war. Dann wohl doch eher einer der sicher schon damals üblichen Schulaufsätze: ›*Wie ich meine Ferien verbracht habe*‹.

Obwohl sie nicht ernsthaft etwas Spektakuläres erwartet hatte, war sie jetzt doch ein wenig enttäuscht. Beiläufig blätterte sie durch das Heft. Die Seiten waren alle eng mit derselben akkuraten Handschrift beschrieben. Aber von wem? Käthes Schulhefte waren es vermutlich nicht, Rose war sich nicht mal sicher, ob sie damals schon auf der Welt gewesen war. Aber vielleicht konnte sie ihr Näheres darüber sagen? Gut möglich – sie würde ihre Vermieterin bei nächster Gelegenheit einfach mal fragen.

Zwischen den Seiten fanden sich auch Zeitungsausschnitte, eine eingeklebte Postkarte und einige gepresste Blumen, die zu zerbröseln drohten. Und Zeichnungen.

Rose stutzte.

Das hatte kein Schulkind gemacht. Die Illustrationen waren zauberhaft, von fähiger Hand skizziert und voller Details. Ein Fachwerkhof unter Reet. Knorrige Eichen. Zwei Jungs, die mit einer graugetigerten Katze spielten. Ein müder Karrengaul vor einem Wagen. Nebel über der Heide. Und ihre Kate, gezeichnet vom Garten aus, noch ohne die Gauben im Reetdach, aber schon mit einer Treppenstiege, die hoch ins ehemalige Kinderzimmer führte.

Rose lächelte. Womöglich hielt sie hier doch einen kleinen Schatz in der Hand, nicht für den Rest der Welt, aber zumindest für sie selbst. Geschichte und Geschichten – das war schließlich genau das, was sie für ihr Projekt gesucht hatte.

Sie schaltete die Taschenlampe aus, hakte sie an ihrer Jeans ein und ging dann mit den Heften und der scheußlichen Kaffeemühle in der Hand zurück zur Bodenluke.

Jetzt hatte sie sich ihre Pause – und eine Dusche! – wirklich verdient.

Kapitel 6

Nachdem die Sonne an den folgenden Tagen wieder vom Himmel strahlte, hatte Rose das Wochenende fast ausschließlich im Garten verbracht. Langsam nahm ihr kleines Paradies Gestalt an.

Auch die Katze schien sich langsam wohnlich einzurichten, Rose hatte sie jetzt schon zweimal aus dem Häuschen kommen sehen. Und sie lief auch nicht mehr panisch weg, sobald sich Rose im Garten bewegte, sondern döste meist entspannt unter einem der Büsche – zumindest solange Rose nicht dichter als drei, vier Meter an sie herankam.

Abends, wenn die Sonne nicht mehr direkt in ihr Arbeitszimmer schien, hatte sie dann die ersten Skizzen und Motive auf dem Grafiktablet erstellt. Begonnen hatte sie mit Blumen und floralen Mustern, die später den Text auflockern sollten. Dazu den ersten Initialbuchstaben, ein ›R‹, das von elfenzarten blauen Glockenblumen, lilafarbener Heide und einer Blüte der *Rosa Mundi* umkränzt wurde und später im Impressum ihrem Namen vorangestellt werden sollte.

Für die anderen Initialbuchstaben musste sie natürlich zuerst die Texte schreiben, aber dieser kleinen Eitelkeit hatte sie einfach nicht widerstehen können. Bis tief in die Nacht hatte sie daran gearbeitet, bis sie wirklich ins letzte Detail zufrieden gewesen war. Entsprechend stolz war sie jetzt auch darauf – dafür aber heute Morgen auch hundemüde, denn die Nacht war im Anschluss eindeutig zu kurz gewesen. Daran hatte auch die erste Tasse Tee, die Rose gemütlich in Schlabbershirt und Yogahose auf der Gartenbank getrunken hatte, nichts geändert. Sie überlegte deshalb gerade, ob sie sich noch einen Kaffee machen sollte, als es vorne an der Haustür klingelte.

So früh schon Post?

Da die Postbotin sie längst in Räuberzivil kannte, schlappte Rose in ihren blauen Plüschpuschen nach vorn zum Windfang, um das sehnlich erwartete Paket mit der neuen Brunnenpumpe für den Garten entgegenzunehmen. Der Dinosaurier aus der Nachkriegszeit, der über eine Steckdose im Schuppen mit Strom versorgt wurde, hatte wie befürchtet keinen Mucks mehr getan, obwohl Käthe überzeugt gewesen war, dass das Monstrum noch tadellos laufen müsste. Tat es aber nicht - und einen Außenwasserhahn gab es nicht, also hatte sie die letzten Tage das Wasser aus der Küche geholt, Gießkanne für Gießkanne, eine ziemliche Plackerei.

Als sie allerdings die Haustür öffnete, stand nicht die Postbotin vor ihr, sondern ein Mann von der Telekommunikation und strahlte sie gutgelaunt an.

»Moin! Oh, ich habe sie doch nicht etwa aus dem Bett geschmissen?«

»Nein, alles gut. Ich habe es heute Morgen nur ruhiger angehen lassen. So früh hatte ich mit niemandem gerechnet.«

»Dann haben Sie ja hier den idealen Platz, um aus dem Hamsterrad auszubrechen. Gerade erst eingezogen? Wirklich hübsch, ihr Häuschen. Fast ein wenig aus der Zeit gefallen, oder?«

Rose war der ältere, etwas untersetzte Mann mit dem schütteren grauen Haar und der Latzhose sofort sympathisch.

»Vor knapp zwei Monaten. Mein persönlicher Sechser im Lotto.«

»So lange halten Sie es bereits ohne Internet aus? Donnerwetter. Hat man sie schon für das Bundesverdienstkreuz vorgeschlagen?«

»Noch nicht. Weiß ja keiner, dass ich hier bin« meinte Rose und lachte. »Aber ganz so tapfer war ich dann doch nicht, mein Handy hat Internet. Zumindest wenn ich Empfang habe – leider klappt das nicht an allen Stellen im Haus.«

»Na, dann werden wir das mal ändern. Der Innendienst hat mir was von Funk in den Auftrag geschrieben, stimmt das?«

Rose nickte. »Ihre Kollegin sagte mir, dass sich die alte Telefonleitung nicht mehr eignet. Und eine Satellitenschüssel habe ich nicht.«

»Kein Fernsehen?«

Rose schüttelte den Kopf. »Ich habe in den letzten Wochen festgestellt, das mir hier nichts fehlt. Außerdem habe ich ja den Garten und meine Bücher.«

»Und im Winter? Na ja, müssen Sie wissen. Aber stimmt schon, 'ne Schüssel auf dem Dach ist bei so 'ner Perle fast ein Verbrechen. Das ist einer der Nachteile, obwohl meine Frau und ich auch immer von so einem Häuschen geträumt haben. Aber letztendlich hat dann die Bequemlichkeit gesiegt – in Buchholz ist halt alles direkt vor der Tür.

Gut, dann wollen wir mal schauen, wo wir die Außenantenne anbringen können. Nach meinen Unterlagen müssten sie auf der Südseite den besten Empfang haben. Sind auf der Rückseite des Hauses auch Fenster? Sonst bräuchte ich eine Leiter, damit ich die Box möglichst hoch anbringen kann. Die Bäume schlucken ziemlich viel vom Signal weg.«

»Viel besser.« Rose winkte ihn ins Haus und leitete ihn durch die Küche in den Garten. »Voilà, sogar eine richtige Treppe mit Podest. Der Router soll direkt dahinter in mein Arbeitszimmer.«

Der Techniker sah nach oben und pfiff anerkennend durch die Zähne. »Das ist ja perfekt! Dann kommt die Antenne ans Fachwerk. Keine Sorge, die ist nicht größer als ein Taschenbuch und fällt später kaum auf. Und für die Verbindung zum Router gehen wir durch das Holz vom Fensterrahmen. Das ist nur ein kleines Loch und wird hinterher wieder ordentlich abgedichtet. Sie glauben gar nicht, wie sehr ich diese alten Häuser liebe!«

Während der Techniker seine Arbeitstasche aus dem Transporter holte, schloss Rose oben die Außentür auf und ging danach zurück in die Küche, um Kaffee zu kochen.

Als sie eine Viertelstunde später das Tablett hochbrachte, war die Außenantenne bereits neben dem Fenster befestigt und das Kabel durch ein kleines Loch im Fensterrahmen nach innen gelegt.

»Ah, Sie sind ein Engel! Nur mit Zucker, bitte. Wo möchten Sie denn den Router hinhaben? Soll ich ihn neben dem Fenster an der Wand befestigen? Sonst können sie ihn auch einfach auf den Schreibtisch stellen.«

Rose überlegte einen Moment. »Ich denke, auf dem Schreibtisch reicht.«

»Okay, dann trinke ich eben zwei Schluck Kaffee und dichte danach noch das Loch ab.«

»Gut, und dann?«

»Dann können Sie ins Internet, min Deern! Sie können den Rechner schon hochfahren.«

Rose sah ihn verblüfft an.

»Sind sie schon fertig?«

»Aber natürlich. Gekonnt ist gekonnt!«, schmunzelte der Techniker und pustete in seinen Kaffee, bevor er den ersten Schluck trank. »Hm, der ist gut. Wie der von meiner Frau. Aber sagen Sie ihr das bloß nicht, so etwas hört sie nicht gern!«

»Würde ich nie machen, großes Indianerehrenwort.« Rose hob ihre Hand zum Schwur. »Ist von Hand aufgebrüht, wie damals bei meiner Oma. Der Vollautomat ist leider mit meinem Exfreund in Hamburg geblieben.«

»Tja, dann hat Ihr Ex die eindeutig schlechtere Wahl getroffen, würde ich sagen.«

»Danke für das Kompliment.« Rose konnte sich ein Grinsen nicht verkneifen. Sie erinnerte sich noch gut an die Diskussion mit René, die der Anschaffung des Vollautomaten vorausgegangen war. Was nicht teuer und stylish war, konnte seiner Ansicht nach auch nichts taugen. Der alte, längst braun gefärbte Filteraufsatz, der Rose beim Einrichten der Küche aus einem der Schränke entgegengefallen war, hätte jedenfalls niemals Gnade vor seinen Augen gefunden.

Der Techniker zog eine Augenbraue hoch, als wäre das Gesagte offensichtlich. Dann grinste er auch.

»Also gut. Ist der Rechner inzwischen hochgefahren? Okay, dann schauen wir doch mal.«

Nachdem alles abgedichtet und verkabelt war, richteten sie auch noch die WLAN-Verbindung für das Handy ein. Schließlich nickte der Techniker zufrieden.

»Sehr schön, der Empfang ist sogar besser, als ich erwartet hatte. Dann sind wir so weit fertig – nur ein Passwort sollten Sie nachher noch einrichten. Sonst kann sich jeder, der draußen steht, bei ihnen einloggen. Und Sie wollen doch sicher nicht, dass sich Fuchs und Hase auf ihrem Rechner ›gute Nacht‹ sagen.« Er zwinkerte ihr zu.

Rose lächelte. »Alles klar, wird gemacht. Und vielen Dank für Ihre Mühe. Kann ich die Rechnung gleich bezahlen?«

Der Techniker schüttelte den Kopf. »Nein, min Deern, das macht der Innendienst, damit habe ich nichts zu tun.«

»Aber vielleicht ein kleines Dankeschön?«

Doch bevor Rose zu ihrem Portemonnaie greifen konnte, begann das Gesicht des älteren Mannes schon zu strahlen.

»Mensch, da sagen Sie was! Sie haben da unten neben der Treppe so eine schöne Hortensie. Dürfte ich mir davon zwei, drei Zweige als Stecklinge abschneiden? Ist eine Leidenschaft von mir, sie selbst zu vermehren – und meine Frau liebt Hortensien!«

Selbstverständlich bekam er seine Stecklinge, genauso wie drei weitere kräftige Zweige von einem Strauch, bei dem Rose vorher nicht mal gewusst hatte, dass es sich um einen Hibiskus handelte.

Während Rose die Zweige in der Küche in nasses Küchenpapier einschlug und in einer Plastiktüte verstaute, holte der Techniker ein Klemmbrett aus seiner Tasche. »Fehlt zum Abschluss nur noch die Bürokratie. Moment … da haben wir Ihren Auftrag: Rose Hermanns. Dann bitte hier einmal unterschreiben.« Er hielt ihr einen Kuli hin.

Rose unterzeichnete und gab ihm Klemmbrett und Kuli zurück.

»Danke noch mal, dass es so schnell geklappt hat. Nach dem Telefonat mit ihrer Kollegin hatte ich jetzt eher mit zwei Monaten als mit zwei Wochen gerechnet.«

»Na ja, ganz unrecht hat die Kollegin nicht, wir sind zur Zeit tatsächlich gut ausgelastet.« Er schloss seine Tasche, nahm die Zweige vorsichtig unter den Arm und blinzelte ihr zu. »Um ehrlich zu sein habe ich Sie vorgezogen. Kommt ja nicht oft vor, dass ich Dornröschens Schloss ans Internet anschließen darf. Wenn ich das meiner Frau erzähle, denkt die wieder, ich schneide auf!«

Rose konnte sich vorstellen, dass er diesen Auftrag zu Hause noch ein wenig ausschmücken würde und lachte. »Genau, wo Sie sich doch über unbefestigte Wege und durch tiefstes Gebüsch schlagen mussten. Sagen Sie ihr, ich kann es bezeugen!«

»Das mache ich, min Deern. Und wenn mal was sein sollte, frag bei unserem Kundendienst nach Helmut, das bin ich. Schade, dass meine beiden Söhne schon verheiratet sind. Dich hätte ich auch gern als Schwiegertochter genommen.«

Was hier in der Heide vermutlich einem Ritterschlag gleichkam, dachte Rose.

Nachdem sie Helmut verabschiedet hatte, ging Rose zurück in ihr Arbeitszimmer, um endlich ihre Mails durchzusehen.

Das meiste davon war Spam. Viel mehr hatte sie auch nicht erwartet – aus ihrem Bekanntenkreis schickte ihr üblicherweise niemand Mails. Und Steffi wusste, dass der Rechner seit dem Umzug offline war und bombardierte sie stattdessen über WhatsApp mit Fotos aus Down Under. Von wegen, René hätte ihr … Moment.

Doch, in dem Postfach ›A-Schatz‹, das sie damals für seine Mails eingerichtet hatte, lagen vier Nachrichten. Rose verzog das Gesicht. Hatte sie den Namen des Postfachs nicht schon in Hamburg geändert? Offensichtlich nicht.

Sie klickte auf *Umbenennen*. Einen Augenblick lang war sie versucht, das Postfach mit *Eierlose_Kröte* oder etwas Ähnlichem zu betiteln. Doch dann siegte ihr Sinn fürs Pragmatische – René stand schließlich weit genug unten in der Ordner-Liste, jedenfalls weiter als *Bastard* oder *Dreckskerl*. Außerdem wollte sie die Vergangenheit ja endlich hinter sich lassen und zukünftig souverän agieren – also durfte ihr Ex seinen Namen behalten.

Zufrieden mit dieser Lösung öffnete Rose im Anschluss das Postfach. Die älteste Mail war jetzt knapp drei Wochen alt. Da war ihm also eingefallen, dass er sie vermisste. Soso.

Tatsächlich hatte er die ersten drei Mails nur an sie weitergeleitet. Die letzte Mail kam allerdings direkt von ihm und war erst gestern gesendet worden.

Nach unserem Streit. Was will er denn jetzt noch?

Rose spürte, wie ihr wieder flau im Magen wurde, obwohl es eigentlich gar keinen Grund dafür gab. Trotzdem sah sie sich erst einmal die anderen drei Mails an.

Die erste war von einem Hotel in Österreich, in dem sie und René vor drei Jahren Urlaub gemacht hatten. Sie wollten sie daran erinnern, dass noch Treuepunkte offen waren – nett, aber die würden vorerst wohl weiterhin offen bleiben. Die zweite Mail war die Einladung zu einer Vernissage in Altona. Rose kannte die Künstlerin nicht und hatte auch keine Ahnung, warum René das an sie weitergeleitet hatte – aber es war auch egal, denn die Vernissage hatte bereits letzte Woche stattgefunden. Das dritte Schreiben war schließlich von ihrem ehemaligen Vermieter, der sich beschwerte, dass er weder Roses Mailadresse noch ihre aktuelle Anschrift kennen würde und deshalb die Endabrechnung an René schickte.

Rose runzelte die Stirn. Welche Endabrechnung? Die Kaution hatte sie doch bei der Schlüsselübergabe zurückerhalten, und das Protokoll der Endabnahme war auch längst abgezeichnet. Was konnte er denn jetzt noch wollen?

Sie öffnete das angehängte PDF. Darin kam ihr Vermieter nach etlichen aufgelisteten Posten und viel umständlichem

Herumgerechne auf exakt null Komma null Euro, die noch offen waren. Rose schüttelte den Kopf. Den Aufwand hätte er sich wirklich schenken können …

Blieb nur noch die Mail von gestern Abend. Rose biss sich auf die Unterlippe. Was kam jetzt? Noch mehr Vorwürfe? Ihre Hand zitterte. Verdammt, sie wollte doch in Bezug auf ihren Ex endlich entspannter werden! Aber es half nichts – wenn sie die Mail jetzt nicht öffnete, würde sie das nur den Rest des Tages weiter belasten.

Wider Erwarten war der Inhalt jedoch harmloser, als sie befürchtet hatte.

Hey du, schrieb René, *ich hatte gehofft, dass unser erstes Wiedersehen nach den letzten Monaten anders verläuft. Eigentlich wollte ich nur die Stimmung etwas auflockern, aber leider hast du das wohl in den falschen Hals bekommen. Sorry!*

Fakt ist, dass ich mir wirklich wünsche, dass du nach Hamburg zurückkommst. Ich kann aber auch verstehen, dass du dich in deinem Haus jetzt erst mal eingerichtet hast, und wollte es nicht schlechtreden. Meine flapsigen Sprüche kamen nicht so gut, schon kapiert … ;-)

Ich hoffe, du gibst mir deshalb noch mal eine Chance, denn ich habe mir wirklich Sorgen um dich gemacht. Auch wegen der Frage, wovon du in Zukunft leben willst … die Tür zu Tom ist ja inzwischen mehr als dicht, wenn ich dich richtig verstanden habe. Verrätst du mir wenigstens, was du jobtechnisch geplant hast, damit ich wieder ruhig schlafen kann? Ich denke an dich. R.

Rose war nicht sicher, ab sie sich jetzt ärgern oder geschmeichelt fühlen sollte. *Sie* hatte was in den falschen Hals bekommen? Aber okay, er hatte sich dafür entschuldigt – zumindest war es das, was René unter einer Entschuldigung verstand. Und er behauptete erneut, dass er sich Sorgen um sie machen würde … Rose spürte, wie ihr Ärger zu bröckeln begann.

Sollte sie ihm antworten?

Vielleicht – aber nicht jetzt. Eher morgen. Oder heute Abend, aber auf keinen Fall früher. Schließlich sollte er bloß nicht glauben, dass sie nur auf seine Mail gewartet hatte.

Als Rose abends mit einem Roman in der Hand in ihr Bett fiel, war sie ziemlich stolz auf das, was sie alles geschafft hatte. Die Pumpe war tatsächlich noch mit der Post gekommen, also hatte sie sie gleich im Brunnen versenkt und das Kabel in der Gartenhütte angeschlossen.

Zuerst tat sich allerdings auch dieses Mal nichts, und nachdem sie ein paarmal am Kabel gezuppelt, am Stecker geruckelt und die Pumpe nochmals neu im Brunnen platziert hatte, kam sie auf die Idee, mal einen Blick auf den Sicherungskasten in der Küche zu werfen.

Tatsächlich war der FI-Schalter ausgestellt. Sobald sie den kleinen Taster umlegte, startete draußen ein Brummen, das die Katze, die ein Stück neben dem Brunnen unter dem Hibiskus lag, unsanft aus ihrem Schlummer riss.

Triumphierend legte Rose die Abdeckung zurück auf den Brunnenschacht, während das Wasser weiter aus dem Gartenschlauch sprudelte.

Ha, selbst ist die Frau!

Den Gedanken, dass der Dinosaurier womöglich auch nur Opfer der Sicherung gewesen war, schob sie beim anschließenden Gießen resolut zur Seite. Außerdem war die neue Pumpe auch viel leichter und … neuer. So.

Nach dem Abendessen hatte sie dann noch zwei weitere Zeichnungen auf dem Rechner erstellt, zarte Zweige der Besenheide mit lila Rispen und eine detailreiche Hortensienblüte in einem lichten Blau. Und sogar René hatte inzwischen eine Antwort bekommen. Kurz, souverän und höflich distanziert hatte sie skizziert, was sie beruflich plante. Sorgen brauche er sich also nicht zu machen, schließlich hatte sie langjährige Erfahrung in ihrem Job. Und natürlich wünschte sie auch ihm alles Gute für die Zukunft.

Als Rose auf *Senden* drückte, war sie rundherum zufrieden, dass sie auch diese Herausforderung gemeistert hatte. René war Vergangenheit, und die Aufregung wegen seiner Mail völlig unnötig gewesen.

Die kleine Leselampe auf ihrem Nachtschrank tauchte ihr Bett in eine Insel des Lichts in der Dunkelheit. Wie lange war es jetzt her, seit sie sich das letzte Mal Zeit für ein gutes Buch genommen hatte? Seit dem Umzug jedenfalls nicht mehr, da war sie abends meist todmüde ins Bett gefallen.

Behaglich kuschelte sie sich noch tiefer ein. Wie gemütlich! Und diese herrliche Ruhe im Vergleich zu ihrer vorherigen Wohnung in Hamburg …

Sie fragte sich allerdings, ob der Mystery-Thriller eine gute Wahl gewesen war, als das Trappeln und Kratzen auf der Holzdecke über ihr begann.

Mäuse?

Nein, dafür waren die Geräusche zu laut. Aber bestimmt war es doch irgendein Tier …?

In der Stille war ein leises Ächzen zu vernehmen.

Es *musste* ein Tier sein, redete sich Rose ein, als sie nach dem Lichtschalter der Deckenbeleuchtung tastete. Die kleine Hängelampe leuchtete auf, konnte ihr aber auch nicht dabei helfen, das ungute Gefühl zu vertreiben.

Befangen sah sie zur Decke hoch.

Vielleicht eine Eule? So ein Uhu konnte immerhin ganz schön groß werden. Und nicht umsonst hießen die dreieckigen Aussparungen im Dachgiebel ›Uhlenfluchten‹. Aber eine Eule, die über den Fußboden marschierte? Und dort oben ging jemand ganz eindeutig über den Holzboden – und kam in ihre Richtung.

Tapptapp … tappelditapp …

Rose schnappte sich Kopfkissen und Decke und trat den geordneten, aber sehr hastigen Rückzug an, um die Nacht im Wohnzimmer auf dem Sofa zu verbringen.

Der nächste Tag begann genauso furchtbar, wie der vorherige geendet hatte. Nicht nur, dass sie durch die vorsorgliche Festtagsbeleuchtung im Wohnzimmer und das ständige Lauschen nach oben grässlich geschlafen hatte. Jetzt, im hellen Sonnenlicht, das durch die Fenster auf das Sofa fiel, erschien ihr ihre Flucht von gestern Nacht auch ausgesprochen lächerlich. Zweifellos war es irgendein Tier gewesen. Was denn sonst?

Und trotzdem hatte sie wie ein kleines Kind reagiert, das vorher verbotenerweise einen Gruselfilm gesehen hatte. Oder … hmmm, ein unheimliches Buch gelesen.

Bevor sie sich kurz darauf mit einer Tasse Tee an den Rechner in ihrem Arbeitszimmer setzte, spähte sie misstrauisch zur Bodenluke hoch. Dort blieb alles still. Natürlich – schließlich hatte sie vor ein paar Tagen den kompletten Dachboden durchwühlt, und nichts Auffälliges gesehen. Weil da nichts war. Höchstens ein Tier.

Entschlossen drehte sie der Klappe den Rücken zu. Solange die Sonne noch nicht ums Haus gewandert war, konnte sie erst mal ein wenig arbeiten. Außerdem musste sie endlich Faltstores für die Fenster bestellen, so bedauerlich sie es fand, beim Arbeiten die herrliche Aussicht auf den Garten zu versperren. Doch spätestens ab Mittag schien die Sonne voll ins Zimmer und machte ein exaktes Arbeiten am Monitor unmöglich. Und langsam musste sie sich wieder eine professionellere Einstellung mit regelmäßigen Arbeitszeiten angewöhnen, da half leider alles nichts.

Als sie das Mailprogramm öffnete, ploppte als Erstes die Antwort von René auf – außerdem war die Bezeichnung seines Postfachs wieder auf ›A-Schatz‹ zurückgesprungen.

Rose runzelte die Stirn. Wie konnte das denn sein?

Sie änderte die Bezeichnung wieder in ›René‹, bevor sie im Anschluss seine Mail las: *Hey du, dann bin ich ja beruhigt. Dir auch alles Gute und viel Erfolg. Bestimmt hören wir uns demnächst.* R.

Na bitte. Thema geklärt, und dieses Mal sogar ganz ohne Nervenflattern.

Als sie allerdings ihr Zeichenprogramm und die Dateien von gestern Abend öffnen wollte, erwartete sie der nächste Schreck.

Dateien nicht auffindbar, meldete der Rechner.

Rose starrte entsetzt auf den Bildschirm.

Was sollte das denn heißen? Sie öffnete den Finder, um dort den Ordner zu suchen, den sie für ihr neues Projekt angelegt hatte.

Der Ordner war da. Aber die Dateien nicht, zumindest drei von ihnen: Der Initialbuchstabe, den sie so liebevoll gestaltet hatte, und die beiden Dateien von gestern Abend.

»Das kann doch gar nicht sein«, flüsterte Rose tonlos und begann hektisch zu tippen. Doch egal, was sie anstellte, ob sie mit den Namen, Teilen der Namen oder über andere Wege suchte, die Dateien blieben verschwunden. Etliche Stunden Arbeit, einfach weg.

Rose war den Tränen nahe. Konnte der Rechner ihre Zeichnungen irgendwie gelöscht haben?

»Scheiße!« Das kam aus tiefstem Herzen.

Also noch mal alles von vorn.

Aber nicht jetzt, und nicht in dieser Stimmung. Am Boden zerstört schaltete Rose den Rechner aus und beschloss, erst mal in den Garten zu gehen, um ihrem Frust dort mit dem Spaten Luft zu machen.

Zwei Stunden später ging es ihr besser. Der Verlust der Dateien schmerzte zwar immer noch, trotzdem hatte sie ihre gute Laune inzwischen wiedergefunden, woran der Berg mit Unkraut, der sich zwischenzeitig angehäuft hatte, nicht ganz unschuldig war. Es half nichts, vergossener Milch nachzuweinen – künftig würde sie einfach Sicherheitskopien auf dem externen Laufwerk anlegen, dann konnte so etwas nicht mehr passieren. Im Büro war das immer automatisch gemacht worden, deshalb hatte sie hier nicht daran gedacht. Aber gut, das nannte man wohl Lehrgeld und gehörte dazu – trotzdem war es ein Jammer, besonders wegen des Initialbuchstabens.

Rose war gerade erst wieder in die Küche gekommen, um sich einen Salat zu Mittag zu machen, als plötzlich das Handy klingelte. Das Display zeigte das Bild ihrer besten Freundin.

»Steffi?«

»Hey, hab ich dich gleich erwischt. Das ist ja super!«

»Wo bist du denn? Immer noch Australien?«, fragte Rose perplex.

»Klar. Wo denn sonst?«

»Ja, aber … ich dachte, telefonieren wäre so teuer?«

Steffi lachte. »Die Rechnung wird mich bestimmt umhauen, aber ich wollte endlich mal wieder deine Stimme hören. Dummerweise gibts hier draußen nur Telefon und kein Internet, sonst hätte ich mich über WhatsApp gemeldet. Aber hey, egal – wie geht's dir denn?«

»Alles bestens. Und Internet habe ich seit gestern auch im Haus. Sorry, das wollte ich dir eigentlich schreiben, aber ich bin irgendwie drüber weggekommen.«

Steffi kicherte am anderen Ende. »Macht nichts, wird sowieso noch ein paar Tage dauern, bis ich meine Mails lesen kann. Ich bin gerade an den Lambina-Opalmienen. Tiefstes Outback. Aber echt witzig! Und bei dir? Was macht der Heidjer, der dich entführen wird? Ist der schon aufgetaucht?«

Jetzt musste Rose doch lachen. Steffis Lebensfreude war einfach ansteckend. »Dein Rat war damals goldrichtig, die Heide ist ein Traum! Du glaubst gar nicht, wie wohl ich mich hier inzwischen fühle. Ich muss dir mal wieder Fotos schicken – ich habe schon einen richtigen Garten angelegt.«

»Und der Heidjer?« Wenn Steffi etwas wissen wollte, blieb sie wie ein Terrier am Ball. Rose beschloss, sie noch ein wenig zappeln zu lassen.

»Muss ich mal sehen. Ich hatte hier einen netten Techniker, der mein Internet angeschlossen hat.«

»Und? Wie heißt er? Wie alt? Wie sieht er aus? Lass dir doch nicht jeden Wurm aus der Nase ziehen!«

»Du, der ist supersympathisch. Heißt Helmut.«

»Helmut? Ist nicht dein Ernst!«, quietschte Steffi.

»Mein voller Ernst.« Dann musste Rose doch losprusten. »Nein, nicht ganz«, meinte sie, nachdem sie sich wieder etwas beruhigt hatte. »Super sympathisch stimmt, aber er ist so um die Sechzig und glücklich verheiratet. Aber er hätte mich gern als Schwiegertochter.«

»Aha! Und?«

»Ich hatte Pech. Seine Söhne sind auch schon vergeben.«

»Wie, und das ist alles? Rose! Du wohnst jetzt seit zwei Monaten in der Heide! Du willst mir doch nicht ernsthaft erzählen, dass du in der ganzen Zeit noch keinen lecker Jung dort kennengelernt hast!«

»Lecker Jung?«, giggelte Rose. Das war wieder typisch Steffi. »Na ja, vielleicht …«

»Vielleicht? Was heißt hier vielleicht? Los jetzt, ich will Zahlen, Daten, Fakten!«

»Hey, langsam! So viel kann ich dir noch gar nicht zu ihm sagen. Er heißt Bent und scheint ganz nett zu sein. Ich sehe ihn aber erst kommenden Samstag wieder. Bisher sind wir uns nur zweimal durch Zufall über den Weg gelaufen.«

»*Nett*, aha. Dir ist ja wohl klar, dass ich spätestens Sonntag einen vollständigen Bericht von dir erwarte? Glaub nicht, du kannst mir das vorenthalten, nur weil ich zufällig gerade am anderen Ende der Welt bin.«

»Okay, okay … ich werde berichten, wenn es was zu berichten gibt! Versprochen!«

»Das will ich aber auch meinen! Wird höchste Zeit, dass dein Ex für dich auch gedanklich in der Versenkung verschwindet. Auf Nimmerwiedersehen!«

»Na ja … wie man's nimmt.«

»Wie meinst du das?«

Rose druckste herum, weil sie wusste, wie ihre beste Freundin auf die Neuigkeiten der letzten Tage reagieren würde. Aber erzählen musste sie es.

»Er hatte angerufen. Anett und er haben sich getrennt.«

»Pech für die alte Kanalratte. Aber warum meldet er sich dann bei dir? Will er jetzt wieder angekrochen kommen?«

»So ähnlich …« Rose erzählte Steffi von dem Streit, den sie mit René am Telefon gehabt hatte, und dass er ein paar Tage später plötzlich vor ihrer Haustür aufgetaucht war.

»Ist nicht dein Ernst. Ich hoffe, du hast diese hirnlose Amöbe postwendend nach Hamburg zurückgejagt?«

»Wir sind ... hm ... nicht unbedingt einvernehmlich auseinandergegangen.«

»Das hat dieser Mistkerl auch nicht verdient. Ist doch super, Thema erledigt.«

»Na ja, nicht ganz«, musste Rose eingestehen. »Er hat mir im Anschluss noch mal eine Mail geschrieben und sich für seinen Auftritt entschuldigt. Sozusagen.«

»Sozusagen? Rose! Du wirst doch nicht wieder einknicken, oder?«

»Nein, natürlich nicht. Aber ... vielleicht habe ich ihm gegenüber wirklich etwas überreagiert.«

Steffi schwieg einen Moment, bevor sie antwortete.

»Süße, darf ich ehrlich zu dir sein?«

»Natürlich Steffi, das weißt du doch.«

»Rose, verstehst du eigentlich, was hier gerade passiert? Nicht nur, dass er dir auf die mieseste Art und Weise wehgetan hat, die man sich vorstellen kann, er spricht dir jetzt auch noch das Recht ab, dich deswegen verletzt zu fühlen. Und nicht nur das, er gibt dir sogar das Gefühl, dass du die Schuldige bist und er nur das Opfer. Und dafür nimmst du ihn auch noch in Schutz. Weißt du eigentlich, was du dir selbst damit antust?«

Rose schluckte. »Und was soll ich jetzt tun?«, fragte sie leise.

»Brich den Kontakt mit ihm ab. Sofort. Ich weiß, dass du ein gutes Herz hast und glauben möchtest, dass du nur genug Verständnis aufbringen musst, um die Sache wieder in Ordnung zu bringen. Dass ihr Freunde bleiben könntet, wenn du dich nur ausreichend bemühst und dich zusammenreißt. Aber du kannst da nichts in Ordnung bringen, denn das Problem bist nicht du, sondern René. Egal, was du machst, er wird die Wahrheit so lange weiter verdrehen, bis er dich völlig mürbe gemacht hat und du einknickst. Nur um dich dann bei nächster Gelegenheit wieder zu hintergehen. Schätzchen, er hat dich monatelang betrogen – und jetzt, wo seine Trulla ihm den Laufpass gegeben hat, kommt er zurückgekrochen und will dir erzählen, du hättest dir das alles nur eingebildet.«

»So ist es ja auch nicht …«

»Eigentlich aber schon, oder?«

»Nun ja … ja.« Rose seufzte. Sie wusste, dass Steffi diesbezüglich objektiver war als sie selbst.

»Versprichst du mir, den Kontakt abzubrechen? Keine Mails, keine Anrufe mehr?«

Rose versprach es ihr.

»Du weißt gar nicht, wie sehr mich das erleichtert, Süße. Und sonst? Strahlender Sonnenschein in der Heide?«

»N...jaa.«

»Das klingt nicht so euphorisch. Ist was passiert?«

»Nein, nicht direkt passiert. Oder vielleicht doch, aber nichts Weltbewegendes, mehr so ein Rückschlag.« Rose erzählte ihrer Freundin von den Dateien, die plötzlich verschwunden waren.

»Das ist Mist«, meinte Steffi, als Rose ihre Ausführung beendet hatte. »Leider kann ich dir dabei so gar nicht helfen. Du weißt ja: Computer und ich …«

»Alles gut, mir hilft schon, dass du ein offenes Ohr für mich hast. Und die Zeichnungen muss ich halt noch mal machen – und dann an die Sicherheitskopien denken.«

»Fühl dich trotzdem ganz doll gedrückt. Es gibt Tage, da läuft einfach alles schief. Aber du weißt doch, Rose: Alle großen Projekte mussten sich erst mal durch Rückschläge kämpfen. Also nimm es als Zeichen, dass dir mit deiner Broschüre noch Großes bevorsteht. Unter grenzenlosem Ruhm und Ehre läuft da nichts!«

Rose musste laut lachen. Egal was kam, Steffi hatte immer eine ganz besondere Art, das Leben positiv zu sehen. Und ihr Optimismus färbte ab, denn Rose fühlte sich gleich viel besser.

Nachdem sie schließlich aufgelegt hatten, setzte sich Rose mit einem Glas Orangensaft auf ihre Bank vor der Küche und ließ ihren Blick gedankenverloren über den Garten wandern. Inzwischen hatten sich einige harmlose Wolken vor die Sonne geschoben, doch das bemerkte Rose nur am Rande. Auch den

Salat hatte sie eben zurück in den Kühlschrank gestellt, denn plötzlich hatte sie keinen Appetit mehr gehabt.

Sie trank einen Schluck Saft, dann atmete sie tief durch.

Vermutlich hatte Steffi recht.

Nein, nicht *vermutlich*.

Sie *hatte* recht.

Keiner kannte sie so gut wie Steffi, ihre Sorgen und Ängste, ihre Stärken und Schwächen. Ja, vor allem ihre Schwächen. Ganze Nächte hatten sie durchgequatscht, etwas, das mit René nie möglich gewesen war. Für René waren ihre Sorgen grundsätzlich banal oder Schnee von gestern. Überhaupt war sie seiner Ansicht nach viel zu negativ. Von ihren Problemen wollte er deshalb nie etwas hören, zumal sie angeblich sowieso immer nur dasselbe erzählte.

Steffi wusste dagegen fast alles von ihr, auch die zum Teil bitteren Erinnerungen aus Roses Kindheit. Die ewigen Streitereien zwischen ihrem Vater und ihrer Mutter. Die Handgreiflichkeiten und der Liebesentzug, wenn Rose nicht so funktionierte, wie ihre Eltern es wollten. Der Vater, der sie verließ, als sie Dreizehn war, und ihre Mutter, die ihr die Schuld daran gab. Der gnadenlose Drill, weil aus Rose mal ›was werden sollte‹. Mehr als aus ihrer Mutter?, hatte Rose damals trotzig gefragt und dafür gleich noch eine Ohrfeige kassiert. Widerworte oder vermeintlich schlechte Noten wurden sofort sanktioniert, Liebe und Zuneigung mussten sich hart verdient werden.

Ihr Vater lebte inzwischen mit seiner neuesten Partnerin irgendwo auf dem spanischen Festland. Rose hatte keine Ahnung, wo genau – und es war ihr auch egal. Ihre Mutter hatte ebenfalls den Kontakt zu ihr abgebrochen, als klar wurde, dass Rose nach dem Diplom keine weiteren akademischen Weihen anstrebte. Eine einzige Enttäuschung, so hatte ihre Mutter es genannt, und ihr Undank vorgeworfen, als Rose ihr ihre Entscheidung mitgeteilt hatte. Als ob die Promotion irgendeinen Nutzen für ihren späteren Berufsweg gehabt hätte – woraufhin sich Rose anhören musste, dass ihre

Mutter ihr von Anfang an gesagt hatte, sie solle etwas ›Ordentliches‹ studieren.

Der Bruch war hart für Rose gewesen, gerade in den darauffolgenden Wochen. Erst mit der Zeit bemerkte sie, welch große Last ihr dadurch von den Schultern gewichen war. Keine Forderungen mehr, keine Vorwürfe – der einzige Mensch, dem sie sich jetzt noch gegenüber verantworten musste, war sie selbst.

Trotzdem blieb das Gefühl, nie gut genug zu sein, immer mehr als vorgesehen leisten zu müssen. Für ihren Job bei Tom war diese Einstellung ideal, dort hatte sie sich in den letzten zehn Jahren beständig hochgearbeitet, bis zum Schluss die Stelle der stellvertretenden Geschäftsleitung zum Greifen nahe schien. Und auch René, den sie ein halbes Jahr nach Abschluss ihres Studiums kennengelernt hatte, zeigte sich von ihrer Zielstrebigkeit beeindruckt. Zumindest, so lange er selbst bei ihr an erster Stelle kam. An allererster Stelle, um genau zu sein, denn eine erfolgreiche Karrierefrau, die zu Hause gleichzeitig die klassische Rollenverteilung akzeptierte, war für ihn kein Widerspruch, sondern eine Selbstverständlichkeit. Und Rose hatte sich gefügt, denn Liebe und Zuneigung mussten sich schließlich verdient werden. Außerdem hatte sie es besser machen wollen als ihre Eltern. Bis ihr Kartenhaus irgendwann ins Wanken gekommen und plötzlich zusammengebrochen war – und sie gleich mit.

Als sie ihr leeres Glas zurück in die Küche brachte, bemerkte sie wieder einen leichten Duft nach Rosen.

Stirnrunzelnd sah sie aus der Tür in den Garten, obwohl sie inzwischen wusste, dass am Wald keine Rosen wuchsen. Und die *Rosa Mundi* hatte sie ganz hinten in ihre Heideecke gepflanzt, fast dreißig Meter vom Haus entfernt.

Seltsam.

Als sie sich wieder umwandte, war der zarte Duft verflogen.

Kapitel 7

Blinzelnd schaltete sie die Nachttischlampe an. Im ersten Moment wusste sie nicht, was sie geweckt hatte. Dann waren wieder die Schritte zu hören.

Tapptapp … tappelditapp …

Drei Nächte war alles ruhig geblieben, und Rose hatte schon fast geglaubt, sich die Geräusche vom Dachboden nur eingebildet zu haben. Zumindest bis eben.

»Oh nein, du jagst mir keinen Schreck mehr ein, du Tier!«, schimpfte sie laut zur Zimmerdecke.

Einen Augenblick lang war es totenstill. Dann war ein leises Ächzen zu hören.

»Mistvieh! Ich will schlafen!« Wütend schälte sie sich aus der Bettdecke, stampfte ins Arbeitszimmer und griff zur Stange für die Bodenluke. Erst dann wurde ihr klar, was sie gerade vorhatte.

Sie wollte doch nicht wirklich …?

Die Stange wie eine Hellebarde vor sich herhaltend, starrte sie unsicher zur Luke hoch. Vielleicht war es doch ein wenig übertrieben, mitten in der Nacht auf dem Dachboden Ratten zu jagen. Oder Eulen. Oder was auch immer. Und solange das Tier da oben blieb, konnte es ihr eigentlich auch egal sein, oder? Zumal ein Uhu möglicherweise ziemlich humorlos reagieren würde, wenn sie plötzlich auftauchte. Außerdem musste sie zuerst mit dem Kopf durch die Luke, bevor sie den Lichtschalter betätigen konnte.

Rose hatte unvermittelt die Vision, wie ihr mehrere Kilo Federn mit Schnabel und scharfen Krallen ins Gesicht sprangen. Keine gute Idee.

»Okay, Kumpel. Leben und leben lassen. Du lässt mich in Ruhe, ich lasse dich in Ruhe.«

Es blieb tatsächlich alles still.

Rose warf einen letzten Blick zur Luke hoch, dann ging sie zurück ins Schlafzimmer.

Die Stange nahm sie sicherheitshalber mit, die Tür zum Arbeitszimmer schloss sie ab.

Zweimal.

Gerade als sie sich wieder ins Bett gekuschelt und das Licht ausgeschaltet hatte, waren erneut Schritte zu hören, dieses Mal allerdings nur sehr leise.

»Ruhe!«, brüllte Rose zur Decke hoch.

Einen Moment schien die Dunkelheit zu lauschen. Dann zerriss plötzlich ein Schrei die Stille.

Rose knipste die Deckenleuchte an, sprang aus dem Bett und hämmerte mit der Stange, die sie neben das Bett gestellt hatte, unter die Decke. Inzwischen war sie so wütend, dass ihr alles egal war, auch die kleinen Dellen, die sie dabei in der Decke hinterließ.

»Verdammt noch mal, ich will schlafen! Wenn du nicht sofort Ruhe gibst, besorge ich morgen Rattenfallen! Und die Uhlenfluchten mache ich auch dicht, dann kannst du sehen, wo du bleibst!«

Ob es jetzt das Hämmern oder das Schreien gewesen war, es hatte offenbar Eindruck hinterlassen, denn ab jetzt blieb alles still.

Rose blieb noch kurz mitten im Raum stehen und lauschte, dann ging sie wieder ins Bett und schaltete das Licht aus.

Sie war schon fast eingeschlafen, als ihr der Gedanke kam, dass sich das Schnappschloss der Bodenluke vermutlich auch vom Dachboden aus öffnen ließ.

Irgendwann war sie schließlich doch noch in einen tiefen und traumlosen Schlaf gefallen.

Als sie am nächsten Morgen erwachte, war trotzdem alles in Ordnung. Kopf, Arme, Beine – alles noch dran. Also kein

Geist, der durch Wände ging, dafür das Sonnenlicht, das warm ins Schlafzimmer fiel.

Und auch als sie die Tür zum Arbeitszimmer aufschloss, war die Bodenluke noch genau dort, wo sie hingehörte, nämlich verschlossen unter der Decke.

Ein Tier. Und sie hatte es letzte Nacht offensichtlich doch noch geschafft, es mit ihrem wilden Schreien und Trommeln zu verscheuchen. Rose verspürte eine grimmige Befriedigung. Von wegen armes Weibchen ganz allein im Haus. René hatte bestimmt gedacht, dass sie sich bei jedem unheimlichen Geräusch gleich ins Bockshorn jagend lassen würde.

Das hätteste wohl gern!

Während der Rechner hochfuhr, holte sie sich eine Tasse Tee und ein Schälchen Müsli aus der Küche. Dann setzte sie sich im Schlafanzug an den Schreibtisch und arbeitete die nächsten zwei Stunden konzentriert an neuen Zeichnungen, die sie zwischendurch immer wieder auf der externen Festplatte abspeicherte. Inzwischen hatte sie fünf neue Illustrationen, und bisher waren alle dort geblieben, wo sie sie abgelegt hatte.

Rose schüttelte unwillkürlich den Kopf, als sie die eben fertiggestellte Kirschblüte speicherte. Vielleicht hatte sie wirklich irgendwo auf den falschen Knopf gedrückt und die ersten Dateien gelöscht. Eine andere Erklärung gab es offenbar nicht – aber gut, sie hatte ihr Lehrgeld bezahlt. Noch einmal würde ihr das nicht passieren.

Als sie kurz nach dem Mittagessen gerade Teller und Besteck in den Geschirrspüler einräumte, klingelte es wieder an der Haustür.

Besuch?

Musste wohl. Oder war es Käthe, die ihre Kaffeemühle abholen wollte? Rose hatte vorgestern nach dem Einkaufen bei ihr geklingelt, aber ihre Vermieterin war nicht zu Hause gewesen. Möglicherweise hatte Reinhard seiner Mutter ja ausgerichtet, dass sie mit der Mühle unter dem Arm wieder weggefahren war. Gesehen hatte sie allerdings niemanden auf dem Hof, und klingeln hatte sie bei ihm erst recht nicht wollen, besten Dank auch. Dann kam sie lieber die Tage noch mal wieder. Aber vielleicht hatte er hinter irgendeiner Gardine gestanden und sie beobachtet, das würde zu ihm passen …

Doch als Rose jetzt die Haustür öffnete, stand nicht Käthe vor ihr, sondern René, der mit beiden Händen einen vollbepackten Bananenkarton hielt.

»Moin! Ich wollte dir noch deine Sachen vorbeibringen, die bei mir lagen.«

»Die bei *dir* lagen?« Rose musterte ihren Exfreund irritiert. Schließlich war er als Erstes aus ihrer gemeinsamen Wohnung ausgezogen.

»Ja, okay – die Sascha bei meinem Auszug versehentlich mit eingepackt hatte. Da kam ja einiges zusammen, da ist das wohl mit dazwischen gerutscht.«

Dazwischen gerutscht, soso. Das Wochenende, an dem René seine Sachen aus ihrer Wohnung geholt hatte, war sie bei Steffi gewesen, weil sie sich die Begegnung mit ihm nicht antun wollte. Außerdem gab es keinen Grund, ihm zu misstrauen. Was sollte er auch mit ihren Sachen anfangen? Im Anschluss hatte sie dann allerdings doch zwei ihrer Kunstdrucke und mehrere Bücher vermisst, natürlich alles antiquarische Erstausgaben. Trotzdem hatte sie nichts gesagt, immerhin hatte René dafür wie abgesprochen einen Großteil des gemeinsamen Hausrats und die Möbel in der Wohnung gelassen. Außerdem hatte sie auch keine Lust gehabt, sich deswegen noch einmal mit ihm in Verbindung zu setzen, also hatte sie es auf sich beruhen lassen.

Tatsächlich ragten aus dem Karton die Rahmen der beiden Lithografien, und den Charles Dickens erkannte sie ebenfalls unter mehreren losen Blättern.

»Musst du nicht arbeiten?«

»Eigentlich schon, aber ich habe mir heute extra frei genommen, um dir die Sachen zu bringen. Und tadaaaa! – da bin ich!«

»Ähm, ja. Danke«, meinte Rose und wollte ihm die Kiste abnehmen.

»Warte, das Zeug ist schwer. Ich trage es dir rein.«

Das war zwar nicht das, was Rose wollte, aber sie konnte jetzt schlecht so unhöflich sein und ihm sagen, er solle den Karton einfach abstellen und sich wieder nach Hamburg verkrümeln.

»Ich habe dir auch noch ein paar Sagen und Mythen über die Lüneburger Heide ausgedruckt, die ich im Netz gefunden habe. Soll keiner behaupten, ich würde dich nicht nach Kräften beim Aufbau deiner neuen Existenz unterstützen.«

»Okay …« Rose fühlte sich etwas überrumpelt. Steffis Worte kamen ihr wieder in den Sinn und das Versprechen, das sie ihrer besten Freundin gegeben hatte. Das war damit wohl hinfällig.

René drückte sich mit der Kiste an ihr vorbei ins Wohnzimmer. »Wohin damit?«

»Warte, die Bücher nehme ich gleich. Der Kiste kann auf den Esszimmertisch.«

Nachdem Rose die vier Bücher herausgenommen hatte, stellte René den Pappkarton ab. Dann wanderte er ein paar Schritte durch den Raum.

»Boah, was stinkt denn hier so? Das ist ja bestialisch. Hast du tote Mäuse unter den Dielen?«

»Wie bitte?« Rose sortierte das letzte Buch ins Regal und ging wieder zu René.

»Ich rieche nichts.«

»Jetzt ist es auch weg. War echt widerlich. Wahrscheinlich durch das offene Fenster reingekommen. Die gute Landluft.«

Rose dachte sich ihren Teil, ging aber nicht darauf ein. Wer wusste schon, worauf René jetzt wieder hinauswollte – provozieren lassen würde sie sich dieses Mal jedenfalls nicht von ihm.

Doch René hatte längst was Neues im Auge. Mit wenigen Schritten ging er zum Sofa hinüber und fläzte sich probehalber darauf.

»Nicht schlecht. Neu, oder? Wollte ich das letzte Mal schon fragen: Was ist eigentlich mit unserer Wohnlandschaft passiert?«

»Ist in Hamburg geblieben. Genauso wie die meisten anderen Möbel auch«, antwortete Rose. Ihre Nachmieterin war froh gewesen, die Einrichtung für eine geringe Ablöse übernehmen zu können. Und Rose war froh, dass in ihrem neuen Haus nichts mehr an René erinnerte – mal abgesehen von René selbst.

Der erwartete Wutausbruch blieb allerdings aus. Stattdessen setzte sich René wieder auf, stützte die Ellenbogen auf die Knie und strahlte sie an. »Ich soll dich übrigens von Holger grüßen. Wir hatten uns letztens auf ein Bierchen getroffen.«

»Holger? Ich dachte, den kannst du nicht ausstehen?«

»Was? Das stimmt doch gar nicht!«

»Natürlich stimmt das. Du hast immer gesagt, er wäre ein Klugscheißer.«

René musterte Rose stirnrunzelnd. »Das ist Blödsinn, das habe ich nie gesagt.«

»Na klar. Damals als –«

»Rose, das bildest du dir ein«, fiel ihr René ins Wort. »Seine Freundin konnte dich nicht leiden, deshalb hatten wir uns nicht mehr getroffen. Ihr ging es auf die Nerven, weil du immer nur dasselbe erzählt hast.«

Rose schüttelte verblüfft den Kopf. »Ich soll …?«

»Ja, klar. Du hast es vielleicht nicht mitbekommen, aber Sabine hatte jedes Mal die Augen verdreht, wenn du wieder mit deiner Arbeit anfingst oder mit irgendwelchen uralten Geschichten. Eigentlich hast du immer nur gemeckert. Kein Wunder, dass sie uns nicht mehr sehen wollten. Oder besser gesagt: dich. Ich hatte mich dann natürlich solidarisch hinter dich gestellt.«

Rose war im ersten Moment völlig sprachlos.

»Aber … das ist doch gar nicht wahr!«

»Und ob das wahr ist. Oder wurden wir etwa noch eingeladen?«

»Ja, selbstverständlich! Aber du wolltest nicht mehr hingehen!«

»Weil Holger vorher mit mir gesprochen hatte. Ich wusste, was Sache war, Rose. Aber du warst ja immer so mit dir selbst beschäftigt, dass du nicht mal das mitbekommen hast. Tut mir leid, dir das sagen zu müssen, aber bei Sabine hast du keinen guten Eindruck hinterlassen.«

»Tatsächlich. Und deshalb sollst du mich jetzt von Holger grüßen, oder wie?«

»Holger sieht das alles lockerer.« René stand vom Sofa auf und kam wieder zum Esstisch herüber. »Außerdem sind Männer nicht so empfindlich wie Frauen. So, und jetzt sag an: Wo willst du das gute Stück hinhaben?« Er hielt die gerahmte Lithografie von Chagall in die Höhe.

Als Rose ihn nur ansah und nicht antwortete, legte er das Bild zur Seite und kam auf sie zu. »Bist du jetzt mucksch? Nee, oder?« Er legte ihr den Arm um die Schultern. »Komm schon Rose, vergiss den Kram einfach. Holger hat sich inzwischen sowieso von Sabine getrennt.«

»Hat er das«, sagte Rose reserviert und wand sich aus Renés Umarmung.

»Ja, hat er. Was ist los, du willst doch nicht etwa mir die Schuld an der Sache geben, oder? Also, wo soll der Schinken hin?« Er nahm den Rahmen wieder in die Hand und hielt ihn in Richtung Anrichte.

»Dort hin? Nein, eher nicht, da spiegelt das Glas zu sehr. Über die Anrichte hänge ich dir dieses komische Katzenbild, das hat kein Glas. Und der Chagall passt perfekt an die Wand zwischen Kachelofen und der Tür zur Küche, was meinst du?«

»Ich meine, das ›komische Katzenbild‹ ist ein original signierter Druck von Franz Marc. Und danke, dass ich auch noch gefragt werde, wenn du schon meine Wohnung einrichtest.«

»Himmel, du bist aber wieder empfindlich. Bist du jetzt etwa beleidigt?«

»Warum sollte ich, ich habe doch gar keinen Grund dazu.«

»Eben. Also, hast du Hammer und Nägel?«

»Draußen im Schuppen. Nein warte, ich hole es dir.« Rose gab auf. Wenn sie sich nicht schon wieder mit René streiten wollte, war es besser, die Sache auf sich beruhen zu lassen. Umhängen konnte sie die Bilder später immer noch.

Im Schuppen war verschiedenes Werkzeug fein säuberlich an den Wänden aufgehängt, darunter auch drei Hämmer. Rose wählte den mittleren aus. Ein paar geeignete Nägel zu finden dauerte allerdings länger, da sämtliche Kleinteile wie Schrauben, Muttern, Schellen und eben auch Nägel unsortiert in dutzenden Blechdosen verteilt lagen.

Als sie endlich ins Wohnzimmer zurückkam, stand René gerade am Telefon und schraubte die Muschel am Hörer ab.

»Das Ding ist voll cool, das arbeitet noch mit dem Impulswahlverfahren. Hier, schau mal, sogar mit Kohlemikrofon. Ist das nicht irre?« René hielt ihr den Telefonhörer hin.

»Ja, total.«

Sein Gesicht wurde sofort wieder ernst. »Ich merke schon, das reißt dich voll vom Hocker. Schade. Wäre ja mal schön, wenn du dich auch für das interessieren würdest, wofür ich mich begeistern kann.«

»Darf ich daran erinnern, dass du ungefragt vor meiner Haustür aufgetaucht bist?«

»Und dir deine Sachen gebracht habe, stimmt. Danke übrigens, lieber René!«

»Ja, danke. Und bitte!« Sie hielt ihm demonstrativ Hammer und Nägel entgegen.

»Okay, okay, ich hab's verstanden.«

Er schraubte die Muschel wieder fest und legte den Hörer auf die Gabel.

»Dann gib mal her. Wie sieht's aus, bekomme ich danach wenigstens einen Kaffee?«

Rose nickte und ging in die Küche. Dort musste sie sich erst mal gegen die Arbeitsplatte lehnen und tief durchatmen.

Nein, sie würde sich nicht ärgern lassen. Es war eben René, immer einen flotten Spruch auf den Lippen. Und oft genug auch einen verletzenden, obwohl er das nicht so sah.

Über das Blubbern des Wasserkochers hinweg hörte sie es im Wohnzimmer klopfen, und einmal auch verhalten fluchen. Erst wollte sie nachfragen, ob etwas passiert sei, doch dann entschied sie sich dagegen. Falls René mit dem Hammer seine Finger erwischt haben sollte, war es vermutlich besser, noch ein paar Minuten in Deckung zu bleiben. Mit Misserfolgen konnte ihr Ex nicht besonders gut umgehen. Fünf Minuten später stellte sie die Kanne mit dem frisch aufgebrühten Filterkaffee, zwei Tassen sowie Kondensmilch und Zucker auf das Tablett, ging damit zurück ins Wohnzimmer und stellte es auf dem Esstisch ab. Dann sah sie zu den Wänden. Beide Bilder hingen inzwischen an ihren Plätzen – und tatsächlich musste Rose eingestehen, dass René bei seiner Wahl ein gutes Auge bewiesen hatte.

»Sieht gut aus, danke! Kaffee wie immer?«

»Ja bitte.« René lutschte demonstrativ an seinen Daumen. »Hast du Eis da?«

»Leider nicht. Danebengehauen?«

»Verdammt, ja. Hast du mich nicht gehört?«

»Der Wasserkocher ist ziemlich laut. Der Vollautomat ist ja mit dir umgezogen.«

»Du trinkst ja auch mehr Tee.«

»Stimmt.« Rose gratulierte sich zu ihrer buddhaesken Gelassenheit. »Tut es sehr weh?«, konnte sie es sich allerdings nicht verkneifen zu fragen.

»Geht schon wieder.« Trotzdem ließ sich René in blumigen Ausdrücken darüber aus, was er von den steinharten Eichenbalken ihrer Kate hielt.

»Hast du was zum Kühlen?«, schloss er schließlich seine Tirade ab.

Ob es jetzt noch sinnvoll war, hielt Rose zwar für zweifelhaft, aber sie deutete auf die Küche. »Am besten unter fließenden Wasser.« Und nein, sie würde René nicht folgen und ihn bemitleiden. Stattdessen nahm sie die Kaffeekanne und schenkte beiden ein.

René hatte sich das offenbar anders vorgestellt und kam schon nach zwei Minuten wieder zurück.

»Schickes Teil, deine Küche. Deine eigene?«

»Nope, die meiner Vermieterin. Aber mit ihrer Zustimmung von mir mit Kreidefarben aufgemotzt. Ist ganz ordentlich geworden, oder?«

»Echt mega.« Er lächelte sein jungenhaftes, spitzbübisches Lächeln, das Rose früher immer besonders an ihm geliebt hatte. Und auch dieses Mal verfehlte es seine Wirkung bei ihr nicht völlig, was ihm nicht entging.

»Dass du designmäßig was drauf hast, ist ja klar. Aber ich wusste gar nicht, dass du auch handwerklich so begabt bist.« René setzte sich neben Rose auf die Eckbank und griff nach seiner Tasse. Den anderen Arm versuchte er wieder um Roses Schultern zu legen. »Wie es scheint, bis du ja eine richtig gute Partie, was?«

»René, bitte.« Rose rückte ein Stück von ihm ab.

»Nun sei doch nicht so. Ich wollte nur ein bisschen deine Laune aufmuntern. Und ich habe nicht übertrieben, die Fronten sind echt gut geworden. Nur … na ja, ins Badezimmer habe ich auch mal reingelinst. Wie soll ich sagen … musst du hier eigentlich Miete zahlen, oder bekommst du dafür Schmerzensgeld? Ich meine … hey, sehe ich da etwa ein Grinsen bei dir?«

»Siehst du«, bestätigte Rose. »Und um ehrlich zu sein: Ich hatte bei der Besichtigung genauso reagiert. Aber zum Herbst wird es modernisiert, das habe ich schon abgesprochen. Bis dahin ist es okay, die Miete für das Häuschen ist wirklich sehr niedrig.« Wie niedrig genau mochte sie gar nicht erzählen. Im Vergleich zu Hamburger Verhältnissen war es schon unanständig günstig, und das sogar warm. Rose hatte es anfangs noch für ein Missverständnis gehalten, aber Käthe hatte tatsächlich darauf bestanden und behauptet, wichtiger als Geld wäre ihr, dass das Haus bewohnt werden würde.

›Von jemandem, den es mag‹, hatte sie noch angefügt. Rose hatte nicht nachgefragt, was sie damit meinte – sie hatte schon festgestellt, dass ihre Vermieterin zwar sehr liebenswert, aber manchmal eben auch reichlich schrullig war.

»Tja, so einen Vermieter hätte ich auch gern. Allerdings in Hamburg«, meinte René. »Aber ich muss sagen, so etwas«, er umschrieb mit seinem Arm einen weiten Bogen durch das Wohnzimmer, »hätte ich dir gar nicht zugetraut. Auch wenn die Hütte – entschuldige: ich meine natürlich *dein Haus* – wirklich Flair hat. Ist halt nur in der tiefsten Pampa, das kannst du nicht abstreiten.«

»Das will ich auch gar nicht abstreiten. Ich finde, gerade das macht seinen Charme aus.«

»Und du hast keine Angst ganz allein?«

Rose dachte an die letzten Nächte, schüttelte aber trotzdem den Kopf.

»Und was ist mit Einbrechern?«

»Wer soll hier einbrechen? Außerdem weiß ja keiner, dass hier das Haus steht. Und selbst wenn – die Einbrecher werden dann bestimmt von meinem Geist verscheucht, der nachts über den Dachboden trampelt.« Es sollte lustig klingen, und im hellen Tageslicht konnte Rose sogar darüber lachen. Doch René reagierte anders als erwartet.

»Was meinst du mit ›trampeln‹?«, fragte er mit hochgezogener Augenbraue.

»Na ja, so was wie Schritte halt. Auf der Holzdecke über meinem Schlafzimmer.«

»Schritte?«

»Okay, mehr so ein Tapsen. Und einmal hat auch etwas mitten in der Nacht geschrien. Bestimmt ein Tier.« Rose tat das Erlebte mit einer gespielt lässigen Handbewegung ab. Doch René erwiderte ihr Grinsen nicht, sondern musterte sie mit schwer deutbarem Blick.

»Rose, hattest du das in der letzten Zeit öfter?«

»Was, Tiere auf dem Dachboden? Keine Ahnung, so lange wohne ich hier noch nicht.«

»Nein, ich meine, dass du dir einbildest, Schritte zu hören.«

Rose musterte René verblüfft. »Wieso einbildest? Wie meinst du das?«

»Na ja, du willst mir doch gerade erzählen, dass du unerklärliche Geräusche hörst. Schritte. Schreie.«

»Ach, hör auf, René. Das ist nicht unerklärlich. Es wird irgendein Tier sein, das auf dem Dachboden haust.«

»Woher weißt du das? Hast du etwas gefunden, was darauf hinweist? Federn und Haare? Oder klebt überall Tierscheiße?«

Rose verzog das Gesicht. Sie konnte es nicht leiden, wenn René so vulgär wurde. »Nein, habe ich nicht. Ich habe aber auch nicht so genau darauf geachtet.« Was nicht ganz der Wahrheit entsprach, denn als sie den Dachboden durchsucht hatte, war ihr nichts dergleichen aufgefallen. Aber das konnte sich ja inzwischen geändert haben. Außerdem ärgerte sie seine Unterstellung. »René, ernsthaft. Nur weil ich dir keine Haare oder … was auch immer vorweisen kann, willst du mir doch nicht erzählen, dass es in diesem Haus spukt, oder?«

»Natürlich nicht. Es gibt keine Geister«, antwortete er im Brustton der Überzeugung.

»Also bitte. Was soll es dann sonst sein außer einem Tier?«

»Es ist kein Tier. Ich hatte die dritte Möglichkeit schon erwähnt, aber du willst es offenbar nicht wahrhaben.«

Rose sah ihn entnervt an. »Was will ich … nein, Moment. Was willst du damit sagen?«

»Ist das nicht offensichtlich? Wenn es kein schwachsinniger Geist ist und auch kein Tier, bleibt nur noch eine Erklärung übrig.«

»Dass ich es mir einbilde«, sagte Rose trocken.

»Ah, du weißt also doch, was ich meine.«

»Wie gesagt, du hattest es eben bereits erwähnt. Das war als Hinweis recht deutlich.«

»Genau. Weil alle anderen Erklärungen eher unwahrscheinlich bis ausgeschlossen sind.«

»René, jetzt hör aber mal auf. Warum sollte ich mir so etwas einbilden?«

»Na ja, du … hmm, hattest in der letzten Zeit ziemlich viel um die Ohren. Der Stress auf der Arbeit, die Enttäuschung … dann der Umzug …«

»Mein Exfreund, der mich betrogen hat …«

»Komm, fang nicht damit wieder an. Darüber hatten wir doch schon gesprochen, okay? Das meine ich auch nicht.«

»Ach nein? Sondern?«

»Ich weiß nicht, wie ich es … ach, verdammt, Rose. Ich sage es einfach, wie es ist – inzwischen wurde eindeutig erwiesen, dass vor allem psychisch labile Menschen Spukphänomene erleben.«

»Labil?« Rose glaubte, sich verhört zu haben.

»Siehst du, ich wusste doch, dass du darauf sauer reagieren wirst.«

»Natürlich reagiere ich darauf sauer. Wie kommst du darauf, ich wäre labil und würde mir einbilden, es würde hier spuken?«

René zog eine Augenbraue hoch. »Unerklärliche Schritte? Schreie?«

»Hallo? Ich habe doch mehrfach gesagt, dass das irgendein Tier sein muss. Nur weil ich keine Beweise dafür habe, heißt das ja noch lange nicht, dass es nicht stimmt.«

»Bist du dir sicher?«

»Ja, René, das bin ich. Absolut. Genauso, wie ich mir nicht einbilde, dass mein Rechner seit einigen Tagen spinnt. Oder willst du mir da auch weismachen, es läge an meiner labilen Psyche, wenn plötzlich Dateien verschwinden?«

»Was?« René runzelte überrascht die Stirn. »Wieso Rechner? Und welche Dateien?«

Rose atmete tief durch und versuchte sich wieder zu beruhigen. »Ich habe seit ein paar Tagen Probleme mit dem Rechner. Und die bilde ich mir ganz bestimmt nicht ein!«

René hob beschwichtigend die Hände. »Moment, Rose, langsam. Egal, was es ist, ich kann nichts dafür. Du musst mich also deswegen nicht anmachen. Okay?« Er wartete ihr zögerliches Nicken ab.

»Okay. Dein Rechner macht also Probleme? Inwiefern?«

Rose zuckte hilflos die Achseln.

»Na ja, zum einen hatte ich den Namen für dein Mailpostfach jetzt schon mehrfach auf ›René‹ geändert. Es springt aber immer wieder auf ›Schatz‹ zurück.«

»Ha! Das ist doch kein Problem, sondern ein Zeichen!« René grinste breit.

»Red' keinen Blödsinn. Jedenfalls habe ich mir das nicht eingebildet.«

Darauf ging René nicht weiter ein. »Und das andere?«

»Außerdem sind auch drei meiner Illustrationen für mein neues Projekt verschwunden.«

»Verschwunden? Wie meinst du das?«

»Einfach so, von der Festplatte.«

Ungläubig schüttelte René den Kopf. »Hattest du sie denn nicht gespeichert?«

»Natürlich hatte ich das. Ich arbeite doch nicht erst seit gestern mit dem Rechner. Aber sie sind trotzdem weg!«

Er sah sie prüfend an. »Kann es sein, dass du sie versehentlich gelöscht hast?«

»Selbstverständlich nicht!«

»Wirklich?«

»Sag mal, René, hältst du mich für blöd?« Tatsächlich war sie sich längst nicht mehr sicher, aber das würde sie in dieser Situation ganz bestimmt nicht zugeben.

»Das nicht. Aber normalerweise verschwinden Dateien nicht ›einfach so‹. Klar, wenn die Festplatte abraucht, kann das passieren. Aber der Rechner funktioniert ja noch, oder?«

»Ja, einwandfrei. Auch die Programme. Nur meine Illustrationen waren plötzlich verschwunden. Nicht alle, aber drei von denen, die ich bereits fertiggestellt hatte.«

»Und über die Suchfunktion sind sie auch nicht wiederzufinden?«

»Habe ich alles probiert. Nichts.«

»Sorry Rose, aber sowas gibt es nicht. Dann musst du sie gelöscht haben.«

»Aber das müsste ich doch wissen!«

»Wirklich? Rose, tut mir leid, wenn ich es mal so deutlich sagen muss, aber du hattest schon früher solche Phasen.«

»Wie bitte?« Rose sah ihn empört an. »Was meinst du damit?«

»Phasen, in denen dir Fehler passiert sind, an die du dich im Anschluss nicht mehr erinnern konntest.«

»Was? Aber das stimmt doch überhaupt –«

»Siehst du, nicht mal jetzt willst du es wahrhaben. Aber es ist so. Eigentlich wollte ich es gar nicht erwähnen …«

»Was denn? Dass ich in deinen Augen eine psychisch labile Irre bin?«

»Natürlich nicht. Ich habe nie gesagt, dass du irre bist.«

»Sondern?«

»Hey, hey, komm mal wieder runter. Außerdem müsstest du mich vielleicht mal ausreden lassen. Was ich sagen wollte, ist, dass das auch der Grund gewesen sein wird, warum dein Chef jemand anderen zum stellvertretenden Geschäftsleiter gewählt hat.«

»Bitte? Das ist doch gar nicht wahr! Tom hat …«

»Sicher, Rose?«, fiel ihr René wieder ins Wort. »Denk mal drüber nach, die Fakten sprechen da leider eindeutig gegen dich.«

»Aber ich –«

»Lass gut sein, Rose«, wiegelte René ab. »Ich bin nicht hergekommen, um wieder mit dir zu streiten. Eigentlich wollte ich dir helfen. Und außerdem bist du für dich selbst verantwortlich, klar. Das habe ich zu akzeptieren.« Er lächelte Rose verschmitzt an. In diesem Moment hasste Rose ihn richtiggehend dafür, dass er immer so souverän und selbstbewusst blieb, während sie längst schon wieder kochte.

»Komm, steh mal auf.«

»Warum?« Verstohlen wischte sich Rose eine Träne aus dem Auge.

»Weil ich dich mal in den Arm nehmen möchte. Ohne Hintergedanken, nur als Freund. Manchmal braucht man das.«

»Nein, ich …«

»Ach komm schon.«

»Na gut.« Rose stand auf und schmiegte sich in seine Umarmung. Es war ein schönes Gefühl, für einen ganz kurzen Augenblick alles vergessen zu können und sich einfach nur geborgen zu fühlen. So wie früher.

»Weißt du –«, begann René.

In diesem Moment erklang ein lautes Krachen. Beide zuckten zusammen und schauten verblüfft zur Anrichte, neben der der Franz Marc jetzt auf dem Boden lag.

»Du hast recht, es spukt!«

»René, hör auf! Das Bild war nicht richtig befestigt, das ist alles.« Rose löste sich aus seiner Umarmung und ging zur Anrichte. »Hier, siehst du? Der Nagel ist ziemlich tief eingeschlagen, vermutlich lag die Öse nur locker auf. Zum Glück war es nicht der Chagall, sonst wäre jetzt alles voller Scherben.«

»Kann nicht sein, ich hatte beide Bilder extra noch mal kontrolliert«, knurrte René. Er hasste es wie die Pest, wenn ihm Fehler unterstellt wurden, selbst wenn es so etwas Banales wie ein Nagel in der Wand war.

»Ist ja nichts passiert. Alles noch heil, auch der Rahmen.« Rose hängte das Bild wieder auf und ruckelte vorsichtig daran.

»Jetzt hält es. Ist halt schon ein älteres Haus.«

Als ob das irgendwas erklären würde, doch René gab sich damit zufrieden. Trotzdem konnte er es nicht lassen, noch ein wenig zu sticheln, als er sich in Richtung Haustür wandte.

»Okay, dann lasse ich euch beiden älteren Herrschaften mal allein.«

Rose überhörte es großzügig. »Du willst wieder los?«, fragte sie stattdessen. Sie war sich nicht sicher, ob sie enttäuscht oder erleichtert sein sollte.

»Jupp, ich treffe mich nachher noch mit Sascha zum Sport. Und du kennst ja den Hamburger Verkehr am Freitagnachmittag … also bis denne. Kannst dich ja mal melden, ob bei den Ausdrucken was für deine Selbstständigkeit dabei war. Und pass auf dich auf, Rose.«

»Ja, du auch.« Noch während sie das sagte, überkam sie ein merkwürdiges Gefühl, wie eine dumpfe Vorahnung. Sie versuchte es abzuschütteln und wollte noch etwas sagen, doch in dem Moment fiel schon die Tür hinter René ins Schloss. Und nachlaufen würde sie ihm ganz bestimmt nicht, zumal er sich dann nur wieder über ihre ›komischen Gefühle‹ lustig machen würde – oder ihr Unterbewusstsein, das ihr irgendwas vorgaukelte. Andererseits … ob er damit womöglich Recht hatte? Vielleicht waren die letzten Monate wirklich ein bisschen viel gewesen …

Rose schüttelte energisch den Kopf. Nein, die Geräusche auf dem Dachboden hatte sie sich eindeutig nicht eingebildet. René wollte sie nur wieder verunsichern, das war alles – genauso wie er ihr ständig das Gefühl gab, sich für alles Mögliche rechtfertigen zu müssen. Also Schluss jetzt mit den nutzlosen Grübeleien!

Sie ging zum Wohnzimmertisch zurück und begutachtete den Rest der Sachen, die im Karton lagen. Unter den Zetteln mit den Ausdrucken lagen, in Noppenfolie eingepackt, die Weihnachtsglocke aus Porzellan, die ihr René vor einigen Jahren geschenkt hatte, und die Schale aus blauem Murano-Glas aus ihrem ersten gemeinsamen Urlaub.

Sofort hatte Rose wieder die Bilder vor Augen, wie René und sie im Frühling über die Brücken von Venedig geschlendert waren, Hand in Hand, glücklich. Dazu der Sonnenuntergang über dem Canal Grande, die Abendessen in den lauschigen Trattorias. Und das eine oder andere Glas Vino Rosso mit Cicchetti in dem winzigen versteckten Bàcaro, während das goldene Licht der samtenen Dunkelheit wich … Rose spürte einen Stich in ihrem Herzen, eine Erinnerung an etwas, dass es längst nicht mehr gab. Und womöglich auch nie gegeben hatte …

Sacht strich sie mit den Fingern über das kühle, meisterhaft gefertigte Glas. Hatte sie sich all die Jahre nur etwas vorgemacht? Wieder hatte sie dieses seltsame Gefühl, wie eine Vorahnung. Aber worauf?

Auf nichts, Rose Hermanns. Und jetzt solltest du mit dieser Spökenkiekerei aufhören, sonst behält dein Ex am Ende wirklich noch recht.

Sie seufzte, wickelte die Schale wieder in die Noppenfolie und legte sie neben den Karton. Am besten verschenkte sie das gute Stück an jemanden, der sich darüber freuen würde – an Käthe vielleicht, als Dankeschön für die nächste Einladung zur Teestunde.

Das letzte Teil im Karton war ein weiterer Karton. Der Tisch-Grill, den ihr Renés Mutter letztes Jahr im Oktober zum Geburtstag geschenkt hatte, obwohl Valerie wusste, dass Rose kein Fleisch aß. Er war immer noch originalverpackt – offenbar hatte er auch vor Anetts Augen keine Gnade gefunden. Jetzt musste Rose doch grinsen. Der arme, steakliebende René – da hatte Valerie ihrem Sahneprinzen durch die Blume eine Freude machen wollen, und dann war keine seiner Frauen darauf angesprungen. Was für ein Pech. Aber auf Ebay würde der Grill bestimmt einen Liebhaber finden.

Als Letztes nahm sie die Ausdrucke zur Hand.

Zwei der Geschichten kannte sie bereits aus den Büchern, die sie sich ausgeliehen hatte. Gut, das konnte René natürlich nicht wissen, trotzdem fielen sie damit gleich raus.

Der dritte Zettel berichtete von der Wiedergängerin von Radegast, die noch aus dem Grab heraus den Tod mehrerer Menschen verursacht haben sollte. Nicht gerade ein familientaugliches Thema, und außerdem bei Bleckede an der Elbe gelegen – als regionale Sage ihrer neuen Heimat zu weit weg. Zum Glück, fügte Rose in Gedanken hinzu, obwohl es vermutlich genau Renés Interpretation einer spannenden Geschichte entsprach. Mit den kleinen Puks, den freundlichen Hausgeistern, die angeblich damals auf den Höfen gehaust hatten, konnte er sich dagegen garantiert nicht anfreunden.

Ähnlich war dann auch die letzte Sage, die Rose zur Hand nahm. Es handelte sich um einen Zeitungsbericht von 1977 über ein angebliches Spukhaus in der Heide.

Stirnrunzelnd hielt Rose das Blatt näher zum Fenster. Die Zeit, das spätere Einscannen und das anschließende Ausdrucken hatten dem Schwarzweiß-Foto nicht gerade gutgetan. Es waren fast nur noch schwarz-weiße Flächen zu erkennen. Ein Haus mit Fachwerk unter Bäumen ... mit viel gutem Willen konnte man sogar eine gewisse Ähnlichkeit mit ihrem Haus erkennen. Oder mit etlichen anderen alten Katen der Lüneburger Heide, denn es wurde nirgendwo erwähnt, wo dieses Haus stand. Stattdessen eine Räuberpistole über einen alten Galgenbaum, an dessen Ästen im Dreißigjährigen Krieg die Opfer ›wie faule Birnen und beynahe so zahlreych wie die Bläther des Baumes‹ gehangen haben sollten. Na, besten Dank auch. Später hatte man die Eiche dann gefällt und aus Not an Bauholz eine Kate daraus gebaut. Kein gutes Omen, und natürlich waren die späteren Bewohner auch alle samt und sonders von schweren Schicksalsschlägen getroffen worden: Seuchen, Hunger, sogar Mord.

Was hatte sich René dabei nur gedacht? Das war nun wirklich keine Geschichte, mit der Rose Werbung für ihre Arbeit machen konnte. Wenn so etwas Kinder lasen ...

Wieder schüttelte sie den Kopf. Allein die Vorstellung, in so einem Haus zu wohnen ... selbst als Erwachsene hatte Rose ein unbehagliches Gefühl.

Nein, nicht nur unbehaglich – richtiggehend unheimlich, selbst jetzt am helllichten Tag.

Sie legte die Zettel zurück in den Karton und stellte alles auf die Eckbank. Höchste Zeit, dass sie wieder in den Garten kam – das Sonnenlicht und die Sommerhitze würden schon die beklemmenden Gedanken vertreiben, die Renés Konvolut an Gruselstorys bei ihr ausgelöst hatten.

Kapitel 8

Pünktlich kurz vor sechs erreichte Rose am darauffolgenden Abend das kleine Heidedorf Undeloh. Außerhalb der Heideblüte konnte man den Ort mit seinen Höfen, reetgedeckten Fachwerkhäusern und den blühenden Steinmäuerchen für eins der typischen Dörfer dieser Gegend halten. Ein wenig pittoresk, ein wenig aus der Zeit gefallen. Große Einkaufsmöglichkeiten gab es hier nicht, dafür aber etliche Cafés, Restaurants und Hotels, deren Betrieb in den letzten Wochen allerdings eher beschaulich verlaufen war, soweit sie das beim Durchfahren gesehen hatte. Dies sollte sich jedoch schlagartig ändern, sobald die ersten Busse kamen – Rose hatte schon erfahren, dass es dann kaum noch ein Durchkommen auf der Hauptstraße und in Richtung des Museumsdörfchens Wilsede gab. Zumindest bis zum Großparkplatz am Ende der Wilseder Straße, denn ab dort war wie überall im Naturschutzgebiet Durchfahrtsverbot. Die letzten dreieinhalb Kilometer nach Wilsede konnte man dann nur zu Fuß, per Fahrrad oder mit der Kutsche zurücklegen.

Inzwischen rollte die Saison langsam an. Auf dem Weg hierher hatte Rose bereits zwei Kutschen überholt, und hier in Undeloh wechselten sich Autos und Pferdegespanne auf der Hauptstraße ab. Trotzdem gelang es ihr, nur ein kleines Stückchen hinter dem *Teetied* eine freie Parkbucht zu bekommen. Sie stellte den Motor aus und atmete tief durch.

Fast hatte sie ein schlechtes Gewissen, dass sie sich mit einem anderen Mann traf.

Nein, nicht fast – sie *hatte* ein schlechtes Gewissen. Obwohl sie wusste, dass es albern war und ihre Beziehung mit René längst zu Ende. Außerdem war es schließlich kein Date, sondern mehr eine Art … Arbeitsessen.

Ja, genau.

Rose fragte sich allerdings, warum ihr Herz dann so klopfte. Fahrig warf sie noch einen Blick in den Spiegel der Sonnenblende. Sie hatte sich nur dezent geschminkt, fast unsichtbar. War es trotzdem zu viel? Oder zu wenig?

Du bist unmöglich, Rose Hermanns. Raus jetzt aus dem Auto!

Draußen schlug ihr die Hitze entgegen, und obwohl sie nur ein leichtes, knielanges Trägerkleid aus cremefarbenem Leinen trug, spürte sie schon beim Abschließen des Autos, wie ihr der Schweiß ausbrach. Glücklicherweise waren es nur ein paar Schritte bis zum Teetied, einem schmucken Fachwerkhaus, dessen Sitzplätze im Garten von Bäumen beschattet wurden.

Bent saß bereits an einem kleinen Metalltisch und blätterte in der Karte.

»Hi! Wartest du schon lange?«

Er blicke auf und lächelte.

»Nein, alles gut, ich bin auch eben erst gekommen. Ist der Platz hier okay für dich? Sonst können wir uns auch woanders hinsetzen.«

»Nein, hier ist prima, schön schattig. Puh, ich hätte nicht gedacht, dass es um diese Uhrzeit noch so drückend ist.«

»Morgen soll es noch wärmer werden, und zum Abend sind dann sogar Gewitter angesagt. Aber setz dich doch erst mal.«

»*Noch* wärmer?« Rose stellte ihre Handtasche neben den freien Stuhl und nahm Platz. »Mir reicht das jetzt schon. Die letzten Tage habe ich gefühlt nur noch mit Gießen im Garten verbracht. Und bei dir? Bei dem Wetter ist Dachdecken doch sicher eine echte Herausforderung, oder?«

»Es geht, man gewöhnt sich an die Hitze. Und um ehrlich zu sein habe ich die Woche gar nicht gearbeitet, sondern es mir an der Ostsee gutgehen lassen.« Er zwinkerte ihr fröhlich zu.

»Stimmt, du warst ja auf dem Darß. Urlaub?«

Bent lachte auf. »Nein, so gut dann doch wieder nicht. Ich war auf einer Fortbildung und habe dort Vorträge gehalten. Und auch selbst eine Menge mitgenommen von den Kollegen. Schöne Gegend da oben, nur jetzt im Sommer ziemlich überlaufen. Und du? Bist du mit deinem Projekt ... ach Mensch, entschuldige. Ich überfalle dich einfach, dabei hast du noch nicht mal in die Karte schauen können. Hier, bitte.«

»Danke.« Rose nahm die Karte entgegen. »Weißt du schon, was du nimmst? Ich habe ... Um Himmels willen, ist das alles Tee?« Verblüfft blätterte sie durch die einzelnen Seiten.

»Klasse, oder? Und warte erst mal ab, bis du das Kuchenbuffet siehst. Oder möchtest du lieber was Warmes essen?«

»Hör mir bloß auf mit warm«, schnaufte Rose. »Obwohl Tee ja auch nicht so richtig kalt ist. Ob sie hier Eisschokolade haben?«

»Haben sie. Aber Tee ist in Verbindung mit einem Stück Torte trotzdem perfekt. Vertrau dem Fachmann, ich habe die letzte Woche quasi nur von Tee und Kuchen gelebt.« Er rieb sich demonstrativ über den Bauch.

Jetzt musste auch Rose lachen.

»Okay, überredet. Dann starte ich *very british* zum Kuchen. Oder gibt es hier in der Heide auch eine eigene Tee-Zeremonie, so wie bei den Ostfriesen?«

»Jo, hebben wi: So, as dat elk und een mag.«

»Genau: Jeder, wie er oder sie will«, erklang eine Stimme hinter Rose. »Habt ihr euch schon was ausgesucht?«

Die Kellnerin trat zu ihnen an den Tisch und lächelte erst Rose und dann Bent an. Rose war die junge Frau mit den braunen Haaren sofort sympathisch.

»Ich schließe mich der Teatime an«, meinte Bent. »Was habt ihr denn noch an Kuchen?«

Die Kellnerin zählte sieben oder acht Torten und mindestens vier Sorten Blechkuchen auf.

»Himmel, wie soll ich mich denn da entscheiden?«, klagte Rose. »Das hört sich alles so lecker an!«,

»Die sind auch alle lecker«, meinte Bent.

Die Kellnerin schmunzelte. »Ihr könnt auch gerne noch mal drinnen schauen.«

»Lieber nicht, dann fällt mir die Auswahl noch schwerer. Ich weiß nicht .... ich glaube, ich fange mit der Apfel-Schmand an und arbeite mich dann beim nächsten Mal weiter vor.«

»Das klingt nach 'nem Plan«, meinte Bent und grinste. »Dann starte ich mit der Heidelbeertorte.«

Nachdem die Kellnerin alles notiert hatte und gegangen war, nahm Bent den Faden wieder auf. »Dann schieß mal los. Bist du mit deinem Projekt bereits vorangekommen?«

Rose schüttelte den Kopf.

»Leider nicht. Dafür habe ich inzwischen festgestellt, dass es doch schon etliche Bücher über die Märchen und Sagen der Lüneburger Heide gibt.«

»Ah, okay. Und?«

»Na ja, ich will da nicht abschreiben, sonst käme ich mir vor wie ein Plagiator.«

»Kommt darauf an. Wolltest du denn eine richtige Sammlung zusammenstellen?«

»Nein, das nicht. Ich dachte eher an zwei, drei Geschichten plus einige Tipps über die Gegend. Und natürlich meine Zeichnungen. Das Heft soll allerdings nicht mehr als drei oder vier Euro kosten, das beschränkt den Umfang schon erheblich.«

»Das hört sich doch machbar an.«

»Wie man's nimmt.« Rose hob ratlos die Schultern. »Mir fehlen halt Geschichten, die nicht bereits dutzende Male veröffentlicht wurden.«

Bent grinste. »Vermutlich haben die anderen auch nur bei Löns und Co. gemopst, wenn sie nicht gerade hier in der Gegend groß geworden sind.«

»Tja, damit kann ich leider auch nicht dienen.«

»Keine Sorge, wir machen aus dir noch eine waschechte Heidjerin.« Bent blinzelte ihr verschwörerisch zu. »Geheimtipp Nummer eins: Sagen und Mythen der neuen Heimat erfährt man nicht aus Büchern, sondern von den alten Leuten aus der Nachbarschaft.«

»Hör bloß auf«, stöhnte Rose. »Das war der absolute Reinfall.«

Bent sah sie überrascht an. »Warum?«

»Die Idee hatte ich auch, deshalb war ich letzte Woche in Eickenloh. Selten bin ich so abgekanzelt worden wie von dieser komischen Kellnerin im Hofcafé, und ein älterer Herr im Dorf hat mich genauso stehengelassen.«

Bent musterte sie mit einem seltsamen Gesichtsausdruck. »In Eickenloh?«

»Ja. Ich wohne da und wollte mich endlich meinen neuen Nachbarn vorstellen. Ein einziges Fiasko. Und das Schlimmste ist: Ich habe nicht die leiseste Ahnung, warum die Leute so komisch reagiert haben.«

»Du *wohnst* in Eickenloh? Wo denn da?«

»In der Kate im Wald. Die von Käthe Husmann.«

»Oh«, sagte Bent nur. Sonst nichts.

»Na, super. Genauso wie du mich gerade anschaust, hat die Kellnerin auch reagiert. Aber bevor du jetzt aufspringst und wegrennst: Magst du mir vielleicht verraten, was ich so Furchtbares getan habe, dass mich plötzlich alle wie eine Aussätzige behandeln?«

Bent zögerte kurz, dann seufzte er.

»Mit dir hat das nichts zu tun. Sondern mit deinem Haus. Oder besser gesagt, mit einer deiner Vormieterinnen. Eine Frau, die dort früher mal gewohnt hat, während des Zweiten Weltkrieges.«

»*Während* des Zweiten Weltkrieges?« Rose glaubte, sich verhört zu haben. »Das ist nicht dein Ernst, oder? Und das wird jetzt mir angelastet?«

Bent zuckte entschuldigend die Achseln. »Nein, das nicht. Aber die Bewohner des Hauses sind seitdem alle nicht gut gelitten. Schon gar nicht, wenn sie zugezogen sind.«

Rose schüttelte ungläubig den Kopf. »Wie bitte? Du meinst, nur weil da mal irgendeine komische Frau gewohnt hat, sind die Eickenloher immer noch schlecht auf die Bewohner zu sprechen? Achtzig Jahren später? Das ist doch absurd!«

»Tja, ich fürchte doch. War eine üble Geschichte damals. Und Menschen sind nicht immer rational, schon gar nicht, wenn Emotionen im Spiel sind.«

»Okay, da gebe ich dir recht, aber begreifen kann ich es trotzdem nicht. Was hat das mit mir zu tun? Ich kenne die Frau ja nicht mal!«

Bent hob entschuldigend die Hände, sagte aber nichts mehr dazu. Trotzdem konnte Rose die Sache nicht einfach so auf sich beruhen lassen. »Das mit den Zugezogenen verstehe ich auch nicht. Hat das was mit dem Fringsen der Nachkriegsjahre zu tun? Ich meine, inzwischen lebt die Heide ja vom Tourismus. Und gegen zahlende Gäste schien die Bedienung im Café nichts zu haben, im Gegenteil.« Ganz konnte sie sich den ironischen Tonfall nicht verkneifen.

»Haben sie nicht, und ganz allgemein auch nichts gegen Zugezogene. Es geht wirklich nur um das Haus … aber sag mal, du weißt, was *fringsen* ist? Die meisten können heutzutage mit dem Begriff nichts mehr anfangen.«

Das Ablenkungsmanöver war mehr als offensichtlich, aber Rose ging erst mal darauf ein. »Ja, meine Oma hatte mir davon erzählt. Sie war auch Heidjerin.«

»Ach, schau an«, meinte Bent, sichtlich erfreut. »Aus einem der Dörfer hier?«

Rose schüttelte den Kopf. »Mehr Richtung Lüneburg. Sie kam von einem Hof bei Süderwinnersen. Nach dem Tod meines Opas hatte sie sich dann ein Häuschen in Amelinghausen gemietet. Leider starb sie kurz vor meinem dreizehnten Geburtstag …« Sie unterbrach sich kurz und versuchte den Kloß loszuwerden, der sich in ihrem Hals gebildet hatte. »Ich vermisse sie heute noch«, flüsterte sie dann.

»Das tut mir leid.« Bent legte seine Hand auf ihre, eine Geste, die sich für Rose tröstlich und gleichzeitig seltsam vertraut anfühlte. Einen Augenblick lang sagte keiner von beiden ein Wort.

»Entschuldigt bitte, ich störe nur ungern.«

Ohne dass Rose es bemerkt hatte, war die Kellnerin mit dem bestellten Kuchen und den Getränken zu ihnen getreten.

»Alles gut«, antwortete Bent lächelnd und gab Roses Hand wieder frei. Dann schob er die Speisekarten zu Seite, damit die Kellnerin das Tablett abstellen konnte.

»Einen Moment muss der Tee noch ziehen.« Die junge Frau stellte neben die Teekannen eine kleine Eieruhr, deren Sand bereits halb durchgelaufen war. »Dann wünsche ich guten Appetit!«

Nachdem sie sich bedankt hatten und die Kellnerin wieder gegangen war, inspizierte Rose ihr Kännchen. Auf dem Tisch standen jetzt zwar zwei Stövchen, drei Gläser mit unterschiedlichem Kandis, ein kleines Sahnekännchen und ein Zuckerstreuer, aber das Wichtigste fehlte.

»Ähm … meine Frage ist vielleicht dumm, aber gibt es keine Tassen?«

»Hast du doch«, antwortete Bent grinsend.

»Ach so? Trinkt man hier aus den Kännchen?«

»Das kannst du natürlich gern machen, wenn du magst.« Sein Lächeln hatte inzwischen etwas Spitzbübisches. »Mich stört das nicht. Ich bin ein großer Fan kreativer Lösungen.«

»So ist das also. Erst hier mit mir treffen wollen und sich dann über mich lustig machen«, maulte Rose gespielt beleidigt. »Bestimmt muss ich mir jetzt bei dir auch noch einen Strohhalm kaufen. Dein Nebenverdienst als Reetdachdecker?«

»Da bringst du mich echt auf eine Idee!« Bent lachte.

»Aber ich will mal nicht so sein. Schau mal.« Er hob die Kanne an ihrem oberen Henkel hoch. Die untere Hälfte entpuppte sich als Tasse. Bent zwinkerte ihr zu, goss sich den Tee ein und stellte das Kännchen anschließend auf seinem Stövchen ab.

»Immer noch an einem Strohhalm interessiert?«

»Pöh!«, machte Rose, wartete akkurat, bis das letzte Körnchen aus der Eieruhr in den unteren Teil gefallen war und goss sich dann ebenfalls ihren Tee ein. Dann mopste sie Bent, der gerade nach dem Gläschen greifen wollte, den braunen Kandis.

»Aha, du fringst also auch! Hätte ich mir ja gleich denken können!«

Geziert nahm Rose einen Löffel Kandis aus dem Glas und hielt ihn demonstrativ hoch.

»Auch?«

»Ja, bitte!«, antwortete Bent schmunzelnd.

Sie gab den Kandis vorsichtig in Bents Tasse, bevor sie sich selbst ebenfalls einen Löffel voll nahm.

»So ist das mit den Vorurteilen«, dozierte sie übertrieben oberlehrerhaft.

»Eins zu Null für dich«, meinte Bent grinsend. »Aber immerhin bleibt der Punkt in der Heide.«

Rose ließ sich nicht anmerken, wie sehr es sie freute, dass Bent sie bereits als Heidjerin akzeptierte. Allerdings brachte sie das auch auf ihr ursprüngliches Thema zurück.

»Dankeschön. Aber verrätst du mir trotzdem noch, welches Problem die Eickenloher jetzt eigentlich haben? Also mit mir? Befürchten, dass ich ihnen den letzten Kohl aus dem Garten klaue, müssen sie ja nun wirklich nicht mehr.«

»Nein, damit hat das auch nichts zu tun.« Bent pustete in seine Tasse, während er offenbar überlegte, was er sagen sollte. »Das Thema ist recht heikel. So eine Art Dorfgeheimnis. Eigentlich spricht seit damals niemand mehr darüber.«

»Nur dass mich die Nachwehen jetzt ebenfalls betreffen, ob ich will oder nicht«, meinte Rose und teilte den ersten Bissen mit der Kuchengabel ab. »Ich wüsste schon ganz gern, warum ich meine Nachbarn die nächsten dreißig oder vierzig Jahre nur von hinten sehen werde. Und das alles wegen einer Frau, mit der ich absolut nichts zu tun habe – außer dass ich jetzt, achtzig Jahre später, im selben Haus wohne wie sie.«

»Stimmt.« Bent nahm einen Schluck Tee, dann setzte er die Tasse ab. Er schien sich zu einem Entschluss durchgerungen zu haben.

»Okay. Ich möchte dich aber bitten, dieses Thema nirgendwo breitzutreten. Ich habe keine Lust, dass es nach all den Jahren wieder zu Streit kommt.«

Rose nickte.

»Die Eickenloher waren nicht immer so. Ganz im Gegenteil, die Frau wurde damals bei ihrer Ankunft sogar ausgesprochen freundlich aufgenommen. Sie kam auch aus Hamburg.«

Aha, deshalb also der Kommentar des älteren Herrn, dachte Rose.

»Da Hamburg schon zu Beginn des Krieges ein häufiges Ziel der Luftangriffe war, hatte ihr Bruder sie mit seinen beiden Söhnen hierher in die Heide geschickt. Das war damals nicht unüblich, und bei den bessergestellten Hamburgern eine gern genutzte Alternative zur Landverschickung der Kinder. Vor allem, wenn sie gegenüber der NSDAP und ihren Propagandaprogrammen eher kritisch eingestellt waren.«

Rose nickte wieder. Ihre Oma Grete hatte mal erzählt, dass man damals einige Nachbarskinder in ein KLV-Lager hinter Hannover verbracht hatte, obwohl die Verschickung der Landbevölkerung eigentlich nicht üblich gewesen war. Als sie nach einigen Monaten zurückkamen, waren aus ihnen kleine stramme Nationalsozialisten geworden, die selbst ihre Nachbarn im Dorf anzeigten, sobald sie auch nur die Vermutung hatten, jemand könne die Autorität des Führers unterwandern. Später, als zum Ende des Krieges die Alliierten einrückten, hatten sie sich dann freiwillig zum Dienst an den Flaks und der Panzerabwehr gemeldet – Kinder von dreizehn, vierzehn Jahren, die ihren Heldenmut allesamt mit dem Leben bezahlen mussten.

»Das macht sie mir jetzt nicht unbedingt unsympathisch«, konnte sich Rose nicht verkneifen einzuwerfen.

»Nein, den Eickenlohern damals auch nicht«, bestätigte ihr Bent. »Obwohl es im Dorf einige überzeugte Nationalsozialisten gab. Aber die Dorfgemeinschaft erschütterte das nicht, dafür war man zu pragmatisch. Erst kam das Überleben, dann alles andere – die Heide war schon immer eine arme Landschaft, da nahm man mit, was man bekam.

Das war auch der Grund, warum die Kate vermietet wurde. Der Bruder der Frau zahlte dem Bauern, dem die Kate gehörte, gutes Geld, um seine Söhne und seine Schwester in Sicherheit zu wissen. Win-win für alle, würde man heute sagen. Nur leider wusste sie die freundliche Aufnahme nicht zu schätzen. Sie begann zu intrigieren und die Familie des Bauern systematisch zu zerstören. Solange, bis es zum Schluss sogar Tote gab.«

»Oh«, sagte Rose betroffen.

»Genau. Und das ist der Grund, warum die Eickenloher so abweisend reagieren, wenn man sie nach den alten Geschichten fragt.«

»Aber das meinte ich damit doch gar nicht!«

»Natürlich nicht. Aber das wissen sie nicht. Sie dachten sicher, du spielst auf diese alte Sache an.«

»Um Himmels willen, nein! Dann muss ich das beim nächsten Mal unbedingt richtigstellen!«

Bent legte seine Hand sacht auf ihre. »Rose, mir wäre es lieb, wenn du es auf sich beruhen lässt. Glaub mir, die Geschichte ist immer noch ein echtes Tabuthema im Dorf. Wenn deine Broschüre draußen ist, werden sie schon merken, in welche Richtung deine Fragen gingen. Ist das okay für dich?«

»Ja … ja, das ist okay.«

»Danke.« Bent zog die Hand zurück und griff wieder nach seiner Gabel. Auch Rose aß schweigend ihre Torte. Das Gehörte musste sie erst mal sacken lassen.

»Du kennst dich ziemlich gut mit der Geschichte aus, kann das sein?«, fragte sie schließlich.

Bent nickte. »Meine Familie kommt aus Eickenloh, wie du dir sicher bereits gedacht hast«, antwortete er zwischen zwei Schlucken Tee. »Und ich habe immer noch Verwandtschaft dort. Deshalb auch meine Bitte, die Sache ruhen zu lassen. Die Sache hat damals ganz Eickenloh entzweit, das hat sich tief in das kollektive Gedächtnis eingebrannt. Und an dem Gras, das jetzt zum Glück endlich darüber wächst, möchte ich nicht rumrupfen.«

Und das nach achtzig Jahren. Rose konnte es immer noch nicht fassen.

»Wobei – wenn du magst, können wir uns das nächste Mal auch im Hofcafé in Eickenloh treffen.« Bent zwinkerte ihr verschwörerisch zu. »Dann haben sie endlich mal was Neues zu erzählen, nicht immer nur die ollen Kamellen. Und meine Großtante wird sich dann auch benehmen, da bin ich mir sicher.«

Rose sah ihn verblüfft an.

»Also, ich weiß nicht …«

»Schon gut, war nur eine Idee.« Bent senkte den Blick auf den Rest seiner Torte und schob die letzten Krümel auf die Gabel.

Oh Rose, wie dämlich kann man eigentlich sein?

»Nein, sorry, so habe ich das nicht gemeint«, versuchte sie, den Schaden gutzumachen. »Ich war nur … überrascht.«

Bent sah wieder auf. »Weil Helga zu meiner Verwandtschaft gehört? Dazu gehören im Dorf fast alle, mehr oder weniger. Oder liegt es an mir?«

Autsch, das war direkt.

»Nein, ich … das meine ich nicht. Aber ich …«

»Es gibt bei dir jemanden, der was dagegen hätte?« Bent musterte sie aufmerksam.

Rose schüttelte heftig den Kopf. Himmel, das lief ja völlig aus dem Ruder – außerdem benahm sie sich wie eine Vierzehnjährige. Was war bloß mit ihr los? Sie wollte etwas sagen, die Situation irgendwie entschärfen, aber ihr Kopf war mit einem Mal wie leergefegt, während sie Bent ansah, der immer noch auf seine Antwort wartete. Plötzlich hatte sie das intensive Gefühl, dass er ihr bis in die Seele schaute – und sie ihm.

»Ich … nein, also …«, stammelte sie. Dann ging mit einem Mal überhaupt nichts mehr, keine Regung, keine Antwort, nur noch ein wildes Karussell in ihrem Kopf, das sie völlig außer Gefecht setzte.

Als allerletzten Ausweg schloss sie die Augen.

Besser.

Als sie sie im nächsten Moment wieder öffnete, war von dem Band, das sie gefangen genommen hatte, nichts mehr zu spüren, und auch ihre Gedanken gehorchten ihr wieder.

»Alles okay mit dir?«

Rose räusperte sich vernehmlich. »Ja, entschuldige. Muss wohl mein Kreislauf gewesen sein.« Zumindest war das die beste Erklärung, die ihr einfiel. »Geht schon wieder.«

Bent sah sie zweifelnd an, dann stand er auf.

»Ich hole dir ein Glas Wasser. Oder sollen wir lieber reingehen?«

»Nein, alles okay, hier draußen ist es super. Und Wasser wäre klasse, anscheinend habe ich heute noch nicht genug getrunken. Aber lass, ich kann es mir auch selber holen.«

Bent drückte sie sacht auf ihren Stuhl zurück. »Du bleibst schön sitzen, darum kümmere ich mich. Ich bin sofort wieder da. Und nicht zwischendurch umkippen, hörst du?«

Rose musste unwillkürlich lächeln. »Nein, mache ich nicht. Wirklich, mir geht es schon wieder viel besser.«

Bent sah sie noch einmal skeptisch an, dann ging er die paar Steinstufen hoch in die Teestube.

Rose atmete tief durch.

Was war das denn eben gewesen?

Nein, kein Déjà-vu. Eher wie das Echo einer Erinnerung, um die sich plötzlich alles zu drehen begonnen hatte. Ein Gefühl, als hätte sie irgendwas entrückt, obwohl … nein, auch nicht.

Sie schüttelte den Kopf. Egal, wie sie es zu benennen versuchte, es ließ sich jetzt im Nachhinein weder greifen, noch ergab es einen Sinn. Wahrscheinlich war es wirklich nur ihr Kreislauf gewesen und sie hatte schlicht Glück gehabt, knapp einer Ohnmacht entgangen zu sein. Also kein Grund, daraus ein Drama zu machen.

Für weitere Grübeleien blieb ihr auch keine Zeit, denn Bent kam bereits nach wenigen Augenblicken zurück und stellte ein großes Glas Wasser vor ihr ab.

»Wie fühlst du dich?«

»Alles okay, wirklich. Und Dankeschön.«

»Dafür nicht, ich hole dir auch gern noch mehr. Oder möchtest du lieber für heute abbrechen und nach Hause fahren?«

»Nein, alles gut. Außerdem bin ich doch neugierig auf deine Geschichten.« Sie lächelte Bent an, der sich wieder auf seinen Stuhl gesetzt hatte. Dass sie sich auch geschmeichelt fühlte, weil er sich so besorgt um sie zeigte, behielt sie allerdings für sich.

Bent erwiderte ihr Lächeln. »Okay, dann erzähl doch mal. Was hast du bisher gefunden?«

»Ziemlich viel, aber noch nichts wirklich Brauchbares. Inzwischen habe ich etliche Bücher über Märchen und Mythen der Lüneburger Heide und ein paar Sachen aus dem Internet. Nur sind es entweder Geschichten, die bereits gefühlt hundert Mal erzählt wurden, oder sie sind so gruselig bis blutrünstig, dass ich sie unmöglich in einer familientauglichen Broschüre verwenden kann. Ich meine, wer will seinen Kindern schon was von leichentuchfressenden Widergängern oder Gräueltaten aus dem Dreißigjährigen Krieg vorlesen?«

»Ich habe da einen zehnjährigen Neffen, dem kann es gar nicht gruselig genug sein. Der würde so etwas klasse finden.«

»Seine Eltern auch?«, fragte Rose trocken.

Grinsend schüttelte Bent den Kopf.

»Nein, meine Schwester sieht es genauso wie du. Deshalb hat er bisher auch noch nichts in dieser Richtung zu sehen bekommen. Sehr zu seinem Unmut, denn seine Klassenkameraden erzählen immer gern echte Horrorstorys. Er würde da auch gern mithalten.«

»Aber nicht mit meiner Broschüre«, entschied Rose resolut. »Gibt es denn keine gemäßigteren Erzählungen, die ich verwenden könnte?«

»Doch, natürlich. Reichlich sogar, schließlich war die Heide einst voller Riesen und Zwerge, die den Menschen halfen oder ihren Schabernack mit ihnen trieben.«

»Womit wir wieder bei den gern und oft wiederholten Mythen wären, die irgendwie in jedem Buch auftauchen.« Ratlos hob Rose die Hände.

»Die gehören ja auch hier in die Heide wie der Sand und die Findlinge. Ohne die Riesen wäre die Heide gar nicht entstanden!« Auf Bents übermütiges Zwinkern musste Rose jetzt doch lachen.

»Okay, dann werde ich das zumindest erwähnen. Ist vielleicht gar nicht so schlecht, dann habe ich eine schöne Einleitung, sowohl in die Geschichten, als auch in die Landschaft.«

»Na bitte, unser Brainstorming funktioniert doch super. Dann habe ich noch was. Warst du schon am Totengrund?«

»Nein, ich hatte damals nur die Schilder in Wilsede gesehen, konnte aber nichts damit anfangen. Außerdem war es ziemlich kalt, und der Name klang auch nicht sonderlich einladend, also bin ich zurück nach Undeloh gelaufen. Und seit meinem Umzug hatte ich noch keine Zeit, um groß spazieren zu gehen.«

»Dann sollten wir das unbedingt nachholen. Es gibt keinen schöneren Flecken auf der Erde als den Totengrund. Vor allem zur Heideblüte, selbst wenn der Name es nicht vermuten lässt.«

»So überzeugt, wie du das sagst, wage ich nicht, zu widersprechen.«

Bent erwiderte ihr verschmitztes Grinsen. »Dem kann man auch nicht widersprechen. Was hältst du dann von der Sage, wie der Totengrund zu seinem Namen kam?«

»Ich glaube nicht, dass ich die schon gelesen habe. Schieß los!«

»Okay. Fairerweise muss ich vorwegnehmen, dass es nur eine von mehreren Geschichten ist, die sich um den Namen des Totengrunds ranken. Aber das kannst du ja in der Broschüre erwähnen. Schließlich ist der Totengrund eins der wichtigsten Ausflugsziele hier in der Umgebung. *Und* er war damals die Keimzelle des Naturschutzgebietes ›Lüneburger Heide‹.«

»Oha. Scheint, als wäre mir bisher etwas entgangen, oder?«

»Auf jeden Fall! Obwohl: Glück für mich – dann kann ich ihn dir ja demnächst zeigen.« Er blinzelte ihr zu. Rose spürte, wie sich ihre Wangen röteten. Flirtete Bent gerade mit ihr? Doch bevor sie darauf reagieren konnte, begann er schon zu erzählen.

»Die Legende weiß zu berichten, dass damals, vor langer Zeit, die Riesen aus Reinsehlen bei Schneverdingen mit den Riesen aus Einem in ständiger Fehde lagen. Beide Anführer waren sich spinnefeind, wollte doch ein jeder von ihnen glauben, dass seine Horde die stärkere sei.

Und so kam es, dass der Anführer der Reinsehlener Bande mit seinen Kumpanen gen Einem zog, um die Frage ein für alle Mal zu klären. Dies bekam der Anführer der Einemer natürlich mit, denn der Boden erbebte unter den Schritten der Reinsehlener Riesen. Also zog er seine Leute ebenfalls zusammen, und als sie die Reinsehlener Truppe kommen sahen, begannen alle mit ihren riesigen Pranken Sand zu schaufeln. So lange, bis die Reinsehlener in dem Sandsturm nichts mehr sehen konnten und nur noch orientierungslos umherirrten.

Das machte wiederum den Anführer der Reinsehlener Horde furchtbar wütend, und er begann, mit allem zurückzuwerfen, dessen er habhaft werden konnte – Steine, Bäume, selbst große Felsbrocken. Denn er und seine Mannen waren größer als jedes Menschenhaus, und Bäume und Steinbrocken lagen wie Spielzeug in ihren Händen. Durch den Sand konnten sie allerdings nicht sehen, wohin sie warfen, und die meisten Geschosse verfehlten ihr Ziel. Weil sie aber mit einer solchen Wucht geschleudert wurden, kamen sie erst in einem Tal hinter Einem wieder auf, wo sie überall über den Boden verstreut liegen blieben. Doch einige Felsbrocken trafen auch – und erschlugen mehrere Einemer Riesen.

Wie die Schlacht letztendlich ausgegangen ist, weiß heute niemand mehr. Aber in Reinsehlen gibt es seit ehedem nur noch kargen und unfruchtbaren Sandboden, während die zahlreichen fehlgegangenen Felsbrocken den Steingrund formten. Beerdigt wurden die Opfer dieser Schlacht aber in dem mit Heide und Wacholder bestandenen Tal daneben – und so kam der Totengrund zu seinem Namen«, beendete Bent seine Erzählung.

»Ich sage ja: Nur Mord und Totschlag in der Heide!«, kommentierte Rose augenzwinkernd.

»Schlimm?«

»Nein, nicht schlimmer als die meisten Märchen, und wunderbar erzählt. Du hast Recht: Das ist ein wirklich schöner Anfang für meine Mythen und Sagen.«

»Mit Sage kenne ich mich halt aus!«, meinte Bent und warf sich in Positur.

Rose stutzte kurz und musste dann lachen, als ihr das Wortspiel zu seinem Nachnamen auffiel.

»Stimmt, das prädestiniert dich selbstverständlich.«

»Wie keinen anderen, meine Dame!«

Schmunzelnd nahm Rose noch einen Schluck Wasser, während Bent sich eine weitere Tasse Tee eingoss.

»Wobei ich mich tatsächlich schon öfter gefragt habe, warum viele Märchen so blutrünstig sind. Ich meine, Rotkäppchen oder Hänsel und Gretel sind ja nun wirklich nicht gerade gewaltfrei«, nahm sie den Faden wieder auf.

Bent angelte nach dem Kandis, bevor Rose reagieren konnte. »Das liegt daran, dass die meisten Märchen und Mythen aus einer Zeit stammen, als Grausamkeit und Gewalt für die meisten Menschen noch an der Tagesordnung waren. Auch?« Er hielt Rose einen Löffel mit Kandis hin, die grinsend den Kopf schüttelte. »Umso wichtiger war deshalb die Gerechtigkeit, die den Protagonisten widerfuhr. Damit konnten sich die Menschen identifizieren. Außerdem wurden die Geschichten damals vor allem in der dunklen Jahreszeit erzählt, wenn die Arbeit draußen ruhte. Am Feuer rückte man eng zusammen, während Wolle gesponnen und Flachs gehechelt wurde. Dabei konnte man dann diffusen Ängsten Gestalt geben, Schicksalsschlägen einen höheren Sinn verleihen oder sich der Willkür der Mächtigen erwehren. Außerdem halfen die Geschichten, das Gemeinschaftsgefühl zu stärken. Deshalb konnten sie manchmal gar nicht grausam oder gruselig genug sein.« Vorsichtig pustete Bent in seinen Tee. »Trotzdem gibt es auch bei uns genug Mythen, die man Kindern erzählen kann. Wie beispielsweise die Sage von der *Schönen vom Eickenloher Moor*. Auch schaurig, doch die *Schöne* war ein guter Geist, der den Menschen wohlgesonnen war und sie im Moor auf den rechten Weg zurückbrachte.«

Überrascht merkte Rose auf.

»Es gibt in Eickenloh ein Moor? Wo denn da?«

»Es gab, inzwischen ist es verschwunden. Schon vor über dreihundert Jahren begann man es trockenzulegen, und zu Beginn des letzten Jahrhunderts waren nur noch einige anmoorige Stellen übrig. Jetzt ist dort nur noch Wald. Wenn man nicht weiß, wo es war, läuft man einfach dran vorbei.«

»Und die Schöne? Geht sie jetzt im Wald umher?«

Bent schmunzelte. »Nein, die Fichten und Douglasien lagen ihr wohl nicht. Kurz vor dem Ersten Weltkrieg wurde sie zum letzten Mal gesehen. Aber sie war auch alt – nach über fünfzehnhundert Jahren hat sie sich dann doch irgendwann zur Ruhe gesetzt.«

»Und wie kam es dazu, dass sie dort umging?«

»Das, meine Liebe, erzähle ich besser in der passenden Atmosphäre. Kennst du das Pietzmoor bei Schneverdingen?«

»Bisher nur vom Vorbeifahren. Wieso?«

»Weil das unser nächster Treffpunkt wäre.«

»Gaunerei!«, gab sich Rose empört.

»Gute Geschichten leben von ihrer Spannung«, feixte Bent.

»Das muss ich wohl so hinnehmen«, grummelte Rose. »Und wann wollen wir uns treffen? Morgen?«

»Morgen bin ich leider schon von meinen Eltern verplant. Aber was hältst du von übermorgen?«

»Montag? Gern, aber musst du dann nicht arbeiten?«

»Das passt schon. Wir müssten uns nur recht früh treffen, dann fahre ich im Anschluss gleich weiter zur Baustelle.«

Skeptisch runzelte Rose die Stirn. »Was ist bei dir früh?«

»So gegen sechs?«

»Okay, das *ist* früh.«

»Nur für die kreativen Langschläfer. Der Heidjer hat um diese Uhrzeit bereits die Hälfte seines Tageswerkes vollbracht«, meinte Bent neckend.

»Pöh!«

Bent zwinkerte ihr zu. »Nein, im Ernst. Das Moor ist besonders schön, wenn morgens der Dunst über dem Wasser liegt. Außerdem ist dann noch nicht so viel los, und die Mücken sind erträglich. Je wärmer es später wird, umso aufdringlicher werden die Plagegeister – und dann handelt die Geschichte doch wieder von Mord und Totschlag. *Ssssssss* - patsch!«

Rose lachte über Bents anschauliche Demonstration. »Okay, du hast mich überzeugt! Brauche ich Gummistiefel?«

»Das nicht. Aber festes Schuhwerk solltst du schon anziehen. Durch das Pietzmoor führt ein Bohlenweg, der wird bei Feuchtigkeit schnell glatt. Und wenn es morgen Abend wirklich Gewitter gibt, wird er Montag früh noch nicht wieder überall abgetrocknet sein.«

»Gut, dann werde ich mich mal gegen alle Unwägbarkeiten wappnen.« Inzwischen freute sich Rose auf den Ausflug. Überhaupt fiel ihr auf, wie wohl sie sich jedes Mal in Bents Gegenwart fühlte. Kein Drama wegen irgendwelcher Kleinigkeiten, keine Forderungen, die an sie gestellt wurden – sie konnte sich kaum erinnern, wann sie zum letzten Mal so entspannt gewesen war. In den letzten Monaten mit René jedenfalls nicht mehr. Oder waren es schon Jahre gewesen?

»Soll ich dich dann abholen?«

Bent schüttelte den Kopf. »Die Baustelle ist in Fintel, ich würde von da aus gleich weiterfahren. Ist es okay für dich, wenn wir uns direkt am Pietzmoor treffen?«

»Na klar. Ich werde es schon finden.«

»Keine Sorge, der Parkplatz ist zwar klein, aber eigentlich nicht zu verfehlen.« Bent erklärte ihr, wie sie von der B3 aus kommend am besten fahren sollte.

Rose nickte zustimmend.

»Ich glaube, dann weiß ich sogar, wo das ist. Wenn mich nicht alles täuscht, bin ich schon mehrmals daran vorbeigefahren.«

»Super, dann können wir uns ja jetzt wieder auf die heutigen Aufgaben konzentrieren.«

»Die heutigen Aufgaben?«

»Du wolltest nach Hause rollen. Aber mit nur einem Stück Kuchen wird das nichts. Was möchtest du also als Nächstes probieren?«

Lachend winkte Rose ab. »Ich bin pappsatt. Aber ich verschwinde mal kurz zum Näschen pudern. Magst du vielleicht noch was? Dann sage ich drinnen gleich Bescheid.«

»Danke, aber dann halte ich mich nach der Kuchenschlacht letzte Woche auch etwas zurück. Beim nächsten Mal dann … zusammen mit dir.«

Sein herausforderndes Grinsen konterte Rose souverän mit einer hochgezogenen Augenbraue.

Auch im Innern des *Teetied* war alles liebevoll und gemütlich eingerichtet, teilweise standen sogar Sofas an den Tischen. An den Wänden hingen gemalte Bilder mit Heidemotiven, ergänzt mit verschiedenen Dekoartikeln und Kunstgegenständen in den Fensterbänken. Es war richtig heimelig.

Als Rose von der Toilette zurückkam, wartete sie noch einen Moment vorn an der Kuchentheke. Weniger wegen der Torten, von denen tatsächlich eine verlockender als die andere aussah, sondern um gleich die Rechnung zu begleichen.

Schon zu Hause hatte sie gegrübelt, wie sie am besten damit umgehen sollte. Getrennt? Aber was, falls Bent sie einladen wollte? Oder sah es dann so aus, als wolle sie sich aushalten lassen? Andererseits – so, wie Rose ihn einschätzte, würde er es bestimmt ablehnen, sich von ihr einladen zu lassen. Oder nicht? Jedenfalls hatte sie deshalb eine – wie sie fand – geniale Strategie entwickelt, um jegliche peinliche Diskussion zu vermeiden: Sie bezahlte einfach und stellte ihn dann vor vollendete Tatsachen. Schließlich hatte er ihr bereits etliche wertvolle Tipps gegeben, und für die Tour ins Pietzmoor nahm er sich auch extra Zeit, obwohl Montag bestimmt wieder ein anstrengender Arbeitstag auf ihn wartete. Da war es doch wirklich das Mindeste –

»Sorry, ich hatte dich von der Küche aus gar nicht gesehen. Kann ich dir noch irgendwas Gutes tun?«, fragte die nette Kellnerin, die jetzt zu Rose an die Theke kam.

»Ja, ich würde gern zahlen. Zusammen.«

»Tut mir leid, das geht leider nicht.«

Verblüfft sah Rose in das lächelnde Gesicht der jungen Frau. »Aber … warum nicht?«

»Das hat Bent schon geregelt.« Sie zwinkerte Rose zu.

»Ach so … ja«, meinte Rose lahm. So viel zu ihrem tollen Plan. »Tja, dann habe ich wohl Pech gehabt.«

»Na, als Pech würde ich das jetzt nicht unbedingt bezeichnen«, meinte die Kellnerin und lachte.

»Du!«

»Ich?«

»Genau, du! Eigentlich wollte ich dich doch einladen!« Rose ließ sich wieder auf ihren Stuhl fallen.

Statt einer Antwort grinste Bent nur.

»Ist die junge Frau drinnen auch eine Verwandte von dir?«

»Nein, wieso?«

»Weil sie dich gut zu kennen scheint.«

»Wir sind hier auf'm Dorf. Hier kennt jeder jeden.« Ein Honigkuchenpferd war nichts gegen Bents Gesichtsausdruck.

»Da bin ich irgendwie noch im Nachteil, würde ich sagen.«

»Kein Problem, das lässt sich ändern. So abweisend, wie böse Zungen behaupten, sind die meisten Heidjer nämlich gar nicht. Ganz im Gegenteil.«

»Die meisten.« *Abgesehen von den Eickenlohern,* wollte Rose noch sagen, verkniff es sich aber. Doch Bent schien ihre Gedanken zu lesen.

»Auch die Eickenloher«, meinte er schmunzelnd.

Rose war sich da nicht so sicher.

»Ich werde es dir einfach beweisen. Nächsten Samstag? Vielleicht kannst du dann auch die ersten Illustrationen ausdrucken und mitbringen. Helga malt auch, das könnte sie interessieren.«

Bei der Erwähnung ihrer Zeichnungen fühlte Rose einen kleinen Stich, schob aber den Gedanken an die verschwundenen Dateien gleich wieder zur Seite. Der Tag heute war viel zu schön, um ihn sich verderben zu lassen. Außerdem klang Bents Vorschlag richtig gut. Raffiniert.

»Okay. Aber nur, wenn ich dich dann einladen darf.«

»Ha, Erpressung!«

Rose verschränkte die Arme vor der Brust. »Nein, psychologische Kriegsführung. Habe ich erst kürzlich von einem gewissen Herrn gelernt!«

Als Rose eine knappe Stunde später ihren Wagen zu Hause abstellte, fühlte sie sich so glücklich wie schon lange nicht mehr. Bent und sie hatten noch eine Weile herumgefrotzelt, bevor sie sich schließlich beide auf den Heimweg machten. Allerdings nicht, ohne dass ihr Bent vorher noch seine Visitenkarte in die Hand gedrückt hatte mit der Bitte, ihm kurz eine Nachricht zu schicken, wenn sie wohlbehalten zu Hause angekommen war. Roses Beteuerung, dass es ihr längst wieder gut ginge und er sich keine Sorgen machen bräuchte, hatte er mit einem Lächeln abgetan. Also hatte sie ihm versprochen, sich zu melden – und irgendwie fand sie es auch süß, dass er sich solche Gedanken um sie machte.

Ob er wohl doch …? Aber diese Überlegung verbot sich Rose schnell wieder. Es war einfach ein schönes Treffen gewesen, und hilfreich für ihr Projekt. Und Bent war halt ein netter und empathischer Mensch, sonst nichts. Genau.

Bin gut zu Hause angekommen. Bis Montag und lieben Dank noch mal! ☺

Na bitte, dachte Rose, als sie auf ›Senden‹ tippte. Herzlich und trotzdem unaufdringlich. Wobei Steffi wieder behaupten würde, sie mache sich viel zu viele Gedanken um ›solche Kleinigkeiten‹. Apropos: Der musste sie nachher auch noch schreiben. Aber was eigentlich? ›Nettes Arbeitsessen‹? Das würde Steffi ihr kaum durchgehen lassen.

Egal, ihr würde schon etwas einfallen. Beschwingt schloss Rose den Wagen ab und ging ins Haus.

Als sie in der Küche die Tür zum Garten öffnete, saß die Katze bereits davor und maunzte sie vorwurfsvoll an.

»Da bist du ja! Wie, du wartest schon eine Ewigkeit? Das ist aber nicht meine Schuld. Du hättest vorhin schon was bekommen können, aber da warst du noch unterwegs.« Inzwischen kam es Rose längst nicht mehr komisch vor, mit der Katze zu reden. Warum auch? Irgendwie schien sie das Tier sogar zu verstehen – und manchmal sogar zu antworten.

Ach, und du hast dich nicht herumgetrieben, nein?, schien ihr Blick sagen. »Mau!«, forderte sie dann laut.

»Kommt sofort, Euer Gnaden!« Rose ließ die Tür offen stehen und ging zum Küchenschrank, um eins der Futterschälchen herauszunehmen.

»Was möchtest du denn gern? Ich habe hier … Lachs, Makrele oder … Truthahn?« Sie sah zur Katze, die sich erwartungsvoll in die offene Tür gesetzt hatte.

»Prrr!«

»Nein, nur eins. Sonst lässt du den Rest wieder stehen und dann gehen die Fliegen dran. Das ist unappetitlich.«

»Prrr?«

»Sonst habe ich hier nur noch eine große Dose mit … Moment … Ente.«

»Mau!«

»Okay. Aber morgen nicht wieder beschweren, dass es dann noch mal dasselbe gibt.« Rose stellte die Dose auf die Arbeitsfläche und angelte einen sauberen Katzenteller aus dem Unterschrank neben der Spüle. Als sie allerdings die Dose öffnen wollte, riss der Zugring ab.

Mist. Da half dann nur der Dosenöffner. Doch der ließ sich auf die Schnelle auch nicht finden, nicht einmal, als sie die Kramschublade unter dem Besteckkasten komplett ausräumte.

»Tut mir leid, das wird heute nichts mit der Ente. Dann Truthahn?«

»Prrr!«

»Okay, da habe ich ja noch mal Glück gehabt. «

Sie löffelte den Inhalt des Futterschälchens auf den Teller und stellte ihn draußen neben die Türschwelle. Die Katze wich zurück und wartete, bis Rose wieder einen Schritt nach hinten trat, dann marschierte sie hoheitsvoll zum Napf und fing an zu futtern.

»Na bitte, alle zufrieden.« Anfassen ließ sich die Katze zwar immer noch nicht, aber Rose freute sich, dass sie sich inzwischen dichter herantraute. Langsam wurde es Zeit, sich einen Namen für die Mieze auszudenken – nur wusste sie dummerweise immer noch nicht, ob es nun ein Mädchen oder ein Junge war.

»Wie würdest du denn heißen wollen, meine Schöne? Oder mein Schöner?«

Die Katze futterte unbeeindruckt weiter.

»Ich sehe schon, das Thema interessiert dich brennend. Gut, dann lassen wir es halt erst mal bei ›Mau‹«, beschloss Rose und ging wieder nach drinnen.

Als sie jedoch gerade den schmutzigen Löffel in den Geschirrspüler räumen wollte, hörte sie ein seltsames, gleichmäßiges Geräusch. Es klang wie ein … Tropfen?

Sie sah zum Wasserhahn, aber da tropfte nichts. Und auch der Wasseranschluss im Schrank unter der Spüle war trocken.

Ob es aus dem Bad kam?

Doch selbst da war nichts zu sehen. Waschbecken, Badewanne, Toilette, auch die Therme – alles in Ordnung. Auch auf dem Boden war kein Wasser, außerdem war das Geräusch hier auch kaum zu hören. Stirnrunzelnd ging Rose zurück in die Küche. Doch, es kam ganz eindeutig von hier.

Tropf … tropf … tropf …

Trotzdem war nirgendwo Wasser zu sehen. Blieb also nur noch … Rose eilte nach oben. Ein Rohrbruch, der das ganze Haus flutete, hatte ihr gerade noch gefehlt.

Doch auch im oberen Bad war nichts zu finden, obwohl sie alles sorgfältig absuchte und sogar die Wände und den Boden auf feuchte Stellen befühlte.

Seltsam …

Zurück in der Küche war das Geräusch immer noch da, und inzwischen war es sogar lauter geworden, wie es Rose vorkam.

Ob der Rohrbruch in der Wand war? Allein bei der Vorstellung, hier alles aufreißen zu müssen, schüttelte sich Rose. Andererseits verliefen die Rohre doch alle hinter den Küchenschränken, soweit sie das gesehen hatte. Oder doch nicht?

Ratlos sah sich Rose in der Küche um. Nirgendwo Wasser, keine feuchten Stellen. Sie kontrollierte alles ein zweites und sogar ein drittes Mal, aber das Ergebnis blieb dasselbe. Als letzten Ausweg ging sie ins Bad und drehte den Hauptwasserhahn zu.

Das Tropfen blieb, hartnäckig, nervend.

Und jetzt? Es war Samstag Abend, heute würde bestimmt kein Klempner mehr herkommen, außer im Notdienst. Aber was sollte sie dem sagen? Es tropft, aber es ist kein Wasser zu sehen? Alles ist trocken? Der würde sie ja für völlig bekloppt halten …

Schließlich beschloss sie, den Haupthahn erst einmal abgedreht zu lassen und abzuwarten.

Rose starrte auf den leeren Monitor, und der Monitor starrte zurück. Sie hatte keinen blassen Schimmer, was sie Steffi schreiben sollte. Oder besser gesagt: Wie sie es schreiben wollte. Es gab so viel zu erzählen, aber nichts davon war schon wirklich greifbar – und was sich daraus entwickeln würde, konnte sie erst recht nicht sagen.

Ratlos trommelte sie mit den Fingern auf den Schreibtisch.

Komm schon, Frau Hermanns …

Die Geschichte mit den Riesen wollte sie schließlich auch noch aufschreiben, solange sie sie frisch im Gedächtnis hatte. Doch stattdessen saß sie hier rum und brachte nicht einmal ein paar Zeilen an Steffi zustande …

Und dann hatte sie plötzlich eine Idee, die sie grinsen ließ.

Heute die Einemer Riesen kennengelernt, schrieb sie. *Sympathischer Geschichtenerzähler, sehr gastfreundliche Heide. Übermorgen Besuch der Schönen im Moor. Projekt entwickelt sich stetig, Volontärin bemüht sich redlich im Rahmen ihrer Möglichkeiten.*

Daraus sollte Steffi jetzt machen, was sie wollte – außerdem kannte Rose niemanden, der besser zwischen den Zeilen lesen konnte als ihre Freundin. Sie beendete den kurzen Brief mit dem Versprechen, sich wieder zu melden, sobald es Neues gab. Das musste erst mal genügen. Außerdem war sowieso ungewiss, wann Steffi die Mail lesen konnte – bis sie wieder Internet hatte, gab es womöglich längst mehr zu erzählen.

Als Rose danach die Sage über die Riesen aufschrieb, floss ihr der Text dagegen geradezu aus den Fingern, so lebendig hatte sie die Geschichte noch im Kopf. Sie sah während des Schreibens richtiggehend Bents Gesicht vor sich, sein Mienenspiel und seine Gestik. Ganz konnte sie sich ein Schmunzeln dabei nicht verkneifen: Für ein angebliches Arbeitsessen hatte der blonde Heidjer ziemlich viel Eindruck bei ihr hinterlassen. Und wenn sie ehrlich war, freute sie sich schon riesig auf die Tour mit ihm durchs Moor. Bis Montag war es ja zum Glück nicht mehr so lang hin …

Nachdem sie den Text auch als Sicherheitskopie gespeichert hatte, streckte sie sich zufrieden. Gerade mal eine knappe Stunde hatte sie für die Rohfassung benötigt – damit war ihr geplantes Tagewerk für heute erfüllt.

Obwohl … wenn sie schon mal so im Flow war, konnte sie eigentlich auch gleich die Skizzen für die Seitenillustrationen entwerfen. Angedacht hatte sie für den linken unteren Rand der Doppelseite zwei Einemer Riesen, aus deren Pranken der feine Heidesand rieselte, während auf der rechten Seite ein Hüne aus der Reinsehlener Horde gerade mit einem mächtigen Findling zum Wurf ausholte, die Augen mit der anderen Hand vor dem heranwehenden Sand geschützt.

Als Rose den Ordner mit den Zeichnungen öffnete, wollte sie ihren Augen allerdings selbst kaum trauen: Die Datei mit dem Kapitelbuchstaben ›R‹ war wieder da.

»Das gibt's doch nicht!« Verblüfft starrte sie auf den Monitor. Aber kein Zweifel, die Vorschau zeigte die Zeichnung, und auch die Datei ließ sich anstandslos öffnen. Rose speicherte sie sofort zusätzlich auf der externen Festplatte ab.

Die anderen beiden Illustrationen blieben dagegen verschollen, selbst erneutes Suchen brachte nichts zu Tage. Andererseits war der Kapitelbuchstabe bis eben auch … oder nicht?

Rose schüttelte den Kopf. Nein, er war verschwunden gewesen, ganz sicher! Im Ordner lagen erst wenige Dateien, das hätte sie unmöglich übersehen können – zumal sie nach dem Verschwinden alles vier- oder fünfmal kontrolliert hatte. Den Ordner, das Illustrationsprogramm, den gesamten Rechner …

Oder hatte René doch recht? War sie nervlich so am Boden, dass sie schon Halluzinationen hatte? Aber wo waren dann die anderen beiden Zeichnungen?

Langsam zweifelte sie wirklich an ihrem Verstand. Vielleicht war es besser, für heute erst mal Feierabend zu machen und die Riesen morgen zu zeichnen – und es sich den Rest des Abends nur noch gutgehen zu lassen.

Den unbequemen Gedanken, dass es außer Renés Unterstellungen kaum eine andere Erklärung für diesen seltsamen Vorfall gab, schob sie energisch zur Seite, während der Rechner herunterfuhr.

Als sie zurück in die Küche kam, war das Tropfen immer noch zu hören – und nichts zu sehen, obwohl Rose erneut alles kontrollierte.

Das war doch zum Mäusemelken! Dabei kam es ganz eindeutig hier aus der Küche – aber hier war nichts!

Oder gab es womöglich doch einen Außenwasserhahn, den sie bislang übersehen hatte?

Sie ging nach draußen und drehte eine Runde ums Haus, während sie alles genau inspizierte. Aber es fand sich nichts – natürlich nicht. Trotzdem war das Geräusch immer noch zu hören, als sie wieder in die Küche kam.

Rose gab es auf. Morgen wollte sie sowieso zu Käthe, um ihr endlich die Kaffeemühle vorbeizubringen, dann würde sie ihre Vermieterin gleich auf das Tropfen ansprechen. Und über Nacht blieb der Haupthahn abgestellt – mehr konnte niemand von ihr verlangen. Nur zum Duschen und Zähneputzen würde sie ihn nachher noch mal kurz aufdrehen, alles andere musste bis morgen warten.

Es war bereits dunkel, als Rose ins Bett ging. Inzwischen war es auch im Schlafzimmer ziemlich warm geworden, aber draußen war die Luft immer noch drückend, also ließ sie die Fenster lieber zu. Außerdem war sie hundemüde – nachher würde sie ganz bestimmt nicht mehr aufstehen und die Fenster schließen, damit die Mücken sie nachts nicht auffraßen. Beim nächsten Baumarkt-Besuch standen definitiv Fliegengitter mit auf dem Zettel.

Als sie jedoch schon im Halbschlaf lag, stellte sie fest, dass Mücken das eindeutig kleinere Problem gewesen wären.

Oben auf dem Dachboden waren wieder die verstohlenen Schritte zu hören, unterbrochen von einem unterdrückten Schnaufen.

Rose öffnete ein Auge und blinzelte in die Dunkelheit. Plötzlich hatte sie die Schnauze gehörig voll von irgendwelchen Schritten oder Ächzen, genauso wie dem Tropfen in der Küche.

»Du kannst mich mal!«, fauchte sie wütend nach oben, drehte sich resolut zur Wand und zog sich die Bettdecke über den Kopf.

Wer weiß, vielleicht bildete sie sich das wirklich alles ein. Sie gab es nur ungern zu, aber Renés Unterstellungen hatten in diesem Moment etwas ungemein Tröstliches, und wenige Augenblicke später war sie tatsächlich eingeschlafen.

Als sie am nächsten Tag kurz vor halb vier auf den Hof in Handeloh fuhr, kam Reinhard gerade aus dem Haupthaus.

»Moin!«, grüßte Rose freundlich, nachdem sie den Wagen im Schatten einer Eiche abgestellt hatte.

Reinhard gab allerdings vor, nichts mitbekommen zu haben, und marschierte einfach weiter. Rose blickte ihm stirnrunzelnd hinterher.

Döspaddel. Dann eben nicht. Offenbar war der liebe Reinhard heute gegenüber Frauen wieder besonders unbeholfen.

Umso mehr schien sich dagegen Käthe zu freuen, als sie Rose die Tür öffnete.

»Kindchen, das ist aber eine schöne Überraschung! Komm rein, ich habe gerade den Tee fertig!«

»Ich wollte nicht stören …«

»Aber nicht doch, du störst doch nicht! Und die Kaffeemühle hast du auch gefunden? Wie schön, dann kann ich sie heute Abend gleich der Irmgard mitbringen. Stell sie am besten irgendwo hin, wo sie nicht im Weg … schau mal, dort neben das Schuhregal, dann vergesse ich sie nachher nicht. Wenn du dir schon extra die Mühe gemacht hast, sollen die Landfrauen auch nicht unnötig darauf warten …«

Rose musste sich ein Lachen verbeißen, stellte die Kaffeemühle neben ein Paar quietschgelber Gummistiefel und zog ebenfalls die Schuhe aus. Als sie auf Socken ins Wohnzimmer tappte, holte Käthe gerade ein weiteres Service aus der Anrichte, das gute Geschirr.

»Du hättest die Schuhe aber auch anlassen können«, meinte sie, ohne sich umzudrehen.

»Ich wusste nicht …«, begann Rose.

»Schon gut, Kindchen. Und du warst gestern mit dem jungen Bent Sage im *Teetied* in Undeloh?«

Rose starrte verblüfft auf den Rücken ihrer Vermieterin, die eben die Flügeltüren der Anrichte schloss. Woher wusste sie das denn nun wieder?

»Ja … ähem … wir haben … also, er unterstützt mich bei meinem Start in die Selbstständigkeit. Weil … ich möchte gern eine Broschüre mit Geschichten hier aus der Gegend herausbringen.« Noch während Rose ihre Erklärung stammelte, wurde ihr bewusst, dass sie vermutlich gerade wieder mit Anlauf ins Fettnäpfchen gesprungen war.

Doch ihre Vermieterin ging nicht weiter darauf ein, sondern stellte das Gedeck für Rose auf den Tisch und begann, ihr Tee aus einer geblümten Kanne mit Goldrand einzuschenken.

»Nimm doch erst mal Platz, Kindchen. Und, hast du dich langsam eingelebt?«

Rose setzte sich und nickte, erleichtert, dass ihr Käthe die Bemerkung offenbar nicht übel nahm. »Ja, sehr. Inzwischen habe ich sogar das Gefühl, als würde ich schon Jahre darin wohnen. Das Haus ist einfach traumhaft. Und auch der Garten macht sich langsam, ich war fleißig die letzten Wochen.«

»Du glaubst gar nicht, wie sehr mich das freut!« Käthe strahlte, doch dann warf sie Rose einen skeptischen Blick zu. »Trotzdem liegt dir was auf dem Herzen, kann das sein?«

Verflixt, wie machte sie das bloß? Eigentlich war sich Rose sicher, dass ihr Gesicht nichts weiter gezeigt hatte als freundliche Aufmerksamkeit, als sie die Tasse entgegennahm. Aber gut, wenn ihre Vermieterin ihr schon das Stichwort gab …

Doch anstatt das lästige Tropfgeräusch in der Küche anzusprechen, drängte sich unvermittelt eine andere Sache in Roses Bewusstsein.

»Stimmt, es gibt da etwas …«

»Ja?« Käthe reichte ihr Milch und Zucker.

»Danke.« Den Blick beim Eingießen auf das Milchkännchen gerichtet, suchte Rose nach den passenden Worten. »Wie soll ich es sagen … ich hoffe, du verstehst es nicht falsch. Aber ich habe jetzt nachts öfter Geräusche gehört. Ziemlich komische Geräusche, um genau zu sein.«

»Geräusche?«

Als Rose unsicher nickte, lächelte Käthe.

»Da solltest du dir keine Gedanken machen, Kindchen. In alten Häusern knackt und knarrzt es ständig, das ist völlig normal.«

»Schon. Aber … das meine ich nicht. Ich … na ja, die Geräusche kommen eindeutig vom Dachboden. Leise Schritte. Und einmal hat auch etwas geschrien. Ich … ich bin mir nicht sicher, aber könnten es Ratten sein? Oder eine Eule?«

So, jetzt war es raus. Sie hoffte, dass Käthe nicht allzu beleidigt war, weil Rose ihr unterstellte, dass es in ihrem Haus Ratten gab. Entweder das, oder sie wurde tatsächlich langsam verrückt, wie René behauptete – aber das musste ihre Vermieterin nun wirklich nicht wissen.

»Ratten?« Die alte Dame runzelte die Stirn. Dann wurde ihr Gesicht weich. »Ach Kindchen, stimmt. Das hätte ich dir sagen müssen. Entschuldige, wie tüddelig von mir. Ich fürchte, das wird der Marder sein.«

»Ein Marder?«, fragte Rose verblüfft.

»Ja, ein Steinmarder. Der ist da schon seit mindestens dreißig Jahren.« Käthe schmunzelte. »Natürlich nicht immer derselbe, vermutlich sind es längst seine Kindeskinder. Aber das Biest hatte uns damals schon immer geärgert. Und nichts hat geholfen – keine Fallen, keine Hundehaare, die ganzen Hausmittel, nichts. Zum Schluss hatte sich mein Mann sogar den Jagdhund seines Bruders ausgeliehen und eigenhändig auf den Dachboden geschleppt, aber selbst der konnte gegen das Vieh nichts ausrichten. Zum Glück tobt er meist nur ein paar Wochen im Jahr dort oben rum, danach ist wieder Ruhe. Schau an, dann ist er immer noch da.«

»Ein Marder«, wiederholte Rose tonlos. »Dann habe ich mir das also nicht eingebildet.«

»Einen Marder auf dem Dachboden bilden sich die wenigsten Menschen ein, Kindchen. Bei dem Krach, den die Biester machen … und du warst trotzdem da oben, obwohl du nicht wusstest, was das für Geräusche waren? Das finde ich sehr mutig von dir. Und das nur wegen der ollen Kaffeemühle. Das wäre wirklich nicht nötig gewesen.«

»Die Kaffeemühle hatte ich schon gefunden, bevor die Geräusche anfingen«, gestand Rose. »Sonst hätte ich mich im Leben nicht mehr hochgetraut.«

»Aber auch danach hast du dich von dem Viech nicht ins Bockshorn jagen lassen. Das nenne ich Schneid!«

Rose hob verlegen die Schultern.

»Um ehrlich zu sein hatte ich beim ersten Mal ziemlich Muffensausen. So schlimm, dass ich die Nacht sogar unten auf dem Sofa verbracht habe. Beim zweiten Mal war ich allerdings so wütend, dass ich mit der Treppenstange gegen die Decke getrommelt und geschrien habe, es soll abhauen. Danach war auch Ruhe. Dafür sind jetzt einige Dellen in der Decke, fürchte ich.«

Käthe schmunzelte. »Das macht nichts. Dann werden sie jetzt den Dellen Gesellschaft leisten, die ich damals schon mit dem Besenstiel reingekloppt hatte.«

Rose sah ihre Vermieterin überrascht an. Dann fingen beide gleichzeitig an zu lachen.

»Du glaubst gar nicht, wie sehr mich das erleichtert«, gluckste Rose schließlich, als sie sich wieder gefangen hatte. »Wobei manche Dinge in dem Haus trotzdem etwas seltsam sind.«

»Noch seltsamer als ein Marder auf dem Dachboden?« Käthe zwinkerte ihr über den Goldrand ihrer Teetasse fröhlich zu.

»Na ja, das ist zumindest eine einleuchtende Erklärung. Aber das andere ist … wirklich seltsam. Es riecht im Haus manchmal nach Rosen. Ganz eindeutig, obwohl ich bislang keine Ursache dafür finden konnte.«

»Wie passend, mein Kind. Das Haus scheint dich zu mögen.« Käthe nippte wieder an ihrem Tee, dann stellte sie die Tasse auf die Untertasse zurück und lächelte, als hätte sie gerade eine Bemerkung über das Wetter gemacht. Und wer weiß, dachte Rose verblüfft, vielleicht waren solche Aussagen für sie tatsächlich völlig normal. Ein bisschen schrullig war ihre Vermieterin immerhin schon.

»Ähm – ja. Mein Exfreund meinte dagegen letztens, es würde im Wohnzimmer stinken. Da konnte ich allerdings nichts riechen. Das fand ich mindestens ebenso merkwürdig.«

Käthe griff nach der Teekanne. »Du hast noch? Ah, ich sehe schon.« Sie goss erneut ihre Tasse voll und stellte die Kanne zurück, ehe sie weitersprach.

»Als ich selbst ein Kind war, roch es in unserem Haus manchmal nach Veilchen. Das fand ich tröstlich, denn Veilchenduft war für mich immer das Versprechen des Frühlings, auf einen neuen Anfang. Und als mein Mann und ich später in die Kate zogen, roch es zuweilen nach Rauch, seltsamerweise immer, wenn wir uns stritten. Ein ganz merkwürdiger Geruch, stechend und chemisch, ohne dass wir eine Ursache dafür finden konnten.«

Ratlos runzelte Rose die Stirn. »Komisch. Kann es sein, dass sich irgendwas im Boden festgesetzt hat?«

»Du meinst, wie vergossene Milch, die man manchmal noch nach Jahren in alten Melkkammern riechen kann, wenn das Wetter umschlägt?« Käthe lächelte mild. »Nein, das glaube ich nicht. Unter den Dielen ist auch kein Lehm, der Gerüche bindet und wieder abgeben kann, nur Sand und Feldsteine. Außerdem war es immer an unterschiedlichen Stellen, selbst oben im Schlafzimmer.«

»Aber wie lässt sich das dann erklären?«

»Muss man immer alles erklären?«

Rose hob vage die Achseln. »Ich weiß nicht. Na ja, doch. Zumindest fände ich es dann weniger seltsam. Ich meine, so was ist schon etwas unheimlich, oder?«

Käthes Lachen überbrückte ein halbes Jahrhundert und ließ ahnen, welch entwaffnenden Charme sie als junge Frau gehabt haben musste.

»Unheimlich? Aber nicht doch, meine Liebe. Sie mag dich, das hatte ich dir doch gesagt. Sie mag dich sogar sehr.« Als sie Roses fassungslosen Blick bemerkte, zwinkerte sie ihr zu.

»Ach, Kindchen. Weißt du, mein Mann war Zimmermann, genauso wie sein Vater und dessen Vater vor ihm. Echte Heidjer und gestandene Mannslütt, einer wie der andere. Bodenständig und nüchtern. Gerade deshalb hat nie jemand gewagt, ihnen zu widersprechen, wenn sie sagten, dass alte Häuser eine Seele hätten. Und wenn es ein Haus gibt, auf das diese Aussage zutrifft, dann ist es deine kleine Kate im Wald.«

Langsam wurde das Thema ziemlich befremdlich. Rose beschloss daher, dem Gespräch lieber eine neue Richtung zu geben. »Du scheinst die Kate immer noch sehr zu lieben. Tut es dir nicht leid, nicht mehr dort zu wohnen?«

Käthes Blick verlor sich für einen Augenblick in der Ferne, dann schüttelte sie sacht den Kopf. »Nein, Kindchen, ich habe meine Zeit dort gehabt. Mein Mann und ich hatten das Haus in den Sechzigern übernommen, und wir waren dort lange glücklich. Aber nachdem mein Hans starb, war es nicht mehr dasselbe. Und Reinhard wollte, dass ich zu ihm hier nach Handeloh ziehe.« Sie machte eine kurze Pause, bevor sie weitersprach. »Da war Lydia gerade ausgezogen. Nettes Mädchen, und bildhübsch. Und anpacken konnte sie auch. Leider war sich mein Sohn ihrer zu sicher. Die Zeiten, in denen man sich eine Frau wie eine Kuh in den Stall stellen konnte, sind zum Glück vorbei.« Gedankenverloren nippte Käthe an ihrem Tee. »Bedauerlicherweise kommt Reinhard nicht nach seinem Vater. Mein Hans war da anders. Als er mir damals den Heiratsantrag machte, sagte er zu mir: ›Einen weißen Gaul habe ich nicht und als Prinz gehe ich auch nicht durch. Aber wenn du jemanden brauchst, der dir zur Seite steht, bin ich für dich da. Egal, was kommt.‹ Das hat mir imponiert. Und er hat Wort gehalten, bis zum Schluss – auch wenn die Zeiten nicht immer einfach waren.«

Käthe blickte auf die Teetasse in ihrer Hand und lächelte selbstversunken, während Rose ihren eigenen Gedanken nachhing.

»Das haben René und ich leider nicht geschafft«, brach sie nach einiger Weile das Schweigen.

»Dein Exfreund?«

Rose nickte. »Wir haben uns Ende letzten Jahres getrennt. Er hatte jemand anderes kennengelernt.«

»Das tut mir leid für dich, Kindchen. Aber manchmal ist das so.«

»Ja, manchmal ist das so. Nur wusste er schon deutlich länger als ich, was da so ist. Als ich es erfuhr, saß er bereits auf gepackten Koffern. Er ist direkt aus unserer Wohnung zu ihr gezogen.« Rose starrte auf ihre Hände. Warum erzählte sie das überhaupt? Doch andererseits war es auch egal – und es tat gut, darüber zu sprechen.

»Aber du hältst trotzdem noch Kontakt zu ihm?«

Rose hob vage die Schultern. »Eigentlich nicht, aber letztens hat er sich wieder bei mir gemeldet.«

»Ach. Und?«

»Er meint, man könne doch noch mal über alles reden.«

»So, meint er das. Und was meinst du?«

»Gute Frage. Das weiß ich ehrlich gesagt nicht. Für mich ist damals eine Welt zusammengebrochen. Deshalb wollte ich das alles hinter mir lassen und hier in der Heide noch mal ganz von vorne anfangen.«

»Nicht der schlechteste Vorsatz, und bisher ist dir das auch ziemlich gut gelungen, soweit ich das beurteilen kann. Und er meint, er hätte dabei ein Mitspracherecht?«

»Nein, das wohl nicht«, meinte Rose befangen, obwohl sie sich insgeheim über das Kompliment freute, das Käthe ihr nebenbei gemacht hatte. »Aber … na ja, er meint, ich sollte mir wegen der Sache von damals eine tolerantere Grundhaltung zulegen.«

»Solltest du das«, wiederholte Käthe trocken.

»Ja. Und außerdem wäre ich zu sensibel. Schließlich mache jeder Mensch mal Fehler, man müsse da auch mal über seinen eigenen Schatten springen können.«

Käthe sah sie über den Rand ihrer Teetasse forschend an. »Ein großes Wort, diese Toleranz. Und viel bemüht, vor allem heutzutage.«

»Findest du das denn verkehrt?«

»Verkehrt nicht, nein. Aber manche Worte werden besonders gern von denjenigen strapaziert, die das wenigste Recht dazu haben.« Käthe griff resolut nach der Teekanne und schenkte Rose nach, die gerade den letzten Schluck aus ihrer Tasse getrunken hatte.

»Damals, als ich eine junge Frau war, sprach man noch von Vergebung. Das hörte sich ebenso großzügig an, nur wurde auch da schon vergessen, dass man Vergebung zwar schenken, aber niemals einfordern kann. So ähnlich ist es heutzutage mit der Toleranz. Vor allem, wenn man sie für sich selbst in Anspruch nehmen möchte.«

»Aber liegt es nicht im Sinne der Toleranz, dass man auch andere Ansichten respektiert, selbst wenn man sie nicht gutheißt?«

»Selbstverständlich. Aber es bedeutet im Umkehrschluss noch lange nicht, dass dies ein Freibrief für alles ist. Ganz im Gegenteil: Toleranz kann nur eingefordert werden, wenn man mit dem eigenen Tun und Handeln niemanden verletzt oder schadet. Das hat auch etwas mit Anstand und gegenseitiger Wertschätzung zu tun. Und ich glaube, spätestens hier käme dein René in arge Erklärungsnot, nach allem, was ich bisher über ihn weiß.«

Als Rose schließlich zurück nach Hause fuhr, ließ sie ihren Besuch bei Käthe noch einmal Revue passieren. Zwar hatten sie im Anschluss nur noch über belanglose Dinge geplaudert, trotzdem hatte das Teestündchen einige Überraschungen für sie bereitgehalten. Klar, auch dieses Mal hatte die alte Dame zwischendurch einen tüddeligen Eindruck gemacht, zwei- oder dreimal völlig unvermittelt das Thema gewechselt oder auf manche Fragen überhaupt nicht reagiert. Und ihre Behauptung, dass alte Häuser eine Seele hätten … das war schon ziemlich schrullig. Doch auf der anderen Seite hatte sie Rose auch mit erstaunlich scharfsinnigen Bemerkungen verblüfft, nicht zuletzt auch über René.

Über das nervtötende Tropfen in der Küche war Rose dabei allerdings völlig hinweggekommen. Obwohl – was sollte Käthe dazu auch sagen? Im schlimmsten Fall hätte sie womöglich noch Reinhard zum Nachschauen geschickt, und auf den konnte Rose nun wirklich verzichten. Sie würde morgen einfach einen Klempner anrufen, der sich die Sache mal ansehen sollte. Um solche Kleinigkeiten konnte sie sich schließlich auch selbst kümmern.

Außerdem war sie endlich die Kaffeemühle los. Im Nachhinein hätte sie sich dafür nur nicht unbedingt den drückendsten Tag des Jahres aussuchen müssen. Die Klimaanlage pustete zwar schon kräftig kalte Luft ins Wageninnere, aber Rose hatte trotzdem das Gefühl, gehen eine Wand zu atmen. In Käthes Wohnung war es deutlich angenehmer gewesen.

Und Bent glaubte ernsthaft, dass es heute noch Gewitter geben sollte? Da war sie mal gespannt – denn bislang zeigte sich am blitzeblauen Himmel nicht das kleinste Wölkchen.

In ihrer Küche begrüßte sie das stetige Tropfen. Seit dem Vormittag war der Haupthahn wieder aufgedreht, nachdem das Abstellen keinerlei Effekt auf das nervige Geräusch gezeigt hatte. Und für heute hatte Rose auch keine Lust mehr, sich darüber noch den Kopf zu zerbrechen. Was sie jetzt brauchte, war eine Dusche und eine Kleinigkeit zu essen, bevor sie sich an die Zeichnung der Riesen setzte.

Als sie eine halbe Stunde später mit einem Handtuchturban auf dem Kopf und einer Schüssel Salat neben der Tastatur vor ihrem Rechner saß, war in der Ferne tatsächlich das erste Grollen zu hören. Zu sehen war allerdings immer noch nichts.

Vielleicht zog das Gewitter auch vorbei. Obwohl eine Abkühlung inzwischen wirklich nottat – selbst Mau war vorhin nicht unter dem Hibiskus hervorgekommen, als Rose ihr neues Futter in den Napf geschüttet hatte.

Erst am späten Abend, als Rose bereits im Bett lag, krachte endlich Donner über die Heide.

Kurz darauf ging ein heftiger Schauer nieder. Als Rose noch einmal aufstand, um die Fenster zu öffnen, erfüllte er das Schlafzimmer mit lautem Rauschen, und kühle Luft flutete den Raum.

Eine Weile blieb Rose noch am Fenster stehen und vergewisserte sich, dass es nicht hereinregnete. Dann ging sie zurück ins Bett, und über dem eintönigen Prasseln schlief sie schließlich ein.

Kapitel 9

Montag früh um sechs war eindeutig nicht mehr ihre Zeit.

Immerhin war die Luft an diesem Morgen klar und frisch, so dass die halbe Stunde, die Rose mit dem Auto nach Schneverdingen brauchte, ihr genug Gelegenheit gab, um wach zu werden.

Zumindest halbwegs, dachte sie, während sie ungeniert gähnte. Wie hatte sie es früher immer nur geschafft, morgens um acht schon perfekt gestylt im Büro auf der Matte zu stehen? Selbst aufs Schminken verzichtete sie inzwischen fast völlig – zumal es vermutlich auch albern gewesen wäre, sich für eine Tour ins Moor aufzubrezeln.

Überhaupt waren die Leute in der Heide ausgesprochen unkompliziert. Niemand störte sich daran, wenn jemand mit Reithosen oder Gummistiefeln in den Supermarkt huschte, um schnell ein paar Teile einzukaufen. Selbst Rose war schon in ihren Gartenjeans einkaufen gewesen, und nach einem kurzen, irritierenden Gefühl des Ungewohnten hatte sie es als praktisch empfunden. In Hamburg wäre das absolut undenkbar, aber Hamburg war auch eine andere Welt und inzwischen gefühlt Lichtjahre entfernt.

Trotzdem hatte sie vorhin einige Zeit vor ihrem Kleiderschrank verbracht und gegrübelt, was sie anziehen sollte. Für heute waren wieder über dreißig Grad angesagt, obwohl man das nach dem Wolkenbruch letzte Nacht kaum glauben mochte. Außerdem hatte sie immer noch die Mücken im Hinterkopf, von denen Bent gesprochen hatte. Letztendlich entschloss sie sich für eine weite, graue Marlenehose aus Leinen, ein schwarzes Top, und darüber eine offen getragene langärmelige Bluse in einem warmen Vanilleton. Damit fühlte sie sich gegen alle Plagegeister gewappnet, zumal sie lieber mit einem sommerleichten Parfum statt dem umwerfenden Duft nach Mückenschreck Eindruck hinterlassen wollte.

Willst du denn Eindruck hinterlassen, Frau Hermanns?, fragte ihr Spiegelbild spöttisch.

Statt einer Antwort streckte sie ihm nur die Zunge raus.

Als Rose auf den kleinen Parkplatz einbog, stand Bents Transporter bereits dort. Von einem Moor war allerdings weit und breit nichts zu sehen. Links und rechts gab es nur Heide, Kiefern und Birken, zwischen denen ein Sandweg in einen Wald führte. Vermutlich mussten sie erst ein paar Schritte laufen.

Während sie ihr Auto neben dem Lieferwagen abstellte, stieg Bent schon aus.

»Moin! Und, lebt der Wecker noch?«

»Gerade so«, antwortete Rose beim Aussteigen und erwiderte sein Lächeln. »Aber nachdem du es so spannend gemacht hast, habe ich noch mal Gnade vor Recht ergehen lassen. Außerdem bin ich inzwischen echt neugierig aufs Moor. Lohnt es sich, meine Spiegelreflex mitzunehmen?«

»Unbedingt! Es sei denn, sie wird dir mit der Zeit zu schwer. Der Rundweg ist knapp fünf Kilometer lang, aber die Motive sind grandios.«

»Fünf Kilometer?« Damit hatte sie jetzt nicht gerechnet.

»Ist dir das zu weit?« Fragend warf er einen Blick auf ihre Sneaker, die von den Hosenbeinen halb verdeckt wurden. Er selbst trug feste Arbeitsschuhe, Jeans und eine leichte Jacke über dem dunkelblauen Shirt.

»Nein, alles bestens!«, beeilte sich Rose zu sagen. »Ehrlich gesagt hatte ich überhaupt keine Vorstellung davon, was mich heute erwartet. Aber die Schuhe sind bequem, damit kann ich gut laufen.«

So ganz überzeugt schien Bent nicht zu sein, aber er war charmant genug, das Thema damit auf sich beruhen zu lassen.

»Wie schaut's aus, soll ich dir auf dem Weg schon mal ein bisschen was über das Pietzmoor erzählen?«, fragte er, als er seinen Wagen abschloss. »Natürlich nur, wenn du magst.«

»Doch, sehr gern. Ein bisschen Hintergrundwissen macht sich zu den Geschichten immer gut. Und außerdem möchte ich ja möglichst viel über meine neue Heimat erfahren ... Warum lachst du?«

»Nicht über dich«, beteuerte Bent, grinste aber immer noch. »Aber ich bin berüchtigt für meine engagierten Erklärungen und habe damit schon etliche Menschen in die Flucht geschlagen. Traust du dich trotzdem?«

»Pech für die anderen, würde ich sagen«, meinte Rose, während sie sich die Kamera über die Schulter hängte und ihr Auto ebenfalls abschloss. »Ich finde es großartig, wenn man sich für etwas begeistern kann.«

»Dann mal los – wenn es dir zu viel wird, kannst du mich ja bremsen. Manchmal klappt es sogar.« Er zwinkerte ihr übermütig zu.

Doch dafür sah Rose vorerst keinen Anlass, denn Bent hatte eine sehr kurzweilige Art zu erzählen.

»Bestimmt weißt du ja, dass die Landschaft der Norddeutschen Tiefebene stark von den Eiszeiten beeinflusst wurde«, begann er seine Erläuterungen, während sie auf den Wald zugingen. Rose erinnerte sich dunkel an ihre Schulzeit und nickte.

»Maßgeblich haben die Elster- und Saaleeiszeit die Heide geformt. Sie schoben die Findlinge, Geröll und den Sand vor sich her, die heute unsere Landschaft hier prägen.«

»Also nicht die Riesen?«

»Tja, mit dieser Theorie konnten sich die Wissenschaftler irgendwie nicht anfreunden. Ich weiß auch nicht, warum.«

»Bestimmt waren es keine Heidjer.«

Bent lachte auf. »Das wird sicher der Grund sein, jetzt haben wir endlich die Erklärung!«

»Eine meiner leichtesten Übungen«, meinte Rose und grinste. »Okay, und wie ging es dann weiter?«

»Erst mal gar nicht. Die letzte Eiszeit, die sogenannte ›Weichselkaltzeit‹, wirkte sich nur noch klimatisch aus, die Gletscher drangen aber nicht mehr bis in die Heide vor. Als sie dann endlich vor etwa zwölftausend Jahren endete und es langsam wärmer wurde, begannen hier auf den kargen Sandböden Eichenmischwälder mit Kiefern und Birken zu wachsen. Das ist auch die Zeit, in der die ersten Moore in unserer Region entstanden.«

»Dann sind die ja gar nicht so alt«, warf Rose verblüfft ein. »Ich hatte immer gedacht, hier wären schon die Mammuts versunken.«

»In unseren Mooren nicht«, meinte Bent grinsend. »Enttäuscht?«

»Nein, das nicht. Nur überrascht. Und ein bisschen schlauer als vorher.«

Bent blinzelte ihr vergnügt zu, während sie unter den Bäumen in das Wäldchen eintauchten. Inzwischen waren jetzt links und rechts des Weges die ersten binsenbestandenen Wasserlöcher zu sehen.

»Tatsächlich soll das Pietzmoor knapp achttausend Jahre alt sein, und es wird vermutet, dass das Eickenloher Moor etwa zur gleichen Zeit entstand. Nur war das Moor in Eickenloh deutlich kleiner. Wahrscheinlich war das auch der Grund, warum es mit Beginn der Entwässerungsmaßnahmen im achtzehnten Jahrhundert bald kollabierte – je schneller der Torfkörper trockenfällt, umso schneller beginnt er sich auch zu zersetzen.«

»Okay, aber warum wurden die Moore überhaupt entwässert? Ich meine, damals wurde Torf doch bestimmt noch nicht tonnenweise in den Garten gekippt, oder?«

Bent schüttelte den Kopf. »An Gartentorf hatte damals noch niemand gedacht, das ist ein Luxusphänomen der heutigen Zeit. Zumal Torf auch keinerlei Düngewirkung hat, sondern nur als Bodenverbesserer eingesetzt wird – und selbst darüber kann man sich streiten. Nein, für die Menschen ging es ums nackte Überleben. Holz war früher viel zu wertvoll, um es zu verbrennen, also nahm man Torf. Der ließ sich zwar nur unter Einsatz schwerster körperlicher Arbeit gewinnen, stand aber nahezu unbegrenzt zur Verfügung. Außerdem hat Torf einen ähnlich guten Heizwert wie Holz, deshalb begann man Mitte des vorletzten Jahrhunderts, ihn auch industriell abzubauen. In unserer Gegend lohnte es sich allerdings nicht sonderlich, also gab man es schließlich wieder auf. Zum Glück, sonst wäre das alles hier inzwischen genauso Geschichte wie das Eickenloher Moor.« Bent beschrieb mit dem Arm einen weiten Kreis über die Landschaft.

Je sumpfiger der Boden links und rechts des befestigten Weges geworden war, umso mehr war der Wald zurückgewichen. Inzwischen hatten sie die ersten größeren Wasserflächen erreicht. Beeindruckt blieb Rose stehen und ließ das Panorama auf sich wirken. Knorrige abgestorbene Baumstämme, die aus dem Wasser ragten, gras- und binsenbewachsene Inseln, auf denen kleine Birken und Kiefern wuchsen und dazwischen immer wieder Tupfer mit fluffigem Wollgras. Über dem Wasser lag ein zarter Dunstschleier, der sich jetzt, als die Sonne höher stieg, langsam aufzulösen begann.

»Es ist wunderschön!«, flüsterte Rose andächtig.

Bent lehnte sich mit beiden Armen auf das Geländer, den Blick in die Ferne gerichtet.

»Moore hatten schon immer eine besondere Anziehungskraft auf mich. Sie sind irgendwie … magisch.«

Rose nickte. Auch sie konnte es spüren, diese Mischung aus Zeitlosigkeit und tiefem Frieden. Das schräg einfallende Licht der frühen Morgensonne tauchte alles in einen goldenen Schimmer. Von den typischen Bildern einer düsteren, nebligen Moorlandschaft war an diesem Sommertag nichts zu erahnen.

»Ich hatte es mir ganz anders vorgestellt.«

Bent drehte ihr lächelnd den Kopf zu.

»Ich weiß, was du meinst. Jetzt ist alles licht und klar, und die Sonne glänzt auf dem Wasser. Nicht besonders mystisch, oder? Aber im Herbst und Winter, wenn es nebelig ist und früh dunkel wird, zeigt das Pietzmoor ein ganz anderes Gesicht.«

»O schaurig ist's, über's Moor zu gehen, wenn es wimmelt vom Heiderauche …«

»… sich wie Phantome die Dünste drehn, und die Ranke häkelt am Strauche …«, ergänzte Bent. »Recht hatte sie, die Anette von Droste-Hülshoff. Damals waren die Moore noch weitestgehend ungezähmt und unheimlich. Keine großflächigen Entwässerungen, stattdessen nur wackelige Knüppeldämme oder schmale Wildwechsel, die nur die Einheimischen kannten. Wer da nicht wusste, wohin er trat, hatte schlechte Karten. Und bei Nacht und Nebel war es nahezu selbstmörderisch. Das kann man heute kaum mehr erahnen.«

»Für mich sieht es immer noch Ehrfurcht gebietend aus.« Rose tappte vorsichtig mit einem Fuß auf den Boden am Uferrand, der wippend nachgab und braunes Moorwasser hervorsprudeln ließ.

»Wie man's nimmt. Eigentlich ist das Pietzmoor gerade erst wieder dabei, zu seiner alten Schönheit zurückzufinden. Die Renaturierungsmaßnahmen laufen jetzt seit fünfzig Jahren, aber es wird noch etliche Jahrzehnte dauern, bis sich wieder ein stabiles Gleichgewicht eingestellt hat.«

Rose sah Bent erstaunt an. »Hat es das nicht? Es wirkt doch so … urtümlich.«

Bent schüttelte den Kopf. »Das hier sind alles ehemalige Torfstiche, die wiedervernässt wurden. Deshalb auch das Geländer, dahinter fällt das Ufer metertief ab. Es wird hunderte von Jahren dauern, bis sich der Torf neu gebildet hat, der damals entnommen wurde. Ein Moor wächst sehr langsam, nur etwa einen Millimeter pro Jahr. Die meisten Menschen machen sich überhaupt keine Gedanken, dass der Torf, den sie zwischen den Geranien verteilen, tausende von Jahren alt ist.« Bent bückte sich, pflückte ein kleines Stück Moos ab und gab es Rose in die Hand.

»Heutzutage sprechen alle vom ökologischen Fußabdruck. Und die modernen technischen Verfahren, die überschüssigen Kohlenstoff speichern sollen, können gar nicht kompliziert genug sein. Anstatt einfach die Moore zu schützen und zu renaturieren – selbst die wenigen noch existierenden Moore binden weltweit doppelt so viel Kohlendioxid wie alle Wälder auf der Erde zusammen. Und was machen wir? Torfen sie weiter fleißig ab und versuchen möglichst künstlich, dem Klimawandel Herr zu werden. Absurd, oder?«

Rose drehte den Zweig in ihrer Hand hin und her. »Um ehrlich zu sein, habe ich mir vorher nie Gedanken darüber gemacht. Für mich war das hier einfach immer nur Moos. Und Moore … na ja, stimmt schon: Droste-Hülshoff-Nostalgie und Blumenerde. Und vielleicht noch mal eine Moorleiche oder die gruselige Kulisse für einen Film.«

Bent nickte. »Das geht den meisten Menschen so. Wer weiß schon, dass Torfmoos das dreißigfache seines Gewichts an Wasser speichern kann? Ein Moor ist wie ein riesiger Schwamm – Wasser, das heutzutage sofort in die Bäche und Flüsse gespült wird und alle paar Jahre eine neue Flutkatastrophe verursacht. Wo soll es sonst auch hin? Allein hier in Deutschland werden über fünfundneunzig Prozent der ehemaligen Moorflächen wirtschaftlich genutzt, entwässert, aufgeforstet, abgetorft. Auch die Auwälder wurden trockengelegt, und die Bäche und Flüsse, die früher in weiten Schlingen durch die Landschaft mäandert sind und dadurch ebenfalls ein Vielfaches an Wasser aufnehmen konnten, sind heute mehr oder minder gerade Abflussrinnen. Alles für den Fortschritt, für noch mehr Ackerfläche und Bauland – und dann wundern sich alle, wenn ganze Städte bis zu den Knien im Wasser stehen und die Fluten Schäden in Milliardenhöhe verursachen.« Bent seufzte. Dann stieß er sich vom Geländer ab und lächelte Rose an. »Entschuldige, ich wollte dir eigentlich keinen Vortrag halten. Mir sind ein wenig die Pferde durchgegangen.«

»Es scheint dir sehr am Herzen zu liegen.«

Bent nickte. »Schon als Kind.«

»Also doch der Knabe im Moor?«

»Inzwischen eher der alte Mann im Moor!«

Rose musste laut lachen. »Dann ist es gar nicht das Röhricht, das knackt, sondern deine Knochen?«

»Pfft, du Küken! Kein Respekt vor dem Alter!«

»Aber immerhin passt damit alles zusammen. Moor, Röhricht – und du bist Reetdachdecker. Lass mich raten: Dein Sternzeichen ist Fische?«

»Natürlich nicht!«

»Och, schade.«

»Ich bin ein freiheitsliebender und visionärer Wassermann.« Bent grinste Rose breit an.

Leider ließ ihre Schlagfertigkeit sie einmal mehr im Stich. Stattdessen war sie schon wieder kurz davor, sich in Bents grauen Augen zu verlieren. Erst sein verschmitztes Zwinkern brachte sie in die Gegenwart zurück.

»Darf ich?«

Er nahm das Stückchen Torfmoos aus Roses Hand und warf es zurück. »Wäre ja schade, es vertrocknen zu lassen. Im Wasser kann es weiterwachsen.«

»Was, das kleine Fitzelchen?«

»Na klar, es reicht sogar noch weniger. Ein Freund von mir kultiviert Moorpflanzen, der schreddert seine Moose sogar richtiggehend, bevor er eine neue Kultur anlegt. Und selbst daraus kann sich *Sphagnum*-Moos regenerieren. Es braucht nur Torf als Substrat und Regenwasser zum Wachsen. Sonst nichts, auch keine zusätzlichen Nährstoffe.«

Das beeindruckte Rose jetzt doch. »Sozusagen ein Symbol der Resilienz, oder?«

»Ja, irgendwie schon. Allerdings kein besonders beeindruckendes, fürchte ich. Zumindest kenne ich kein Wappen, in dem Torfmoos geführt wird. Da waren Disteln, Rosen oder Eichen als Symbole der Widerstandskraft bei unseren Altvorderen deutlich gefragter. Das ist der Fluch der Unscheinbarkeit.«

Das mochte zwar sein, aber Rose beschloss trotzdem, einige Nahaufnahmen von den unterschiedlichen Rot-, Grün-

und Brauntönen des Torfmooses zu machen und ihm ein kleines Denkmal zu setzen – wenn auch nur als Randillustration in ihrer Broschüre.

Bent war zwischenzeitig schon ein paar Schritte vorausgegangen. Als er sich jetzt wieder umwandte und lächelnd auf sie wartete, spürte Rose, wie ihr Herz nicht nur durch das plötzliche Aufstehen aus der Hocke heftig zu klopfen begann.

Rose Hermanns! Was hattest du dir vorgenommen?

Schmollend beugte sich ihr Herz der energischen Mahnung, und als sie Bent erreichte, hatte sie sich zumindest halbwegs wieder gefangen. Trotzdem wählte sie lieber erst mal ein unverfängliches Thema, um sämtliche Schmetterlinge, unerwünschtes Kribbeln im Bauch oder durchgehende Pferde in Schach zu halten.

»Und dein Kumpel züchtet Torfmoos und Wollgras? Kann man denn davon leben?«

Bent schüttelte den Kopf. »Vom Torfmoos nicht, obwohl er als chronisch unterbezahlter Doktorand der Botanik fast genauso genügsam ist. Spezialisiert hat er sich eigentlich auf Orchideen und fleischfressende Pflanzen.«

»Fleischfressende Pflanzen? Hier im Moor?«

Bent nickte. »Eine Überlebensstrategie, die etliche Moorpflanzen nutzen. Hochmoore wie das Pietzmoor sind extrem nährstoffarm, und Pflanzen können ja nicht eben mal losmarschieren und sich irgendwo einen Snack holen, falls sie doch mal ein paar Nährstoffe mehr zum Wachsen brauchen. Also haben sie es so eingerichtet, dass die Snacks zu ihnen kommen.«

»Oha. Das Moor, der kleine Horrorladen?«

»Wenn du eine Fliege bist, ja«, meinte Bent grinsend. »Den meisten Menschen fallen die Pflanzen allerdings nicht mal auf, wie beispielsweise der Sonnentau dort.« Er zeigte auf ein winziges Gewächs neben dem Weg, dessen Blätter mit rötlichen Härchen überzogen waren, an deren Spitzen jeweils ein Tropfen hing. Tatsächlich befand sich zwischen einigen dieser Tropfen eine Fliege und rührte sich nicht mehr. Ohne Bents

Hinweis hätte Rose die zierliche, nicht einmal handbreit hohe Pflanze zweifellos übersehen, obwohl sie direkt danebenstand. Sie machte ein paar Fotos in der Hoffnung, dass auf den Bildern später genug von den filigranen Strukturen zu erkennen sein würde.

»Moorpflanzen sind nicht leicht zu kultivieren, aber es gibt erstaunlich viele Liebhaber, bei denen sie sehr gefragt sind«, nahm Bent den Faden wieder auf, als sie weitergingen. »Und da Wildsammlungen streng verboten sind, schließt Robin mit seiner Spezialgärtnerei eine echte Lücke. Vorsicht, jetzt wird es glatt!«

Inzwischen hatten sie den Bohlenweg erreicht. Die Nässe des nächtlichen Regengusses glänzte noch dunkel auf dem Holz, und tatsächlich war es mit den Kreppsohlen ihrer Sneaker ziemlich rutschig.

»Es ist nur hier das Stückchen unter den Bäumen, da vorn in der Sonne müsste es besser werden. Geht es? Sonst halt dich an mir fest.«

»Doch, doch, geht schon«, murmelte Rose und trat vorsichtig auf die Planken. *Lieber nichts riskieren*, dachte sie. Ihr äußeres Gleichgewicht hatte sie dabei allerdings weniger im Sinn. Dafür fühlte sie sich wie ein Storch, während sie konzentriert in Richtung Sonnenlicht stelzte – nur leider längst nicht so anmutig.

»Oh, bleib mal kurz stehen.« Bent hielt sie sacht zurück und deutete auf einen dicken, schwarzen Käfer, der vor ihnen auf den Bohlen auf dem Rücken lag und hilflos mit den Füßchen strampelte. Er ging an Rose vorbei und hob das Tier vorsichtig auf.

»Ein Skarabäus.« Er hielt den Käfer hoch, der jetzt scheinbar völlig unbeeindruckt von seiner Rettung über Bents flache Hand stakelte.

Rose betrachtete das blauschwarz-metallisch schimmernde Tier. Es war etwa so groß wie eine Haselnuss und ausgesprochen plump, aber die Farbe des Panzers changierte faszinierend im Sonnenlicht.

»Ein Skarabäus? Ich dachte, die gibt es nur in Ägypten?«

»Auch. Die ägyptischen Skarabäen sind mehr als doppelt so groß, aber die Gruppe ist auf der ganzen Welt verbreitet.« Als der Käfer zum Rand seiner Hand kam, hielt er die andere Hand daneben, damit er weitermarschieren konnte.

»Bei den Ägyptern waren sie heilig, weil sie aus Abfall und Dung neues Leben erschaffen können. Damit waren sie ein Symbol für die Wiedergeburt, ein Glücksbringer. In den altägyptischen Hieroglyphen steht der Skarabäus für *Chepre*, was so viel bedeutet wie ›der, der aus sich selbst entsteht‹. Hier bei uns heißen sie dagegen einfach nur Mistkäfer.«

»Klingt nicht sehr schmeichelhaft.«

»Deutscher Pragmatismus halt, und ein anderer religiöskultureller Hintergrund. Außerdem wirken sie auch nicht sonderlich pfiffig, nicht mal für Insekten. Wenn etwas in ihrem Weg liegt, versuchen sie es erst mal zur Seite zu schieben, anstatt gleich drum herum zu gehen. Beim Fliegen sind sie genauso. Wo immer ein Hindernis in der Landschaft steht – sie fliegen garantiert dagegen. Ich habe keine Ahnung, warum sie das machen.«

Rose waren die Käfer irgendwie sympathisch.

Bent setzte das Tierchen in das Gras neben dem Steg. Auch da marschierte der Käfer weiter, als ob nie etwas gewesen wäre. Als Bent sich wieder aufrichtete, lächelte er ein wenig verlegen. »Tja, ich fürchte, Käfer retten ist eine Marotte von mir. Aber freuen wir uns nicht alle manchmal über eine helfende Hand?«

Seine Augen suchten die ihren, den Blick voller Wärme. In diesem Moment wurde Rose schlagartig klar, dass keiner ihrer hehren Vorsätze jemals auch nur den Hauch einer Chance gehabt hatte. Sie verlor sich völlig in seinem Blick, während ihr Herz Purzelbäume schlug und die Schmetterlinge herumscheuchte, nachdem es endlich seinen Willen bekam.

Ob Bent es auch spürte? Rose war sich nicht sicher, und im nächsten Moment drehte er sich schon wieder zur Seite und deutete auf den Bohlenweg.

»Wir sind gleich da. Da hinten noch um die Kurve, dann kommt die Bank, zu der ich wollte. Man hat da einen großartigen Blick über die Torfstiche, und der Weg verschwindet malerisch zwischen den Kiefern und Birken. Genau das passende Ambiente für unsere *Schöne vom Eickenloher Moor.*«

»Bent?«

»Ja?« Er lächelte sie wieder an. »Ach so, ja. Mach dir keine Sorgen, der Weg müsste ab jetzt überall trocken sein.«

Das war zwar das Letzte, woran Rose gerade gedacht hatte, aber sie beließ es erst mal dabei.

Tatsächlich kam gleich hinter der Ecke die Bank in Sicht. Der Bohlenweg war hier für etwa hundert Meter unterbrochen, da der Weg über ein Stück festen Waldboden führte. Fest, aber nicht ganz passierbar, denn kurz bevor der Bohlenstieg weiter hinten wieder begann, war eine riesige Pfütze. Dort war der Weg dann wohl für heute zu Ende.

»Geschafft«, meinte Bent und ließ sich auf die Bank fallen. »Willst du erst noch Fotos machen, bevor die Sonne höher steigt?«

Rose nickte und ging ein paar Schritte weiter. Das Licht war immer noch traumhaft und zauberte einen goldenen Schimmer über die Landschaft. Dazu das Wollgras, die Kiefern und Birken am Rande des Ufers – sogar die Glockenheide blühte schon in einigen Tuffs zwischen dem Moos und den Gräsern. Dies alles zusammen gab dem Torfstich, in dessen silbrigschwarzem Wasser sich die abgestorbenen knorrigen Birkenstämme nahezu perfekt spiegelten, einen malerischen Rahmen.

Rose probierte die unterschiedlichsten Perspektiven aus. Als sie schließlich genug Fotos geschossen hatte, ging sie zur Bank zurück.

»Auch?« Bent hatte in der Zwischenzeit zwei Müsliriegel und zwei kleine Tetrapacks mit Orangensaft aus seiner Jacke gezaubert, von denen er ihr jetzt jeweils einen hinhielt.

»Ja, gern.« Verblüfft fragte sich Rose, wo er das vorher versteckt hatte – dieser Mann war unglaublich gut organisiert.

Ganz im Gegensatz zu ihr, denn außer an ihre Kamera hatte sie heute früh an nichts gedacht, schon gar nicht an belegte Brote oder einen Snack für zwischendurch.

»Esse ich dir dann nicht dein Frühstück weg?«

Bent lachte. »Nein, alles gut. Ich hätte dich sonst nach unserer Tour auch noch zum Bäcker eingeladen, aber das werden wir leider nicht mehr schaffen. Eigentlich wollte ich um acht auf der Baustelle sein.«

»Wenn hier jemand jemanden einlädt, dann bin das ja wohl ich«, grummelte Rose, setzte sich neben Bent und nahm den Müsliriegel und den O-Saft entgegen. »Kommst du jetzt meinetwegen zu spät?«

»Man muss halt Prioritäten setzen. Und der neuen Nachbarin beim Aufbau ihrer Selbstständigkeit zu helfen, hat eindeutig Priorität. Außerdem muss ich die Ehre der Eickenloher retten, nachdem meine Verwandtschaft so stoffelig war.«

Rose spürte, wie sich ihre Wangen röteten.

»Aber … gibt es keinen Ärger, wenn du zu spät kommst?«

»Keine Sorge, das kläre ich mit dem Chef.« Bent zwinkerte ihr zu. »Nein, im Ernst, mach dir keine Gedanken. Das Haus, das eingedeckt werden soll, gehört einem Kumpel von mir. Ich hatte ihm gestern Abend noch eine Nachricht geschickt, dass es etwas später werden kann, weil ich meiner neuen Nachbarin erst noch ein paar Märchen erzählen muss.«

»Ein paar Märchen, soso.«

»Ja, genauso hat er auch reagiert«, feixte Bent, widmete sich dann aber wieder angelegentlich seinem Müsliriegel.

Auch Rose knabberte eine Zeitlang schweigend und versuchte ihrer Gefühle Herr zu werden. So richtig konnte sie Bents Verhalten nicht einordnen. Zwischendurch flirtete er mit ihr, aber die meiste Zeit verhielt er sich einfach wie ein guter Freund. Oder wollte er nur nett sein und sie interpretierte viel zu viel in seine Hilfsbereitschaft hinein?

Unauffällig musterte sie ihn aus den Augenwinkeln, aber er schien mit seinen Gedanken gerade ganz woanders zu sein.

Doch noch während er seinen Blick über das schwarze Wasser des Torfstichs wandern ließ, begann er unvermittelt zu erzählen.

»Die Legende weiß zu berichten, dass es sich bei der *Schönen vom Eickenloher Moor* um eine Fürstentochter handelte, die jüngste von dreien. So tapfer wie die Männer der Sippe waren, so schön waren ihre Frauen – doch die Schöne übertraf sie alle bei weitem. Ihr Gesicht war bezaubernd wie der Sonnenaufgang, ihre Gestalt voller Anmut. Und wie der kostbarste aller Mäntel war ihr silberblondes Haar, das einem Bache gleich bis zu ihren Waden herabströmte. Alles Geschmeide, jegliches Menschenwerk verblasste neben ihrem Liebreiz. Ihr Name war Golaida.«

Bent hatte eine wundervoll tragende Erzählstimme, die Rose sofort gefangen nahm. Verträumt ließ sie ihren Blick ebenfalls über das Moor wandern, während er weitersprach.

»Schon früh war Golaida dem Sohn eines mächtigen Fürsten versprochen worden. Ihre Verbindung sollte die Bande der beiden Sippen stärken, die in der Vergangenheit nicht immer freundschaftlich aufeinandergetroffen waren. Nun aber wollte der eine seine schönste Tochter geben und der andere seinen erstgeborenen und einzigen Sohn, um die Verbundenheit ihrer Geschlechter miteinander zu besiegeln. Und weil es den Göttern gefiel, waren sich die Schönste der Schönen und der ansehnliche junge Mann, der seinen Heldenmut schon als junger Bursche in zahlreichen Schlachten bewiesen hatte, beim ersten Anblick in tiefster Liebe zugeneigt.

Bald begab es sich daher, dass Golaida mit ihren Gefolge zu der Sippe ihres künftigen Gemahls zog, um sich dort mit den für sie noch unbekannten Sitten und Gebräuchen vertraut zu machen. In ihrer neuen Familie wurde sie empfangen wie eine Königin, und schon bald lernte Golaida, die bisher nur die endlosen Wälder ihrer Heimat gekannt hatte, das lichte, blühende Heideland ihres neuen Zuhauses zu lieben.

Es ging der Herbst, es kam der Winter – und während die Boten schon die Einladungen für das große Fest im kommenden Frühjahr ins Land trugen, ließ auch die innig wachsende Freundschaft zu den Frauen ihrer neuen Familie bei Golaida kein Heimweh aufkommen.

Ihre engste Vertraute wurde aber Gambara, die älteste Schwester ihres Verlobten, denn der Fürst hatte außer seinem Sohn noch sieben Töchter. Trotz ihrer jungen Jahre war Gambara bereits eine weitgerühmte Seherin in der Tradition ihres Volkes. Golaida verehrte ihre weise Freundin zutiefst und nannte sie Schwester.

Doch Gambara, schon jetzt die mächtigste unter den Frauen ihrer Sippe, trug ein finsteres Geheimnis, von dem niemand auch nur etwas ahnte. Denn in ihrem Herzen schwelten Hass und Neid, und Missgunst zerfraß ihre Seele.

Nicht ihrem Bruder, sondern ihr, die sie schließlich die Erstgeborene ihres Vaters war, gebührte die Führung des Volkes. War sie nicht längst so tapfer und kühn wie ihr Bruder? Und besaß sie zudem nicht die Weisheit und das geheime Wissen ihrer Ahnen? Ihr, nur ihr allein gebührte der Platz auf dem Thron ihres Volkes – genauso wie der Reif aus Eisen und Gold, den ihr Vater als Zeichen seiner Macht trug.

Ja, so dachte Gambara in der Tiefe ihres Herzens. Und sie ersann einen ruchlosen Plan.«

Bent machte eine kleine Pause. Rose sah ihn von der Seite an, wagte es aber nicht, etwas zu sagen, um den Zauber, den er um sie beide gewoben hatte, nicht zu zerstören.

»Es war tiefster Winter«, nahm Bent den Faden wieder auf. »Der Schnee lag mehr als knietief auf den abgeernteten Feldern, und die Vorräte gingen zur Neige. In dem großen Hallenhaus am Eichenloh rückten die Menschen eng zusammen, um sich gegenseitig Wärme und Geborgenheit zu spenden. Fleisch gab es dieser Tage nur sehr selten, denn das Wild stand tief in Wäldern und das Vieh in den Stallungen war viel zu kostbar, um es zu schlachten. Nachts heulten draußen der Wind und die Wölfe um die Wette. Es war bitterkalt, und manch einer, der sich im Schneesturm verirrte, kam nie wieder zurück.

Dann, eines Tages im Morgengrauen, schwieg plötzlich der Wind, und die kalte Wintersonne ließ den Schnee, der sich an manchen Häusern mehr als mannshoch aufgetürmt hatte, wie ein Meer aus Abermillionen von Kristallen funkeln.

An diesem Morgen kam Gambara zu Golaida, die gerade dabei war, ein Stück abseits der anderen Frauen Wäsche in eine Truhe zu legen.

»Golaida, Schwester. Kann ich kurz mit dir reden?«

»Aber natürlich. Ist dir nicht gut?«

Gambara schüttelte den Kopf. »Es sieht nicht gut aus mit unserer Sippe. Der Winter ist hart, viel härter als seit Menschengedenken.«

Golaida sah die Schwester ihres Geliebten erschrocken an. »Droht uns Hunger?«

Erneut schüttelte Gambara den Kopf. »Noch nicht. Doch ich sah es in den Flammen und auch in allen anderen Zeichen, die mir die Alten sandten, dass dieser Winter noch lange währen wird. Noch sehr lang, und nicht alle von uns werden den Frühling erleben.«

Es sprach für Golaida, dass sie sofort an die Menschen ihrer neuen Sippe dachte. »Was ist mit den Vorräten, die ich als Mitgift mitgebracht habe? Mein Vater gab mir Korn und Vieh mit auf die Reise, das könnten wir doch verwenden!«

Ein weiteres Mal schüttelte Gambara ihr Haupt. »Es ehrt dich, kleine Schwester, doch wisse, dies ist kein gewöhnlicher Winter. Die Götter selbst wollen unseren Glauben testen, dies sagten mir die Zeichen. Ich muss hinaus ins Moor, dort, wohin kein Weg mehr führt und es am tiefsten ist, um meine Demut und das Vertrauen in ihre Macht zu bezeugen. Dort werde ich die heilige Flamme entzünden und dafür bitten, dass Frea, die Hüterin des Herdfeuers und des Lebens, uns gewogen sein mag und den Winter bald von uns nimmt.«

Golaida nickte ernst. Auch in ihrer Sippe wurden die Götter stets geehrt, die das Geschick allen Lebens bestimmten.

»Wohlan«, nahm Gambara das Wort wieder auf, nachdem eine Weile keine der beiden Frauen etwas gesagt hatte. »Frea ist auch Schutz und Schild der Ehe und der Mutterschaft. Jedoch … nun ja.«

»Ich verstehe, dies blieb dir bislang verwehrt«, beendete Golaida den Satz ihrer Freundin. »Auch ich …«

»Aber du wirst!«, griff Gambara ihr ins Wort, »Und das in wenigen Monden. Sag, geliebte Schwester, wäre es nicht ein gutes Zeichen, deine Verbindung mit meinem Bruder unter den Schutz der Göttin zu stellen? Schon bald wird dein Leib gesegnet sein und deine Töchter werden dereinst Frea ehren, so wie wir in dieser Not.«

»Du meinst … ich soll … bei deinem heiligen Dienst?«

Gambara nickte gemessen. »Wer sonst als du, meine Vertraute, meine Freundin und Schwester?«

Golaida konnte die Ehre, die ihr zuteilwurde, kaum fassen. Trotzdem nickte sie ebenso feierlich wie zuvor Gambara.

»Ich bin bereit.«

»Dann eile rasch und kleide dich in deine wärmste Gewandung, deinen schwersten Mantel. Wir wollen bald aufbrechen, um vor Einbruch der Dunkelheit zurück zu sein, und es ist bitterkalt auf der Heide. Aber höre, meine Schwester, zu niemandem ein Wort – der Dienst an der Göttin muss ab jetzt schweigend verrichtet werden.«

Rose ahnte es längst, doch Bent legte ihr sacht seinen Zeigefinger auf die Lippen und bedeutete ihr, ebenfalls zu schweigen.

»Es war ein beschwerlicher Fußmarsch. Kein Vogel rief und auch kein anderer Laut war zu hören. Das ganze Land lag still bis auf das Knirschen der Schritte der beiden Frauen im Schnee, die nur mühsam vorankamen, während ihr Atem weißen Dunst in der eisigen Luft formte. Inzwischen hatte die blasse, kalte Wintersonne ihren Zenit durchwandert, und die Schatten begannen wieder länger zu werden.

Dann endlich erreichten sie die Markierungen an den Bäumen, die den Weg durch das Moor kennzeichneten. Golaida war erst ein einziges Mal hiergewesen, mit ihrem Geliebten und den anderen Leuten der Sippe zur Jagd. Im Moor hatten sie während des Vogelzugs mit den Falken gebeizt und im goldenen Licht der Herbstsonne reiche Beute errungen.

Doch nun, im weißen Kleid des Winters, aus dem nur die Bäume und Sträucher kahl und schwarz hervorragten, schien alles vollkommen fremd. Hätte Gambara ihr nicht den Weg gewiesen, nie hätte sie auch nur die Markierungen des schmalen Pfades, der durch das Moor führte, gefunden.

Schon bald änderte sich die Landschaft, und links und rechts des Weges tauchten die ersten Moorschlenken auf, deren schwarzes Wasser mit trügerischem Eis überzogen war. Auch die Kiefern und Birken wurden weniger, bis nur noch die alten, toten Baumstämme aufragten. Jetzt war es nicht mehr so still wie zuvor; überall knackte und knirschte das Eis, das von dem nachgebenden Torfboden, auf dem sie nun gingen, in die Schneewehen gedrückt wurde. Und doch war der Boden nicht vollständig gefroren, denn ihre Fußspuren füllten sich hinter ihnen mit kaltem, braunem Wasser.

Golaida wagte sich kaum noch voran. Zu fremd, zu feindselig schienen ihr die Binsen und Seggen aufzuragen, wie Schwerter das gefrorene Röhricht. Einmal trat sie mit einem Fuß fehl und versank sofort bis über das Knie im eiskalten Moorwasser. Nur mit Gambaras Hilfe gelang es ihr, sich wieder aus der Schlenke zu befreien. Golaidas Wangen röteten sich vor Scham, weil sie durch den Schreck und den Schock des kalten Wassers aufgeschrien hatte. Doch ihre Freundin bedeutete ihr nur schweigend, achtsamer bei der Wahl ihrer Schritte zu sein, und setzte ihren Weg fort.

Inzwischen war Golaida von Herzen dankbar, dass ihre Schwester auf warme Gewandung bestanden hatte. Denn nachdem ihre Kleidung auf dem Weg durch den tiefen Schnee fast zu warm gewesen war, pfiff jetzt ein schneidend kalter Wind über das Moor. Selbst der Umhang aus kostbarem weißen Fuchsfell, den Golaida noch über ihrem Mantel aus fester Wolle trug, mochte kaum mehr verhindern, dass ihr die Kälte bis an die Knochen kroch. Ihren rechten Fuß konnte sie schon nach wenigen Schritten nicht mehr spüren, und auch das Leder an ihrem Bein wurde immer härter und steifer und scheuerte auf ihrer Haut.

In ihrer Pein wäre Golaida am liebsten umgekehrt und an einem anderen Tag zurückgekommen, aber sie traute sich nicht, Gambara deswegen anzusprechen. Und allein würde sie niemals den Weg zurück durch das Moor finden, das hatte ihr der Fehltritt mehr als deutlich gezeigt.

Doch zu ihrem großen Glück war es nicht mehr weit. Auf einem Stück festen Moorboden, der sich für Golaida in nichts von der übrigen Umgebung unterschied, gab Gambara ihr das Zeichen stehenzubleiben. Immer noch schweigend entnahm sie dann dem Beutel, den sie mit sich geführt hatte, eine silberne Schale, die sie auf einen der Baumstrünke stellte. In die Schale füllte sie Kräuter und ein Pulver, das sie im Anschluss mit Feuerstein, Schlageisen und Zunder knisternd entzündete. Als sich der erste, betäubende Rauch in einer dünnen Säule in die grauer werdende Nachmittagsluft kräuselte, gab Gambara Golaida das Zeichen, ihre Augen zu schließen.

Lange stand Golaida so da. Sie hatte Gesänge erwartet oder die Anrufung der Frea, aber außer dem lauten Knistern in der Schale war kein Laut von Gambara zu hören. Nach einiger Zeit, die Golaida wegen ihres längst tauben Fußes wie eine Ewigkeit vorkam, ließ das Knistern schließlich nach. Aber noch immer bekam sie kein Zeichen, die Augen wieder zu öffnen. Irgendwann war es dann ganz still, nur noch das Rauschen des Windes war zwischen den toten Bäumen zu hören.

Doch irgendwann hielt sie es nicht mehr aus. Golaida linste vorsichtig aus einem dünnen Spalt zwischen ihren Augenlidern hervor, dann riss sie die Augen entsetzt auf.

Sie war vollkommen allein in dem unheilvollen, todbringenden Moor. Gambara war verschwunden, selbst ihre Spuren waren auf dem trügerischen Boden nicht mehr zu sehen. Vor Golaida stand nur noch das silberne Schälchen, aus dem sich jetzt ein letzter Rauchfaden in die langsam hereinbrechende Dunkelheit kräuselte.«

Rose öffnete ebenfalls die Augen, die sie zuvor geschlossen hatte, um sich die Szene im winterlichen Moor besser vorstellen zu können. Sie sah Bent empört an.

»Sie hat sie im Moor zurückgelassen? Einfach so, damit sie da elendig umkommt?«

Bent hob die Schultern. »So behauptet es die Legende.«

»Und niemand hat sie gesucht? Oder Gambara zur Verantwortung gezogen? Und ihr Verlobter? Hat der das etwa so hingenommen, dass sie plötzlich verschwunden war?«

»Hey, warte, warte!«, versuchte Bent sie zu beschwichtigen und lachte. »Es ist doch nur eine Geschichte.«

»Trotzdem!«, murrte Rose. Ein bisschen war es ihr peinlich, dass sie sich schon wieder hatte mitreißen lassen. Was sollte Bent jetzt von ihr denken?

Aber Bent reagierte ganz anders, als Rose befürchtete – er legte den Arm um sie und drückte sie freundschaftlich an sich. Einen Moment gab sich Rose dem geborgenen Gefühl hin, das ihr Bents Umarmung vermittelte. Leider gab er sie im nächsten Augenblick schon wieder frei.

»Die Geschichte ist noch nicht ganz zu Ende. Willst du den Rest auch noch hören?«

»Ich bitte darum, denn ich hoffe auf ausgleichende Gerechtigkeit!«

»Das wird noch nicht verraten«, meinte Bent schmunzelnd. »Jedenfalls hatte man natürlich nach Golaida gesucht, als ihr Fehlen zum Einbruch der Dunkelheit bemerkt wurde, mit Fackeln während der Nacht und auch die nächsten Tage hindurch. Niemand wusste, wo sie sein konnte, denn keiner hatte sie weggehen sehen, dafür hatte Gambara gesorgt. Und Gambara selbst kam an diesem Abend aus der entgegengesetzten Richtung ins Dorf zurück, vorgeblich, weil sie Totenwache bei einer alten Frau gehalten hatte. Die Frau war inzwischen tatsächlich tot, und es war Aufgabe der Seherin, sie in die andere Welt zu geleiten, also fiel kein Verdacht auf Gambara. Und Spuren waren außerhalb des Dorfes nicht zu finden, also wussten sie nicht, wo sie anfangen sollten zu suchen.«

»Keine Spuren trotz des tiefen Schnees?«

»Wenn der Schnee frisch ist und der Wind auflebt, verwehen Fußspuren innerhalb kürzester Zeit. Und es ist anzunehmen, dass Gambara ihre Tat sehr genau geplant hatte. Die Legende erwähnt, sie sei eine äußerst kluge Frau gewesen.«

»Klug? Eine falsche Schlange würde ich es nennen!«

Bent hob die Schultern. »Das eine schließt das andere leider nicht aus. Jedenfalls waren Golaidas Verlobter und sein Vater jetzt in einer ziemlichen Bredouille. Ihren Verlobten, so hieß es, stürzte ihr Verlust in tiefste Gram, denn er hatte sie wahrlich geliebt. Auch viele Monde später, als längst der Frühling und später der Sommer ins Land gezogen waren, riss es ihn in manchen Nächten vom Lager hoch. Jedes Mal irrte er dann tagelang durch die Wälder, immer in der Hoffnung, sie doch noch zu finden. Natürlich war ihm kein Erfolg beschieden, aber er weigerte sich standhaft, seine Suche zu beenden.

Damit wiederum bereitete er seinem Vater leidlichen Kummer, denn der sah die ganze Sache ein wenig pragmatischer. Musste er auch, denn so, wie sich die Dinge darstellten, hatte er nicht nur seinem ehemals ärgsten Feind den Verlust der ihm anvertrauten Tochter zu erklären, auch sein einziger Sohn und Erbe stand offenbar kurz davor, dem Wahnsinn anheimzufallen. Die Zeichen standen also auf Krieg – und es gab keinen Nachfolger, falls er im Kampf fallen sollte. Just in diesem Moment bot ihm Gambara einen Ausweg aus dieser Zwickmühle an.«

»Wie edelmütig von ihr. Und so zufällig, oder?«

Bent gluckste. »Sehr. Da aber zahlreiche Menschenleben auf dem Spiel standen, wird dies ihrem Vater möglicherweise egal gewesen sein, jedenfalls äußert sich die Geschichte nicht weiter dazu. Er sah nur, dass er keinen weiteren Sohn hatte, den er ins Feld führen konnte, zumal Golaidas Schwestern bereits vermählt waren. Sonst hätte man ihr Verschwinden vielleicht noch als Unfall darstellen können, aber selbst dafür konnte er keinen Ausgleich bieten. Und hier brachte sich

Gambara ins Spiel, denn sie bot an, einen der Brüder Golaidas zum Mann zu nehmen, wenn ihr Vater sie dafür zur Stammesfürstin ernannte.«

»Wie selbstlos. Und diese Scharade haben alle ohne Widerworte mitgespielt?«

»Tja, wer kann schon sagen, was in den Menschen damals vor sich ging? Zumindest oberflächlich betrachtet brachte dieses Arrangement allen Beteiligten Vorteile, denn über die männliche Linie stieg jetzt auch Golaidas Sippe in den Fürstenstand auf.«

»Also alle glücklich und zufrieden, bis auf Golaida selbst und ihren Verlobten. Aber ein bisschen Schwund ist ja immer, oder?«

»Wie das Leben so spielt, in allen Facetten – den lichtvoll glänzenden und den tiefschwarzen.«

»Wie das Moorwasser in der Geschichte. Ist der blöden Ziege später wenigstens noch ein Baum auf den Kopf gefallen und hat sie erschlagen?«

»*Instant Karma*, meinst du?« Bent grinste. »Soweit ich weiß, glaubten die Leute damals nicht an so etwas.«

»Na klasse. Und die Moral von der Geschicht?«

»Gibt es nicht. Tatsächlich weiß die *Orgio gentis*, die Stammsage der Langobarden, zu berichten, dass Gambara nicht nur eine Frau von außergewöhnlicher Klugheit war, sondern ihr Volk später sogar rettete, indem sie sich bei der Göttin Frea für den Sieg ihrer beiden Söhne Ybor und Agio einsetzte.«

»Schon wieder Frea? Die beiden Mädels müssen ja ganz dicke miteinander gewesen sein.«

»Andere Zeiten, andere Sitten. Und Mut galt zu der Zeit in vielen Kulturkreisen als Tugend, die von den Göttern belohnt wurde. In diesem Fall blieb Gambara aber auch nichts anderes übrig, als Frea um Beistand anzuflehen. Denn den Langobarden, die sich damals noch Winniler nannten, stand bei ihrer Suche nach neuem Siedlungsland plötzlich eine Übermacht der Wandalen gegenüber. Und die reagierten auf die Expansionsbemühungen der Winniler ausgesprochen humorlos. In der Nacht vor der Schlacht rief Gambara daher in höchster Not ihre Schutzgöttin an. Frea, ihres Zeichens auch Gattin Wodans, den wiederum die Wandalen verehrten, griff daraufhin zu einer List. Sie riet Gambara, dass sich die Frauen der Winniler ihr Haar wie einen Bart ins Gesicht hängen lassen sollten und hieß sie, sich zusammen mit ihren Männern auf dem Platz aufzustellen, auf den Wodan morgens beim Aufwachen blickte. Denn ihr Mann hatte geschworen, denen zum Sieg zu verhelfen, die er im Morgengrauen als erstes sähe. Und so geschah es. Doch als Wodan die seltsamen Gestalten entdeckte, fragte er erstaunt: ›Wer sind diese Langbärte?‹. So kamen die Langobarden zum Sieg über die Wandalen und zu ihrem Namen.«

»Dann stammen die Heidjer also von den Langobarden ab?«

»Zumindest dürften sie bis zum Mittelalter kräftig mitgemischt haben. Bis ins 13. Jahrhundert wurde die Heide von hier bis nach Lüneburg noch als ›Bardengau‹ bezeichnet, was vermutlich ebenso wie der Ort ›Bardowick‹ auf die Langobarden zurückzuführen ist.«

»Immerhin nicht auf die Wandalen.«

»Wegen des Namens?« Bent lachte. »Ich fürchte, die Langobarden waren auch nicht besser. Die Geschichtsschreibung behauptet, sie seien sogar noch wilder als die Germanen gewesen, und das will bei den römischen Schreibern schon was heißen. Außerdem warf man ihnen eine erschreckende Disziplinlosigkeit und einen ausgeprägten Hang zum Rauben und Plündern vor.«

»Kein Wunder bei der Stammmutter«, warf Rose spöttisch ein.

Bent blinzelte ihr verschwörerisch zu. »Jedenfalls blieben sie ein recht wanderfreudiges Volk, das sich schlussendlich in Nord- und Mittelitalien ansiedelte und dort seine Geschichte weiterschrieb, während sich hier in der Heide ihre Spur irgendwann verlor.«

»Na toll. Abgehauen in den warmen Süden, während die arme Golaida noch Jahrhunderte später durch das finsterkalte Moor spuken musste und keine Ruhe fand. Die Welt ist einfach nicht fair.«

»Zumindest in manchen Sagen und Mythen nicht«, bestätigte Bent. »Aber falls es dich tröstet: Viele Historiker halten diese Geschichte für eine Allegorie – die Unschuld, die der Notwendigkeit geopfert werden muss. Dafür spricht auch, dass in der *Orgio gentis* der Name Golaida nur als geographische Bezeichnung für das Gebiet der Lüneburger Heide genannt wird. Zudem wird in dieser Quelle auch der Kampf mit den Wandalen auf einen Zeitpunkt datiert, der weit vor der Besiedlung der Lüneburger Heide lag. Die junge Gambara kann also Golaida nicht ins Eickenloher Moor gelockt haben, wenn sie schon etliche Jahrzehnte zuvor mit zwei erwachsenen Söhnen bei Rügen gegen die Wandalen kämpfte. Ein Anachronismus, der unserer Sage allerdings nie einen Abbruch getan hat – selbst mein Opa schwor Stein und Bein, dass sein Vater als Kind die *Schöne* noch gesehen hätte.«

»Wer weiß? Vielleicht handelt es sich in der Sage ja um eine jüngere Gambara, die nach ihrer Ahnherrin benannt wurde?«

»Und eine jüngere Golaida? Stimmt, so könnte es passen.«

»Sie tut mir trotzdem leid. Und ganz schön traurig, die Geschichte.«

»Zu traurig für deine Broschüre?«

Rose schüttelte den Kopf. »Nein, wohl genau richtig. So etwas wollen die Leute lesen.«

Bent schien noch einem Moment seinen Gedanken nachzuhängen, dann lächelte er Rose wieder an. »Ein bisschen haben wir noch zu laufen. Wollen wir?«

»Gern. Wenn du mir vorher noch versprichst, dass sich die *Schöne* inzwischen wirklich zur Ruhe gesetzt hat. Sonst würde ich nach Einbruch der Dunkelheit mein Haus nicht mehr verlassen.«

Bent lachte laut auf. »Nein, keine Sorge. Die einzigen, die dort noch rumgeistern, sind ab und an die Forstarbeiter. Die

Schöne verschwand zusammen mit ihrem Moor. Womit wir wieder beim Thema von vorhin wären, der Zerstörung der Moore.«

»Es mag doof klingen, aber in diesem Fall beruhigt mich das eher. Wäre sonst kein schönes Gefühl, wenn es nachts plötzlich an meine Hintertür klopft.«

Bent schmunzelte immer noch. »Keine Sorge, die Schöne war ein guter Geist, der nie jemandem etwas zuleide getan hat. Sollte es trotzdem mal spät abends an deiner Tür klopfen, würde ich persönlich eher die Lausbuben aus dem Dorf verdächtigen. Die kennen die Geschichte nämlich auch!«

Rose lachte, stand von der Bank auf und klopfte sich die Hose ab, während Bent die leeren Getränketüten und die Müsliverpackungen in seiner Jacke verstaute.

»Und jetzt? Wieder zurück?«

»Warum?«, fragte Bent überrascht. »Keine Lust mehr aufs Moor?«

»Doch, klar. Aber die Pfütze da sieht recht tief aus.«

Bent ging die paar Schritte bis zu der Wasserfläche. »Nö, das passt. Meine Arbeitsstiefel sind wasserdicht.«

»Na toll, und ich mit meinen Halbschuhen? Festes Schuhwerk, hast du gesagt. Von einer Wathose war nicht die Rede!«

Bent grinste wie ein Schuljunge. »Steht dir bestimmt auch.«

»Hab ich aber gerade nicht dabei. Und an der Uferkante werde ich mich garantiert nicht langhangeln. Sonst gibt es hier demnächst … na ja, irgendwas vom Pietzmoor halt.«

»Och, die ›*Rose vom Pietzmoor*‹ hätte doch Klang. Aber ich gebe dir recht, so echt und in Farbe gefällst du mir viel besser.« Er zwinkerte ihr zu.

»Ähem, ja«, stotterte Rose und spürte, wie sich ihre Wangen wieder röteten. Langsam wurde das echt lästig.

»Tja, dann sollten wir vielleicht doch …«

»Soll ich dich rübertragen?«

»… lieber wieder … was?« Rose starrte Bent ungläubig an. »Na klar, mach dich nur lustig über mich. Ich bin doch viel zu schwe… hey!«

Bent hob sie ohne weitere Umstände hoch und trug sie mit wenigen Schritten über die Pfütze hinweg. Rose hatte nicht den Eindruck, dass es ihn übermäßig große Anstrengung kostete. Es konnte allerdings auch täuschen, denn sie war viel zu sehr von seinem Gesicht abgelenkt, dass sich ganz nah an ihrem befand.

»Schon erledigt.« Er setzte sie auf der anderen Seite vorsichtig ab und entließ sie aus seinen Armen.

Rose lächelte ihn unsicher an.

»Ja, ähem … danke. Bent, ich …«

»Psst!«, sagte Bent und legte seinen Zeigefinger wieder sanft auf ihre Lippen.

»Für eine gute Tat darf man sich nicht revanchieren. Das weißt du doch.«

Fröhlich und ein bisschen schief pfeifend ging er weiter. Rose sah ihm verblüfft hinterher.

»Bent!«

»Ja?« Er drehte sich zu ihr um und sah sie fragend an. Dann schlichen sich leise Zweifel in sein Gesicht. »Alles okay mit dir?«

»Nein!«, Rose stemmte die Arme in ihre Seiten. »So funktioniert das nicht, weißt du?«

»Was meinst du?«, fragte Bent sichtlich irritiert.

Rose seufzte unhörbar, dann folgte sie ihm die paar Schritte, bis sie direkt vor ihm stand. »Man darf sich für eine gute Tat nicht revanchieren, das stimmt«, sagte sie.

Bent musterte sie mit fragendem Gesichtsausdruck.

Rose spürte ihr Herz klopfen. René hätte sie inzwischen längst angefahren, doch Bent stand einfach nur da und wartete ab, was sie zu sagen hatte.

»Aber …«, Rose räusperte sich, »… das gilt für beide Seiten, weißt du?« Und bevor sie womöglich noch Muffensausen vor ihrem plötzlichen Mut bekommen konnte, stellte sie sich auf die Zehenspitzen und küsste ihn sacht auf den Mund.

Kapitel 10

Glücklich vor sich hinträllernd öffnete Rose die Küchentür zum Garten und servierte Mau das Mittagessen. Zur Feier des Tages gab es *Chichi*-Futter mit heller Soße – sündteuer und ohne Petersilie, dafür aber dem Anlass angemessen auf einem Unterteller aus Porzellan. Außerdem hatte das Schälchen eine Lasche zum Öffnen, denn der Dosenöffner war immer noch verschollen, obwohl sie ihn die letzten Tage überall gesucht hatte. Sogar mehrfach.

Aber selbst das war gerade *egal, egal, egal,* sang Rose, während die Katze sie mit einem indignierten Blick aus drei Schritten Entfernung musterte.

»Bitte, mein Schatz, extra für dich. Ist es heute nicht herrlich? Die Sonne scheint, die Vögel zwitschern …«

So ganz geheuer schienen Mau diese plötzlichen Anwandlungen nicht zu sein. Jedenfalls blieb sie sitzen, wo sie war und wartete, bis Rose wieder summend nach drinnen tänzelte. Erst dann schlich sie zum Napf, schnupperte geziert an dem ungewohnten Futter und begann genüsslich zu fressen. Rose beobachtete sie lächelnd durch das Küchenfenster.

Für sich selbst hatte sie sonnenreife Tomaten und Mozzarella zum Mittagessen mitgebracht, als sie vorhin auf dem Rückweg noch Einkaufen gewesen war. Was Leichtes bei dem Wetter, denn inzwischen war es wieder drückend heiß geworden. Immerhin musste sie nachher noch arbeiten … das hieß, wenn sie sich überhaupt konzentrieren konnte …

Roses Lächeln wurde versonnen, während sie die Tomaten und den Käse in Scheiben schnitt und auf dem Teller anrichtete. Sie konnte gar nicht anders, ihre Gedanken wanderten immer wieder zu dem wundervollen Vormittag zurück, den sie heute erlebt hatte.

Im ersten Moment war Bent von ihrem kleinen Überfall völlig verblüfft, doch dann hatte er sie in die Arme genommen und ihren Kuss leidenschaftlich erwidert. Als sie sich nach einer kleinen Ewigkeit voneinander trennten, war sein Blick voller Wärme gewesen.

Sie hatten nicht mehr viel gesprochen, als sie weitergegangen waren, aber sich immer wieder angelächelt. Rose wusste, dass aus diesem Band, das sie von Anfang an zu Bent gespürt hatte, etwas ganz Großes werden würde. Und auch Bent schien es zu fühlen …

Sie seufzte glücklich, während sich ihr Blick im Garten verlor. Draußen hatte Mau inzwischen ihr Mittagessen beendet und war damit beschäftigt, sich ausgiebig zu putzen. Vielleicht sollte sie sich auch für eine halbe Stunde dazusetzen? Sie drapierte noch ein paar Basilikumblätter auf den Mozzarella, nahm zwei Scheiben Weißbrot und setzte sich dann mit dem Teller und Besteck auf die Steinstufe vor der Küchentür.

Vor der Küche stand allerdings schon wieder die Luft. Durch die Treppe gab es noch ein wenig Schatten, aber lange würde sie es nicht in der Hitze aushalten, da war sich Rose sicher. Und Bent arbeitete heute den ganzen Tag in der prallen Sonne … wie es ihm wohl ging?

»Was meinst du, Mau? Ob er auch gerade an mich denkt?«

Mau unterbrach ihre Katzenwäsche und sah Rose mit leicht schielendem Blick an. Ihre Zungenspitze lugte dabei aus ihrem Mäulchen hervor, so als würde sie ernsthaft überlegen, welche Antwort sie geben sollte. Rose musste unvermittelt lachen.

Während sie ihr Mittagessen aß, versuchte sie sich erneut auf die Geschichte der *Schönen vom Eickenloher Moor* einzustimmen. Vor allem die winterliche Atmosphäre, die Bent im Pietzmoor so glaubwürdig heraufbeschworen hatte, wollte sie gern auch in ein oder zwei Illustrationen einfangen. Nur schmolzen in der Hitze dieses Hochsommertages gerade alle

Gedanken an knirschendes Eis und klirrende Kälte wie Schnee in der Sonne …

Von wegen Sonne, Rose Hermanns. Eher schmilzt dir jeder klare Gedanke bei der Erinnerung an einen bestimmten Herrn!

Sie schmunzelte unbewusst. Viel hatte sie im Anschluss tatsächlich nicht mehr vom Pietzmoor mitbekommen. Ab und an hatte Bent sie noch auf einige Besonderheiten hingewiesen, aber an irgendwelche Einzelheiten konnte sie sich beim besten Willen nicht mehr erinnern. Auch die Anzahl der Fotos hatte hinter der Pfütze drastisch abgenommen. Aber gut, sie hatte schon vorher an die hundert Bilder gemacht, das sollte eigentlich ausreichen – und wenn nicht, konnte sie Bent einfach noch mal fragen. Er hatte ja versprochen, sich zu melden … Rose seufzte erneut, als sie an den langen Kuss dachte, den Bent ihr zum Abschied gegeben hatte. Ihm war es genauso schwergefallen, sich von ihr zu trennen, wie ihr –

»Mau?«

Rose tauchte aus ihren Tagträumereien auf und blinzelte überrascht. Die schwarze Katze saß direkt vor ihren Füßen und schien auf irgendwas zu warten.

»Was denn, mein Schatz?«

So nahe war Mau noch nie bei ihr gewesen. Rose versuchte sich nicht zu bewegen, um sie nicht gleich wieder zu verschrecken. Aber Mau wirkte dieses Mal nicht ängstlich, sondern sah ihr nur weiter unverwandt in die Augen.

»Was möchtest du denn? Gestreichelt werden?« Rose hielt ihr vorsichtig die Hand entgegen, aber ihren Fingern wich Mau elegant aus. Das war es also nicht.

»Hast du Durst? Oder noch Hunger?« Aber Trockenfutter und Wasser waren ausreichend vorhanden. Es dauerte einen Augenblick, bis Rose eine Eingebung hatte.

»Du möchtest etwas vom Käse abhaben? Ist es das?« Sie schnitt die Hälfte der letzten Mozzarellascheibe ab und hielt sie Mau vorsichtig hin.

Die Katze ließ sich nicht lange bitten. Geziert fraß sie das Stückchen direkt aus der Hand. Auch das zweite Stück, das

Rose ihr hinhielt, verschwand sofort in ihrem Mäulchen. Anschließend sah sie Rose wieder erwartungsvoll an.

»Tut mir leid, mehr habe ich nicht mehr. Und die Tomate wirst du nicht mögen. Außerdem schaue ich auch lieber erst mal im Internet nach, ob Katzen Käse in größeren Mengen überhaupt vertragen. Wir wollen ja nicht, dass du davon krank wirst, nicht wahr, mein Schatz?«

Rose hielt ihr noch mal die leere Hand hin, und dieses Mal stupste Mau mit ihrem Köpfchen dagegen und ließ sich ganz sacht streicheln, bevor sie sich anschließend zu ihrem Lieblingsplätzchen im Garten zurückzog.

Mau hatte sich zum allerersten Mal anfassen lassen! Rose sah ihr überglücklich hinterher. Eine Weile beobachtete sie noch ihre ehemals so scheue Mitbewohnerin, die im Schatten des Hibiskus ihre Katzenwäsche fortsetzte. Aber schließlich stand sie doch auf und brachte das Geschirr in die Küche.

Drinnen fischte sie mit den Fingern die letzte Tomatenscheibe vom Teller und steckte sie sich in den Mund, während sie alles in die Spülmaschine räumte. Selbst zwischen dem Geschirrklappern war immer noch das Tropfen zu hören, aber heute konnte ihr einfach nichts die gute Laune verderben. Nicht mal der Klempner, den sie vorhin schon vom Supermarktparkplatz aus angerufen hatte, obwohl das Gespräch eher so semi verlaufen war. Wie groß denn der Wasserschaden wäre? Rose hatte ihm versucht zu erklären, dass es keinen Wasserschaden gab, nur dieses nervtötende Tropfgeräusch. Trotzdem hatte der Klempner zweimal nachgefragt, ob sie sich denn wirklich, wirklich sicher sei – und ihr dann einen Termin für nächste Woche Mittwoch gegeben, da er erst etliche andere Termine abarbeiten musste. Nur wenn es wider Erwarten eine Lücke geben sollte, könne er sie vorher dazwischenschieben, versprechen wollte er aber nichts.

Na klasse. Dann eben nicht.

Oben im Arbeitszimmer war es schon wieder ziemlich drückend, die Sonne knallte jetzt zu Mittag direkt ins Zimmer.

Leider waren die Faltstores immer noch nicht eingetroffen, die sie bestellt hatte – aber gut, damit musste sie jetzt erst mal leben.

Einen Moment lang war sie versucht, im Internet nach einem Laptop zu suchen, mit dem sie auch unten im kühleren Wohnzimmer arbeiten konnte. Doch dann rief sie sich selbst zur Ordnung, denn erstens hatte sie keine Ahnung, was sie da kaufen sollte, und zweitens würde sie das nur wieder stundenlang von ihrer eigentlichen Aufgabe abhalten. Außerdem war es ja wohl das Mindeste, dass sie sich mit Bent solidarisierte, der auch in dieser Hitze arbeiten musste … was er jetzt wohl gerade machte?

Rose Hermanns! Wirst du mal aufhören, Löcher in die Luft zu starren und endlich mit deiner Arbeit anfangen?

Der Versuch, gleichzeitig über sich selbst zu lachen und hingebungsvoll zu seufzen, führte zu einem veritablen Schluckauf. Aber immerhin schaffte es Rose, zwischen zwei giggelnden Hicksern den Rechner hochzufahren.

Wider Erwarten kam sie anschließend sogar richtig gut in die Arbeit. Ob es wohl daran lag, dass sie während des Schreibens die ganze Zeit Bents Stimme hörte? Vielleicht – jedenfalls konnte sie jede Szene genauso wieder heraufbeschwören, wie er sie heute Morgen erzählt hatte, und mehr als einmal ertappte sich Rose, wie sie voller Erinnerung lächelte.

Es war kurz vor vier, als Rose ›*Die Schöne vom Eickenloher Moor*‹ zu Ende geschrieben hatte. Zufrieden las sie noch einmal den letzten Absatz. Doch, die Erzählung war ihr gut gelungen, wie sie fand. Und jetzt?

Plötzlich hatte sie das unwiderstehliche Bedürfnis, ihr Glück mit jemandem zu teilen. Wobei – nein, natürlich nicht mit irgendjemandem, sondern mit Steffi. Die hatte sich bisher zwar nicht zurückgemeldet und tobte vermutlich immer noch im tiefsten Outback herum, aber Rose konnte ihr ja trotzdem schon die nächste Mail schreiben. Schließlich gab es inzwischen mehr als genug zu erzählen!

Für den Roman, der dieses Mal bestimmt dabei herauskommen würde, brauchte sie aber noch das nötige Rüstzeug. Vielleicht eine große Tasse Tee und irgendwas Süßes? Doch, das war ein Plan – auch wenn sie heute ganz bestimmt keine Schokolade benötigte, um glücklich zu sein, dachte Rose grinsend.

Als sie allerdings gerade die Treppe zum Wohnzimmer hinunterging, klingelte es an der Haustür.

Nanu, wer mochte das sein? Bent sicher nicht, denn der hatte heute reichlich zu tun, um seine Arbeit aufzuholen. Aber womöglich der Klempner, der tatsächlich eine Lücke in seinem Terminplan gefunden hatte? Das wäre ja wunderbar, und dazu erstklassiges Timing!

»Dann mal rein, wenn's kein Schneider ist«, trällerte Rose, während sie auf die Haustür zusteuerte.

Doch es war kein Schneider und auch nicht der Klempner. Vor der Tür stand René, in der Hand eine Flasche Schampus.

»Du schon wieder?« Rose konnte ihre mangelnde Begeisterung nur unzureichend überspielen.

»Hey, hey, was ist das denn für eine Begrüßung?«

»Eine reservierte. Außerdem warst du Freitag erst hier.« Rose musterte ihn stirnrunzelnd. Frisur und Designer-Anzug saßen wie immer tadellos, aber sein Blick wirkte ein wenig unstet.

»Sag mal, hast du was getrunken?«

»Nur ein klitzekleines Gläschen in der Firma. Rose, ich habe den Deal des Jahrhunderts festgemacht!«

»Wie schön für dich. Und was hat das mit mir zu tun?«

»Mit dir? Na alles, natürlich! Ich bin extra hergekommen, damit wir auf meinen Erfolg anstoßen können. Hier, ist schon kalt. Hast du Gläser?«

Völlig überrumpelt nahm Rose die Flasche entgegen und ließ ihren Ex eintreten.

»René, du hast schon ein bisschen mehr als ein Glas getrunken«, stellte sie indigniert fest, als er ihr im Wohnzimmer plötzlich seinen Arm um die Taille legte. Bevor sie sich wieder losmachen konnte, legte er auch seinen anderen Arm um sie und drehte sie im Kreis herum.

»Ich bin jetzt ein reicher Mann, Rose! Ist das nicht fantastisch? Damit kann ich … können *wir* uns endlich das Loft leisten, von dem wir immer geträumt haben!«

Nur mit Mühe gelang es Rose, sich aus seiner Umarmung zu befreien. Die Flasche stellte sie zwischen sich und René auf dem Boden ab.

»Ich glaube, da gibt es ein Missverständnis, mein Guter. *Du* kannst dir jetzt das Loft leisten. Ich habe hier bereits eine Wohnung.«

René lächelte strahlend und breitete die Arme aus. »Nein, *wir* können uns das jetzt leisten. Davon haben wir doch immer geträumt!« René trat einen Schritt um die Flasche herum und versuchte wieder nach Rose zu greifen. Allerdings hatte sie damit schon gerechnet und wich ihm geschickt aus.

»Stimmt. Dummerweise war das, bevor du mich mit Anett betrogen hattest.«

Ernüchtert sah René sie an. »Dafür hatte ich mich doch schon entschuldigt. Sag mal, freust du dich überhaupt nicht für mich?«

»Doch. Aber darum geht es nicht. Denn um genau zu sein hast du dich bisher *nicht* entschuldigt, mich betrogen zu haben. Glaubst du wirklich, du kannst hier einfach auftauchen und mich mit der Aussicht auf eine Nobelwohnung bestechen? Alles wäre damit vergeben und vergessen, und ich hätte nichts Besseres zu tun, als dir nach all dem, was du mir angetan hast, glücklich in die Arme zu sinken?«

»Aber Schätzchen, so ist es doch gar nicht, das weißt du doch! Was muss ich denn tun, damit du mir glaubst?«

»René, hör auf! Vor allem mit dem *Schätzchen*!«

»Was soll ich denn sonst tun?« Ohne Vorwarnung ließ sich René vor ihr auf die Knie fallen. »Ist es das, was du willst? Das ich vor dir zu Boden krieche? Er tut mir leid, Rose! Kannst du mir nicht endlich verzeihen?«

Rose fühlte sich von seiner Show peinlich berührt.

»Steh auf, René.« Sie reichte ihm die Hand, um ihm aufzuhelfen.

»Aber was willst du dann?«, fragte er, als er wieder stand.

»Ich möchte, dass du endlich respektierst, dass ich jetzt hier in der Heide zu Hause bin. Das würde die Sache deutlich leichter machen. Für uns beide.«

»Ob ich mich damit abfinde, kann ich dir noch nicht versprechen. Aber gut, lass uns erst mal einen Schluck trinken, bevor der Schampus warm wird. Hast du Gläser?«

Rose nahm ihm die Flasche aus der Hand, die er vom Boden geangelt hatte.

»Die bleibt zu. Du kannst gern einen Kaffee haben, aber dann geht es für dich postwendend zurück nach Hamburg. Oder besser ins nächste Hotel – für mein Empfinden hast du bereits mehr als genug getrunken.«

»Mensch Rose, nun sei doch nicht so hart! Freust du dich gar nicht mit mir? Ich bin extra hierher gekommen, um mit dir anzustoßen!«

»Das machen wir – mit Kaffee. Oder mit Orangensaft, wenn dir das lieber ist. Aber du wirst bei mir weder noch mehr Alkohol trinken, noch anschließend in diesem Haus übernachten, falls du darauf spekuliert haben solltest. Also?«

René seufzte theatralisch. »Okay, um meinen guten Willen zu demonstrieren: Kaffee bitte. Obwohl ich dein Verhalten echt enttäuschend finde, das muss ich schon sagen, Rose.«

»Mit deiner Enttäuschung werde ich leben können, ich habe in der letzten Zeit ganz andere Sachen überstanden. Also: Mit Milch und Zucker? Gibt allerdings nur H-Milch statt Kondensmilch, mein Dosenöffner ist seit einigen Tagen verschollen.«

»Igitt, nein danke. Dann nur mit Zucker. Oder hast du einen Espresso für mich? Ich nehme auch einen doppelten.«

Rose lächelte fein. »Den gibt es bei dir in Hamburg. Der Vollautomat – du erinnerst dich?«

René ließ sich schnaufend auf die Eckbank fallen. »Ach ja, der finale Dolchstoß. Schon gut, ich habe verstanden.«

Vorsichtshalber nahm Rose den Champagner mit in die Küche, damit René nicht doch noch auf dumme Ideen kam. Außerdem war das Prickelwasser von der Karussellfahrt eben vermutlich so gut durchgeschüttelt, dass beim Öffnen das meiste davon auf ihren Dielen und dem Teppich landen würde. Nicht, dass das für René ein Problem wäre – um solche Sachen hatte er sich noch nie Gedanken gemacht. Für Rose sah die Angelegenheit dagegen anders aus, schließlich musste sie die Sauerei hinterher aufwischen.

Während sie darauf wartete, dass das Wasser aufkochte, fragte sie sich, womit sie diesen Überfall verdient hatte, nachdem der Tag bisher so wundervoll verlaufen war. Okay, es war ja ganz süß, dass René extra hierher rausfuhr, um seinen Erfolg mit ihr zu feiern. Trotzdem fühlte sie sich von ihm auch irgendwie bedrängt … aber gut, das war halt René. Ob er es wirklich ernst meinte, wenn er behauptete, er wolle sie zurückhaben? Immerhin bemühte er sich in der letzten Zeit wieder sehr um sie …

Unbewusst schüttelte Rose den Kopf. Nein, das konnte er sich abschminken, nach allem, was vorgefallen war. Selbst wenn sie in der Zwischenzeit nicht einen gewissen Heidjer kennengelernt hätte …

Rose ertappte sich dabei, wie sie wieder begann, verträumt Löcher in die Luft zu starren. Es hatte sie wirklich voll erwischt, das war nicht mehr zu leugnen. Sie hatte ja selbst das Gefühl, richtiggehend zu leuchten …

Nur René war es anscheinend nicht aufgefallen. Vermutlich hatte er schon einiges im Tee – und in diesem Fall war es auch ganz gut, denn sie konnte auf eine seiner üblichen Szenen dankend verzichten. Überhaupt sorgte sie am besten dafür, dass er umgehend wieder abschob, sobald er seinen Kaffee getrunken hatte und der Höflichkeit Genüge getan war.

Rose goss gerade den ersten Schwall kochendes Wasser in den Kaffeefilter, als es erneut an der Haustür klingelte.

Überrascht sah sie auf. War es diesmal vielleicht der Klempner? Das wäre gar nicht so schlecht, dann müsste sich auch René etwas zusammenreißen. Rose stellte den Wasserkocher ab und wandte sich zur Tür.

»Lass mal, ich gehe hin!«, kam es in diesem Moment aus dem Wohnzimmer.

Auch gut. René würde sich schon melden, wenn was war.

Aber es blieb alles ruhig, nur die Haustür war zu hören, als sie zurück ins Schloss fiel.

»Und, wer war es?«, fragte Rose, als sie kurz darauf mit dem Tablett aus der Küche kam. René saß wieder auf der Eckbank und blätterte ein Gartenmagazin durch.

»Nur ein Wanderer, der nach dem Weg gefragt hat. Hatte sich wohl verlaufen.«

»Ehrlich? Erstaunlich, wo doch gefühlt an jeder Ecke Wegweiser stehen.« Rose sah ihren Exfreund skeptisch an. »Und du konntest ihm helfen?«

René grinste. »Klar. Ich habe ihn in den Wald geschickt.«

Rose seufzte. Das war wieder typisch … aber gut, irgendwo würde der arme Mensch schon rauskommen.

»Warum? Hattest du jemanden erwartet?«, fragte René beiläufig.

»Ja, den Klempner – irgendwas tropft bei mir in der Küche. Ich höre es schon seit Tagen.«

»Es tropft?« René hob den Blick. »Soll ich mal nachschauen?«

Rose stellte das Tablett auf dem Esstisch ab und nickte.

»Kannst du gern machen. Ich habe bereits alles abgesucht, aber bisher konnte ich nichts finden.«

In der Küche standen beide einen Augenblick lang und lauschten wortlos.

Tropf … tropf … tropf … erklang es deutlich.

»Das meine ich. Aber es ist nicht zu sehen, wo es herkommt.«

René drehte ihr das Gesicht zu und musterte sie stirnrunzelnd.

»Wo was herkommt?«

»Na, das Tropfen!«

»Hier tropft nichts.«

Rose sah ihn ungläubig an. »Natürlich tropft es hier. Das ist doch nicht zu überhören!«

»Rose, hier tropft nichts.«

»Aber –«

René schüttelte den Kopf. »Tut mir leid, Rose. Ich habe keine Ahnung, was du hörst, aber hier ist nichts. Sonst müsste man ja auch was sehen. Wäre ja logisch, oder?«

»Man sieht aber nichts, das habe ich doch schon gesagt!«

»Eben. Weil hier nichts ist.«

Verunsichert ließ Rose ihren Blick durch die Küche schweifen. Auch wenn man nichts sehen konnte – das Tropfen war doch ganz eindeutig zu hören!

»Den Klempner solltest du jedenfalls wieder abbestellen. Das Geld kannst du dir sparen.« *Außerdem lacht er dich aus, wenn er etwas reparieren soll, dass es nur in deiner Einbildung gibt*, sagte Renés Blick deutlich. Er sprach es allerdings nicht aus, sondern sah stattdessen demonstrativ aus dem Fenster. Rose fühlte sich gemaßregelt wie ein kleines Kind.

»Da ist so ein Katzenvieh im Garten.«

»Ich weiß, die gehört hierher«, antwortete Rose abwesend, während sie immer noch auf das Tropfen lauschte. Und René konnte es wirklich nicht hören?

»Lass die bloß nicht ins Haus. Bestimmt hat sie Flöhe und Würmer und sowas. Ich würde die nicht mal im Garten rumkriechen lassen. Wer weiß, was sie dir alles anschleppt.«

Sprach's, und verschwand wieder ins Wohnzimmer, als ob ihn die Flöhe durch die geschlossene Tür anfallen würden. Rose verdrehte ungläubig die Augen.

Um sich noch einen Moment zu sammeln, lehnte sie sich gegen die Spüle und atmete ein paar Mal tief durch. Erst dann ging sie ins Wohnzimmer zurück.

René stand gerade an der Anrichte und hielt irgendetwas in der Hand.

»Alles okay?«

»Ja. Ich habe übrigens deinen Dosenöffner gefunden.«

»Oh, großartig«, sagte Rose erfreut. »Wo war er denn?«

»In der rechten Schublade. Ich hatte eigentlich nach Servietten gesucht.«

»Ich kann dir nur Küchenkrepp anbieten, was anderes habe ich nicht.« Dann schüttelte Rose den Kopf. »In der Schublade? Unmöglich, da hatte ich bestimmt dreimal nachgesehen.«

»Glaubst du, ich erzähle dir Märchen?«

»Nein, natürlich nicht. Aber wie ist er da hingekommen?«

»Na, wie wohl – du wirst ihn da reingelegt haben.«

»Ich? Warum sollte ich das tun?«

»Wer soll es sonst getan haben, Rose? Ich etwa? Du bist schließlich die Einzige, die hier wohnt.« René musterte sie abschätzig. Dann deutete er mit dem Kinn auf den Franz Marc.

»Das Bild hängt ja noch.«

»Bisher hat es auch keine Anstalten gemacht, noch mal herunterzufallen. Ich hatte doch gesagt, es lag beim ersten Mal nur lose auf.«

»Na, wenn du meinst … egal, wie sieht es aus, bekommt der Retter in der Not denn jetzt wenigstens Kondensmilch?«

»Retter in der Not?«

»Der Dosenöffner.« René hielt ihn demonstrativ hoch.

»Ach so. Ja klar, sollst du haben.«

Rose holte eine Dose Kondensmilch aus der Küche und setzte sich dann René gegenüber auf einen der Stühle. Während René fachgerecht zwei Löcher in den Deckel drückte, kam ihr der Gedanke, dass es ein sauberer Nagel vermutlich auch getan hätte. Allein um Renés Gesicht zu sehen …

Schade, dass ihr so etwas immer erst einfiel, wenn es zu spät war.

»Mal was anderes – konntest du mit den Geschichten, die ich dir ausgedruckt hatte, etwas anfangen?«

»Oh.« Rose bemühte sich um ein entschuldigendes Lächeln. »Um ehrlich zu sein … eher nicht. Die sind schon ziemlich düster und blutrünstig, meinst du nicht?«

René sah tatsächlich beleidigt aus. »Na und? Du hast dir die Gegend doch ausgesucht. Die leben hier doch alle noch im vorletzten Jahrhundert. Blut und Boden und so. Der olle Löns soll übrigens auch nicht ganz ohne gewesen sein –«

»Wie bitte?«, unterbrach ihn Rose empört. »Ich glaube, ich höre nicht richtig. Das sind ja wohl nur deine Vorurteile!«

»Meine Vorurteile? Da beschwer dich mal lieber bei deinen Dörfels, die sich so einen Mist ausdenken. Oder meinst du, ich habe mir den Krempel selbst aus den Fingern gesogen?«

»Ach, und in Hamburg gab es solche Geschichten nicht?«

»Versuch bitte nicht abzulenken, Rose.«

»Ich? Ich lenke ab?«

»Ganz offensichtlich. Aber gut, okay – ich hab' schon verstanden, dass du meinen Einsatz nicht zu schätzen weißt.«

Obwohl sich Rose im Recht wähnte, hatte sie wieder das Gefühl, sich verteidigen zu müssen. »Das stimmt doch überhaupt nicht! Natürlich habe ich alles gelesen. Und ich finde es auch lieb, dass du mich unterstützen willst. Aber … die Geschichten sind nun wirklich nicht gerade familientauglich.«

»Familien?« René runzelte die Stirn. »Ernsthaft? Hätte ich gewusst, dass du irgendwelche *Hei-ti-dei*-Storys suchst, hätte ich dir was über flauschige Entchen ausgedruckt. Also ehrlich, Rose, so einen plüschigen Mist will doch niemand lesen. Da hätte ich dir mehr Menschenkenntnis zugetraut.«

»Die Geschichten sind für Familien gedacht. Mit kleinen Kindern«, konterte Rose.

»Die Blagen geben dir aber keine Aufträge. Und normale Geschäftsleute werden dich nicht buchen, wenn du dein Potential nicht mal annähernd abbildest. Grimms Märchen gibt's schließlich schon.«

»Ich kann ja noch eine unzensierte Version rausbringen, damit auch die Horror- und SM-Fraktion meiner Auftraggeber zufriedengestellt wird«, schnappte Rose zynisch.

»Jau, das wär doch was. *Fifty Shades of Heidekraut* – wenn das nicht der Burner wird. Oder *Das Schweigen der Lämmer* mit Heidi Heidschnucke in der ›Special Pampa Edition‹.«

»Tja, da hast du Pech. Das wirst du wohl selbst schreiben müssen.«

»Hey, nun lach doch mal.«

»Worüber? War irgendwas witzig?«

»Himmel, bist du verbittert. Du hast dich ganz schön verändert, seit du hier wohnst, weißt du das? Du bist richtig freudlos geworden. Und blass. Das war mir die letzten Male auch schon aufgefallen.«

Rose sah ihren Exfreund entnervt an.

»Blass? Red keinen Blödsinn. Ich arbeite jeden Tag im Garten. Ich bin alles mögliche, aber bestimmt nicht blass.«

René verzog das Gesicht. »Damit meinte ich auch nicht deinen Teint. Eigentlich wollte ich es nur höflich formulieren.«

»*Was* wolltest du höflich formulieren?«

»Das du … na ja, Rose, wie soll ich es sagen … dein Look wirkt seit einiger Zeit ein wenig … schäbig.«

»Schäbig«, echote Rose ungläubig. Als sie vorhin nach Hause gekommen war, hatte sie sich wegen der Wärme kurze Hosen und ein Shirt angezogen. Die Sachen waren vielleicht *casual*, aber ganz bestimmt nicht *schäbig*.

»Leider ja, Rose. Schau dich doch nur mal im Spiegel an. Würdest du so durch Hamburg laufen? Du bist ja nicht mal geschminkt!«

»Was du nicht sagst. Immerhin ist dir ja bereits aufgefallen, dass wir hier nicht in Hamburg sind.«

»Nein, wir sind hier am Arsch der Welt. Hier will man nicht mal tot über'n Zaun hängen.«

»René –«

»Ach komm, Rose, sei doch mal ehrlich. Seit du hier bist, lässt du dich gehen. Früher hattest du immer auf dich geachtet. Hattest Style und Geschmack. Inzwischen … na ja, für die Bauern hier mag dein Look okay sein. Aber glaubst du nicht –«

»Ich glaube, du hast eindeutig zu viel getankt, mein Lieber. Und deshalb wirst du jetzt gehen. In Handeloh findet sich bestimmt ein Hotelzimmer für dich – viel weiter solltest du heute jedenfalls nicht mehr fahren. Und vergiss deinen Champagner nicht.«

»Du … du schmeißt mich raus?«, fragte René indigniert und hob wie zur Verteidigung seine Kaffeetasse.

»Ja. Ich habe nämlich keinen Bock mehr, mich von dir beleidigen zu lassen. Trink aus und dann geh bitte. Du kannst gern wiederkommen, wenn du nüchtern bist.«

Hatte sie das gerade wirklich gesagt? Aber gut, jetzt konnte sie es nicht mehr zurücknehmen. Hauptsache, sie wurde ihn erst einmal los.

René taxierte sie aus zusammengekniffenen Augen, dann stand er ruckartig auf.

»Tja, so bald wird das wohl nicht wieder sein. Dann mach's erst mal gut, Rose.« Er wandte sich zum Windfang, als ihm offenbar noch was einfiel. »Eigentlich müsste ich dich jetzt genauso hängenlassen, schon aus Prinzip. Aber dafür ist es zu wichtig.« Er deutete mit dem Kinn zum Esszimmertisch, auf dem Roses Handy lag. »Vermutlich hast du es hier draußen noch nicht mitbekommen, aber es ist gerade ein ziemlich übler neuer Virus auf WhatsApp unterwegs. Sei also in der nächsten Zeit bitte vorsichtig mit Nachrichten von Absendern, die du nicht kennst. Am besten immer gleich löschen, damit du dir nicht irgendwas einfängst. Und auf gar keinen Fall Anrufe von unbekannten Personen über WhatsApp annehmen.«

»Okay, danke.« Rose nickte zustimmend. René hatte deutlich mehr Ahnung von IT und Technik als sie. Wenn er das für wichtig hielt, würde sie darauf achten – schaden konnte es schließlich nicht. Wobei ihr bei der Gelegenheit einfiel …

»Und meine Zeichnungen? Könnte das eventuell auch ein Virus …?«

René stand schon im Windfang, als er sich noch mal mit spöttischem Blick zu ihr umdrehte.

»Was soll ein Virus mit deinen Zeichnungen? Die haben doch wohl eher Interesse an deinen Passwörtern und Bankdaten. Nein Rose, so leid es mir tut – ich fürchte, da liegt das Problem eindeutig bei dir. Denk mal darüber nach. Bis dann!«

Und damit verschwand er nach draußen und ließ die Haustür hinter sich zufallen.

Kopfschüttelnd sah ihm Rose hinterher, dann goss sie sich noch einmal Kaffee nach. Eigentlich war die Mischung, die sie für René gebraut hatte, für ihren Geschmack viel zu stark. Aber mit ausreichend Milch und Zucker war es halbwegs erträglich, und vielleicht half es auch gegen die Kopfschmerzen, die sich jetzt mit einem feinen Ziehen ankündigten.

Sie fühlte sich völlig erschlagen. Jeder Besuch von René war wie eine Achterbahnfahrt, und Rose hatte nicht das Gefühl, dass es besser wurde, im Gegenteil. Wie hatte sich dieser anfangs so schöne Tag nur ins komplette Gegenteil verkehren können? Gut, immerhin hatte sie dieses Mal bei Renés Sticheleien nicht völlig die Fassung verloren, aber auch das war nur ein schwacher Trost. Denn dafür waren ihre Selbstzweifel zurück – und dazu wieder dieses beklemmende Gefühl drohenden Unheils, stärker als die Tage zuvor. Hatte René recht, wenn er behauptete, dass sie langsam den Verstand verlor? War diese unerklärliche Unruhe eine Vorahnung – oder doch nur Einbildung?

Aufgewühlt trank Rose einen Schluck Kaffee. Was, wenn René jetzt einen Unfall baute? Er war ziemlich sauer gewesen, noch dazu angetrunken. Außerdem kannte sie ihn gut genug, um zu wissen, dass er im Leben nicht in einem Landgasthaus übernachten würde, sondern direkt nach Hamburg zurückfuhr. Sie biss sich unsicher auf die Lippe. Ob sie ihn noch mal anrufen sollte – oder ihm eine Nachricht schicken, dass er sich melden sollte, wenn er heil zu Hause angekommen war? Und was, wenn ihm wirklich etwas passierte? War es nicht selbstsüchtig gewesen, ihn vor die Tür zu setzen, obwohl sie gewusst hatte, dass er nicht mehr auf die Straße gehörte?

Selbst nach dem Abendessen plagte sie noch das schlechte Gewissen, obwohl René längst zuhause angekommen sein musste. Angerufen hatte sie ihn nicht mehr – irgendetwas hatte sie dann doch davon abgehalten. Dafür war sie vorhin allen Ernstes noch nach draußen zu ihrem Auto gegangen, um den Verkehrsfunk zu hören. Aber außer dem üblichen Stau vor dem Elbtunnel und einer Straßensperrung in Altona aufgrund eines Rohrbruchs gab es keine Meldungen.

Fahrig räumte sie die letzten sauberen Teller aus dem Geschirrspüler, der inzwischen durchgelaufen war. Die Mail an Steffi war ebenfalls liegengeblieben – nach Renés Auftritt hatte sie einfach keine Motivation mehr gehabt.

Und auch Bent hatte sich nicht mehr gemeldet. Gut, er hatte sie bereits vorgewarnt, dass es spät werden würde, weil auf der Baustelle einiges nachzuholen war. Schließlich hatten sie sich erst gegen halb zehn am Pietzmoor getrennt …

Trotzdem war sie ein wenig enttäuscht. Ein paar aufbauende Worte hätten ihr jetzt gutgetan. Seine Stimme zu hören … aber okay, vermutlich fiel er heute Abend nur noch todmüde ins Bett. Sie würde sich also gedulden müssen – und morgen früh vielleicht schon von seiner Nachricht geweckt werden.

Rose atmete tief durch. Am besten machte sie Feierabend. Die Kopfschmerzen waren zwar halbwegs erträglich geblieben, hielten sich aber hartnäckig. Kreativ arbeiten konnte sie so jedenfalls nicht. Aber morgen war auch noch ein Tag – und der würde bestimmt wieder besser werden.

Vor allem, sobald Bent sich meldete.

Als Rose am nächsten Morgen in die Küche kam, war irgendetwas anders. Es dauerte einen Moment, bis ihr auffiel, was es war: Das Tropfen hatte aufgehört.

Stirnrunzelnd stand sie ganz still und lauschte angestrengt.

Nein – nichts.

Komisch.

War das Zufall – oder hörte sie es jetzt nicht mehr, weil René festgestellt hatte, dass es kein Tropfen gab? Das würde aber wiederum bedeuten, dass ihr Unterbewusstsein seine

Wahrnehmung geändert hatte, sobald das Geräusch als Halluzination enttarnt worden war.

Keine sonderlich beruhigende Erklärung.

Aber gestern Abend war es doch noch dagewesen, bevor sie ins Bett gegangen war … oder nicht? Sie versuchte sich zu erinnern, aber sie wusste es beim besten Willen nicht mehr. Rose schüttelte frustriert den Kopf, dann lauschte sie wieder.

Nichts. Alles blieb still.

Langsam hatte sie wirklich das Gefühl, verrückt zu werden. Auf jeden Fall wurde sie immer dünnhäutiger. Was war gestern eigentlich mit ihr losgewesen? Klar, es war normal, dass man sich Sorgen um jemanden machte, mit dem man so lange zusammen gewesen war, wie sie mit René. Aber nachdem er gefahren war, hatte sie sich richtiggehend in ihre Ängste hineingesteigert.

Inzwischen erschien ihr das mehr als befremdlich. Außerdem war René alt genug, um auf sich selbst aufzupassen. Es war seine Verantwortung, nicht ihre, zumal er bereits angetrunken hierhergefahren war.

So richtig tröstete sie diese Feststellung allerdings nicht.

Bedrückt setzte Rose das Teewasser auf. Immerhin waren ihre Kopfschmerzen heute früh weg, aber das war auch das einzig Positive, was dieser Morgen bislang zu bieten hatte.

Gedankenverloren nahm sie die Tüte mit dem Trockenfutter aus dem Schrank und ging in den Garten, der um diese Uhrzeit noch im Schatten lag. Fast mechanisch füllte sie den Napf wieder auf, obwohl Mau nirgends zu sehen war. Als sie sich wieder aufrichtete, verlor sich ihr Blick hinten am Waldrand.

Bent hatte sich nicht gemeldet.

Seit sie vorhin aufgewacht war, versuchte sie schon, ihre Enttäuschung in Schach zu halten. Aber es gelang ihr nicht wirklich, und ihre Gedanken drehten sich wieder und wieder im Kreis. Ob er krank geworden war? Oder war ihm irgendwas passiert? Sonst hätte er sich doch bestimmt längst –

Nein, Schluss! Jetzt ist wirklich genug, Rose Hermanns!

Mit Sicherheit gab es eine vernünftige und ganz banale Erklärung, warum er sich bisher nicht gemeldet hatte. Vielleicht war sein Handy zu Hause liegengeblieben, oder es war kaputt, oder der Akku war leer. Es gab hundert Gründe, trotzdem machte sie sich gerade völlig verrückt. Das musste sofort aufhören – und deshalb setzte sie sich am besten gleich an ihre Arbeit, um sich von ihren nutzlosen Grübeleien abzulenken.

Mit Teetasse, Keksen und ihrem Handy ausgerüstet machte es sich Rose im Arbeitszimmer bequem. Als Erstes rief sie den Klempner an und sagte ihm wieder ab. Wozu sollte er schließlich noch kommen? Wenn sie ihm sagte, dass es nicht nur keinen Wasserschaden gab, sondern inzwischen auch nichts mehr zu hören war, würde er sie vermutlich einweisen lassen. Darauf konnte sie gut verzichten.

Zum Glück erreichte sie nur seine Mailbox und hinterließ dort eine kurze Nachricht, dass sich die Angelegenheit inzwischen erledigt hatte. Das ersparte ihr immerhin peinliche Erklärungen.

Nachdem sie aufgelegt hatte, unterbrach sie den Bildschirmschoner, der offenbar die ganze Nacht gelaufen war – genauer gesagt seit gestern Nachmittag, als sie nach unten gegangen war, um sich Tee zu holen. Danach hatte sie völlig vergessen, dass der Rechner noch lief. Rose verzog das Gesicht, als sie sich an den Grund dafür erinnerte. Aber gut, jetzt war es auch egal.

Im Anschluss checkte sie ihre Mails, aber da gab es nichts Neues. Sogar das Postfach stand noch auf ›René‹ und war nicht zurückgesprungen. Gemeldet hatte er sich natürlich auch nicht, vermutlich war er immer noch eingeschnappt.

Gut, sollte er – ebenso wie es seine Sache war, mit wie viel Promille er durch die Gegend fuhr.

Anschließend übertrug sie die Fotos von der Kamera auf den Rechner und begann mit den ersten Skizzen zu der *Schönen vom Eickenloher Moor*. Doch obwohl die Fotos die Details erstaunlich gut wiedergaben, wollte ihr die Arbeit heute nicht so recht von der Hand gehen. Rose kannte auch den Grund dafür, trotzdem arbeitete sie verbissen weiter.

Sie hielt bis zum Mittag durch, dann brach sie ihre Arbeit entnervt ab. Mit den bisherigen Ergebnissen war sie alles andere als zufrieden, aber mehr ließ sich heute beim besten Willen nicht erzwingen. Außerdem hatte ihre Laune längst einen neuen Tiefpunkt erreicht.

Den Rest des Tages lief sie wie Falschgeld durch die Gegend. Sie erledigte einige Kleinigkeiten im Haushalt und im Garten, ohne wirklich irgendetwas zu schaffen. Ständig lauschte sie, ob sich ihr Handy meldete, aber bis auf eine SMS ihres Netzanbieters, die ihr fast einen Herzinfarkt bescherte, blieb es mucksmäuschenstill.

Auch das Wetter tat sein Übriges. Inzwischen war es wieder drückend heiß geworden. Das alte Quecksilber-Thermometer draußen neben der Küchentür zeigte sechsunddreißig Grad im Schatten, die Luft war zum Schneiden dick. Im Haus war es etwas besser, trotzdem begann Rose jedes Mal zu schwitzen, sobald sie sich ein paar Schritte bewegte.

Appetit hatte sie auch keinen. Nachdem sie bereits das Mittagessen hatte ausfallen lassen, konnte sie sich auch am Abend nicht durchringen, irgendetwas zuzubereiten. Nicht mal einen Salat. Stattdessen knabberte sie nur an einem Apfel und blätterte im Wohnzimmer lustlos durch die Gartenzeitschriften, die sie schon etliche Male durchgesehen hatte.

Nach dem allabendlichen Gießen und dem letzten Rundgang durch den Garten beschloss sie schließlich resigniert, es für heute gut sein zu lassen. Sie würde nur noch duschen und anschließend ins Bett gehen – wenn es nach ihr ging, konnte dieser Tag getrost aus dem Kalender gestrichen werden.

Sie war schon fast eingeschlafen, als sie unten das Telefon klingeln hörte.

Bent!

Ohne nachzudenken sprang sie hoch.

Erst als sie nach ihren Hausschuhen angelte, wurde ihr bewusst, dass irgendetwas nicht stimmen konnte. Und im nächsten Moment wurde ihr auch klar, was es war, denn ihr Handy hatte einen völlig anderen Klingelton, ein ruhiges Glockenspiel. Außerdem lag es neben ihr auf dem Nachttisch.

Das Klingeln war dagegen eindeutig von unten gekommen und hatte sich wie eins der alten Telefone angehört. So wie das, was unten auf der Anrichte stand. Nur war das nirgendwo angeschlossen.

Rose schüttelte den Kopf, aber das wattige, benommene Gefühl blieb. Hatte sie das Klingeln nur geträumt? Sie griff nach ihrem Handy, aber das zeigte außer Datum und Uhrzeit nichts an.

Keinen Anruf. Natürlich nicht.

Inzwischen war auch nichts mehr zu hören, weder von unten, noch von sonst irgendwo.

Sie musste geträumt haben, eine andere Erklärung gab es wohl nicht. Nutzloses Wunschdenken … Rose spürte, wie eine Welle der Verzweiflung sie überrollte.

Wütend über sich selbst kickte sie die Hausschuhe wieder von den Füßen, warf sich zurück ins Bett und drehte sich zur Wand. Es dauerte lange, bis ihre Tränen versiegten und sie endlich einschlief.

Kapitel 11

Am nächsten Morgen schlenderte Rose reichlich lustlos durch den Handeloher Supermarkt. Für heute waren erneut Temperaturen um die fünfunddreißig Grad und am Nachmittag schwere Gewitter angesagt, also war sie vorhin direkt nach der ersten Tasse Tee zum Einkaufen gefahren. Außerdem musste sie sich irgendwie beschäftigt halten.

Er hat sich nicht gemeldet.

Die Enttäuschung machte ihr mehr zu schaffen, als sie es sich eingestehen wollte. Und inzwischen gab es auch keine vernünftige Entschuldigung mehr, warum er ihr nicht wenigstens eine kurze Nachricht geschickt hatte, es sei denn, er lag bewusstlos im Krankenhaus. Ansonsten blieb nur noch eine Erklärung, und die war alles andere als schmeichelhaft für Rose. Hatte sie sich wirklich so in ihm getäuscht?

Gleichgültig musterte sie das Angebot an Toastbrot und Aufbackbrötchen. Heute früh hatte sie zum Tee nur zwei Kekse geknabbert, und genauso sah bisher auch ihr Einkaufswagen aus. Sie hatte einfach keinen Appetit. Was sollte sie also einkaufen? Eigentlich hätte sie sich den Weg auch sparen können …

Letztendlich ging sie dann aber doch mit etwas Obst, zwei verschiedenen Sorten Käse, Brot und einigen anderen Kleinigkeiten in Richtung Kasse. Nur an dem Zeitschriftenregal blieb sie noch mal stehen und musterte die ausliegenden Magazine.

Vielleicht noch eine Gartenzeitschrift? Nicht, dass sie nicht schon zwei Dutzend davon hatte, aber was Neues konnte sie möglicherweise ein bisschen ablenken.

Sie wollte gerade nach einem der Hochglanz-Blätter greifen, als ihr Blick auf das danebenliegende Jugendmagazin fiel.

›*Er beachtet dich nicht? 7 Tipps, wie du ihn todsicher für dich gewinnen kannst!*‹ behauptete der Aufmacher auf dem girlybunten Cover, das ein strahlendes junges Mädchen mit neonpinkfarbenen Haarsträhnen in der blonden Mähne zeigte.

Schau an, dachte Rose ironisch und griff nach dem Heft. Sowas hatte sie seit zwanzig Jahren nicht mehr in der Hand gehabt. Und irgendwie war es ihr jetzt sogar peinlich. Hoffentlich sah sie gerade keiner, den sie kannte! Wobei – andererseits war es auch völlig egal. Sie seufzte unhörbar und blätterte die Zeitschrift bis zum Artikel durch.

Du bist total verknallt, aber er beachtet dich nicht? Du hast schon alles versucht, aber er zeigt dir trotzdem die kalte Schulter? Du bist zu schüchtern und weißt nicht, wie du ihn ansprechen sollst?

Hier kommen sieben ultimative Tipps, mit denen du ihn garantiert catchen kannst!

Catchen? Rose musste unfreiwillig grinsen, als vor ihrem inneren Auge spontan das Bild zweier Wrestler auftauchte. Selbst ist die Frau!

Aber ganz so rustikal war es dann doch nicht gemeint, im Gegenteil.

›*Mach ihm Komplimente, darauf stehen Jungs*‹ lautete der erste Rat.

Ach was. Und das war ein ›todsicherer‹ Tipp? Na gut – nur war das gerade etwas schwierig. Aber vielleicht ließen sich die anderen Punkte besser umsetzen.

›*Sorge dafür, dass dein Crush dich bemerkt!*‹

Crush? Was sollte das nun wieder sein? Rose las stirnrunzelnd weiter.

›*Frag deinen Crush, welche Serie er dir empfehlen kann. Männer lieben es, Frauen gute Ratschläge zu geben!*‹

Rose biss sich auf die Unterlippe. Da hatte wohl jemand in der Redaktion einen sehr speziellen Humor. Ah, und *Crush* war der derzeit hippe Begriff für den Typen oder das Mädel, in die man sich verguckt hatte. Wieder was gelernt.

›Stell dich hilflos, das weckt seinen Beschützerinstinkt!‹

Auweia. Ernsthaft?

›Sei niemals zu forsch. Männer wollen erobern, aber nicht selbst erobert werden.‹

Wie bitte? Was sollte denn der antiquierte Mist?

Außerdem empfahl der nächste Rat genau das Gegenteil, was offenbar niemandem in der Redaktion aufgefallen war: *›Bestimmt ist er schüchtern und wartet, dass du den ersten Schritt tust.‹*

Ja, bestimmt, dachte Rose. Deshalb hatte Bent auch gesagt, er würde sich melden, sobald es sich irgendwie einrichten ließ. ›Melden Sie sich nicht bei uns, wir melden uns bei Ihnen‹ – wie man sehen konnte.

Aber es kam noch besser.

›Zeig ihm, dass du dich nur für ihn hübsch machst und leg ein Parfum auf, das er mag und dich sexy wirken lässt.‹

Hallo? Was war das denn jetzt für ein sexistischer Bullshit? Rose fühle sich an den ›*Ratgeber für die gute Ehefrau*‹ erinnert, den ihre Mutter aus den Sechzigern aufgehoben hatte. Als junges Mädchen hatte sich Rose über die angeblichen Tugenden einer vorbildlichen Ehefrau halb totgelacht – und in diesem Teenie-Magazin stand plötzlich wieder der gleiche Blödsinn?

Ungläubig warf Rose einen Blick auf das Cover – doch, das Heft trug ein aktuelles Datum. Und das nach *#MeToo* und den anderen Sexismus-Debatten der letzten Jahre? Es war nicht zu fassen. Obwohl: Bei Typen wie René waren solche Tipps vermutlich goldrichtig. Nur bekam man dann dummerweise auch jemanden wie René …

Andererseits sollte sie sich nicht allzuweit aus dem Fenster lehnen. Immerhin war sie fast zehn Jahre mit ihm zusammengewesen und hatte lange Zeit geglaubt, mit ihm glücklich zu sein. Zumindest irgendwie.

Mit einer selbstironischen Grimasse legte Rose die Zeitschrift zurück ins Regal. Dann griff sie nach dem Gartenmagazin daneben und packte es, ohne vorher noch einmal hineinzuschauen, in ihren Einkaufswagen.

Dann doch lieber Bienchen und Blümchen als die ›todsicheren Tipps‹.

Nachdem sie ihren Einkauf im Kofferraum verstaut und den Einkaufswagen zurückgebracht hatte, ließ sie sich auf den Fahrersitz ihres Wagens fallen und atmete tief durch.

War sie zu forsch aufgetreten? Die Frage hatte sie sich bestimmt schon hundert Mal gestellt. Klar, Bent hatte überrascht auf ihren Kuss reagiert – aber unangenehm war es ihm eindeutig nicht gewesen. Oder hatte sie ihn nur überrumpelt? Aber sein Abschied war warmherzig und liebevoll gewesen, und seine Augen hatten genauso gestrahlt wie ihre. Das hatte sie sich doch nicht nur eingebildet, oder?

Während sie noch aufs Lenkrad starrte, packte sie plötzlich die Wut. Er hatte sie schließlich auch geküsst, verdammt! Wenn er inzwischen glaubte, dass es ein Fehler gewesen war, sollte er ihr das gefälligst sagen. Immerhin hatte sie ein Recht darauf zu wissen, woran sie war!

Kurzentschlossen griff sie zum Handy und tippte eine kurze Nachricht an ihn ein.

Hey, wollte mich mal melden. Alles okay bei dir? Liebe Grüße, Rose.

Sie sah noch einmal auf die wenigen Worte, dann drückte sie auf ›Senden‹. Daraus konnte er jetzt machen, was er wollte – irgendeine Antwort würde sie ja wohl bekommen.

Gegen vier Uhr nachmittags zogen die ersten finsteren Wolken auf. Inzwischen sehnte Rose das Gewitter geradezu herbei, so unerträglich schwül war es in den letzten Stunden gewesen. Auch Mau hatte es irgendwann nicht mehr im Schatten der Büsche ausgehalten und war Richtung Wald verschwunden. Rose hatte keine Ahnung wohin, aber die Katze ging ja öfter eigene Wege. Sie würde sicher das eine oder andere kühle Plätzchen bei dieser Affenhitze kennen.

Es dauerte nicht mehr lange, bis das erste Grollen zu hören war. Offenbar zog das Gewitter schnell näher. Rose kontrollierte alle Elektrogeräte im Haus, fuhr den Rechner runter und zog überall die Stecker heraus. Dann nahm sie sich einen Orangensaft, setzte sich auf die Schwelle vor der Küchentür und sah zum Himmel hinauf.

Die Sonne war inzwischen hinter den Wolken verschwunden. Auch das Licht wurde immer trüber und aschiger, und am Horizont zeichnete sich ein schwefelgelber Streifen über der grünschwarzen Silhouette des Waldes ab.

Selbst die Vögel hatten aufgehört zu singen, die Zeit schien stillzustehen. Es war beinahe unheimlich – dieses Mal würde es sicher nicht nur bei einem Wolkenbruch bleiben.

Eigentlich mochte Rose Gewitter. Aber diese Atmosphäre hatte etwas Bedrohliches. Andererseits hatte ihre Kate schon unzählige Unwetter überstanden, und die umstehenden Bäume waren nicht nur alle höher als ihr kleines Häuschen, sondern auch weit genug weg, falls doch mal Äste herabstürzen sollten.

Am Horizont waren jetzt die ersten Blitze zu sehen. Rose blieb noch einen Moment sitzen, dann stand sie auf und rief nach Mau. Doch die Katze blieb verschwunden. Gut, sie würde in ein paar Minuten noch einmal nachsehen, ansonsten musste sie sich darauf verlassen, dass Mau wusste, wo sie sich am besten verkriechen konnte. Schließlich wohnte die Katze schon deutlich länger hier als sie. Außerdem war sich Rose nicht mal sicher, ob es ihr gelingen würde, sie während des Gewitters ins Haus zu locken.

Zehn Minuten später war die Katze immer noch nicht aufgetaucht. Dafür war es inzwischen so finster geworden, dass Rose in Küche und Wohnzimmer bereits die Deckenbeleuchtung eingeschaltet hatte.

Gerade als sie die Tür zum Garten wieder schloss, krachte ein besonders lauter Donnerschlag über sie hinweg. Zu Tode erschrocken fuhr sie zusammen.

Himmel, das musste irgendwo in der Nähe gewesen sein! Es folgte ein greller Blitz und gleich der nächste Donnerschlag. Das Gewitter hatte die Kate erreicht.

Rose schaltete das Licht in der Küche aus und ging ins Wohnzimmer. Auch dort löschte sie die Deckenbeleuchtung, nachdem sie die drei Stehlampen angeknipst hatte. Die Lichtkegel verbreiteten eine Aura der Geborgenheit, während draußen Blitz und Donner tobten. Zufrieden setzte sie sich aufs Sofa und griff nach ihrer neuen Zeitschrift.

Sie las gerade einen Artikel über englische Gärten, als es plötzlich einen ohrenbetäubenden Knall gab und alle Lichter erloschen. Verblüfft sah Rose zu der Lampe neben sich, von der jetzt im trüben Halbdunkel nur noch die Silhouette zu erkennen war.

Stromausfall. So ein Mist.

Rose stand auf und bahnte sich vorsichtig ihren Weg in die Küche. Ihre Augen brauchten einen Moment, bis sie sich an das fehlende Licht gewöhnt hatten, dann wurde es besser. Trotzdem ließ sich am Sicherungskasten zunächst nichts erkennen. Erst als der nächste Blitz den Raum grellweiß aufleuchten ließ, konnte sie sehen, dass die Hauptsicherung und etliche FI-Schalter rausgeflogen waren.

Holla, die Waldfee! Das war offenbar ziemlich knapp gewesen. Rose drückte die Schalter in ihre ursprüngliche Position zurück, aber es blieb dunkel. Stirnrunzelnd ging sie durch die Küche und betätigte nacheinander mehrere Lichtschalter. Nichts, genauso wie im Wohnzimmer. Da musste wohl was Größeres dahinterstecken. Aber was? Ob man draußen irgendwas sehen konnte?

Vorsichtig öffnete sie noch einmal die Tür zum Garten, drückte sie aber sofort wieder zu, als ihr ein Schwall eiskalter, klatschnasser Luft entgegenkam. Draußen tobte inzwischen ein halber Weltuntergang mit sintflutartigem Platzregen und heftigen Böen. Auch die Temperatur war um mindestens zwanzig Grad gefallen. Rausgehen würde sie bei dem Wetter auf keinen Fall – also hieß es abwarten, bis das Gewitter weiterzog.

Damit hockte sie allerdings bis auf Weiteres im schummerigen Halbdunkel.

Super. Und jetzt? Eine Taschenlampe besaß sie nicht, blieben eigentlich nur Kerzen. Wobei – so schlecht war die Idee gar nicht. Sozusagen das authentische Gefühl von anno dazumal, im original historischen Ambiente. Das hatte nicht jeder, und außerdem konnte sie dann auch Steffi von ihrem wildromantischen Abenteuer erzählen. Von einem gewissen Heidjer gab es schließlich nichts zu berichten – denn der hatte nicht mal auf ihre WhatsApp von heute Morgen reagiert. Dann eben nicht. Blödmann.

Rose kramte drei Stumpenkerzen aus der Anrichte, entzündete sie mit einem Streichholz und klebte sie dann mit etwas heißem Wachs auf einen Teller. Das sanft flackernde Licht schuf eine kleine, behagliche Insel in der Dunkelheit.

Na bitte. Selbst die Zeitschrift ließ sich damit lesen, man musste sich nur zu helfen wissen. Rose machte es sich wieder auf dem Sofa gemütlich, nachdem sie die Kerzen auf dem Tischchen daneben abgestellt hatte.

Durch das Reetdach und die doppelten Fenster war hier im Wohnzimmer kaum etwas von dem Unwetter zu hören, das draußen tobte. Fokussiert durch den kleinen Lichtkreis verlor sie sich wieder in ihrer Zeitschrift – bis plötzlich ihr Handy klingelte.

Rose blieb fast das Herz stehen – dicht gefolgt von einem überwältigenden Gefühl der Enttäuschung. Das Display zeigte Käthes Namen an.

»Hermanns?«

»Ach Kindchen, wie gut, dass ich dich erreiche. Bist du zu Hause?«

»Ja, bin ich. Aber ich sitze hier im Dustern, der Strom ist ausgefallen.«

»Deswegen rufe ich an. Reinhard ist schon mit der Freiwilligen Feuerwehr im Einsatz, ein Blitz hat die Trafostation bei euch erwischt. Wesel, Wehlen und Eickenloh sind komplett ohne Strom. Leider kommt auf die Schnelle auch niemand zu euch hin, denn durch die Sturmböen liegen bereits etliche Bäume auf den Straßen.«

»*Bäume?*«

»Ja, genau. Allein zwischen Inzmühlen und Wesel sollen es sechs oder sieben sein, sagte mein Sohn gerade am Telefon, sogar große Eichen und Buchen. Aber bei dir ist alles in Ordnung?«

»Ja … ja, ist es«, antwortete Rose erschüttert, während sie versuchte, sich die Gewalt vorzustellen, die nötig war, um eine der teilweise jahrhundertealten Eichen zu entwurzeln.

»… dir ja anbieten hierherzukommen, damit du bei diesem Unwetter nicht allein im Haus sitzen musst«, sprach Käthe weiter. »Aber unter den gegebenen Umständen –«

»Nein, nein«, wiegelt Rose schnell ab, »das ist schon okay. Ich habe mir eben Kerzen angezündet. Eigentlich ist es sogar richtig gemütlich.«

Am anderen Ende war ein leises Lachen zu hören.

»Das ist die richtige Einstellung, Kindchen. Dann bin ich ja beruhigt.«

»Ähem … ja. Konnte dein Sohn denn sagen, wie lange wir ohne Strom sein werden?«

»Leider nicht, das hängt wohl davon ab, wie groß der Schaden ist, meinte er. Aber spätestens morgen früh sollte alles wieder laufen.«

Morgen früh? Das konnte ja heiter werden.

»Hast du denn alles, was du brauchst, Kindchen? Im Zweifelsfall musst du den Kamin anmachen, um Wasser aufzuwärmen. Die Therme funktioniert ja vorerst auch nicht.«

»Stimmt«, meinte Rose lahm. Also kein Tee, keine Dusche, und auch nichts Warmes zu essen … daran hatte sie noch gar nicht gedacht. So authentisch hätte das Gefühl von anno tuck dann doch nicht sein müssen.

Doch dann gab sie sich einen Ruck. »Ist nicht so schlimm, ich werde das schon wuppen. Sind ja nur ein paar Stunden, die Menschen früher mussten schließlich ihr ganzes Leben ohne Strom auskommen.«

»Tapferes Mädchen.« In Käthes Stimme klang ein gewisser Stolz auf ihre unerschrockene Mieterin mit. »Und falls doch was sein sollte, ruf einfach an. Zur Not schicke ich Reinhard quer durch den Wald zu dir, der kennt die ganzen Forstwege.«

»Nein, nein, alles okay«, beeilte sich Rose zu versichern. Behüte! Der liebe Reinhard sollte mal schön bei der Feuerwehr bleiben.

Nachdem sich Käthe am anderen Ende verabschiedet hatte, ließ Rose das Gehörte erst mal sacken. Kein Strom. Und sie kam hier nicht weg.

Immerhin hatte sie Glück, dass es heutzutage Handys gab. Sonst hätte Käthe sie nicht mal erreichen können – oder konnte man bei einem Stromausfall trotzdem noch übers Festnetz telefonieren? Um solche Dinge hatte sich Rose nie Gedanken gemacht. Und im Grunde war es auch egal, schließlich hatte sie ja das Handy. Sollte tatsächlich irgendwas sein –

Flüchtig warf sie einen Blick aufs Display.

Der Akku zeigte acht Prozent.

Sch…eibenhonig. Das hatte ihr gerade noch gefehlt.

Entnervt schaltete Rose das Handy auf Flugbetrieb. Wenn alle Stricke rissen, konnte sie es zwar auch im Auto aufladen, aber solange draußen der Weltuntergang geprobt wurde, verzichtete sie lieber darauf. Schnaufend ließ sie sich zurück aufs Sofa fallen.

Dort hielt sie es allerdings auch nicht mehr lange aus. Rose spürte eine innere Unruhe, wie ein Kribbeln unter der Haut, das immer stärker wurde. Nach wenigen Minuten legte sie ihre Zeitschrift wieder zur Seite.

Die Kerzen flackerten im Luftzug.

Okay, und jetzt?

Sie drehte sich eine Haarsträhne um den Finger. Was hatten eigentlich damals die Menschen abends gemacht, bevor es Strom gab? Wahrscheinlich Wolle gesponnen. Oder gestrickt. Zumindest irgendwas Sinnvolles, anstatt wie sie nur Löcher in die Luft zu starren.

Und sich dabei Geschichten erzählt – auf jeden Fall besser, als trübe Gedanken zu wälzen.

Rose stand auf, schnappte sich den Teller mit den Kerzen und ging nach oben. Der Computer war im Moment zwar nutzlos, aber mit etwas Glück fand sich in den Büchern doch noch eine Geschichte für ihre Broschüre. Zumindest sollte sich eine finden, denn so, wie es aussah, fiel das Treffen am Samstag aus. Es sei denn, dass Bent –

Na klar, Frau Hermanns. Hoffen und Harren hält manchen zum Narren.

Wütend griff Rose nach dem obersten Buch und schlug es auf. Es war höchste Zeit, der Realität ins Auge zu blicken.

Eine Viertelstunde später war ihre Laune ganz in den Keller gesackt. Lustlos blätterte sie durch das letzte Buch. Keine der Geschichten sprach sie wirklich an, aber vielleicht lag es auch an ihrer Stimmung. Die passte eher zu den Storys, die René ihr mitgebracht hatte …

Stirnrunzelnd nahm sie den obersten der Ausdrucke, die unter den Büchern gelegen hatten, und las ihn noch mal durch. Eine Kate, deren Fachwerk aus einem alten Galgenbaum errichtet worden war, also wirklich … und das Haus auf dem verwaschenen Foto sah auch noch aus wie ihres. Das würde sie ganz bestimmt nicht als Vorlage nehmen, um damit eine Gruselgeschichte zu illustrieren!

Es blieb dabei, die Geschichten waren absolut unpassend, da konnte sich René echauffieren, wie er mochte. Rose griff nach den anderen Blättern des Stapels, um sie in den Untiefen ihres Schreibtisches verschwinden zu lassen. Darunter kamen drei graue Hefte zum Vorschein.

Stimmt, die selbstverfasste Heimatromantik gab es ja auch noch. Die hatte sie komplett vergessen … allerdings war es auch schon ein paar Tage her, seit sie auf dem Dachboden gewesen war. Ob sich in den Heften etwas Brauchbares finden ließ? Immerhin hatte ein gewisser Heidjer behauptet, dass man für Sagen und Mythen der Region am besten die Einheimischen fragen sollte … und die Hefte waren mit ›*Erlebnisse einer Heidereise*‹ beschriftet. Daraus ließ sich doch womöglich etwas stricken – zumindest, wenn nicht nur jeder Wacholderstrauch einzeln erwähnt wurde.

Rose nahm das erste Heft und blätterte es oberflächlich durch. Die alte Sütterlinschrift war mühselig zu entziffern, aber die Illustrationen beeindruckten sie auch dieses Mal wieder in ihrer Detailfülle. Es würde sicher einige Zeit und Mühe kosten, bis sie die Eintragungen halbwegs flüssig lesen konnte, aber gut – wenn sie gerade eins ausreichend hatte, dann war es Zeit. Und was anderes gab es sowieso nicht zu tun.

Rose sah kurz auf und warf einen Blick aus dem Fenster. Sehen konnte man draußen nichts, Regen und Dämmerlicht verschluckten alles, was hinter dem Geländer der Außentreppe lag. Nur ab und an erhellte ein Blitz die Szenerie und tauchte den Garten in ein gespenstisch fahles Licht. Doch schon im nächsten Moment war wieder alles finster, und die Kerzen spiegelten sich in der Glasscheibe, als wäre nichts gewesen.

Rose seufzte. Womit man sich aus Langeweile nicht alles beschäftigte, dachte sie, während sie die ersten Worte in Angriff nahm.

›*Montag, 15. Januar 1940*‹

Okay, das war einfach, das hatte sie ja bereits auf dem Dachboden entziffert. Wobei ihr wieder einfiel, dass sie Käthe hatte fragen wollen, ob sie wusste, von wem die Hefte stammten. Hatte sie auch vergessen – aber egal, dann halt beim nächsten Mal.

›*Als ... wir h...e...u...*‹

Verflixt, hoffentlich wurde das mit der Zeit besser, das war echt mühselig. Heu… – heute? Ja, genau.

›*... heute am Bahnhof in Handeloh ankamen, war ich ziemlich enttäuscht.*‹

Ja, ›enttäuscht‹ ist genau das richtige Wort. Rose seufzte erneut. Das klang tatsächlich nach einem Schulaufsatz. Aber gut, erst mal schauen, wie es weiterging – außerdem stammten die Zeichnungen eindeutig nicht von einem Kind. Ob wohl die

Eltern dabei geholfen hatten? Vielleicht fand sich Näheres dazu im Text.

Während der nächsten Sätze gelang es Rose, die in der Sütterlinschrift recht ähnlichen Buchstaben ›e‹ und ›n‹ immer besser auseinanderzuhalten. Auch an die Sonderformen des Buchstabens ›s‹ je nach Position im Wort konnte sie sich langsam wieder erinnern. Es war also doch nicht alles vergessen, nur ganz weit hinten in ihrem Gedächtnis vergraben.

Alle Dinge sind schwierig, bevor sie leicht werden, konnte sie Herrn Plischkes Stimme wieder hören, als sie damals geklagt hatte, dass sie die Schrift nie lernen würde. Und er hatte recht behalten – also mal sehen, wie es dieses Mal lief.

›Nicht, dass ich hier draußen mit irgendetwas Beeindruckendem gerechnet hätte. Doch selbst das Bahnhofsgebäude wirkte zwischen den Häusern und Höfen der Umgebung mehr als bescheiden, wie ein deprimierendes Vorzeichen für das, was uns in der kommenden Zeit erwarten sollte.‹

Na bitte, wurde doch langsam. Mühsam ernährt sich das Eichhörnchen und so.

›Am Bahnsteig stand bereits ein älterer, mit schlichter Kleidung angetaner Mann, der uns bedächtig zuwinkte, als wir uns suchend umsahen, und dann auf uns zukam.

Wenn wir die Spaeths aus Hamburg seien, solle er uns abholen, meinte er im breiten Plattdeutsch der Nordheide. Sein wettergegerbtes Gesicht mit dem buschigen Schnauzer wirkte offen und freundlich, während er mich und die beiden Jungs fragend ansah. Als ich nickte, bot er mir an, mir meine Koffer abzunehmen und führte uns zu dem Pferdefuhrwerk, das vor dem Bahnhof wartete.

Nachdem wir das Gepäck verstaut hatten und aufgestiegen waren, zuckelten die Pferde los. Ich saß hinten auf einer wackeligen Bank neben unseren Koffern. Handeloh war offenbar nur ein kleiner Ort, ein paar Bauernhäuser, einige Katen, mehr nicht. Aber immerhin eine Bahnstation, sagte ich mir im Stillen, also nicht ganz am Ende der Welt. Jedenfalls im Gegensatz zu Eickenloh, dem Dorf, in dem wir die nächste Zeit verbringen sollten. Als ich unseren Kutscher fragte, wie lange wir noch bräuchten, meinte er nur, dass das wohl seine Zeit dauere. Ziemlich unbefriedigt mummelte ich mich tiefer in die Decken, die gegen die Kälte auf dem Sitz gelegen hatten.

Konrad und Alexander waren dagegen begeistert, durften sie doch beide vorn mit auf dem Kutschbock sitzen und abwechselnd die Leinen der beiden uralten Ackergäule halten. Die Rücken durchhängend wie Badewannen, trotteten die riesigen Tiere behäbig ihren Weg, die lauten »Heja!«-Rufe der beiden Knaben stoisch missachtend. Der Kutscher schien seine Freude an dem Schauspiel zu haben und beantwortete gutmütig alle Fragen, die ihm die Jungs zwischendurch immer wieder aufgeregt stellten. Für die Kinder war die Reise aufs Land ohne jeden Zweifel ein großes Abenteuer.

Ich hatte währenddessen genug Muße, mich in dieser Landschaft, die nach dem Willen meines Bruders in den nächsten Wochen unser Zuhause sein sollte, ausgiebig umzusehen.‹

Also hatte das kein Kind geschrieben, dachte Rose. Vielleicht ein junger Mann – oder doch eher ein ›Backfisch‹, wie Oma Grete die jungen Mädchen immer genannt hatte? Neugierig las sie weiter.

›Je mehr ich mich umsah, umso mehr sank mein Mut. So etwas Erbärmliches wie dieses karge Stückchen Erde habe ich mein Lebtag nicht gesehen. Kaum waren wir aus Handeloh heraus, empfing uns die triste, winterliche Einöde der Lüneburger Heide. War es zu dieser Jahreszeit auch in den Hamburger Parks nicht sonderlich schön, so war hier die Landschaft an Trostlosigkeit kaum zu überbieten: Um uns herum nur Sand, Gestrüpp und braunes Heidekraut, ab und an unterbrochen von kahlen Eichen und struppigen Kiefern.

Auch die Straße, kaum mehr als ein Feldweg, wirkte ärmlich und war nur in der Mitte mit groben Kopfsteinen gepflastert. Links und rechts davon gab es nur breite, hartgefrorene Sandstreifen, über die unser Karren jetzt rumpelte.

Bevor wir in Hamburg losgefahren waren, hatte mir Carsten von heißen Sommern erzählt, von plätschernden Bächen und den endlos weiten, vom Heidekraut überwachsenen Flächen, die im August die ganze Landschaft wie einen lilafarbenen Teppich bedeckten. Dann sei die Luft voll Honigduft, der einen schier trunken mache, während über allem die Heidelerchen unermüdlich ihr Lied anstimmten und das Herz freudig jubeln ließen. Wie eine Postkartenidylle hatte es sich angehört – und nun das.

Kaltes, ödes Land, düster, fremd, abweisend.

Ich seufzte aus tiefstem Herzen. Stünde ich nicht bei Carsten im Wort, ich hätte dem Kutscher sogleich Order gegeben, uns zum Bahnhof zurückzubringen.

So aber rumpelten wir weiter durch die Winterkälte, mehrere kleine, ebenso trostlose Gehöfte querend, bis wir schließlich nach über einer Stunde auf dem Flettmester-Hoff ankamen. Alfred, wie sich der Kutscher zwischenzeitig doch noch vorgestellt hatte, hieß uns sitzen zu bleiben, stieg vom Kutschbock und verschwand in dem großen Bauernhaus.

Und nun? Inzwischen war ich so durchgefroren, dass ich mich kaum noch bewegen konnte. Doch bevor ich mich zu irgendeiner Entscheidung durchrang, kam Alfred schon wieder raus, kletterte erneut auf den Kutschbock und ließ die Pferde anziehen.

Entsetzt fragte ich ihn, wo wir denn jetzt hinwollten. Sollten wir etwa noch länger durch diese Kälte fahren?

Keiner da, brummte Alfred. Nur Lenchen, die Jungmagd, und die wisse von nichts. Er würde uns erst mal zur Kate bringen, damit wir ins Warme kämen, alles andere müsse dann halt bis morgen warten.

Ich sah ihn ungläubig an. Welche Kate? So wie ich meinen Bruder verstanden hatte, sollten wir doch bei der Familie unterkommen. Jetzt aber rumpelte der Wagen wieder vom Hof hinunter in Richtung Wald.

Nein, auf dem Hof sei kein Platz für Gäste, erklärte Alfred, halb zu mir gedreht. Es sei denn, ich würde mit den Mägden zusammen in dem großen Bett in der Mädchenkammer schlafen wollen, aber den Wunsch hätte bislang noch keine der Damen aus der Stadt geäußert. Ob ich vielleicht die erste sein wolle? Er sah mich grinsend an und offenbarte dabei mehrere Zahnlücken.

Ich muss wohl ausgesprochen schockiert ausgesehen haben, denn Alfred lachte laut auf. Dann erzählte er uns, dass die Kate im Wald ehemals ein kleiner Schafstall gewesen sei, mit einem Wohnraum für den Schäfer. Später, als die Herde größer wurde, waren die Heidschnucken dann in einen neuen Stall und der Schäfer mit seiner Frau in eins der Häuslingshäuser auf dem Hof gezogen. Danach stand die Kate leer und wurde nur noch als Lagerfläche genutzt. Erst zum Ende des letzten Jahrhunderts, als die ersten Besucher aus der Stadt ins Dorf kamen, hätte Flettmesters Großvater die Hütte zu einem Gästehaus umgebaut. Durch den bevorstehenden Krieg waren die Gäste in der letzten Zeit allerdings ausgeblieben. Die Tatsache, dass ich mit den Jungs jetzt länger in der Kate wohnen würde, kam den Bauersleuten sehr entgegen, vor allem finanziell, vertraute er mir augenzwinkernd an. Verblüfft über so viel Offenheit sagte ich erst einmal nichts mehr.‹

Also ein junges Mädchen, stellte Rose fest. Und die sollte jetzt zusammen mit ihren beiden Neffen mutterseelenallein im Wald wohnen? Das konnte ja heiter werden.

›Als die Kutsche kurz darauf erneut und mitten im Wald anhielt, war erst einmal nichts zu sehen außer Bäumen.

Die letzten paar Meter müssten wir laufen, meinte Alfred, wobei er mir anbot, meine Koffer ins Haus zu bringen, was ich gern annahm.

Als wir nach drei Dutzend Schritten zwischen den Bäumen hervortraten, begrüßte uns ein kleines Häuschen, das auf den ersten Blick recht heimelig anmutete: Eichenfachwerk, sauber mit Ziegeln ausgemauert und mit weiß gestrichenen Holzfenstern versehen, das Reetdach tief bis zum Boden gezogen, wirkte die Kate auf mich wie eine Glucke, die ihre Flügel schützend über ihre Küken ausbreitete. Dieser Anblick versöhnte mich mit der deprimierenden Perspektive, die nächste Zeit hier auf dem Land verbringen zu müssen, fernab meiner geliebten Stadt und all ihren Annehmlichkeiten.

›Stellen wir uns also unverzagt der Herausforderung‹, sagte ich im Stillen zu mir selbst. Und sobald wir in der Kate im

Warmen saßen, würde sicher auch die Welt vor den Fenstern nicht mehr ganz so grau und kalt wirken.

Doch unseligerweise erwartete uns gleich die nächste böse Überraschung, denn als wir die Kate betraten, war es darin so bitterkalt, dass selbst an den Fenstern die Eisblumen blühten. Alfred musste meinen entsetzten Blick richtig gedeutet haben, denn er bot sofort an, in der Stube das Feuer im Kachelofen anzuzünden. Feuerholz sei hinter dem Haus in einem Unterstand reichlich vorhanden, erklärte er mir, als er vor dem Ofen kniend erst ein Stück weißmorsches Holz, dann eine Handvoll dünne Äste und schließlich dicke Holzscheite in den Ofen stapelte. Zum Schluss entzündete er alles mit einem Sturmfeuerzeug, das er in seiner Hosentasche mit sich trug. Ob ich auch ein Feuerzeug hätte?

Als ich verneinte, öffnete er die Anrichte neben dem Kamin und legte zwei Päckchen Streichhölzer auf den großen Eichentisch. Dies seien die letzten, meinte er entschuldigend. Im Dorf könne ich aber neue Zündhölzer und auch Feuerzeuge kaufen. Überhaupt seien im Laden alle Dinge zu bekommen, die man für das tägliche Leben benötige, und auch die Poststation und der Fernmeldesprecher wären dort untergebracht. Sollte ich sonst noch was auf dem Herzen haben, bräuchte ich nur auf dem Flettmester-Hoff zu fragen, dann würde man schauen, wie man helfen könne. Ach, und frische Milch, Brot, Butter, Honig und Eier bekäme ich ebenfalls auf dem Hof. Am besten sollte ich dazu Dörte, was nämlich seine Frau wäre, ansprechen.

Nachdem Alfred, von mir mit einigen Münzen für seine Mühe entlohnt, gegangen war, setzte ich mich erst einmal auf einen der harten Stühle in der Stube und sah mich ratlos um. Die Jungs waren mit Alfred noch nach draußen gelaufen, um die restlichen Kleinigkeiten vom Wagen zu holen und im Anschluss gleich das Grundstück zu erkunden. Für sie war alles außerhalb des Hauses spannender als das Haus selbst, und mit einer nahezu unerschöpflichen Energie trotzten sie der Kälte, bis sie irgendwann mit blaugefrorenen Lippen und Nasen wieder zurückkommen würden. Ich ließ sie laufen, denn so hatte ich etwas Zeit, um mich mit der neuen unverhofften Situation vertraut zu machen.

Die Verhältnisse, die ich auf den ersten Blick in der Kate vorfand, waren geordnet, aber ärmlich. Die Stube selbst war ein größerer Raum, der die ganze Breite der Kate einnahm. An beiden Längsseiten gab es mehrere Fenster, die trotz des trüben Wetters genug Licht hereinließen, eingerahmt von blauweiß karierten Vorhängen. Eine steile Treppenstiege führte linker Hand in die oberen Räume, ansonsten gab es nur wenige Einrichtungsgegenstände: Die Anrichte links vom Kachelofen, der mittig an der Innenwand stand, und rechts vom Ofen eine Tür, die zu einem der hinteren Räume führte. Außerdem der Eichentisch mit einer Bank und drei Stühlen, eine Truhe mit Tischdecken sowie zwei Wandborde, in denen Teller und Tassen untergebracht waren, immerhin blitzesauber, genauso wie der Rest der Stube. Offensichtlich hatte hier jemand kurz vor unserem Einzug noch Großputz gemacht, wofür ich sehr dankbar war.

Inzwischen begann der Kachelofen langsam die erste Wärme abzustrahlen, aber kuschelig war es noch lange nicht. Andererseits hatte ich mich ja auch noch nicht in dem Haus umgesehen, das in der nächsten Zeit unsere Heimstatt sein sollte. Also wohlan, mein Herz, und zage nicht!

Ich musste allerdings rasch feststellen, dass es zumindest in den unteren Räumen nicht allzu viel zu sehen gab. Als ich die Tür rechts des Kachelofens öffnete, gelangte ich in die Küche des Hauses. Einfach und zweckmäßig eingerichtet, mit pflegeleichtem Terrazzoboden sowie einem geschlossenen Herd, der ebenfalls mit Feuerholz geheizt wurde. Ich brauchte also nicht über offenem Feuer zu kochen, wie ich schon insgeheim befürchtet hatte.

Gegenüber der Tür, durch die ich gerade in die Küche gekommen war, führte eine weitere Tür wieder nach draußen. Sie war abgeschlossen, aber der Schlüssel steckte von innen. Als ich den Kopf nach draußen in die Kälte steckte, sah ich die Jungs gerade ein paar dutzend Schritte entfernt eine kleine Hütte inspizieren. Sie würden wohl noch einige Zeit beschäftigt sein. Neben der Küchentür führte eine Außentreppe nach oben, die direkt über mir in einem kleinen Absatz endete, welcher gleichzeitig als Vordach fungierte.

Eiskalte Luft strömte an mir vorbei ins Haus und ließ mich die Tür schnell wieder schließen.

Eine dritte Tür führte links von mir in eine weitere Kammer hinter der Küche, etwa zwei mal drei Schritte im Geviert. Zwei kleine Fenster im Gefach, Terrazzoboden, ein leerer Steinguttopf und drei Regale an der Wand, ansonsten leer. Der Vorratsraum oder ehemalige Milchkammer, vielleicht auch beides.

Das war es auch schon wieder. Stube, Küche, Vorratskammer. Dann mussten die Schlafräume oben sein.

Zögerlich ging ich zurück in das Wohnzimmer und stieg dort die schmale Treppe hoch. Von einem winzigen Flur ging nur eine Tür ab, die in einen Raum mit Dachschrägen führte. Auch hier nur zwei kleine Fenster an der Stirnseite, die an diesem trüben Wintertag kaum Licht spendeten. Vor den Fenstern ebenfalls Vorhänge, diesmal rotkariert, und ein kleiner, handgewebter Wollteppich auf dem Holzfußboden. Den Rest des Raumes dominierte ein großes Bett mit dicken Daunendecken, klamm und kalt, aber wenigstens nicht muffig. Darüber hinaus stand auf einem Schubladenschrank nur noch eine emaillierte Kanne mit Waschschüssel, daneben ein Wäscheschrank für die Kleidung und ein Paravent, hinter dem sich ein Stuhl mit einer Nachttopfgarnitur verbarg. Ich seufzte. Das würde ja heiter werden.

An der Innenwand des Raumes fand sich ein Kaminzug. Ich hielt die Hand prüfend dagegen – warm. Der Schornstein gehörte also zum Kaminofen, wobei vermutlich auch der Küchenherd mit angeschlossen war. Dadurch wurde es auch hier oben ein wenig warm – immerhin.

Neben dem Kamin ging eine weitere Tür in den Raum dahinter: die zweite Schlafkammer.

Hier waren zwei Holzbetten unter die Dachschrägen gestellt. Einfache Matratzen, darüber ebenfalls dicke Federbetten, ein Schrank, eine Truhe, die Waschgarnitur und – ja, tatsächlich – unter jedem Bett ein Nachttopf mit Deckel. An der gegenüberliegenden Wand ein Fenster und eine Tür, die über die Außenstiege nach unten in den Garten führte.

Langsam ging ich durch das vordere Zimmer und die Treppe wieder hinunter in die Stube. Zwei Sachen hatte ich auf meinem

Rundgang ganz besonders vermisst, und als ich mich erneut umsah, wurde die Befürchtung zur Gewissheit: Es gab weder fließend Wasser noch Strom, im ganzen Haus nicht. Ein Blick in die Anrichte offenbarte mir nur eine Handvoll Kerzen, vier flache, aber stabile Kerzenhalter aus Ton und zwei Petroleumlampen.

Fassungslos setzte ich mich wieder auf den Stuhl. Ich hatte mit vielem gerechnet, aber damit nicht. Und hier sollten wir die nächsten Tage, womöglich sogar Wochen leben?

In diesem Moment kamen Konrad und Alexander in die Stube gestürzt.

»Janna, wir haben draußen ein Plumpsklo, kannst du dir das vorstellen?«, riefen sie aufgeregt.

Ja, vorstellen konnte ich mir das durchaus – nur ich hatte es bis eben nicht glauben wollen. Ich erklärte den Jungen, dass ich in den oberen Zimmern jeweils ein Waschgeschirr und Nachttöpfe gefunden hätte. Wir mussten also zumindest nicht nachts bei Wind und Wetter raus, um Tante Meier zu besuchen. Das mochten die beiden gar nicht glauben und rannten sofort zu den Zimmern hoch, um sich davon zu überzeugen.

Als sie zurückkamen, war ihre Begeisterung für unser neues Zuhause ungebrochen.

»Hast du gesehen, Janna? Wie haben sogar eine eigene Tür nach draußen! Die nehmen wir jetzt immer!«

Daran hatte ich tatsächlich noch nicht gedacht. Dadurch, dass der einzige Zugang hinunter zur Stube durch mein Zimmer führte, musste ich wohl damit rechnen, dass im Zweifelsfall ständig zwei Kobolde durch mein Schlafzimmer tobten, möglicherweise auch gerade dann, wenn ich in der Toilette war.

Eine ziemlich unangenehme Vorstellung, also fasste ich einen Entschluss. »Genau, eure eigene Haustür. Das heißt aber auch, dass ihr nicht dauernd durch mein Schlafzimmer rennt, hört ihr? Und wenn, dann nicht, ohne vorher anzuklopfen. Und ihr geht die Treppe draußen vorsichtig rauf und runter, verstanden? Ich möchte nicht, dass einer von euch stürzt und sich verletzt. Und abends wird die Tür abgeschlossen. Nach dem Abendbrot geistert niemand mehr draußen herum, dann wird geschlafen!«

»Ist gut, Janna!« Selbst diese Einschränkung konnte die Begeisterung der beiden nicht mindern.

Immerhin kann ich mich jetzt darauf verlassen, dass sich die zwei vorsichtig auf der Treppe verhalten werden. Mein Alexander ist für seine neun Jahre schon sehr verständig und passt immer auf seinen kleinen Bruder auf. Beide strahlten mich mit leuchtenden Augen an. Für sie schien unsere Reise aufs Land ein einziges großes Abenteuer zu sein, und ich mochte ihnen ihre Freude nicht nehmen.

Während die Jungs oben ihre Betten bezogen, solange es noch halbwegs hell war, richtete ich ein kleines Abendessen her. In der Küche hatte ich frisches Brot, Butter, ein Glas mit eingelegten Gurken, zwei Dosen mit hausgemachter Wurst sowie ein Glas Erdbeermarmelade und eine Dose mit losem Pfefferminztee gefunden, vermutlich von der guten Seele hinterlassen, die für uns schon das Haus hergerichtet hatte. Ich sandte ihr ein stilles Dankeschön, heilfroh, dass ich in der einsetzenden Dämmerung nicht noch mal zum Hof zurücklaufen musste, um Nahrungsmittel einzukaufen. Beim Packen zuhause hatte ich zwar an Bohnenkaffee, Zucker und Kekse, aber nicht an andere Lebensmittel gedacht. Warum auch? Schließlich war ich nicht davon ausgegangen, dass man uns in den Wald auslagern würde.

Das Abendessen fand in der inzwischen warmen Stube im Kerzenschein statt und war der Höhepunkt des Tages, obwohl ich meinen Kaffee ohne Milch trinken musste. Morgen, so habe ich mir vorgenommen, werde ich mit den Kindern ins Dorf gehen und das Nötigste einkaufen. Für heute hat der Tag jedoch genug Plagen gehabt und ich war heilfroh, als ich eben nur noch in mein Schlafzimmer gehen musste.

Inzwischen ist auch mein Bett mit frischer Wäsche aus dem Schrank bezogen, die Jungs schlafen bereits selig – als ich eben noch einmal vorsichtig durch die Verbindungstür in die Dunkelheit gespäht habe, konnte ich ihre tiefen, gleichmäßigen Atemzüge hören.

Ich selbst wollte mich eigentlich auch hinlegen. Doch obwohl ich mich inzwischen wie gerädert fühle, kann ich keinen Schlaf finden. Also habe ich beschlossen, all das, was uns bei unserer Heide-Reise widerfahren mag, in einem Tagebuch zu aufzuschreiben. Teils, weil es mir hilft, meine Gedanke zu ordnen, teils aber auch, um später einmal mit wohligem Schaudern an diese Zeit zurückdenken zu können. Vielleicht werde ich meinen Freundinnen in Hamburg dann auch ausgewählte Passagen hieraus vorlesen, denn wenn ich ihnen nur davon erzähle, werden sie sicher denken, dass ich im Nachhinein maßlos übertreibe.

Nun aber ist es erst einmal an der Zeit, mein Tagebuch für heute zu schließen.‹

Also kein Schulaufsatz, sondern ein Tagebuch, dachte Rose. Wie alt mochte die Schreiberin gewesen sein? Von Oma Grete wusste sie, dass die jungen Mädchen damals bereits sehr früh, teilweise sogar schon mit vierzehn ›in Stellung‹ gegangen waren. Allerdings war die Schreiberin kein Dienstmädchen, sondern die Tante der beiden Jungen. Es war also anzunehmen, dass sie zumindest volljährig war. Sonst hätte ihr Bruder sie und die beiden Kinder sicher nicht ohne weitere Begleitung in die Heide geschickt.

Obwohl – vielleicht doch, denn er hatte bestimmt nicht geahnt, dass man die drei mutterseelenallein in eine Kate im Wald abschieben würde.

In *ihre* Kate, um genau zu sein.

Nachdem ihr die Entzifferung der altdeutschen Schrift zunehmend leichter fiel, hatte Rose fasziniert die Beschreibung ihres Häuschens gelesen. Es war beinahe so, als wäre sie selbst auf diesem ersten Erkundungsgang dabei gewesen. Sie hatte sogar fühlen können, was die Verfasserin bewegt hatte, als sie durch die Kate wanderte, die Fassungslosigkeit, Enttäuschung und Resignation. Aber auch den festen Willen, für die Kinder das Beste aus der Situation zu machen.

Es war eine Reise in die Vergangenheit – buchstäblich. Und das sogar ganz originalgetreu im Schein der Kerzen …

… die inzwischen deutlich heruntergebrannt waren. Der kleine Reisewecker auf ihrem Schreibtisch zeigt kurz nach halb neun an. Saß sie wirklich schon über drei Stunden hier? Rose blinzelte. So musste es wohl sein. Der Text hatte sie dermaßen gefangen genommen, dass sie nicht mal mitbekommen hatte, wie das Gewitter schließlich weitergezogen war. Vielleicht lag es auch daran, dass das Licht durch die tiefhängenden Wolken immer noch trüb und aschig war, wenn auch nicht mehr so dunkel wie vorhin.

Ein Griff zum Lichtschalter ergab, dass der Stromausfall bislang nicht behoben war. Gut, dann würde sie halt nur noch ein paar Kleinigkeiten erledigen und anschließend früh ins Bett gehen. Mehr ließ sich für heute wohl nicht mehr erwarten.

Rose klappte das Heft zu, pustete die Kerzen aus und ging nach unten.

Die Luft wehte ihr kühl und feucht entgegen, als sie die Tür zum Garten öffnete, um Mau das Abendessen hinauszustellen. Es goss immer noch, aber inzwischen war es nur noch ein kräftiger Landregen, keine Sintflut mehr. Rose zwinkerte und wischte einige verirrte Tropfen aus dem Gesicht. Sie bemerkte erst jetzt, wie trocken ihre Augen geworden waren. Das Lesen im Kerzenlicht war scheinbar doch anstrengender gewesen, als sie gedacht hatte.

Von Mau fehlte weiterhin jede Spur, aber vermutlich mochte sie bei diesem Wetter auch nicht aus ihrem Versteck herauskommen, wo immer sie sich während des Gewitters verkrochen hatte. Sie würde sich schon wieder einfinden, sobald sie Hunger bekam.

Rose ging zurück in die Küche, schloss die Tür hinter sich und holte sich die Flasche mit dem Orangensaft aus dem Kühlschrank. Der war natürlich auch ausgefallen, genauso wie das Gefrierfach. Aber gut, darum würde sie sich morgen Gedanken machen, heute konnte sie sowieso nichts mehr daran ändern.

Während sie an ihrem Glas nippte, versuchte sie sich vorzustellen, wie es hier vor achtzig Jahren ausgesehen haben mochte. Viel hat sich offenbar nicht verändert. Die Küche war natürlich irgendwann modernisiert und mit Elektrogeräten ausgestattet worden, die Vorratskammer hatte dem Bad weichen müssen. Auch das kleine Bad oben hatte es damals noch nicht gegeben, ebenso wie die Dachgauben. Doch sonst hatte man mit viel Fingerspitzengefühl darauf geachtet, den Charme dieses wunderbaren Häuschens zu erhalten und nicht alles kaputtsaniert, wie es in den vergangenen Jahrzehnten oftmals üblich gewesen war.

Rose strich sacht am Türrahmen entlang. Was das alte Haus wohl schon alles gesehen hatte? Liebe, Geburt und Tod, die zwei Weltkriege, Freud und Leid …

Plötzlich kam ihr wieder Bents Bemerkung über die Frau in den Sinn, die angeblich Schuld an dem feindseligen Verhalten der Eickenloher war. *Ihr Bruder hatte sie mit seinen beiden Söhnen in die Heide geschickt.*

Ob das etwa die Tagebücher *dieser* Frau waren? Verblüfft stellte Rose das Glas neben sich auf der Arbeitsplatte ab. Es sprach einiges dafür – doch andererseits klang der erste Eintrag eher harmlos und nicht gerade nach einer intriganten *Femme fatale*, die andere Menschen böswillig ins Unglück stürzte. Aber gut, man konnte niemandem hinter die Stirn sehen – und wenn ihre Vermutung richtig war, würde sie durch die Tagebücher vielleicht Antworten bekommen, die ihr sonst niemand geben wollte.

Rose fühlte ein erwartungsvolles Prickeln. Das klang doch spannend!

Sie würde also weiterlesen, um das Rätsel zu lüften … nur nicht mehr heute, wenn sie ihre Augen nicht völlig ruinieren wollte. Sie zwinkerte noch ein paarmal, aber das trockene, sandige Gefühl hielt sich hartnäckig, vor allem im linken Auge.

Sehr unangenehm.

Okay, dann erst mal Pause, Sherlock Holmes.

Nach all den Jahren würden die Tagebücher jetzt auch noch bis morgen warten können.

Kapitel 12

Der neue Tag startete so, wie der vorherige Tag geendet hatte, grau und regnerisch. Aber immerhin funktionierte der Strom wieder, denn als Rose die Treppe hinunterging, brannte im Wohnzimmer Licht.

Auch Mau wartete schon laut protestierend auf ihr Frühstück. Das Schälchen mit dem Nassfutter von gestern Abend war leer, während die Reste des Trockenfutters wie ertrunkene Raupen in dem anderen Napf schwammen. Kein sonderlich erhebender Anblick direkt nach dem Aufstehen. Rose schüttete die Schale kurzerhand unter einem der Sträucher aus, dann ging sie wieder nach drinnen, um Nachschub zu holen.

Während der Wasserkocher zu blubbern begann und Rose in der Küche saubere Schalen mit frischem Futter und Wasser für Mau füllte, versuchte sie, halbwegs wach zu werden. Eigentlich hatte sie letzte Nacht tief und fest geschlafen. Trotzdem gab es irgendetwas in einer Ecke ihres Bewusstseins, das beharrlich nach Aufmerksamkeit heischte. Etwas, an das sie sich hatte erinnern wollen, weil es ihr komisch vorgekommen war. Aber was?

Grübelnd nahm Rose die Schälchen und brachte sie nach draußen, wo Mau sich ohne weitere Umstände über das Nassfutter hermachte.

Rose blieb einen Moment in die Tür stehen und sah der Katze beim Frühstück zu, während sie versuchte, den Nachhall dieses seltsamen Gefühls zu erhaschen.

Hatte sie nicht gestern im Schlaf etwas gehört? Der Marder war es nicht gewesen, der gab schon seit einigen Tagen Ruhe.

Nein, es musste was anderes gewesen sein. So etwas wie … ein Klingeln oder Läuten?

Unwillig schüttelte sie den Kopf. Was für ein Blödsinn! Vermutlich hatte sie wieder geträumt, genauso wie beim letzten Mal. Rose verzog das Gesicht, als sie daran dachte, wie sie sich zum Narren gemacht hatte. Die ganze Zeit in der Hoffnung, Bent würde sich melden … wobei ihr einfiel, dass ihr Handy noch dringend geladen werden musste, sonst war auch zum Rest der Welt demnächst Funkstille. Und das musste nun wirklich nicht sein – am besten erledigte sie es also gleich.

Nachdem Rose das Handy im Arbeitszimmer an die Steckdose angeschlossen hatte, starrte sie eine Weile aus dem Fenster. Draußen nieselte es beständig, und der Wind drückte zarte Stippser gegen das Glas, wo sie zu großen Tropfen zusammenflossen und die Scheibe herabliefen. Grau und deprimierend. Die passende Untermalung ihrer Stimmung.

Rose atmete tief durch, schaltete die Schreibtischlampe an und schlug das Tagebuch an der Stelle auf, an der sie gestern geendet hatte.

Als ich heute Morgen erwachte, war es bitterkalt. Natürlich, dachte ich verärgert, der Ofen musste in der Nacht erloschen sein.

Zitternd zog ich meinen seidenen Morgenmantel über das dünne Nachthemd, schlüpfte in die Pantoffeln und begab mich in die Stube, um dort das Feuer neu anzuzünden. In der Schütte neben dem Kachelofen war immerhin noch genügend Brennholz und Reisig, damit ich nicht erst nach draußen musste.

Nichtsdestotrotz dauerte es eine Weile, bis das Feuer endlich brannte. Inzwischen war mir zwar von der Anstrengung warm geworden, aber so richtig trösten konnte mich das nicht. Und in der Küche erwartete mich dann gleich die nächste Misere, denn das Wasser im Wassereimer war komplett eingefroren.

Mühsam verkniff ich mir einen höchst undamenhaften Fluch. Meine Begeisterung über unseren Aufenthalt hier in der Heide hatte gerade einen neuen Tiefststand erreicht.

Doch erst mal half alles nichts, also schleppte ich den schweren Metalleimer in die Stube und stellte ihn vor den Kachelofen, damit das Eis auftauen konnte. Mit etwas Glück reichte es zum Frühstück schon für meinen Kaffee und den Pfefferminztee für die Kinder. Nur mit der Morgentoilette würde es so bald nichts werden, dachte ich resigniert. Zumindest hatte ich mich gestern Abend noch ausgiebig gewaschen, und wie ich die Jungs kannte, würden sie sicher gern und ohne mit der Wimper zu zucken auf die morgendliche Wäsche verzichten. Ich seufzte – der Verfall der guten Sitten hatte bereits begonnen.

Ein Poltern über mir kündigte an, dass auch die Kinder inzwischen wach waren. Kurz darauf stürmten sie durch die Küche in die Stube.

»Janna, hast du gesehen? Draußen ist alles weiß gefroren! Das sieht aus wie Zucker, wie im Märchen!« Konrad war vor Begeisterung ganz außer sich.

Nicht nur draußen, erwiderte ich mit einem schiefen Lächeln und deutete auf den Eimer, auf dem sich langsam eine Schicht geschmolzenen Wassers bildete. Wie erwartet waren die Kinder nicht übermäßig enttäuscht, dass noch nicht genug Wasser zum Waschen aufgetaut war. Trotzdem hielt ich die Jungs an, wenigstens ihre Nachttöpfe draußen im Häuschen auszuleeren. Zum Händewaschen reichte das Wasser allemal, und mit ungewaschenen Händen setzte sich bei mir keiner an den Frühstückstisch, da blieb ich eisern.

Als wir nach dem Frühstück und einem kleinen Fußmarsch den Flettmester-Hoff erreichten, wurden wir vor dem Haus von einer älteren Frau in derbem Rock, Mieder und Kopftuch begrüßt, die dort gerade mehrere Holzbottiche mit heißem Wasser ausscheuerte, während neben ihr auf der Bank eine schwarzweiße Katze saß und sich ausgiebig putzte.

Als sie uns sah, trocknete sie sich ihre Hände an der buntgemusterten Schürze ab und reichte mir ihre Hand. Ich müsse die Frau Spaeth mit ihren Neffen aus Hamburg sein. Sie sei Dörte, die Großmagd vom Flettmester-Hoff. Und natürlich auch die Frau vom Alfred, den wir ja gestern schon kennengelernt hätten.

Als sie das sagte, legte sich ein Lächeln wie ein Sonnenaufgang über ihr ganzes Gesicht. Sie war mir sofort sympathisch. Ich lächelte zurück und reichte ihr ebenfalls die Hand. Ja, Johanna Maria, antwortete ich, die Schwester von Carsten.

An Carsten könne sie sich gut erinnern, meinte sie schmunzelnd. Er war ja damals mit seinem Schulfreund Henning für einen Sommer nach Undeloh geschickt worden, auf den Hof von Hennings Großonkel. Neunzehnvierzehn muss das gewesen sein, noch vor Ausbruch des Großen Krieges. Ihre Eltern hätten damals auf dem Hof gearbeitet. Die Jungen müssen da so zehn, elf gewesen sein. Sie selbst, Dörte, war schon älter und sollte zum Herbst hin ihre Stellung auf dem Flettmester-Hoff antreten, aber dann kam ja erst einmal der Krieg dazwischen. Aber mein Bruder, ja, der wäre ihr in Erinnerung geblieben, wiederholte sie und blinzelte mir dabei zu. Anscheinend konnte sie zu meinem Bruder einige Lausbuben-Geschichten erzählen, die nicht für die Ohren der Jungs bestimmt waren.

Und das wären dann wohl Konrad und Alexander, stellte sie fest und sah zu ihnen hinüber. Beide schienen plötzlich unter einem ungewohnten Anfall von Schüchternheit zu leiden, denn sie nickten nur und reichten Dörte nacheinander artig die Hand, sagten aber kein Wort.

Als sich Dörte wieder an mich wandte, hob sie entschuldigend die Hände. Die Bäuerin sei gerade nicht da, meinte sie. Ob sie auch helfen könne?

Das konnte sie, und so verließen wir nach einer halben Stunde wieder den Hof, ich in der einen Hand eine volle Milchkanne und in der anderen einen Korb mit Eiern und weiteren Lebensmitteln, während die Jungs einen kleinen Sack Kartoffeln trugen, der gegen die Kälte in zwei weitere Säcke eingeschlagen war. Außerdem hatte mir Dörte einige wertvolle Ratschläge für das Leben in der Kate gegeben, auch gegen das Einfrieren des Wassers in der Küche. Besonders ans Herz gelegt hatte sie uns dabei, den Ziehbrunnen, aus dem wir draußen unser Wasser schöpfen mussten, immer wieder sofort abzudecken. Denn wenn der erst einmal zugefroren sei, müssten wir bis zum nächsten Tauwetter das Wasser vom Hof holen, und das würden wir sicherlich nicht wollen. Abgesehen davon, fügte sie dann noch mahnend hinzu, hätten die Jungs am Brunnen nichts verloren. Schließlich wäre schon mehr als ein Kind hineingefallen und dabei ertrunken. Bei diesen Worten schaute Dörte ausnahmsweise mal richtig streng, so dass die zwei nur mit großen Augen nickten.

Als wir zurück in die Kate kamen, war die Stube noch herrlich warm, und während die Kinder wieder im Garten herumtobten, begann ich mit meinen neuerworbenen Schätzen das Mittagessen vorzubereiten.

Am Nachmittag, als die Dunkelheit hereinbrach, spielten wir im Kerzenlicht dann Karten und Mensch-ärgere-Dich-nicht. Konrad musste sich dabei immer wieder das Gähnen verkneifen, und so schickte ich die beiden direkt nach dem Abendbrot ins Bett. Beide versprachen mir, sich zu waschen, und gingen dann ohne Murren über die Außentreppe in ihr Zimmer. Es dauerte nicht lange, bis von oben kein Rumpeln mehr zu hören war – sie mussten nach der vielen frischen Luft wirklich müde sein.

Nachdem ich noch einmal nach den beiden geschaut hatte, nahm ich mein Tagebuch und setzte mich im Kerzenschein in die Stube, um meine Eindrücke des Tages aufzuschreiben.

Jetzt, im warmen Halbdunkel, wirkt die Kate beinah heimelig. Außerdem hatte mir Dörte vorhin noch versprochen, mit meinem Vermieter wegen des Stroms zu reden. Der Flettmester-Hoff selbst war wie alle anderen Häuser im Dorf schon in den zwanziger Jahren ans Stromnetz angeschlossen worden. Nur hier draußen hatte bislang niemand die Notwendigkeit dazu gesehen, denn die meisten Gäste kamen im Sommer, und da blieb es lange hell.

Doch egal, ob Strom oder nicht – all das kann nicht darüber hinwegtäuschen, dass das Leben hier auf dem Land mehr als armselig ist. Außer dem Dorfladen gibt es nichts, nicht einmal eine Buchausleihe, geschweige denn ein Lichtspielhaus, einen Konzertabend oder überhaupt eine Ahnung von Kultur.

Und ich sitze hier fest.

Als Hitler vor viereinhalb Monaten in Polen einmarschierte, ahnte keiner, wohin uns das führen würde. Polen habe uns den

Krieg erklärt, hieß es. Viele wunderten sich, doch kaum einer unserer Bekannten stellte diese Aussage ernsthaft in Frage. Auch die Kriegserklärungen Frankreichs und Großbritanniens zwei Tage später gaben zwar Anlass zur Besorgnis, doch als Carsten abends beim Essen erklärte, dass es sich vermutlich um einen rein formalen Akt handeln würde, war ich wieder beruhigt. Zu einer Offensive würde es seiner Meinung nach nicht kommen, dafür wüssten alle Beteiligten viel zu gut, was auf dem Spiel stünde.

Entsprechend machte ich mir auch keine Gedanken, als ich am nächsten Tag von einem Treffen mit meinen Freundinnen nach Hause ging. Wir hatten einige angeregte Stunden in einem der Cafés an der Außenalster verbracht. Der Einmarsch in Polen und die darauffolgende Kriegserklärung hatte bei unseren Gesprächen kaum eine Rolle gespielt, da Louise und Anna gleich zu Anfang erklärt hatten, sie könnten das Ganze schon jetzt nicht mehr hören, es gäbe doch wirklich Wichtigeres.

Schließlich einigten wir uns darauf, das Thema fallen zu lassen, denn wir hatten uns vor allem zusammengefunden, um die Hochzeit einer Freundin zu besprechen, die demnächst stattfinden sollte. Es wurde viel gelacht, geschnattert und geplant. Zum Abschluss unseres Treffens hatte sich dann jede der Damen noch ein Likörchen gegönnt, auch ich, und so war ich tatsächlich leicht angeschwipst, als ich mich auf den Weg zurück nach Eppendorf zu unserer Wohnung machte. Der Tag war trotz der dichten Bewölkung trocken und mild gewesen, und nach dem längeren Sitzen war ich ganz froh, noch einige Schritte bis nach Hause gehen zu können.

Der Fliegeralarm, der plötzlich ohrenbetäubend von den Dächern gellte, traf mich daher völlig unvorbereitet.

Luftangriff. Der Feind ist über Hamburg!

Fassungslos starrte ich zum Himmel hoch, während um mich herum die Sirenen heulten. Dann kam ich zur Besinnung. Die Kinder! Wie von allen Furien gehetzt rannte ich die letzten paar hundert Meter nach Hause.

In der Wohnung erwarteten mich bereits Carsten und Marianne mit den Zwillingen. Es war kurz nach halb sechs und auch mein Bruder war gerade erst von seinem Dienst an der Universitätsklinik nach Hause gekommen.

Glücklicherweise behielt Carsten einen kühlen Kopf, ganz im Gegensatz zu mir, die ich wie ein kopfloses Huhn herumrannte, und schickte mich mit den Jungs, die kurz nach mir mit riesengroßen Augen von den Nachbarn zurückgekommen waren, in den nächstgelegenen Luftschutzkeller. Er selbst blieb bei seiner Frau, die nach der schweren Geburt der beiden Mädchen ihr Bett noch nicht verlassen konnte.

Als einige Zeit später Entwarnung gegeben wurde und wir nach Hause zurückkehren konnten, war ich immer noch wie in Trance.

Fliegeralarm in Hamburg!

Bislang war Krieg für mich immer etwas gewesen, das irgendwo anders stattfand. Aber doch nicht hier, nicht bei uns! Schlagartig brach mein bisheriges Weltbild zusammen. Plötzlich war Krieg kein abstraktes Gebilde mehr, sondern eine Wirklichkeit, die jederzeit über uns hereinbrechen konnte.

An diesem Abend fand ich lange keinen Schlaf, denn zum ersten Mal in meinem Leben fühlte ich nackte, das Herz umkrallende Angst.

Doch schon einige Tage später, nachdem das erste Entsetzen verflogen war, stellte sich bei den meisten Menschen eine gewisse Gewöhnung ein, auch bei mir.

Zwar gellten in den kommenden Wochen immer wieder die Sirenen, aber das einzige, was von den feindlichen Flugzeugen über Hamburg abgeworfen wurde, waren Abertausende von Flugblättern mit Mahnungen an die Bevölkerung. Nicht wenige sahen darin den Beweis, dass die Briten wie alte Hunde ohne Zähne seien, die zwar bellen, aber nicht beißen konnten. Und je mehr Zeit ins Land zog, umso mehr gewöhnten sich die Hamburger an die immer wieder aufheulenden Sirenen; viele gingen irgendwann nicht einmal mehr in die Luftschutzkeller.

Doch je mehr sich das Jahr zum Ende neigte, umso mehr verschlechterte sich Carstens Laune. Sicherlich lag das auch an der zermürbenden Krankheitsgeschichte seiner Frau, denn ob-

wohl die Geburt der Zwillinge schon fast ein halbes Jahr zurück lag, ging es Marianne unverändert schlecht. Aber es war nicht nur das, das konnte ich spüren.

Kurz vor Weihnachten eröffnete mir Carsten dann, dass er eine Möglichkeit gefunden hätte, mich und die Jungs aus dem Fadenkreuz der drohenden Gefahr herauszunehmen, wie er es nannte. Ein ehemaliger Schulfreund habe Verwandtschaft südlich von Hamburg und hätte ihm dort eine private Unterbringung vermitteln können. Er selbst würde mit Marianne und den Zwillingen dagegen vorerst hierbleiben.

Ich mochte nicht glauben, was ich hörte, aber mein Protest, wir könnten doch entweder alle gemeinsam fahren oder hierbleiben, wurde im Keim erstickt. Er wolle wenigstens die Jungs aus Hamburg raus haben, beschied mich Carsten, denn es wäre nur noch eine Frage der Zeit, bis die Briten Bomben statt Flugblätter abwerfen würden.

Ich starrte ihn ungläubig an. Und ihr, fragte ich aufgebracht, was ist mit euch?

Carsten schüttelte den Kopf. Er wäre schließlich Arzt und würde hier gebraucht werden, in der kommenden Zeit mehr als zuvor. Außerdem könne er Marianne nur hier eine angemessene medizinische Versorgung ermöglichen. Nein, keine weitere Diskussion mehr – ich solle mit den Jungs allein fahren, und zwar möglichst bald, es sei denn, ich wolle von meiner Stelle als Erzieherin zurücktreten.

Das wollte ich natürlich nicht, und das wusste mein Bruder auch ganz genau.

Also verabschiedeten wir uns gestern, an einem kalten, graupeligen Januartag, am Hamburger Hauptbahnhof von Carsten und stiegen in den Zug Richtung Lüneburger Heide, in der Hoffnung, möglichst bald nach Hause zurückkehren zu können.

∞ ∞ ∞ ∞ ∞

Heute früh, wir hatten gerade das Frühstück beendet, klopfte es an der Haustür. Die Jungs und ich sahen uns erstaunt an, dann ging ich nachsehen, wer uns um diese Zeit schon besuchen mochte.

Vor der Tür stand ein hochgewachsener Mann Anfang vierzig, in der hier üblichen schlichten Kleidung der Landbevölkerung. Sein Gesicht hätte man wohl ohne zu übertreiben als gutaussehend bezeichnen können, hätte darüber nicht ein Schatten gelegen, der es vor allem müde und verhärmt wirken ließ. Ins dunkle Blond seiner Haare mischten sich die ersten grauen Strähnen. Sein einziges Zugeständnis an die Winterkälte waren eine dicke, derbe Jacke und die typische Schirmmütze, die offenbar alle Männer dieser Gegend trugen. Ohne lange Vorrede hielt er mir die Hand hin und stellte sich als Flettmester vor. Ob wir uns inzwischen schon eingelebt hätten?

Ich bejahte, ein wenig überrumpelt. Was sollte ich auf die Schnelle auch anderes sagen?

Gut, meinte Flettmester. Wir bräuchten Strom in der Kate, hätte Dörte ihm ausgerichtet?

Ich nickte wieder. Dann besann ich mich auf meine guten Manieren und bat ihn ins Haus. Wir wären gerade erst mit dem Frühstück fertig, sagte ich und bemerkte im gleichen Augenblick, wie unhöflich sich das anhören musste. Also versuchte ich die Situation noch zu retten. Ob ich ihm etwas anbieten könne?

Flettmester, der eben den beiden Jungs zur Begrüßung zugenickt hatte, schüttelte den Kopf. Er habe vorhin schon gefrühstückt. Dörte habe die Sache dringlich gemacht, daher wäre er direkt hierhergekommen, um mit mir darüber zu sprechen.

Ich muss sagen, dass ich in diesem Moment kaum wusste, was mich mehr wunderte: Flettmesters Art, keine Zeit für Höflichkeitsfloskeln zu verschwenden und gleich auf den Punkt zu kommen, oder die Tatsache, mit welcher Geschwindigkeit meiner Bitte nachgekommen wurde.

Flettmester ließ seinen Blick durch die Stube schweifen. Ob es mir recht wäre, wenn wir mal eben durchs Haus gingen?

Natürlich, antwortete ich, und folgte Flettmester, der bereits forschen Schrittes zur Küche ging.

Am besten würde man die Leitung in der Vorratskammer ins Haus führen, meinte er. Auf einen Teil der Regale ließe sich sicher verzichten, außerdem würde dort der Sicherungskasten am wenigsten stören.

Ich nickte, obwohl ich gerade hinter ihm stand und er es gar nicht sehen konnte. Aber er schien auch keine Antwort von mir zu erwarten. Wozu auch? Schließlich war es sein Haus.

Während er sich mit nachdenklichem Stirnrunzeln wieder vom Vorratsraum zur Küche zurückdrehte, betrachtete ich ihn mir etwas genauer. Dies war also mein Vermieter, dachte ich. Irgendwie hatte ich ihn mir anders vorgestellt. Älter vermutlich. Und mit Bart oder dem Kaiser-Wilhelm-Schnauzer, den viele Männer noch trugen. Aber Flettmester war sorgfältig rasiert, sah man mal von einigen Stoppeln am Kinn ab, die er heute Morgen übersehen haben musste.

Und er hatte graue Augen, stellte ich fest, genauso wie ich.

Flettmester schien seine Entscheidung inzwischen getroffen zu haben. In der Küche mittig unter der Decke und in der Stube über dem Esstisch, meinte er. Und die Schalter natürlich neben die Türen.

Dann marschierte er an mir vorbei zurück in die Stube und dort die Treppe hinauf. Die Kinder und ich sahen uns verdutzt an, dann folgte ich Flettmester eilig nach oben. Mir war es außerordentlich peinlich, als ich ihn dort mitten in meinem Schlafzimmer stehen sah, aber immerhin hatte ich vor dem Frühstück schon das Bett gemacht und – ja – auch den Nachttopf geleert. Alles wirkte adrett und aufgeräumt, so weit das in diesem Raum möglich war.

Flettmester schien sich dagegen überhaupt keine Gedanken zu machen, dass er hier im Allerheiligsten einer Dame stand. Vermutlich war es ihm nicht einmal bewusst, denn wenn ich mir überlegte, was Alfred über die Mädchenkammer im Bauernhaus erzählt hatte, schien Intimsphäre auf dem Dorf kaum vorhanden zu sein. Auch über seine forsche Art konnte ich mich nicht beschweren, schließlich hatte er vorher gefragt.

So richtig glücklich war ich trotzdem nicht.

Von meiner Schlafkammer gingen wir dann in den Schlafraum der Kinder. Selbst hier war alles sauber und aufgeräumt und die Betten gemacht, auch wenn es unter Konrads Bett, neben dem ich gerade stand, verdächtig müffelte. Da würde ich den Jungs auf jeden Fall noch einmal ins Gewissen reden müssen.

Flettmester hielt sich aber auch hier nicht lange auf und marschierte zur Außentür.

In den nächsten Tagen würde jemand aus dem Dorf kommen und die Leitungen ziehen, sagte er mir, die Hand bereits auf der Klinke. Ob mir das passen würde?

Selbstverständlich, antwortete ich. Vormittags auf jeden Fall, nachmittags könne es sein, das ich einen kleinen Spaziergang machte oder ins Dorf ging.

Gut, das würde er dem Elektriker so weitergeben, meinte Flettmester. Ach so, und natürlich wären wir jederzeit auf dem Hof willkommen. Dann nickte er mir zum Abschied zu und verschwand nach draußen, nur einen Schwall kalte Luft zurücklassend.

Nachdenklich ging ich zu den Kindern in die Stube zurück.

Nach dem Mittagessen gingen wir ins Dorf, um uns dort umzusehen. Eickenloh selbst bestand, abgesehen von den großen Bauernhöfen, nur aus wenigen Häusern. Eins davon war der Dorfladen. Dörte hatte uns gestern noch die Öffnungszeiten genannt, damit wir nicht vor verschlossenen Türen stehen würden. Trotzdem wären wir im ersten Moment fast daran vorbeigelaufen, so unauffällig wirkte das Geschäft. Aber schließlich wusste jeder der Dorfbewohner, wo sich der Laden mit der Poststelle befand, da musste man keine großen Schilder oder Schaufenster haben.

Als wir eintraten, empfing uns heimelige Wärme. Auch die Regale waren gut bestückt mit allerlei Waren des täglichen Bedarfs. Selbst Lebensmittel und Gewürze wie Reis, Orangen, Blockschokolade, Zimt und Safran waren hier zu bekommen und versöhnten mich etwas mit meinem Leben im Exil, wie ich es inzwischen nannte.

Wir waren die einzigen Kunden im Geschäft, also zählte ich der netten, grauhaarigen Frau hinter dem Verkaufstresen unsere Wünsche auf, während sie alles nach und nach zusammenstellte. Erst als ich mein Portemonnaie aus dem Korb herausholte, fiel mir ein, dass ich gar nicht wusste, wie ich all die Reichtümer nach Hause bekommen sollte.

Das wäre kein Problem, meinte die Verkäuferin. Ihr Enkelsohn könne nachher alles auf den Bollerwagen laden und es uns liefern. Wir wären doch die Herrschaften aus Hamburg, die jetzt in der Kate des Kattenhoffs wohnten?

Kattenhoff? Ich sah sie erstaunt an. Ich dachte, die Kate würde zu Flettmester gehören?

Die Verkäuferin lächelte und nickte. Kattenhoff sei nur eine andere Bezeichnung für den Hof der Flettmesters.

Aha. Ich bedankte mich und versprach, ihren Enkel fürstlich für seine Mühe zu entlohnen. Allerdings solle er sich ruhig Zeit lassen, wir würden uns erst noch das Dorf anschauen wollen, wenn wir schon keine schweren Einkäufe zu tragen hätten.

Natürlich, meinte die Ladenbesitzerin, das wäre kein Problem, Otto müsse sowieso erst seine Hausaufgaben machen. Dem Herrn Lehrer wäre es sehr wichtig, dass die Kinder alle Sorgfalt darauf verwenden. Meine beiden Jungs würden dann sicher auch hier in Eickenloh zur Schule gehen?

Gute Frage. Zwar war mit Carsten abgesprochen, dass die Jungs bei einem längeren Aufenthalt die Dorfschule besuchen sollten, trotzdem hatte ich immer noch die Hoffnung, dass wir nach spätestens zwei Wochen nach Hamburg zurückkehren konnten.

Das müsse ich abklären, gab ich daher ausweichend zur Antwort. Aber wenn ich schon mal hier wäre, könnte ich dann vielleicht auch gleich den öffentlichen Fernsprecher nutzen?

Natürlich, meinte die Ladenbesitzerin, und zeigte mir das Séparée. Die Kinder schickte ich nach draußen. Sie sollten sich gern im Dorf umschauen, aber keine Dummheiten anstellen.

Mehr Aufforderung brauchten die beiden nicht, und mit einem heftigen Bimmeln des Ladenglöckchens waren sie verschwunden.

Das seien wohlerzogene Kinder, meinte die Ladenbesitzerin beifällig. Die ganze Zeit im Laden hätte man sie nur gesehen, aber nicht gehört. Da hätte sie von Gästen schon ganz andere Sachen erlebt ... ob es meine wären?

Meine Neffen, antwortete ich.

Aha, Landverschickung, meinte die Ladenbesitzerin wissend und ließ mich dann allein, damit ich telefonieren konnte.

Es dauerte eine Weile, bis das Fräulein vom Amt mich an die richtige Stelle vermittelt hatte und ich Carsten im Krankenhaus an den Apparat bekam. Ich hätte Glück, meinte er, er hätte gerade Pause. Heute wäre auch nicht so viel los, nur ein paar Bein- und Armbrüche bisher, weil sich die Leute selbst noch die kleinsten Eisflächen aussuchen würden, um darauf auszurutschen. Wie wir denn angekommen wären?

Ganz gut, sagte ich, und schilderte in wenigen Worten, was wir seit unserem Abschied in Hamburg erlebt hatten. Dabei blieb ich so unverbindlich wie möglich, schließlich wusste ich nicht, wer uns alles zuhörte. Aber mein Bruder kannte mich gut genug, um meinen Unmut auch so herauszuhören.

Ernsthaft, wir hätten keinen Strom in der Kate, fragte er nach und lachte tatsächlich am anderen Ende der Leitung. Ich wusste ehrlich gesagt nicht, was daran lustig sein sollte.

Aber gut, meinte er dann, zumindest bekämen wir jetzt Strom.

Ja, antwortete ich knapp, immer noch verärgert darüber, dass Carsten meine Not offenbar nicht nachempfinden mochte. Wie lange wir denn in der Heide bleiben sollten? Ich wäre nämlich gerade darauf angesprochen worden, ob die Jungen hier zur Schule gehen würden.

Ja, natürlich, antwortete Carsten. Er hätte die Jungs auch schon angemeldet.

Das hörte ich jetzt zum ersten Mal und ließ mich Böses ahnen. Es wäre also nicht davon auszugehen, dass wir bald nach Hamburg zurückkehren könnten?

Nein, antwortete Carsten. Er hätte gedacht, das wäre mir klar gewesen.

Nein, das war es mir bis eben nicht. Aber ich sah auch wenig Sinn darin, jetzt am Telefon darüber zu streiten. Trotzdem mochte ich mich noch nicht geschlagen geben. Was denn mit Konrad sei, fragte ich Carsten deshalb.

Konrad könne auch mit die Schule besuchen, antwortete mein Bruder. Schließlich sei es nur eine Dorfschule mit lediglich einer Klasse für alle Kinder. Es würde Konrad sicher nicht schaden, wenn er schon etwas Schreiben und Rechnen lernen würde, bevor dann im September die offizielle Einschulung wäre. Außer-

dem hätte ich dann vormittags Zeit, um mich auch mal um mich selbst zu kümmern.

Als ob es mir darum gehen würde! Aber für Carsten war das Thema damit erledigt.

Im Anschluss tauschten wir nur noch Belanglosigkeiten aus. Ich verabschiedete mich bald und machte mich, nachdem ich die Kosten für das Telefonat beglichen hatte, auf den Weg zurück zur Kate. Die Jungs würden den Weg nach Hause auch allein finden, wenn sie alles im Dorf gesehen hatten.

Ich war fürs Erste mehr als bedient.

Bedient war ein gutes Stichwort, dachte Rose ironisch. Johanna Maria hieß die junge Frau also, und Rose konnte ihr gut nachempfinden, wie sie sich damals gefühlt haben mochte. Von ihrem Bruder abgeschoben und vor vollendete Tatsachen gestellt, als ob sie kein Mitspracherecht hätte. Männer!

Okay, dass er mit seinen Befürchtungen Recht behalten sollte, konnte zu dem Zeitpunkt keiner ahnen. Oder doch? Soweit Rose wusste, waren zu Anfang noch alle davon ausgegangen, dass der Krieg bald wieder vorbei sein würde, schließlich waren selbst Hitler und seine Schergen von ihrem Blitzsieg in Polen überrascht gewesen.

Oder hatte dieser Carsten damals schon mehr gewusst?

Trotzdem – die feine englische Art war sein Verhalten nicht gewesen, sondern eindeutig Erpressung. Und dieser Flettmester war auch nicht besser, wie er da durch das Haus gepoltert war: So, so und so wird das mit dem Strom gemacht, tschüss. Genauso hatte sich Rose die Heidjer-Bauern von damals immer vorgestellt. Maulfaul und bestimmend. Und der liebe Reinhard war heute noch so. Sie konnte wirklich froh sein, Käthe als Vermieterin zu haben.

Ein hartnäckiges Magengrummeln unterbrach ihre Gedanken, der Blick auf die Uhr zeigte halb zwölf an. So spät schon? Dabei hatte sie bislang nicht mal gefrühstückt. Noch nicht einmal daran gedacht, so sehr hatte sie ihre Lektüre gefangen genommen, nachdem das Lesen immer flüssiger klappte.

Okay, dann gab es gleich Brunch. Mit Pizza als Hauptgang und Eis zum Nachtisch, schließlich mussten die angetauten Vorräte aus dem Eisfach verbraucht werden. Und danach? Weiterlesen?

Klar, warum eigentlich nicht? Ihre Augen waren wieder okay, und raus in den Garten konnte sie auch nicht, es regnete immer noch. Und die *Schöne vom Eickenloher Moor* weiter illustrieren – nein, an den Ausflug ins Pietzmoor mochte sie erst mal nicht erinnert werden.

Rose griff nach ihrem Handy. Inzwischen war es aufgeladen, aber immer noch im Flugmodus. Es hätte sie also sowieso niemand erreichen können. Ein jäher Hoffnungsschimmer flackerte in ihr auf. Ob Bent vielleicht doch …?

Hastig schaltete sie den Flugmodus aus und öffnete den Messenger. Einen Moment passierte nichts, dann sprangen die beiden grauen Häkchen von ihrer gestrigen Nachricht auf Blau um. Er hatte sie also bekommen und gelesen – sogar gestern Mittag schon, wie die Protokollfunktion verriet.

Und trotzdem nicht geantwortet.

Rose starrte auf das Display, dann schaltete sie das Handy aus und legte es weg. Eindeutiger hätte die Antwort wohl nicht ausfallen können.

Kapitel 13

Die letzten Tage hatte ich keine Muße gehabt, mein Tagebuch weiterzuführen. Zum einen war meine Stimmung nach dem Telefonat mit Carsten noch immer gedrückt, zum anderen war auch nicht viel passiert, wenn man mal davon absah, dass ich am Freitag gleich mit den Jungs in der Schule vorstellig geworden war. Aber auch das war kein Erlebnis, an das ich mich unbedingt gern zurückerinnere.

Der Dorfschullehrer stellte sich als kleiner, verhutzelter Mann heraus, der es nicht mal für nötig erachtete, zur Begrüßung hinter seinem Pult aufzustehen. Starrer Blick, seitlich gescheitelte Haare, schmaler Schnauzbart – die Ähnlichkeit mit Hitlers Bild hinter ihm an der Wand war augenscheinlich nicht rein zufällig.

›Wilhelm Volkhard Schweydnik‹, schnarrte er mich übergangslos an. Er hätte uns schon vor Tagen erwartet. Ob ich nicht wüsste, dass für alle Kinder eine Schulpflicht bestünde?

Sicher, antwortete ich nach einem Moment der Sprachlosigkeit. Allerdings wären wir Montag erst angekommen.

Das spiele keine Rolle, bellte der Lehrer zurück. Ich hätte mich unverzüglich melden müssen. Ob ich nicht wisse, was meine Pflicht wäre?

Ich atmete tief ein und rief mich zur Ruhe. Alexander hätte gerade Zeugnisferien, antwortete ich, und Konrad wäre noch gar nicht eingeschult.

Zeugnisferien, schnarrte Schweydnik. Welche Schule des Deutschen Reiches hätte denn jetzt schon Zeugnisferien?

Privatschule, beschied ich ihn knapp.

So, Privatschule. Schweydnik musterte Alexander, als hätte ich ihm gerade mitgeteilt, dass der Große an einer ansteckenden Krankheit leide.

Nun platzte mir der Kragen. Was bildete sich dieser impertinente Kerl eigentlich ein?

Ja, eine Privatschule, bestätigte ich. In die Konrad ebenfalls später gehen würde, schließlich würden wir nur vorübergehend in Eickenloh wohnen.

So, meinte Schweydnik nur und musterte mich kalt. Ich hielt seinem Blick stand. Von solchen Leuten lasse ich mich nicht einschüchtern.

Montag, halb acht, pünktlich, ranzte er mich dann an, den Blick als erster abwendend. Hefte, Stifte und Tafeln bekämen wir im Dorfladen, Erika wisse Bescheid.

Dann schlug er den ›Deutschen Erzieher‹ auf, der zuvor neben ihm auf dem Pult gelegen hatte, und begann demonstrativ zu lesen. Offenbar war die Audienz beendet.

Das konnte ja heiter werden.

∞ ∞ ∞ ∞ ∞

Ich hatte für Konrad gestern Abend noch eine kleine Schultüte gebastelt, nachdem wir am Freitag im Dorfladen alles Nötige für die Schule eingekauft hatten. Erika, die Inhaberin, wusste tatsächlich Bescheid und hatte schnell ein paar Hefte, zwei Füllfedern, Buntstifte und einige andere Sachen zusammengepackt. Konrad bekam sogar eine Schiefertafel und Kreide, auf der er seine ersten Buchstaben und Rechenaufgaben schreiben konnte, sowie eine Dose mit einem Schwämmchen, um alles wieder abzuwischen. Er war unglaublich stolz und trug seinen neuen Ranzen wie eine Trophäe nach Hause.

Alexander war dagegen recht schweigsam. Als ich ihn darauf ansprach, blieb er einsilbig. Ob er Heimweh hätte, fragte ich ihn, was er verneinte. Oder läge es an der Schule?

Seine Antwort war nur ein unbestimmtes Brummen. Also das, dachte ich innerlich seufzend. Das hatte ich befürchtet.

Als wir selbst Kinder waren, Carsten und ich, hatten unsere Eltern sehr viel Wert darauf gelegt, dass wir im Geiste des Reformpädagogen Johann Heinrich Pestalozzi erzogen wurden. Genau diesen Geist hatte ich natürlich auch weitergegeben, als ich später die Erziehung meiner beiden Neffen übernahm. Und auch die Schule, die Alexander inzwischen in Hamburg besucht, versucht diese Linie trotz der strengen Vorgaben der Nationalsozialisten beizubehalten, was sicher nicht immer einfach, aber für die Kinder trotzdem spürbar ist, werden sie doch in Achtung und gegenseitigem Respekt erzogen.

Schweydniks harsche, abweisende Art hatte den Jungen offenbar ziemlich erschüttert.

Ob Carsten das bedacht hat? Ich seufzte erneut in mich hinein.

Heute Mittag erwartete ich die Kinder mit gemischten Gefühlen zurück. Erst mal abwarten, beschwor ich mich selbst. Vielleicht hatte ja der erste Eindruck getäuscht, und ich tat dem Mann Unrecht.

Doch bevor die Jungs nach Hause kamen, stand ein weiterer Mann vor meiner Haustür, diesmal der Herr vom Elektrizitätswerk. Er solle hier für Spannung sorgen, meinte er, und lachte über seinen eigenen Witz. Den Zahn, den Sicherungskasten hinten in die Vorratskammer zu legen, müsse er mir aber ziehen, dazu müssten sie ja einmal ums ganze Haus rum, das ginge auf keinen Fall. Überhaupt könne ich froh sein, dass an dem Kutschenweg im Wald Freileitungen entlangführten, sonst sähe es für das Licht im Haus zappenduster aus. Er lachte wieder.

Nachdem er mit mir einmal ums Haus gewandert war, beschied er mir, dass die Leitung vorn an der Giebelseite ins Haus geführt werden müsste. In den kommenden Tagen kämen dann seine Kollegen, um die nötigen Bäume zu fällen und die Masten aufzustellen. Ich könne schon mal dem Elektriker Bescheid geben, umso schneller würde mir, also natürlich in der Hütte, ein Licht aufgehen, haha. Mit diesen Worten verabschiedete er sich wieder von mir.

Kopfschüttelnd ging ich zurück ins Haus. Viel Zeit, mir über diesen seltsamen Vogel Gedanken zu machen, blieb mir allerdings nicht, denn wenige Augenblicke später stürmten bereits die Kinder in die Stube.

Die Schule wäre großartig, erzählte Konrad mit roten Wangen. Alexander war etwas verhaltener, wirkte aber nicht unglücklich.

Wie es ihm denn gefallen hätte, fragte ich ihn.

Eigentlich ganz gut, antwortete er. Nur hätten sie beide schon einen Eintrag ins Klassenbuch bekommen.

Warum denn das, fragte ich.

Weil sie beim Eintreten des Lehrers nicht aufgestanden seien und ›Guten Morgen, Herr Lehrer‹ gesagt hätten wie die anderen Schüler. Und zum Ende des Unterrichts hätten sie den Hitlergruß vergessen. Bei drei Einträgen gäbe es eine disziplinarische Strafe. Was sie denn jetzt machen sollten?

»Aber Machandel hat mich schon Buchstaben schreiben lassen. Schau mal!«, krähte Konrad dazwischen und zeigte mir seine Schiefertafel vor. Die Kreide war durch den Weg von der Schule nach Hause zwar verwischt, aber man konnte trotzdem noch gut erkennen, wie viel Mühe er sich beim Abmalen gegeben hatte.

Das sei ganz großartig, lobte ich. Und weil das heute schon fast eine Einschulung gewesen sei, hätte ich auch noch etwas für ihn.

Konrad jubelte vor Begeisterung über die Schultüte und begann sie sofort zu plündern. Alexander stand allerdings ein wenig verloren daneben.

Ich spreche morgen mit eurem Lehrer, versprach ich ihm, als mir einfiel, dass ich ihm bislang gar keine Antwort gegeben hatte. Und noch mal käme das bestimmt nicht mehr vor, denn ab jetzt wüssten sie ja, was von ihnen erwartet wurde. Oder?

Alexander nickte, sichtlich beruhigt. Der arme Junge.

Dann fiel mir noch etwas ein. Wer denn dieser Machandel sei, den die Kinder eben erwähnt hätten?

Das ist der Spitzname des Lehrers, erklärte mir Alexander. Machandel, so wird der Wacholder hier in der Heide genannt.

Das darf er aber nicht wissen, krähte Konrad wieder dazwischen, während er seine neuen Schätze staunend auf dem Küchentisch ausbreitete.

Tatsächlich, meinte ich. Und wie kämen die anderen Kinder auf diesen Namen?

Weil er so stachelig und piekig wie ein Wacholderbusch ist, antwortete Alexander. Und Otto vom Dorfladen hätte erzählt, dass er im Katheder immer eine Flasche Wacholderschnaps aufbewahrt, der würde auch Machandel heißen.

Soso, dachte ich. Eine piekige Schnapsdrossel. Den Vogel sollte ich wohl mal im Auge behalten.

Konrad war inzwischen dabei, seine Schätze sauber in zwei Teile zu teilen, einen für sich, den anderen für Alexander. Ich sah es mit Freude, denn das hatte ich den Kindern von klein auf vermittelt. Einer teilt, der andere wählt – so gab es keinen Streit. Und das, obwohl es eigentlich Konrads Schultüte war. Offenbar hatte ich bei meiner Erziehung doch nicht alles falsch gemacht, dachte ich schmunzelnd. Aber bevor sich die beiden jetzt mit Süßigkeiten vollstopfen konnten, gab es erst einmal Mittagessen.

Als ich nachmittags an die Seitentür des Flettmesterschen Bauernhauses klopfte, öffnete mir ein neues Gesicht. Eine Frau, Anfang vierzig, die aber durch das harte Leben auf dem Land deutlich älter aussah. Einzig die Kleidung, die sie anhatte, ließ mich ahnen, wen ich hier vor mir hatte.

Ich stellte mich vor und sagte, dass heute der Mann vom Elektrizitätswerk da gewesen sei, und ich mich noch mal melden wollte, weil etwas geändert werden müsste.

Die Frau musterte mich von oben bis unten mit ausdruckslosem Gesicht. Dann nickte sie knapp und ließ mich einfach vor der Tür stehen.

Verblüfft sah ich ihr nach. Das war also Herlind Flettmester, die Frau unseres Vermieters.

Nachdem ich einen Moment lang draußen in der Kälte gestanden hatte, kam sie wieder an die Tür und bat mich mürrisch rein.

Flettmester stand drinnen am großen Herd und wusch sich gerade die Hände in einer Holzwanne. Seine Frau verschwand ohne jedes weitere Wort hinter einer Tür neben dem Eingang.

Ob alles zu meiner Zufriedenheit sei, fragte er mich, nachdem er sich die Hände abgetrocknet und mich begrüßt hatte.

Ich bejahte und erzählte ihm, welche Änderungen der Mann vom Elektrizitätswerk wünschte.

Das sei kein Problem, erwiderte Flettmester. Mir fiel auf, dass er der Einzige war, der Hochdeutsch mit mir sprach. Alle anderen im Dorf, selbst seine Frau, sprachen nur Plattdeutsch.

Als er meinen Blick bemerkte, mit dem ich unauffällig ins Halbdunkel hinter ihm zu spähen versuchte, stahl sich ein Lächeln auf sein Gesicht. Ob ich schon mal in einem der Bauernhäuser hier in der Heide gewesen sei?

Ich verneinte und hoffte, dass man mir im Gegenlicht meine Verlegenheit über meine Neugier nicht ansah.

Na, dann solle ich mal ganz reinkommen, meinte Flettmester, und schloss hinter mir die Tür, bevor er sich wieder zu mir umwandte.

Dies hier wäre das Flett, die alte Wohnküche. Zu Zeiten seines Großvaters war dies noch ein Rookhus – also ein Rauchhaus – gewesen, mit einer offenen Feuerstelle, aber ohne Schornstein. Entsprechend war damals alles verräuchert, aber die Zeiten seien zum Glück vorbei, und der große Kochherd, der jetzt in der ehemaligen Feuerstelle stand, hätte seinen eigenen Abzug nach draußen.

Es dauerte einen Moment, bis sich meine Augen an das Halbdunkel gewöhnten, aber nach und nach konnte ich immer mehr erkennen. Über dem Herd befand sich ein altes, mächtiges Eichengerüst, der Rehm, wie Flettmester es nannte, der früher dazu gedient hatte, die Funken des Feuers abzufangen.

Inzwischen hingen an den Balken allerlei Dinge des alltäglichen Gebrauchs, auch mehrere Wäschestücke, die wohl trocknen sollten. Erst als sich neben mir etwas bewegte, erkannte ich auf einer Bank auch zwei Katzen, eine schwarze und eine grau getigerte, die die Wärme genossen, die der Herd abstrahlte.

Mein Vermieter bedeutete mir mitzukommen und ging weiter in den Raum hinein.

Hier ans Flett schlösse sich die Diele an – Flettmester zeigte nach links – das sogenannte Meßhus. Und genau das wäre es bis vor ein paar Jahren auch noch gewesen, denn die Kühe, Pferde und Hühner hätten damals noch links und rechts der Diele in offenen Ständern gestanden. Der Mist wäre dann jeden Morgen auf die Diele geworfen und anschließend mit dem Wagen abgefahren worden. Inzwischen hätten die Tiere allerdings ihre eigenen Ställe, und nur auf den wenigsten Höfen würde man heutzutage noch das Nutzvieh im Meßhus halten.

Das konnte ich mir vorstellen. Mich schauderte bei dem Gedanken, mit Kuh, Pferd und Schwein unter einem Dach zu wohnen. Der Gestank musste unerträglich gewesen sein. Oder hatte man ihn überhaupt nicht bemerkt, weil sowieso das ganze Haus voller Rauch war? Zumindest mochte es durch die Tiere halbwegs warm auf der Diele gewesen sein, was man inzwischen nicht mehr behaupten konnte. Das hätte man vielleicht noch als Vorteil der ›guten alten Zeit‹ werten können, aber so richtig überzeugte es mich dann doch nicht, obwohl ich ein paar Schritte weiter in einer Mauerritze den Raureif glitzern sah.

Hinter dem Flett befänden sich die Wohnräume des Bauernhauses, fuhr mein Vermieter fort und zeigte zur Tür, hinter der seine Frau verschwunden war. Dort lagen die *grote Dönz*, also die gute Stube, die Stubenkammer und die Altenteilerstube. Da seine Eltern beide nicht mehr lebten, war es inzwischen das Zimmer seiner Söhne.

Wie alt seine Söhne denn wären, fragte ich ihn.

Neunzehn und zwanzig, antwortete Flettmester knapp.

Also einberufen, dachte ich.

In der groten Dönz nehmen alle Mitglieder des Hofes die Mahlzeiten ein, erzählte mein Vermieter weiter, als hätte ich die Frage eben nicht gestellt. Das sei schon immer so gewesen, und hätte sich bis heute nicht geändert, denn die drei Zimmer und die Mädchenkammer darüber seien die einzigen Räume, die im Winter halbwegs warm gehalten werden konnten. Ich nickte nur und enthielt mich eines Kommentars.

Im Anschluss zeigte mir Flettmester noch die anderen Gebäude auf dem Hof: den Immenspeicher, in dem die Bienenkörbe, die ›Beuten‹, untergebracht waren, den Schafstall, den Kuh- und Pferdestall, über dem normalerweise auch die Knechte des Hofes schliefen, den Zeugspeicher und die Werkstatt, sowie das kleine Häuslingshaus, in dem Dörte und Alfred wohnten. Als ich schließlich nach Hause ging, schwirrte mir der Kopf von den ganzen neuen Begriffen, die ich heute gehört hatte. Irgendwann muss ich mir das alles noch mal genauer aufschreiben, aber für heute ist es erst einmal genug.

∞ ∞ ∞ ∞ ∞

Heute früh waren die Jungs gerade erst zur Schule gegangen, als bereits der nächste Mann vor meiner Tür stand.

Das ist ja hier wie im Taubenschlag, dachte ich, und bat den Mann ins Haus, der sich als Otto, der Elektriker, vorstellte.

Nachdem ich ihm alle Räume gezeigt hatte, begann er sofort mit seiner Arbeit, und ich kehrte wieder in die Küche zurück, in der der Abwasch auf mich wartete.

Während ich die Teller spülte, hatte ich plötzlich eine Idee. Warum nicht in der Vorratskammer ein kleines Badezimmer einrichten? Groß genug wäre die Kammer ja.

In den letzten Tagen hatten wir uns meist in der Stube gewaschen, da es dort am wärmsten war. Aber hier wäre es noch besser, schließlich konnte ich einfach die Tür auflassen, um den kleinen Raum mitzuheizen, und warmes Wasser hätten wir dann auch gleich aus der Küche. Und wenn sich eine Wanne organisieren ließ, konnten wir sogar wieder baden!

Vor Begeisterung wäre ich fast durch die Küche getanzt – bis mir einfiel, dass ich heute noch einen Termin hatte, der vermutlich alles andere als erfreulich verlaufen würde. Drücken konnte ich mich davor leider nicht – immerhin hatte ich es Alexander versprochen.

Um es kurz zu machen: Das Gespräch verlief tatsächlich äußerst unerfreulich. Machandel weigerte sich rundheraus, eine Ausnahme der Schulordnung zu akzeptieren, selbst wenn es der erste Tag der beiden Jungs gewesen war. Auf meine Frage, was er dann unter ›disziplinarischen Maßnahmen‹ verstünde, antwortete er nur, dass er das im jeweiligen Fall nach eigenem Ermessen entscheiden würde.

Letztendlich musste ich unverrichteter Dinge abziehen, was mich maßlos ärgerte – nicht zuletzt auch, weil mir Machandel zwischendurch immer wieder auf die Brust gestarrt hatte, als er dachte, ich merke es nicht. Dieser hässliche, verhutzelte Gnom! Und in Bezug auf die Kinder war das letzte Wort noch nicht gesprochen, darauf konnte er sich verlassen.

Auch der zweite Gang, den ich mir für heute vorgenommen hatte, verlief zu Anfang nicht ersprießlich, denn als ich an der Haustür des Flettmester-Hoffs klopfte, öffnete mir Herlind Flettmester.

Ihr Mann sei nicht da, wies sie mich unfreundlich ab. Ich sah sie erstaunt an. Offenbar hatte ich sie verärgert, wusste aber beim besten Willen nicht womit. Oder nahm sie es mir übel, dass ihr Mann mir den Hof gezeigt hatte?

Nein, das konnte wohl kaum der Grund sein, dachte ich, schließlich war es nur eine nette Geste gewesen.

Zu ihrem Mann wolle ich auch gar nicht, antwortete ich deshalb, um Freundlichkeit bemüht. Sondern zu Dörte. Ob die da wäre?

Herlind Flettmester sah mich einen Augenblick an, als wolle sie das auch verneinen, doch dann nickte sie.

Die sei in der Milchkammer. Dann schloss sie die Tür vor meiner Nase.

Also so etwas! Kopfschüttelnd über so viel Unhöflichkeit ging ich um das Bauernhaus herum. Die Milchkammer liegt vorn neben dem großen Tor, der Missendör. Dort befinden sich immer zehn bis zwölf Milchkannen zur Lagerung, die mit einem Deckel dicht verschlossen werden können. Dörte hatte mir beim letzten Mal erzählt, dass man früher noch Milchsatten, also offene Wannen, für die Milch gehabt hatte, aber die Zeiten seien inzwischen vorbei. Heutzutage wolle niemand mehr Fliegen oder ertrunkene Mäuse in seiner Kaffeemilch haben.

Ich auch nicht, antwortete ich ihr ehrlich, und schüttelte mich, woraufhin Dörte herzlich gelacht hatte.

Der restliche Tag söhnte mich dann allerdings etwas mit den vorausgegangenen Ärgernissen aus. Nicht nur, dass Dörte mir noch vom Achterböhn eine große Zinkwanne herunterholte, die ich voller Stolz zusammen mit der Milchkanne zurück zu unserer Kate trug, auch Otto war in meiner Abwesenheit fleißig gewesen.

Ausgehend von einem Kasten in meinem Zimmer verlaufen inzwischen mehrere Leitungen durchs Haus, sauber an den Wänden mit Schellen fixiert. In beiden Schlafzimmern enden sie be-

reits in schlichten Deckenlampen, in denen sich sogar schon Glühbirnen befinden. Damit haben wir jetzt ein Bad und demnächst auch elektrisches Licht – langsam wird es tatsächlich wohnlich in unserer Kate.

Nachdenklich klappte Rose das Tagebuch zu. Inzwischen hatte sie weit mehr als die Hälfte des ersten Heftes gelesen, aber bislang gab es nichts, was auf eine sich anbahnende Katastrophe hindeutete – wenn man mal vom schwelenden Krieg im Hintergrund absah. Im Gegenteil, Johanna Maria war ihr während des Lesens immer sympathischer geworden. Die junge Frau war offen und freundlich, aber auch selbstbewusst und stand verantwortungsvoll für ihre Neffen ein. Gut, dieser Lehrer Machandel und das Sonnenscheinchen Herlind mochten das anders sehen – aber damit schien Johanna Maria recht souverän umgehen zu können.

Vielleicht waren die Antipathien über die Jahre einfach maßlos überhöht worden, und die Eickenloher grollten heute immer noch wegen eines ursprünglich völlig nichtigen Anlasses. Das war schließlich gar nicht so selten und kam in den besten Familien vor.

Rose legte das Heft zurück und schaltete den Rechner ein. Inzwischen war es längst später Nachmittag, und sie konnte sich nicht schon wieder davor drücken, noch etwas für ihre Broschüre zu machen. Aber was?

Die *Schöne* zu illustrieren widerstrebte ihr immer noch, aber es gab schließlich mehr als genug andere Heidemotive, die sie als Nächstes zeichnen konnte. Und ein Cover benötigte sie auch noch für die Broschüre.

Rose überlegte, in welche Richtung es gehen sollte. Ganz klassisch, so wie die Zeichnungen aus dem Tagebuch? Sie nahm das Heft erneut zur Hand.

Johanna Maria hatte auf einer der Seiten mit leichter Hand eine typische Szene eines Heidehofes skizziert und mit Aquarellfarben zarte Akzente gesetzt. Einmal mehr bewunderte Rose ihre Fähigkeit, mit wenigen Strichen und Farbflächen einen unglaublichen Detailreichtum darzustellen. Ob das der Flettmester-Hoff war? Rose konnte sich nicht erinnern, in Eickenloh eine ähnliche Ansicht gesehen zu haben, aber nach all den Jahren mochte sich vieles geändert haben. Sie würde beim nächsten Spaziergang noch mal darauf achten, vielleicht konnte sie das Gehöft irgendwo wiedererkennen.

Inzwischen war der Rechner hochgefahren und zeigte eine Mail an. Antwort von Steffi? Das wäre doch zumindest ein Lichtblick nach den letzten Tagen …

Doch als Rose das Programm öffnete, lag der Brief in Renés Postfach.

Schau an, er lebt also noch. Und anscheinend hatte er sich inzwischen auch wieder beruhigt, denn die Nachricht war zwar kurz, aber nicht unfreundlich: *Hey du, den Text im Anhang hat mir einer meiner Kunden weitergeleitet, nachdem wir gestern zufällig auf das Thema kamen. Solltest du mal lesen, ist bestimmt sehr interessant für dich. LG René.*

Das PDF im Anhang trug den Dateinamen ›*Echos der Stille*‹. Eine weitere regionale Sage, die René für sie aufgetan hatte? Diesmal hoffentlich nicht ganz so blutrünstig, sonst war er garantiert wieder beleidigt, wenn sie auch diese Geschichte nicht verwenden konnte.

Skeptisch öffnete Rose die Datei und spürte im nächsten Moment, wie ihr alle Farbe aus dem Gesicht wich.

Der Untertitel lautete: ›*Dissimulation von Psychosen als vermeintlicher Selbstschutz des Patienten*‹. Das war kein Märchen oder eine Sage, sondern ein Artikel aus einem Fachjournal für Psychologie. Rose konnte kaum glauben, dass René ihr allen Ernstes so etwas geschickt hatte, aber dort stand es schwarz auf weiß: ›*Gerade Patienten mit endogenen Psychosen neigen oftmals dazu, die Symptomatik aus Selbstschutz aktiv zu verschleiern …*‹

Wie bitte? Und darüber sprach er mit seinen Kunden ganz *zufällig* in einem Beratungsgespräch? Über Psychosen? Und womöglich sogar über *sie*?

Rose überflog ein paar Zeilen, während ihre Empörung ins Unermessliche wuchs. Der Schwerpunkt des Artikels lag auf

Halluzinationen, vor allem im akustischen und optischen Bereich. ›*Ursächlich können hier nicht nur psychische Erkrankungen oder außergewöhnliche, traumatische Belastungen (PTBS) sein, sondern nach neusten Erkenntnissen auch Entzündungen des Gehirns und gewisse Autoimmunreaktionen …*‹.

Außer sich vor Wut schloss sie das Dokument wieder und löschte es vom Reader. Was bildete sich dieser Vollidiot eigentlich ein?

Ihr erster Impuls war, auch gleich die Mail samt Anhang zu löschen. Doch dann besann sie sich eines Besseren – man traf sich schließlich immer zweimal im Leben. Und so lange blieb dieser Brandbrief in Renés Ordner.

Immerhin war das Postfach in der letzten Zeit nicht mehr auf *A-Schatz* zurückgesprungen. Einen Moment lang fühlte sich Rose versucht, es selbst noch einmal zu ändern – nur stünde *Arsch* dann ganz oben in der Liste, und das wollte sie auch nicht.

Also blieb erst mal alles beim Alten, während sie sich das passende Echo überlegte. Aber eins war sicher – still würde es auf keinen Fall ausfallen.

Kapitel 14

Am nächsten Morgen hatte Rose gar nicht erst lange gefackelt, sondern sich gleich nach dem Frühstück aufs Fahrrad geschwungen.

Die halbe Nacht hatte sie sich noch über Renés Mail geärgert, da half auch die gebetsmühlenartig wiederholte Feststellung nicht, dass dieser Dreckskerl das eigentlich gar nicht wert war. Also musste sie sich anderweitig abreagieren, und dazu waren die Sandwege im Naturschutzgebiet genau das Richtige.

Das Wetter war ideal. Dichte Wolken bedeckten den Himmel, aber es war trocken und nicht allzu warm. Trotzdem war sie durchgeschwitzt, als sie eine knappe Stunde später an der Landstraße bei Niederhaverbeck herauskam.

Immerhin hatte sie ihr Ziel erreicht: Inzwischen gingen ihr sowohl übergriffige Exfreunde als auch gewisse Heidjer glatt am Allerwertesten vorbei, denn der war schon die letzten Kilometer damit beschäftigt gewesen, sich über die unkomfortablen Huckelwege zu beschweren, genauso wie ihre Beinmuskeln.

Da war jetzt wohl erst mal eine Pause angesagt.

In Niederhaverbeck fand Rose einen hübschen Fachwerkhof mit kleinem Cafégarten. Hunger hatte sie zwar noch nicht wieder, aber die Aussicht auf eine große Apfelschorle war äußerst verlockend.

Außer ihr saßen bereits ein halbes Dutzend weitere Gäste auf der Terrasse, vermutlich Urlauber. Das Wochenende war in Sicht und auch die Saison startete langsam – auf den Heideflächen unterwegs waren schon die ersten zart lilafarbenen Andeutungen zu sehen gewesen. Nur noch wenige Tage, dann würde sich das Naturschutzgebiet in ein purpurviolettes Blütenmeer verwandeln.

Vielleicht sollte sie auf dem Rückweg noch mehr auf die Landschaft achten. Ausgepowert hatte sie sich ja, jetzt war der Blick wieder für die Schönheit der Natur frei. Und ein paar Fotos sollten nachher auch noch drin sein. Mit etwas Glück konnte sie sogar schon einen Flecken Heidekraut in voller Blüte finden, um das Bild dann an Steffi zu schicken. Die würde bestimmt blass werden vor Neid – was konnte Australien schon bieten, wenn hier die Heide blühte?

Grinsend zog Rose ihr Handy aus der Hosentasche, um kurz nach der Uhrzeit zu schauen. Kurz vor elf – und außerdem zeigte das Display eine WhatsApp von Joshua an.

›*Versuche dich die ganze Zeit zu erreichen. Melde dich doch mal!*‹, stand in der Vorschau. Rose runzelte die Stirn.

Joshua? Wer soll das sein?

Gerade als sie die Nachricht öffnen und nachsehen wollte, fiel ihr die Warnung von René wieder ein. Der Virus! Fast wäre sie drauf reingefallen - da hatte sich ihr Ex doch glatt mal als nützlich erwiesen. Rose löschte die Nachricht sofort, dann schaltete sie das Handy aus. Schließlich war sie losgeradelt, um den ganzen Mist zu vergessen – und genau das würde sie jetzt auch tun.

Als sie drei Stunden später wieder nach Hause kam, war sie völlig groggy von ihrer Tour. Auf dem Rückweg hatte sie zwar versucht, befestigte Fahrradwege zu wählen, aber einige sandige Streckenabschnitte waren trotzdem nicht zu vermeiden gewesen. Dafür hatte sie traumhaft schöne Szenen fotografieren können: Einen Bienenzaun mit den originalen Bienenkörben der Heide, den *Lüneburger Stülpern*, die aus Stroh und Lehm gefertigt wurden, zwei Schafställe, die zwar ungenutzt schienen, aber sehr malerisch in der Heide standen und ganz viel Landschaft mit Heidekraut, Birken und Wacholder. Ein paar der Aufnahmen würde sie nachher gleich an Steffi weiterschicken – zusammen mit den Bildern der blühenden Besenheide, die sie tatsächlich schon an einer geschützten Stelle gefunden hatte. Und im Anschluss wollte sie dann noch ein wenig in den Tagebüchern lesen … oder erst lesen und dann die Mail schreiben?

Egal, das würde sie nachher entscheiden. Jetzt hatte sie sich erst mal eine Dusche und danach eine Runde Powernapping auf dem Sofa verdient.

Heute würde er fertig werden, hatte mir Otto gestern Abend noch versprochen, bevor er sich verabschiedete. Und er hat Wort gehalten!

Bereits am frühen Nachmittag konnte er seine Sachen zusammenpacken und alles wieder auf den Bollerwagen laden, mit dem uns Otto junior schon vor einigen Tagen die Einkäufe gebracht hatte. Wie sich herausgestellt hat, ist Otto nämlich Erikas Mann und damit der Großvater vom jungen Otto – und kennt durch seine Arbeit alles und jeden in den umliegenden Dörfern.

Während er zum Abschluss genüsslich den Kaffee trank, den ich ihm gekocht hatte, erzählte er mir ein bisschen über das Dorf: Dass Eickenloh vor vierzig Jahren mal gerade aus vier Höfen bestanden, aber trotzdem weit mehr als neunzig Einwohner gehabt habe. So groß waren damals die Gemeinschaften auf jedem Hof gewesen, das könne man sich heute kaum mehr vorstellen. Inzwischen sei ja alles anders geworden, die Bauern hätten oft schon Teile ihrer Ländereien verkauft, so dass neue Häuser gebaut werden konnten. Und der Verein Naturschutzpark, der sich seit 1906 für den Erhalt der Heideflächen einsetze, hätte natürlich auch große Flächen erworben. Überhaupt sei die Heide wunderschön, gerade zur Blütezeit im August und September.

Als Otto meinen zweifelnden Blick sah, musste er lachen. Doch, doch, die Heide wäre wirklich einzigartig. Nur hätten wir uns bei der Anreise genau die Jahreszeit ausgesucht, in der sie ihr sprödestes Gesicht zeigt, kalt und grau und trüb. Nicht mal ordentlich Schnee hätte es gegeben, wo die Kinder doch sonst immer so gern Schlitten auf dem Dorfhügel fahren würden. Aber irgendwann müsse es ja wieder wärmer werden. Den Frühling möge er besonders, da kämen erst die Lämmer und dann das junge Grün an den Bäumen ... doch, er sei sich sicher, dass ich die Heide irgendwann lieben würde.

Das sah ich zwar anders, sagte aber wohlweislich nichts.

In den letzten dreißig Jahren hätte sich allerdings viel geändert, fuhr Otto fort. Er selbst sei als Kind noch in Wehlen zur Schule gegangen, jeden Morgen vier Kilometer zu Fuß durch den Wald, zu jeder Jahreszeit, und mittags wieder zurück. Aber es wären ja immer alle Schulkinder aus dem Dorf gemeinsam gelaufen, das sei schön gewesen. Und lustig! Doch nachdem die Wehlener Schule 1910 durch Blitzschlag abgebrannt war, hatte man im Nachbarort Wesel eine neue Schule aufgebaut. Und auch Eickenloh hatte eine eigene Schule bekommen, weil der Weg nach Wesel für die Kinder sonst noch weiter gewesen wäre. Die Kinder von heute wüssten überhaupt nicht, wie gut sie es hätten!

Dann kam der Krieg, erzählte Otto weiter, das war eine schlimme Zeit. So viele junge Männer, die hinauszogen, und nur wenige sind zurückgekehrt. Er selbst hätte damals Glück gehabt und war aufgrund seiner Ausbildung bei der Telegrafentruppe gelandet. An der Front sei er dadurch nicht gewesen, was ganz gut war, denn in späteren Jahren hätte er viel Schlimmes gehört. Und jetzt stünde ja wieder Krieg bevor ... aber daran ließe sich halt nichts ändern. Er sei ja inzwischen Gott sei Dank zu alt dafür. Seinen Sohn hätten sie dagegen schon einberufen. Der sei Maschinenmeister, sogar mit Ausbildung in Hamburg, und mit etwas Glück würden sie ihn auch in der Versorgung einsetzen. Mit Motoren kannte der sich aus, sagenhaft, und um die beiden Automobile, die vor dem Krieg bereits im Dorf gewesen waren, hätte er sich ebenfalls gekümmert, aber die wären ja nun auch konfisziert. Jaja, so sei das jetzt. Ob ich mich denn inzwischen gut eingelebt hätte?

Ich erzählte ihm, dass mir die Eingewöhnung am Anfang etwas schwergefallen war. Aber nun bekämen wir ja elektrisches Licht, das würde natürlich vieles einfacher machen.

Ja, meinte Otto, die Kate hier im Wald sei das letzte Haus im Dorf ohne Strom gewesen. Aber der Johann Christoph vom Kat-

tenhoff hätte sicherlich andere Sorgen gehabt. Erst der Krieg und dann die Sache mit dem Hof ... ursprünglich hatte er gar nicht Bauer werden wollen, aber als seine Brüder im Feld blieben, musste er dann doch, da half alles nichts.

Ich nickte, denn das konnte ich gut nachfühlen.

Als Otto aufstand, um sich auf den Heimweg zu machen, bedankte ich mich noch einmal, dass er mir so schnell geholfen hatte.

Keine Ursache, min Deern, meinte er daraufhin. Flettmester hätte es dringend gemacht, also hätte er es gleich erledigt.

Was ich ihm denn schuldig sei, fragte ich ihn.

Nichts, antwortete er lächelnd, das hätte Flettmester bereits geregelt.

Dann müsse ich mich bei Flettmester auch noch mal bedanken, sagte ich. Überhaupt sei ich sehr freundlich aufgenommen worden. Nur Frau Flettmester wäre bislang eher zurückhaltend gewesen.

Und das ist noch die höflichste Formulierung, fügte ich im Stillen hinzu.

Ja, die Herlind, meinte Otto. Ich solle es ihr nicht übel nehmen, die hätte es auch nicht leicht gehabt. Früher wäre sie so ein fröhliches Mädchen gewesen. Und hübsch. Aber dann kam der Krieg, und damit kam alles ganz anders. Johann Christoph und sie, das seien zwei feine Menschen, aber beide zusammen, nein, das wäre wohl keine gute Idee gewesen. Aber jetzt war es nun mal, wie es war. So habe halt jeder sein Päckchen zu tragen, aber das hätte ich selbst sicher auch schon erfahren. Immerhin würde ich demnächst Licht haben, und wenn er zukünftig an der Kate vorbeikäme, könnte er sich jedes Mal sagen, dass er eine Dame aus Hamburg und zwei kleine Jungs sehr glücklich gemacht habe. Das wäre doch etwas, oder?

Mit diesen Worten und einem Lächeln verabschiedete er sich und ließ mich recht nachdenklich zurück.

∞ ∞ ∞ ∞ ∞

Als ich heute Morgen in der Küche stand, hörte ich plötzlich Lärm, der wie das Dröhnen von Motorsägen klang. Verwundert eilte ich durch die Stube und sah durch die Tür nach draußen, wo es gerade erst hell wurde.

Tatsächlich, Motorsägen – die Männer vom Elektrizitätswerk hatten wie angekündigt begonnen, die Bäume für den Stromanschluss zu fällen.

Gegen Mittag, als die Jungs von der Schule kamen, waren die Bäume schon gefallen, die entlang des Pfades hatten weichen müssen, und die Männer bereits dabei, die Masten zu setzen.

Die Jungs wollten nach dem Mittagessen natürlich unbedingt schauen, was die Arbeiter dort machten, und so gingen wir zu dritt raus und beobachteten das Geschehen aus sicherer Entfernung.

Als sie uns sahen, kam einer der Männer auf uns zu. Ob ich das Fräuleinchen wäre, dem ein Licht aufgehen soll, fragte er und sah mich mit schiefem Grinsen an.

Das wäre ich wohl, antwortete ich ihm und grinste zurück. Offenbar kannte der gute Mann die Sprüche seines Vorgesetzten zur Genüge.

Konrad, der vor Aufregung ganz zappelig war, fragte, ob er auch dichter rangehen dürfe, und hüpfte gleich einige Schritte vor. Ich wollte ihn zurückrufen, aber der Arbeiter schüttelte den Kopf.

»Lassense mal, Fräuleinchen«, meinte er, »wenn die Jungs den Arbeitern nicht zwischen den Füßen herumstehen, dürften sie gern zuschauen.« Die beiden Masten stünden ja schon, da könne heute nichts Gefährliches mehr passieren.

Etwas beruhigt nickte ich den beiden Kindern zu, die sich natürlich nicht zweimal auffordern ließen.

»Hab selbst zwei in dem Alter«, meinte der Mann. »Ihre eigenen?«

Meine Neffen, antwortete ich. Dann brachte ich mein Erstaunen zum Ausdruck, wie schnell die Arbeiten voranschritten. Der Boden müsse doch bis in die Tiefe hartgefroren sein, wie könne man da die Löcher graben?

Nur die oberen fünfzig Zentimeter, meinte der Mann, darunter wäre die Erde offen. Mit der Spitzhacke kein Problem, außerdem hätten sie einen Erdbohrer dabei, das ginge dann ganz schnell. Man müsse nur tief genug gehen, damit die Masten auch in tausend Jahren noch fest und sicher stünden, fügte er hinzu und grinste erneut.

Ich zeigte mich angemessen beeindruckt. Ob die Jungs wohl noch ein wenig bleiben und zuschauen dürften? Ich selbst würde nämlich gern wieder ins Haus gehen.

Selbstverständlich, Fräuleinchen, antwortete der Mann. Er würde mir die Jungs später nachschicken – es sei denn, er hätte sie bis dahin schon für die Elektrizitätswerke abwerben können. Mit diesen Worten und einem Augenzwinkern verabschiedete er sich von mir und ging zu seinen Kollegen, während ich ins Haus zurückkehrte.

∞ ∞ ∞ ∞ ∞

Wir haben Licht! Nie hätte ich gedacht, dass es ein so erhebendes Gefühl sein kann, einen Lichtschalter zu betätigen. Während ich wie ein kleines Kind die Lampen in allen Räumen mehrfach an- und ausschaltete, musste ich selbst über meine Begeisterung lachen. Wie gut, dass mich hier keiner sehen konnte!

Wobei mir allerdings auch wieder einfiel, dass ich mich noch bei Flettmester bedanken wollte, nachdem alles so gut geklappt hatte.

Als ich am Nachmittag jedoch zum Hof kam, erzählte mir Dörte, die gerade vor der Tür Töpfe ausscheuerte, dass Flettmester heute mit seiner Frau nach Buchholz gefahren sei, um dort Besorgungen zu machen.

Ach, meinte ich enttäuscht. Gut, dann würde ich nur die Milch mitnehmen, und morgen oder übermorgen wiederkommen. Wann ich ihn denn am besten antreffen könne? Sonst würde ich mich auch gern bei seiner Frau bedanken, aber ich hätte die letzten Male das Gefühl gehabt, dass sie nicht besonders gut auf mich zu sprechen sei.

Dörte sah mich an, trocknete sich die Hände an ihrer Schürze ab, hob die rote Katze von der Bank und bot mir einen Platz an. Sie selbst setzte sich auch. Da heute zum ersten Mal seit längerer Zeit die Sonne wieder schien, war es trotz der Kälte angenehm.

Ich solle es der Bäuerin nicht übel nehmen, sagte Dörte nach einer kleinen Pause, in der wir beide geschwiegen hatten. Sie sei eben so, das hätte nichts mit mir zu tun.

Als ich Dörte zweifelnd ansah, nickte sie bestätigend. Doch, das könne ich ihr ruhig glauben, schließlich kenne sie Herlind schon von klein auf. Beide wären gleich alt, und obwohl sie von unterschiedlichen Dörfern kamen, hätte man sich oft gesehen, auch bei den Dorffesten.

Später dann, kurz vor Beginn des Großen Krieges, hätte sich Herlind mit Johann Christophs ältestem Bruder verlobt. Ein schneidiger Kerl, der Christian, hätte mehr als nur einem Mädchen den Kopf verdreht. Aber als er die Herlind bekam, da hätte er nur noch Augen für sie gehabt. Sie war aber auch ein hübsches Ding gewesen. Dann kam der Krieg, und Christian wurde einberufen. Herlind hatte ihn angefleht, nicht zu gehen, aber das ging ja nicht. Er versprach ihr, bald zurückzukommen. Gleich nach dem Krieg wollten sie heiraten.

Aber dann kam die Nachricht, dass Christian gefallen war. Dörte war damals gerade erst hier auf dem Flettmester-Hoff in Stellung gegangen, erzählte sie. Als sie Herlind schreien hörte, hatte sie beide volle Milcheimer fallengelassen und sei losgerannt. Sie hatte versucht, sie zu trösten, aber Herlind schrie und schrie und schien gar nicht mehr aufhören zu wollen. Das wisse sie noch wie heute.

Kurze Zeit später war dann auch noch Hans Peter, der mittlere Bruder, gefallen. Blieben nur der alte Flettmester, dem sie im Krieg ein Bein abgeschossen hatten, und Johann Christoph, der im Lazarett lag und plötzlich der Erbe des Hofs war. Ja, so sei das damals gewesen, schloss Dörte.

Also hatten der, der nie Bauer werden wollte, und die, die eigentlich den älteren Bruder geliebt hatte, einander geheiratet, dachte ich. Ottos Worte fielen mir wieder ein: Beide zusammen, das wäre keine gute Idee gewesen.

Wenn man die beiden heute sah, konnte man dem nur zustimmen.

∞ ∞ ∞ ∞ ∞

Als ich die Jungs heute von der Schule abholte, fing mich Machandel am Eingang ab. Meine Zöglinge seien nicht nur neunmalklug und ungebärdig, kläffte er mich ohne jegliche Begrüßung an, sondern würden auch ständig den Unterricht mit Fragen stören.

Konrad und Alexander standen neben ihm und sahen betreten zu Boden.

Die Jungen seien aufgeweckt und wissbegierig, konterte ich, äußerst verärgert über diesen Überfall. Und beides seien Tugenden, die ein Schulkind sehr wohl auszeichnen, zumindest in der Stadt. Falls das hier auf dem Dorf anders sein sollte, könne man ihnen das kaum zum Vorwurf machen. Aber da er, Schweydnik, sicher genauso wie ich nur das Beste für seine Schützlinge wolle, könne ich mich gewiss darauf verlassen, dass er die Kinder wohlwollend und mit angemessener Nachsicht anleiten würde.

Mit diesen Worten nahm ich die beiden Jungs, drehte mich um und verließ den Schulhof.

Auf dem Rückweg gingen wir beim Flettmester-Hoff vorbei, da Dörte mir gestern noch gesagt hatte, dass kurz vor dem Mittagsmahl eine gute Zeit sei, um Flettmester anzutreffen.

Als wir an die Tür klopften, öffnete Dörte. Ja, der Bauer wäre da, meinte sie. Aber sie wäre gerade dabei, *Bookwetenpannkoken*, also Buchweizenpfannkuchen zum Mittag zu backen. Ob wir auch mitessen wollten?

Die Jungs waren natürlich sofort Feuer und Flamme, aber mir war es peinlich, dass wir offenbar störten. Doch Dörte wischte meine Entschuldigungen mit einem lauten Lachen und einer Handbewegung weg. Man könne nicht in der Heide gewesen sein, ohne Buchweizenpfannkuchen probiert zu haben, wir müssten auf jeden Fall bleiben.

Ob das denn Flettmester und seiner Frau recht wäre, wollte ich wissen.

Das ginge schon in Ordnung, meinte Dörte, schließlich seien wir ja Gäste des Hauses. Außerdem sähen die Jungs aus, als ob sie ihr hinterher sagen könnten, ob die Pfannkuchen nun am besten mit Speck, dicker Milch oder Honig schmeckten – die Frage hätte ihr bis heute niemand so richtig beantworten wollen.

Als die Jungs das hörten, begannen ihre Augen zu leuchten. Speck und Honig! Ich musste lachen – als ob es bei mir nichts zu essen gäbe! Aber woanders schmeckt es ja immer besser als zu Hause, und Buchweizenpfannkuchen hatten wir tatsächlich noch nie probiert.

Das Mittagessen wurde in der groten Dönz eingenommen. Dem Namen nach hätte ich mir die gute Stube des Hauses deutlich größer vorgestellt, denn der Raum maß nur wenige Schritte im Geviert. Rechts neben der Tür und an der gegenüberliegenden Wand standen hölzerne Sitzbänke, davor ein schwerer Tisch und Stühle. Links von mir befand sich der Kaminofen und dahinter, wie eine Art Wandschrank mit geschlossenen Türen, der Schlafalkoven der Flettmesters. Dazu ein weiterer Wandschrank auf der anderen Seite der Tür zur nächsten Kammer, ein paar Regale, und das war es auch schon. Und ich hatte mich über die ärmliche Einrichtung meiner Kate mokiert!

Nachdem wir uns auf die von Dörte zugewiesenen Plätze gesetzt hatten, traten nach und nach die übrigen Bewohner des Hofes ein. Alfred kannten wir ja bereits, und auch das Lenchen hatten wir schon beim Milchholen kennengelernt. Beide nickten uns zur Begrüßung freundlich zu. Die beiden anderen Mägde, Marie und Anna, musterten uns zuerst neugierig, dann setzten sie sich auch mit einem Gruß zu uns an den Tisch.

Zum Schluss betraten Flettmester und seine Frau nacheinander die Dönz. Flettmester schien im ersten Moment überrascht, lächelte dann aber verhalten und nickte uns ebenfalls zu, bevor er sich ans Kopfende des Tisches setzte. Seine Frau ignorierte uns, doch falls sie unsere Anwesenheit störte, ließ sie es sich zumindest nicht anmerken.

Das Mittagessen war eine fröhliche Angelegenheit. Der Hof beschäftigte vier Mägde und einen Knecht. Dörte hatte mir erzählt, dass vor dem Krieg sogar vier Knechte und die beiden Söhne der

Flettmesters auf dem Hof gearbeitet hatten, aber die waren nun alle einberufen. Trotzdem wurde bei Tisch viel gelacht und gescherzt. Nur Flettmester und seine Frau verzehrten ihr Mittagsmahl, ohne sich an den Gesprächen zu beteiligen. Schon bald, nachdem der letzte Pfannkuchen verputzt war, stand Flettmester auf und verließ mit einem Nicken in die Runde die grote Dönz. Seine Frau Herlind blieb noch sitzen, teilte allen kurz die Arbeit für den Nachmittag zu und stand dann ebenfalls auf.

Etwas enttäuscht, dass ich mich immer noch nicht bei Flettmester hatte bedanken können, half ich Dörte beim Abräumen und Abwaschen. Die Jungs hatten sich derweil freudestrahlend bereit erklärt, mit Alfred die beiden alten Kutschpferde anzuspannen, und schon auf dem Weg nach draußen angefangen, den Knecht mit Fragen zu löchern.

Als wir den Abwasch schließlich fertig hatten und Dörte gerade zur Mädchenkammer hochgegangen war, um Stickvorlagen zu holen, die sie mir zeigen wollte, stand plötzlich Flettmester neben mir. Erschrocken fuhr ich zusammen, denn ich hatte ihn nicht kommen hören.

Nicht doch, meinte Flettmester. So ein Unmensch sei er doch nun wirklich nicht, dass man vor ihm Angst haben müsse, oder?

Ich stammelte eine Entschuldigung. Oder besser gesagt: Ich versuchte es, bis ich die diebische Freude in Flettmesters Augen glitzern sah. Er machte sich doch tatsächlich über mich lustig!

Augenscheinlich stolz auf sein geglücktes Lausbubenstück grinste er jetzt über das ganze Gesicht. Dummerweise veränderte das alles, denn aus dem stillen, in sich gekehrten Mann wurde plötzlich ein großer, schelmischer Junge. Nein, verbesserte ich mich: Ein Mann mit jungenhaftem Grinsen, und zwar ein verdammt gut aussehender. Ich spürte, wie mein Herz heftig zu flattern begann.

Ob alles wieder gut sei, fragte mich Flettmester, vermutlich deshalb, weil ich ihn immer noch mit großen Augen anstarrte. Er war jetzt wieder ernst, ganz der gestandene Heidjer, aber ein Rest des Funkelns blieb in seinen Augen.

Ja, log ich, und versuchte mich zusammenzureißen.

Das wäre gut, denn eigentlich hätte er nur fragen wollen, ob alles geklappt hätte mit dem Licht in der Kate.

Ja, antwortete ich. Deshalb wäre ich auch hergekommen. Um mich zu bedanken.

»Dafür nicht«, meinte Flettmester und zwinkerte mir noch einmal zu, bevor er durch die Haustür nach draußen verschwand.

Damit endete das erste der drei Tagebücher. Einmal mehr hatte Rose das Gefühl gehabt, beinahe danebenzustehen, während Johanna Maria von ihren alltäglichen Erlebnissen berichtete. Sie hatte Johannas Freude geteilt, als sie endlich Strom in der Kate bekamen, und die junge Frau für ihre beherrschte Haltung gegenüber diesem widerlichen Schweydnik bewundert. Jetzt, zum Ende des ersten Heftes, begann Rose allerdings zu ahnen, welches Drama sich da anbahnen mochte. Johanna Maria und der Flettmester …?

Es schien so, und natürlich war anzunehmen, dass das bei Herlind kaum auf Wohlwollen treffen würde. Glückliche Ehe oder nicht – schließlich war es ihr Mann. Und so, wie Rose sie bislang einschätzte, war sie keine Frau, die klaglos das Feld räumen würde. Im Gegenteil.

Plötzlich bekam Rose ein schlechtes Gewissen. Immerhin waren es die intimsten Gedanken, die Johanna Maria damals aufgeschrieben hatte, und was jetzt vermutlich kam, war sicher nie für fremde Augen bestimmt gewesen. Ein einfacher Reisebericht war es jedenfalls nicht mehr.

Sollte sie nicht lieber aufhören, die Tagebücher zu lesen? Klar, sie wollte das Dorfgeheimnis von Eickenloh lüften – aber rechtfertigte das den Eingriff in die Intimsphäre eines anderen Menschen? Bisher hatte sie das Herumschnüffeln in anderer Leute Angelegenheiten immer verurteilt. Allein schon, wenn sie an ihre ehemalige Nachbarin dachte, das alte Lästermaul. Selbst die Mülltüten in den Containern hatte die Bechthold durchgewühlt, um rauszufinden, was ihre Nachbarn alles wegwarfen, nur um es dann beim nächsten Klatsch im Treppenhaus lautstark herauszuposaunen … furchtbar, solche Menschen. Und jetzt machte sie gerade dasselbe, wenn man es genau nahm.

Wobei … andererseits hatten die Tagebücher auf dem Dachboden gelegen. Es war also anzunehmen, dass die Verfasserin keinen Anspruch mehr darauf erhob. Vermutlich war sie auch längst tot, sonst hätte sie inzwischen weit über hundert Jahre alt sein müssen. Zumindest wenn Johanna Maria, wie Rose schätzte, damals in den Zwanzigern gewesen sein mochte.

Rose drehte es hin und her, kam aber zu keiner Entscheidung. Darüber musste sie wohl erst noch mal nachdenken.

Hey meine Süße, du tobst wahrscheinlich gerade irgendwo im Outback herum, ohne Internet und Handyempfang. Und dazu der Winter in der Wüste … oder habt ihr schon Frühling? Bei uns beginnt jetzt die Heideblüte, und um dich mal richtig neidisch zu machen, habe ich unten ein paar Fotos angehängt …

Rose überlegte, was sie Steffi noch alles schreiben wollte. Ihre Tour heute in die Heide, klar. Und sonst? Das Thema René wollte sie tunlichst vermeiden, und über einen gewissen Heidjer mochte sie auch kein Wort mehr verlieren. Also erzählte sie von dem Gewitter und dem Stromausfall. Und von Mau, die immer zutraulicher wurde und sich inzwischen jedes Mal streicheln ließ, wenn Rose ihr Futter brachte.

Das abstruse ›Dorfgeheimnis‹ der Eickenloher erwähnte sie natürlich auch, ebenso wie die Tagebücher und ihren Gewissenskonflikt, jetzt noch weiterzulesen. Während sie das schrieb musste Rose schmunzeln, denn sie konnte sich genau vorstellen, wie Steffi auf ihre Skrupel reagieren würde: verständnislos. Es gab kaum etwas, was ihre beste Freundin mehr reizte als ungelöste Geheimnisse. Und vielleicht hatte sie damit sogar recht – trotzdem musste Rose das auch noch mal für sich selbst klären.

Die Mail war recht lang geworden, als Rose sie schließlich abschickte. Es hatte gutgetan, sich alles mal vom Herzen zu schreiben, nicht zuletzt auch über die bislang ungeklärten Vorkommnisse im Haus. Das Tropfen war inzwischen nicht mehr aufgetreten, trotzdem fragte sich Rose immer noch, ob sie es sich wirklich nur eingebildet hatte. Aber okay, zumindest dieses Rätsel würde sich wohl nicht mehr lösen lassen – vermutlich war es das Beste, die Sache einfach abzuhaken.

Nachdem sie das Abendessen für Mau rausgestellt hatte, saß Rose im Wohnzimmer, stocherte in ihrem Salat herum und blätterte nebenbei durch die Gartenmagazine. Draußen wurde es langsam dunkel, aber durch das Nickerchen vorhin fühlte sie sich noch nicht besonders müde. Nur wieder ziemlich angespannt, fast so, als würde sie jemand beobachten …

Unbehaglich sah sie sich um, auch zu den Fenstern. Aber da war niemand.

Oder doch? Was, wenn jemand draußen ums Haus schlich? Schließlich war inzwischen bekannt, dass sie hier ganz allein wohnte … Rose spürte Panik in sich aufsteigen. Erst als sie schon auf dem Weg in die Küche war, um sich irgendetwas zu besorgen, mit dem sie sich verteidigen konnte, wurde ihr bewusst, was sie da eigentlich gerade tat.

Himmel, litt sie jetzt schon unter Verfolgungswahn? So langsam wurde sie wohl wirklich verrückt. Zumal es keinen Hinweis darauf gab, dass draußen tatsächlich jemand ums Haus geisterte – außer diesem beklemmenden Gefühl, das sie in der letzten Zeit bereits mehrfach gehabt hatte.

Immer noch angespannt ging sie ins Wohnzimmer zurück.

Ob sie mal raus gehen sollte, um sich zu vergewissern, dass da keiner war? Oder womöglich nur ein Reh, direkt hier am Wald … oder ein Wildschwein?

Ratlos blieb Rose mitten im Raum stehen. So richtig traute sie sich dann doch nicht. Außerdem sollte sie vielleicht erst mal zur Ruhe kommen. Dafür könnte sie ja –

In diesem Augenblick läutete das alte Telefon.

Rose fuhr zu Tode erschrocken zusammen und starrte zur Anrichte.

Das Klingeln wiederholte sich.

Zweimal.

Dreimal.

Dann war es still.

Wie unter Zwang ging Rose zu dem Apparat und nahm den Hörer ab.

Nichts zu hören. Natürlich nicht.

»Das ist nicht lustig«, sagte sie ins Telefon. Ihr Blick fiel auf den Stecker, der neben der Anrichte auf dem Fußboden lag. Mechanisch legte sie den Hörer wieder auf.

»Okay, ganz ruhig.« Sie atmete tief durch. »Bestimmt gibt es für alles eine vernünftige Erklärung. Eine, die nicht darauf hinausläuft, dass ich wirklich verrückt werde.« Sie atmete nochmals tief durch. »Es wird irgendeinen anderen Grund geben, und ich werde ihn herausfinden. Und wenn *du* nicht mit dem Blödsinn aufhörst« – sie starrte das Telefon böse an, das völlig unschuldig auf der Anrichte stand und keinen Mucks mehr tat – »dann kommst du nach draußen in den Schuppen. Da kannst du dann so viel und so lange klingeln, wie du lustig bist.«

Sie musste verrückt sein. Inzwischen sprach sie nicht nur *in* ein Telefon, das nicht mal angeschlossen war, sondern sogar *mit* dem Telefon. Ein sicheres Zeichen für absolute Unzurechnungsfähigkeit.

Also hatte ihr Exfreund recht. Wobei – sollte er das Teil doch einfach beim nächsten Mal mitnehmen, schließlich fand er es so unglaublich interessant. Außerdem –

Rose blinzelte, als sie plötzlich das Bild von René vor Augen hatte, wie er ihr den Hörer hinhielt, als sie gerade mit dem Hammer und den Nägeln von draußen hereingekommen war. Einer Eingebung folgend nahm sie den Hörer wieder in die Hand und schraubte die Muschel ab. Im Innern kam die Elektronik zum Vorschein. Wie hatte René es genannt? Ach ja, ein Kohlemikrofon, genau.

In der Halbschale der abgeschraubten Muschel kam allerdings noch etwas zum Vorschein: Eine kleine schwarze

Metallbox, kaum größer als ein Zuckerwürfel. Sie hatte keine Verbindung zu den übrigen elektronischen Bauteilen und schien auch nicht richtig dazuzugehören – außerdem war sie nur mit einem Klebestreifen in der Muschel befestigt.

Mit spitzen Fingern knibbelte Rose das kleine Gehäuse ab, das auf der Rückseite winzige Löcher aufwies. Stirnrunzelnd drehte sie den Würfel ein paar Mal hin und her. Dann schraubte die Muschel wieder auf, legte den Hörer zurück auf die Gabel und ging nach oben.

Zwei Stunden später hatte sie im Internet alles gefunden, wonach sie gesucht hatte – und noch einiges mehr.

Kapitel 15

Seit über drei Monaten leben wir nun schon in der Heide, und noch immer ist nicht abzusehen, wann wir nach Hamburg zurückkehren können. Im Gegenteil, meine Hoffnung scheint weiter denn je in die Ferne gerückt zu sein, denn nachdem Hitler vor drei Wochen auch Dänemark und Norwegen besetzte, braut sich etwas zusammen, was alle zwar ahnen, aber kaum jemand auszusprechen wagt, um es nicht zu beschreien.

Zumindest in den Städten. Denn während dort gerade die politischen Geschicke entschieden werden, geht das Leben hier auf dem Land den immer gleichen Gang, ›so as dat jümmers wesen wen‹. Inzwischen ist es Frühling geworden, und das ist nicht nur die Zeit der Lämmer, Kälber und Küken, wie Dörte mir erklärt hat, sondern vor allem die Zeit der Arbeit. Der Boden muss gepflügt und geeggt, das Korn eingesät und das Unkraut gezupft, die Kartoffeln gesetzt, Zäune und Mauern repariert, Dächer ausgebessert und der Garten bestellt werden. Und das wäre nur ein Teil der Arbeiten, ich solle mich also nicht wundern, wenn ich niemanden auf dem Hof antreffen würde. Und so war es dann auch. Wenn ich abends meine Milch holen ging, war oft nur das Lenchen dort, die als Jungmagd für das Federvieh zuständig war und deshalb meist den Hof einhüten musste. Aber mehr als einmal musste ich auch mit leerer Milchkanne wieder nach Hause gehen, weil sich alle auf dem Feld befanden.

Ob ich denn nicht irgendwie helfen könne, hatte ich Dörte gefragt.

Nee, mien Deern, hatte sie daraufhin geantwortet und gelacht. Wir wären doch zahlende Gäste, die helfen nicht bei der Arbeit. Wie sehe das denn aus?

Wie jemand, der nicht den ganzen Tag zuhause die Hände in den Schoß legt, hatte ich geantwortet. Da hatte Dörte wieder gelacht. Aber überreden ließ sie sich trotzdem nicht. Auf dem Feld den Buckel krumm machen, meinte sie, das wär nichts für eine Dame aus der Stadt. Aber wenn ich denn wirklich etwas machen wolle, dann könne ich ja den alten Garten an der Kate auf Vordermann bringen. Der Boden sei da gut, nicht nur für Kartoffeln, auch für Erbsen und Bohnen, Radieschen, Möhren und Kohl. Zwei oder drei Obststräucher müssten dort auch noch stehen, und mit einer Schaufel voll reifem Mist würden sie bestimmt wieder tragen. Das wäre auch was für die Jungs. Frische Stachelbeeren vom Strauch, es gäbe nichts Besseres.

Immerhin habe ich jetzt eine Aufgabe, die mir umso mehr Freude bereitet, je länger ich mich damit beschäftige. Wenn die Jungs mittags von der Schule kommen, bin ich meist noch im Garten, die Hände voller Erde und hinter mir ein Berg mit Unkraut, dem ich im Laufe des Vormittags den Garaus gemacht hatte, um neue Beete anzulegen.

Konrad und Alexander scheinen sich inzwischen ebenfalls gut eingelebt zu haben, auch in der Schule, denn abgesehen von einigen kleineren Scharmützeln war es in der letzten Zeit in meinem privaten Krieg mit Machandel auffallend ruhig geblieben.

Dass dieser Frieden jedoch trügerisch war, stellte sich heraus, als die Jungs heute Mittag nach Hause kamen. Ich hätte in der Schule zu erscheinen, ließ mir Machandel durch die beiden ausrichten, und zwar unverzüglich.

Wie bitte? Zuerst war ich versucht, seine unverschämte Forderung einfach zu übergehen. Doch dann hätten morgen die Kinder darunter zu leiden, das wusste ich genau. Also stellte ich den beiden Jungs den großen Pott mit Eintopf auf den Tisch, zog mir präsentablere Kleidung an und machte mich auf den Weg zur Schule, innerlich kochend über das anmaßende Verhalten des Lehrers.

Wie immer hockte Machandel hinter seinem Katheder im Schulzimmer und eröffnete das Gespräch ohne Begrüßung.

Die Jungs hätten sich über mich beklagt, raunzte er mich an.

Die Jungs hätten ... was?

Sprachlos starrte ich ihn an. Offenbar hatten unsere Streitigkeiten gerade eine neue Ebene erreicht.

Ich würde Wilhelm und Konrad wichtige Informationen vorenthalten, schnarrte Machandel. Die beiden wären deswegen äußerst betrübt, wie sie ihm heute mitgeteilt hätten.

Ich stutzte.

Moment mal, meinte ich dann. Langsam. Zuallererst: Meine beiden Neffen heißen Konrad und Alexander.

Alexander wäre kein deutscher Name, blaffte Machandel. Außerdem laute sein erster Name Wilhelm, so stünde es schließlich auch in der Anmeldung.

Sein Name ist Wilhelm Alexander, stellte ich klar. Wilhelm nach unserem Großvater. Gerufen wird er aber seit frühester Kindheit Alexander.

In dieser Schule, erhob Machandel seine Stimme, würde kein deutscher Junge mit einem unarischen Namen gerufen werden.

Ich atmete tief ein und verbiss mir einen Kommentar. Dieses Vorgeplänkel war nur die Kriegserklärung, Machandel wollte auf irgendetwas hinaus. Allerdings rutschte der Blick des Lehrers erst einmal wieder zu meinem Busen hinunter.

Du widerlicher kleiner Wicht, dachte ich angeekelt und verschränkte demonstrativ die Arme vor der Brust. Machandel sah mir wieder ins Gesicht. Er schien sich nicht einmal dafür zu schämen, dass ich ihn bei seinem unsittlichen Tun ertappt hatte, sondern maß mich mit vorwurfsvollem Blick.

Wir hätten einen Volksempfänger, den wir nicht nutzen würden, behauptete er. Besser gesagt, ich hätte den Knaben verboten, ihn zu benutzen.

Also daher wehte der Wind.

Tatsächlich waren wir seit einigen Wochen im Besitz eines Volksempfängers. Carsten hatte ihn uns geschickt, nachdem ich ihm bei einem der letzten Telefonate vorgeworfen hatte, er würde mich und die Kinder hier auf dem Dorf versauern lassen. Hier gäbe es keinerlei Kultur, nicht einmal Musik könne ich hören – etwas, was ich in Hamburg abends immer sehr gern gemacht hatte. Carsten räumte ein, dass man in Eickenloh ver-

mutlich wirklich ein wenig von den aktuellen Geschehnissen abgeschnitten sei und versprach, Abhilfe zu schaffen.

Drei Tage später bekam ich ein schweres Paket, in dem sich der Rundfunkempfänger befand. Batteriebetrieben, das hatte Carsten bedacht, denn in unserem Haus gab es keine einzige Steckdose. Wozu auch – bislang hatte es kein Gerät in der Kate gegeben, das man daran hätte anschließen können. Batterien hatte Carsten gleich mehrere Pakete beigelegt, trotzdem wollte ich sie nicht unnötig verschwenden. Also hatte ich mit den Jungs abgesprochen, dass wir abends immer gemeinsam eine Stunde Rundfunk hören würden, bevor sie zu Bett gingen. Damit waren sie einverstanden und inzwischen war es zu einem schönen Ritual in unserer kleinen Familie geworden.

Verboten hatte ich den Kindern allerdings nie, den Empfänger zwischendurch selbst anzuschalten. Das war auch gar nicht nötig, denn solange es hell blieb, tobten sie sowieso durchs Dorf, nachdem sie ihre Hausaufgaben erledigt hatten.

Aber ich ahnte, in welche Richtung das Gespräch gehen sollte.

Meine Jungs würden alle Informationen bekommen, die sie bräuchten, beschied ich Machandel deshalb kalt.

Das sehe er anders, blaffte er zurück. Es wäre meine Pflicht als Erzieherin, den Knaben uneingeschränkten Zugang zum Reichsfunk zu ermöglichen, vor allem, wenn der Führer spräche. Immerhin wäre das wichtiger Schulstoff. Ich wolle sicher nicht, dass sie gegenüber ihren Mitschülern benachteiligt seien und ihre Aufgaben nicht lösen könnten.

Darauf antwortete ich nichts, konnte es aber ob der unverhohlenen Drohung nicht vermeiden, wütend die Zähne zusammenzubeißen.

Machandel deutete meinen Gesichtsausdruck falsch.

Er könne ja verstehen, meinte er plötzlich in verständnisvollem Tonfall, dass mich die Erziehung zweier so aufgeweckter Knaben überfordern würde.

Ich starrte ihn ungläubig an. Was hatte dieser Mensch gerade gesagt?

Ja, meinte er, er hätte daher überlegt, mir das großzügige Angebot zu machen, mich auch außerhalb der Schulzeit bei der ge-

wissenhaften Anleitung meiner Schützlinge zu unterstützen. Bei *diesen Worten wanderte sein Blick wieder nach unten.*

Das darf doch wohl nicht wahr sein, dachte ich entgeistert. In meinem Blick lag Mord. Leider konnte Machandel das nicht sehen, da seine Augen immer noch auf Höhe meiner Brust weilten.

Nein, antwortete ich deshalb knapp und bemühte mich wieder um einen neutralen Gesichtsausdruck.

Machandel sah mir ins Gesicht. Er schien von der Ablehnung tatsächlich überrascht zu sein und empfahl mir allen Ernstes, meine Entscheidung noch einmal zu überdenken.

Ohne ein weiteres Wort machte ich auf dem Hacken kehrt und verließ das Schulgebäude, bevor ich mich komplett vergaß.

Das Sturmklingeln unten an der Haustür riss Rose unfreiwillig aus ihrer Lektüre. Himmel noch mal, hatte man nicht mal am Sonntagnachmittag seine Ruhe? Wobei – sie konnte sich schon denken, wer das war. Und nach Johannas Szene mit Machandel war sie gerade in der richtigen Stimmung für die Konfrontation, die jetzt wohl anstand. Kampfbereit marschierte sie nach unten und öffnete mit eiskaltem Blick die Haustür.

»Auf dich habe ich bereits gewartet.«

»Sehnsüchtig? Das freut einen Mann doch zu hören!« Renés Gesicht drückte nichts als reine Selbstzufriedenheit aus.

»Da wäre ich mir an deiner Stelle nicht so sicher.«

»Darf ich vielleicht erst mal reinkommen?«

»Nein.«

René sah Rose überrascht an. »Warum nicht?«

»Was wir beide uns noch zu sagen haben, können wir auch hier an der Tür besprechen.«

»Aber … warum?« René gab ganz die gekränkte Unschuld. »Ich hatte auch versucht, dich telefonisch zu erreichen. Sogar mehrmals.«

»Habe ich gesehen.«

»Und du hast dich nicht zurückgemeldet? Rose! Ich war schon außer mir vor Sorge, also habe ich mich extra ins Auto gesetzt, um nach dir zu sehen. Ich meine, dir kann hier draußen schließlich sonst was passieren. Und du hast die letzten Male … nun ja, nicht unbedingt einen psychisch stabilen Eindruck gemacht.«

»Ach nein? Vermutlich lag das am Infraschall«, meinte Rose kalt.

»Wie bitte?«

»Infraschall. Tiefe Töne in einem Bereich, den das menschliche Ohr nicht mehr hören kann. Sie erzeugen unerklärliche Sorgen, Unwohlsein und Angst. Es gibt sogar einen niederländischen Künstler, Marc Bain, der bei seinen Werken mit Infraschall arbeitet. Er nennt es *Psycho Acoustics* und will damit gezielt Unsicherheit und Beklemmungen erzeugen. Ich vermute in meinem Fall allerdings keinen künstlerischen Ansatz, sondern einen simplen Lautsprecher, genauso wie bei dem Telefon. Und dem Tropfen in der Küche, das du angeblich nicht hören konntest. Ich brauche dir sicher nicht zu erzählen, wer tatsächlich dahintersteckt. Oder soll ich lieber *Hui Buh* zu dir sagen?«

Statt einer Antwort versuchte René es wieder mit seinem jungenhaften, verschmitzten Lächeln. Aber diesmal fiel Rose nicht darauf rein.

»Du Mistkerl! Du wolltest mir Angst machen, richtig? Ein bisschen nachhelfen, damit ich hier in der Heide mürbe werde – und zu dir zurückgekrochen komme!« Rose Stimme überschlug sich fast, und dieses Mal war es ihr völlig egal, ob René sie für hysterisch hielt. Umso mehr erschütterte sie deshalb seine Reaktion auf ihre Vorwürfe: Er schlug die Hände vors Gesicht. Als er sie wieder sinken ließ, liefen ihm die Tränen über die Wangen.

»Rose, … ich … ich weiß nicht, was ich sagen soll. Du hast recht, ich habe ein wenig bei dir gespukt. Aber …« Seine Stimme drohte zu kippen und er räusperte sich vernehmlich, »… ich wusste mir nicht mehr anders zu helfen. Rose, ich möchte unbedingt, dass du zu mir zurückkommst. Das mit Anett war ein Fehler. Ich … ich fühlte mich damals so zurückgesetzt, so allein. Nein, lass mich bitte ausreden … die Frau ist eine Hexe, völlig irre. Sie glaubt, dass ich ihr gegenüber beim Job bevorzugt wurde. Was natürlich Blödsinn ist, denn es war von Anfang an klar, dass sie gar nicht die Erfahrung besitzt, einen Börsengang zu managen. Aber ich wollte sie trotzdem nicht abkanzeln, schließlich ist es ein mieses Gefühl, einfach so übergangen zu werden. Gerade du müsstest das doch verstehen, oder, Rose?«

Rose sah ihn völlig perplex an. Was wollte er damit andeuten? Dass es seinen Betrug irgendwie besser machte? Aber René war noch nicht fertig.

»Jedenfalls wollte ich ihr entgegenkommen. Hatte ihr angeboten, dass wir das Projekt auch zusammen angehen können. Offiziell unter meiner Leitung, klar, aber inoffiziell mehr auf Augenhöhe. Auch Lennard war damit einverstanden, er hätte mir sonst Mike zur Unterstützung gegeben. Anett schien sich über die Lösung zu freuen. Sie war richtig … na ja, dankbar.«

»Dankbar«, echote Rose ungläubig.

»Ja, Rose, dankbar. Und sie hörte mir zu. Im Gegensatz zu dir, muss ich an dieser Stelle mal erwähnen. Für dich gab es ja immer nur deinen eigenen Job, wenn du nach Hause kamst.«

Rose spürte, dass sie kurz vor dem Platzen war. »Das ist nicht wahr, René. Außerdem hast du mir nie erzählt, dass du mit dieser Anett ein gemeinsames Projekt bearbeitest. ›Eine Kollegin aus einer anderen Abteilung‹, hattest du mal gesagt. Und von einem Arbeitsessen mit ihr und anderen Kollegen gesprochen, mehr nicht!«

»Aber natürlich hatte ich dir von dem Projekt erzählt, Rose. Mehrmals sogar. Sag bloß, das weißt du auch nicht mehr?«

»Kaum. Sonst müsste ich mich ja daran erinnern können.«

»Vermutlich hattest du mir mal wieder nicht zugehört.« René klang tief gekränkt. Rose fühlte, wie ihre Wut ins Wanken kam. So etwas hätte sie doch unmöglich überhören können … oder?

»René, ich …«

»Nein, Rose, jetzt lass mich bitte zu Ende erzählen. Anett und ich … ja, sie schmeichelte mir, auch als Mann. Und ich sah sie jeden Tag mehr Stunden, als dich die ganze Woche über. Endlich war da wieder jemand, dem ich meine Gedanken anvertrauen konnte … tut mir leid, dass ich das so harsch sagen muss, Rose, aber bei uns beiden war das ja schon lange nicht mehr möglich.«

»Aber … «

»Nein warte, ich bin gleich fertig. Was ich nicht wusste, war, dass diese Schlampe alles von langer Hand geplant hatte. Aus Rache, weil ich ihr das Projekt weggenommen habe, wie diese dämliche Ziege bis heute glaubt. Dafür wollte sie mich zerstören – und es ist ihr auch verdammt gut gelungen, wie man sehen kann.«

»Immerhin ist sie mit dir ins Bett gegangen. Voller Körpereinsatz, um dich zu zerstören, würde ich sagen«, schnappte Rose. »Und zusammen gewohnt habt ihr auch, fast sechs Monate.«

»Ja, aber nur … ach Rose, es würde Stunden dauern, wenn ich dir erzähle, wie perfide dieses Miststück alles von langer Hand geplant hat. Aber was nutzt es? Mein Leben ist ein einziger Scherbenhaufen!«

»Du hast immer noch deinen Job. Und demnächst auch dein Loft.«

»Den Job habe ich gerade noch so«, flüsterte René tonlos. »Der Jahrhundert-Deal ist geplatzt. Aus, vorbei. Und damit auch der Traum vom Loft.«

Rose sah ihn überrascht an.

»Ernsthaft?«

René nickte. »Du glaubst gar nicht, was Anett alles an Lügen verbreitet hat, um die Schuld auf mich abzuwälzen. Nur weil ich und Lennard uns schon so lange kennen, darf ich bleiben. Aber ich werde sofort abgeschossen, wenn ich mir noch was zuschulden kommen lasse. Und die Wohnung – ach Rose, ich muss immer daran denken, wie schön es früher mit uns war!«

»Und das ist ein Grund, mir dumme Streiche zu spielen?«

»Nein, das natürlich nicht, aber … Mensch Rose, können wir nicht erst mal reingehen? Ich komme mir ziemlich dämlich vor, hier draußen rumzustehen und mich wie ein unartiges Kind von dir zusammenstauchen zu lassen.«

»Ach, wirklich? Und was meinst du, wie ich mich gefühlt habe, als deine Mail kam? So quasi als Sahnehäubchen zu deinem Possenspiel, oder wie hattest du dir das gedacht?«

»Ja, okay, das war vielleicht too much. Aber … ich wusste mir nicht mehr anders zu helfen nach unserem letzten Gespräch. Außerdem habe ich doch nichts gemacht, was dir ernsthaft schadet.«

»Außer dich mit deinen Kunden über mich zu unterhalten«, konterte Rose kalt.

»Ja – ich meine nein! Ehrlich, Rose, das war eigentlich ganz anders. Wir haben nur allgemein … und ich wollte doch nur deine Entscheidung etwas … na ja, zu meinen Gunsten beeinflussen.«

»Zu deinen Gunsten, ach was. Indem du sehr nachdrücklich versucht hast mir einzureden, ich würde langsam verrückt werden. ›Hier tropft nichts, das bildest du dir alles nur ein, Rose!‹ – so ähnlich waren doch deine Worte, oder nicht?«

»Ja, und es tut mir leid, wie oft soll ich es denn noch sagen? Das waren blöde Streiche, genauso wie die Sage über die Kate.«

Rose musterte ihren Exfreund irritiert.

»Welche Sage?«

»Die von dem Haus, das aus dem alten Galgenbaum gebaut wurde.«

»Das war ein Fake? Aber warum?«

»Weil ich … na ja, dir das Haus hier ein wenig … hm … madig machen wollte.«

»Meine Kate? Was soll die mit der Geschichte zu tun haben?«

»Na, alles! Ich habe doch extra das Foto in den Artikel reinkopiert.«

»Was, das soll mein Haus sein?«

»Natürlich ist das dein Haus! Ich hatte es durch die Bäume hindurch fotografiert. Was meinst du, wie schwierig es war, einen Filter zu finden, damit das Bild anschließend auch wirklich alt aussieht? Ich habe Stunden damit zugebracht!«

Rose starrte ihren Ex ungläubig an. Das war wieder typisch: Jedem anderen wäre es peinlich gewesen, dass man ihm auf die Schliche gekommen war. René war dagegen auch noch beleidigt, dass man sein Genie nicht ausreichend würdigte.

Aber er ließ ihr keine Zeit, weiter darüber nachzudenken.

»Himmel, Rose, ich vermisse dich so! Außerdem habe ich mir ernsthaft Sorgen um dich gemacht. Die Schreie auf dem Dachboden … Ehrenwort, das war ich nicht!«

»Nein, das war der Marder, wie sich inzwischen herausgestellt hat.«

René schien für einen kurzen Moment aus dem Konzept gebracht, fing sich aber schnell wieder. »Wenigstens eine natürliche Erklärung! Aber … aber …« Erneut kamen ihm die Tränen, die er mit einer wütenden Handbewegung zu stoppen versuchte.

»Kannst du mich nicht verstehen Rose?«, wiederholte er, als sie nicht reagierte.

Rose schüttelte ratlos den Kopf. »Tut mir leid, René, aber das ist ein bisschen viel auf einmal. Ich muss erst mal über alles nachdenken.«

»Aber …«

»Nein, René. Du sagst mir jetzt bitte noch, wo du die restlichen Lautsprecher installiert hast, und dann möchte ich, dass du fährst. Ich melde mich später bei dir, dann können wir noch mal darüber reden. Aber nicht jetzt. Und auch nicht morgen oder übermorgen. Ich muss das alles erst mal sacken lassen.«

René nickte zerknirscht.

Keine zehn Minuten später hatte Rose beide Lautsprecher gefunden, ebenfalls kleine Würfel, die ihr sonst kaum aufgefallen wären. Der erste hatte hinter der Anrichte geklebt, damit das Holz die Schallausbreitung noch verstärkte. Der zweite lag in der Küche auf einem der Hängeschränke – ganz oben, wo man nie putzte. Und selbst wenn, hätte sie das Teil kaum als Lautsprecher erkannt, sondern eher als irgendetwas, das von Käthe hier liegengeblieben war.

Rose betrachtete die beiden Teile in ihrer Hand, dann warf sie sie in den Müll unter der Spüle. Wie hatte René Anett doch gleich genannt? *Perfide.* Den Schuh konnte er sich getrost auch selbst anziehen. Rose konnte das Ausmaß seines ›Streiches‹ einfach nicht fassen.

Immer noch aufgewühlt ging sie schließlich in ihr Arbeitszimmer zurück und nahm erneut das zweite graue Heft zur Hand. Etwas Ablenkung würde ihr jetzt guttun. Das halbe Wochenende hatte sie mit sich gehadert, bis sie sich endlich zu einem Entschluss durchgerungen hatte. Johanna Maria würde ihre Indiskretion nicht mehr wehtun. Aber ihr, Rose, konnten die Tagebücher helfen, um zu verstehen, was damals in Eickenloh vorgefallen war. Dass es sich inzwischen auch ein Stück weit um Realitätsflucht handelte, war Rose völlig klar – und es war ihr absolut egal.

Ich brauchte sicher eine Stunde strammen Marschierens durch den Wald und die Heide, bevor ich mich so weit beruhigt hatte, dass ich mich am Rande der Eickenloher Heide ins Gras setzen konnte, um nachzudenken.

Über mir sang eine Lerche, hoch in der lauen Frühlingsluft und gegen den hellen Himmel nahezu unsichtbar, und schien mit ihrem fröhlichen Lied allem zu spotten, was ich eben erlebt hatte.

Ich seufzte. Egal, wie ich es drehte und wendete, die Entwicklung mit Machandel machte mir Angst. Ich war mir sicher, dass es nicht bei diesem einmaligen ›Angebot‹ bleiben würde. Nicht, dass ich mich nicht gegen ihn zu wehren wusste. Aber für jede Ablehnung würde er die Kinder büßen lassen, das war vorhin deutlich durchgeklungen. Ich musste irgendeine Lösung finden, nur fiel mir beim besten Willen nichts ein. Zumindest nichts, was für die Kinder und für mich selbst vertretbar gewesen wäre.

Als ich erneut seufzte, hörte ich plötzlich hinter mir eine Stimme. Ob alles in Ordnung sei?

Überrascht drehte ich mich um. Flettmester. In seinem Blick lag leichte Sorge.

Ich hatte ihn seit längerer Zeit nicht mehr gesehen. Durch die Arbeit auf dem Feld hatte er inzwischen eine leichte Bräune bekommen, die ihm gut stand. Offenbar kam er auch jetzt gerade vom Feld, denn in der Hand hielt er eine Hacke. Ob er sich kurz setzen dürfe?

Ich nickte.

Nachdem er neben mir im Gras Platz genommen hatte, wiederholte er seine erste Frage, ob alles in Ordnung sei.

Eigentlich schon, antwortete ich. Ich hätte nur nachgedacht.

Ob ich Kummer hätte?

Ich wackelte mit dem Kopf, was sowohl ja als auch nein bedeuten konnte. Was sollte ich auch erzählen?

Oder Heimweh?

Ich nickte unglücklich. Ja, auch.

Das könne er gut verstehen, meinte Flettmester nach einem Moment des Schweigens. Überrascht sah ich ihn an. Heimweh? Er?

Er schüttelte den Kopf. Nicht hier. Aber vor vielen Jahren, damals, in Frankreich.

Ich sah ihn an, aber er blickte nur geradeaus über die Heide.

Sie besitzt eine eigene Schönheit, meinte er schließlich. Still und unaufdringlich. Er hätte immer hierher gehört. Nur Bauer hatte er nie werden wollen. Lieber Forscher, so wie Alexander von Humboldt. Oder Charles Darwin.

Er lachte, als er mein überraschtes Gesicht sah. Ja, das würde man von einem Heidjer nicht glauben, oder? Aber als Kind hätte er die Bücher und Berichte über die großen Naturexpeditionen verschlungen.

Aber um auf Expedition zu gehen, hätte er seine Heimat doch auch verlassen müssen, wandte ich ein.

Ja, antwortete Flettmester. Aber auch wieder heimkehren, immer so, wie er es wollte. Zumindest hätte er sich das damals als Kind so vorgestellt.

Er lächelte wehmütig.

Ich ließ meinen Blick ebenfalls über die Heide schweifen, die auch jetzt, Ende April, noch braun und trostlos wirkte.

Ich hatte als Kind immer ein Pferd haben wollen, erzählte ich. Oder zumindest eine Katze oder einen Hund. Aber ein Hund ging damals nicht, und auf Katzen reagierte meine Mutter mit starkem Niesreiz.

Dann wäre sie hier sicher nicht glücklich geworden, meinte Flettmester. Aber ich offensichtlich auch nicht, wenn ich nach der ganzen Zeit immer noch unter Heimweh litt. Ob er irgendetwas für mich tun könne?

Ich bedankte mich für sein Angebot, aber nein. Es sei ja auch kein richtiges Heimweh.

Sondern?

Ich druckste ein wenig herum, aber dann erzählte ich ihm doch von den Problemen, die ich wegen der Kinder mit Machandel hatte. Nur die Avancen, die er mir heute gemacht hatte, verschwieg ich wohlweislich, aber es tat trotzdem gut, endlich mal jemandem sein Herz ausschütten zu können.

Als ich geendet hatte, sah Flettmester mich ernst an. Jetzt könne er natürlich verstehen, warum ich Kummer hätte. Ob er mir dabei irgendwie helfen könne?

Ich überlegte kurz, schüttelte dann aber den Kopf.

Machandel sei noch nicht lange im Dorf, meinte Flettmester. Den vorherigen Lehrer hätte man vorzeitig in Ruhe geschickt, vermutlich weil er den Herrn Nationalsozialisten nicht linientreu genug gewesen sei. Das Deutsche Reich bräuchte schließlich Lehrer, die die nächste Generation Soldaten heranzögen, die sich dann an der Front verheizen ließen.

Verblüfft sah ich auf. Das, was er da gerade gesagt hatte, war Volksverrat – und das wusste er auch. Trotzdem lag in seinem letzten Satz keine Provokation, sondern nur Schmerz und Resignation.

Wir sahen uns beide an, wortlos.

Er weiß, wovon er spricht, wurde mir klar. Er hat es selbst erlebt. Frankreich. Westfront. In seinen Augen sah ich alte Wunden und tiefe Verletzungen, die kein Mensch jemals ertra-

gen sollte. Und ich sah noch etwas: Die verzweifelte Hoffnung eines Menschen, trotz all dieser inneren Zerrissenheit angenommen zu werden.

Ohne dass ich etwas dagegen tun konnte, rann mir eine Träne die Wange hinunter.

Flettmester wischte sie mit einem Finger ab.

Dann stand er auf und legte mir zum Abschied seine Hand auf die Schulter.

»Ich danke dir«, sagte er leise. »Ich danke dir von Herzen.«

Ein letzter, sanfter Druck auf meiner Schulter, dann hörte ich, wie sich seine Schritte hinter mir entfernten. Im nächsten Moment waren sie schon im weichen Heidesand verklungen, während über mir die Lerche aus voller Kehle ihr Lied über die Heide erschallen ließ.

∞ ∞ ∞ ∞ ∞

Als ich heute Abend zur Hofstelle ging, um bei Dörte Milch zu holen, traf ich stattdessen Johann Christoph Flettmester an.

»Dörte ist nicht da«, gab er mir auf meine Frage Auskunft. »Heute ist Hundeköst auf dem Beckmannschen Hof, da sind alle hingegangen. Was hast du denn auf dem Herzen?«

Ich errötete, als er mich wieder mit dem vertraulichen ›du‹ ansprach. Hier auf dem Dorf ist das zwar üblich, aber meinem Vermieter und seiner Frau gegenüber war mir das respektvolle ›Sie‹ bislang immer angemessener erschienen.

Natürlich hatte er mich vor zwei Tagen auch schon ... aber da hatte ich es auf diese besondere Stimmung geschoben, die zwischen uns geherrscht hatte.

Flettmester – nein, Johann Christoph, wie ich ihn jetzt wohl nennen sollte – wartete immer noch auf meine Antwort.

»Ich wollte Milch holen«, sagte ich deshalb und hielt wie zum Beweis meine Blechkanne hoch. »Aber falls es nicht passt, kann ich auch morgen wiederkommen«. Eine Frage konnte ich mir trotzdem nicht verkneifen. »Was soll das sein, Hundeköst?«

Johann Christoph schmunzelte, drehte sich um und winkte mir, hinterherzukommen.

In der Milchkammer nahm er den Deckel von einer der großen Milchkannen und ließ sich von mir meine Kanne geben.

»Das mit der Milch sollte ich auch hinbekommen. Voll?«, fragte er und lächelte wieder sein Lausbubenlächeln.

Ich nickte und spürte, wie ich erneut errötete.

Johann Christoph wandte mir den Rücken zu und begann, die Milch in meine Kanne zu schöpfen.

»Hundeköst ist ein alter Brauch in dieser Gegend«, erklärte er, während er sorgfältig darauf achtete, nichts danebenzuschütten. »Mit Hunden hat es allerdings nichts zu tun. Hundeköst wird auf einem Hof gefeiert, wenn der Bauer mit seiner Frau verreist. Das Dienstpersonal des Hofes lädt dann das Gesinde der anderen Höfe ein, um Kuchen zu essen und Spiele zu spielen. Manchmal wird auch getanzt.« Nachdem Johann Christoph die letzte Kelle in meine Kanne gegossen hatte, setzte er den Deckel drauf und gab mir die Kanne zurück. »Ich habe für die Jungs etwas mehr Rahm dazu geschöpft«, meinte er und lächelte mich an.

Himmel, warum fing mein Herz in diesem Moment an, wie toll zu pochen? Verlegen strich ich mit der freien Hand eine vorwitzige Haarsträhne zurück hinters Ohr.

»Vielen Dank. Was bin ich Ihnen schuldig?«

»Dir«, berichtigte mich Johann Christoph sanft. »Nichts.«

Ich wollte ihm widersprechen, aber er schüttelte den Kopf.

»Das kann ich dem Bauern gegenüber schon verantworten«, meinte er und zwinkerte mir zu.

»Danke. Ich …«

»Ja?«

Mein Herz schlug inzwischen Purzelbäume. Ob man mir das ansehen konnte? Vor lauter Verlegenheit plapperte ich einfach los, das Erste, was mir gerade einfiel.

»Warum nennt man diesen Hof eigentlich Kattenhoff?«

»Wegen der vielen Katzen, die es hier gibt.«

Ja, natürlich, dachte ich. Wie dumm von mir. Betreten sah ich auf meine Füße.

»Aber dazu gibt es auch eine Geschichte«, meinte Johann Christoph mit leiser Stimme in die Stille. »Wenn auch keine besonders schöne. Magst du sie trotzdem hören?«

Ich nickte.

»Ich war damals siebzehn«, begann er, »als der Große Krieg in sein drittes Jahr ging. Mein Vater und meine Brüder waren bereits an der Front, alle drei im Westen, während ich mit meiner Mutter, einem lahmen Knecht und drei Mägden versuchte, den Flettmester-Hoff weiterzuführen. Das Leben hier in der Heide war damals nicht leicht, war es nie gewesen, aber durch den Krieg war alles noch schlimmer geworden. Mein Vater und meine Brüder fehlten an allen Ecken und Enden, und oft genug fielen wir abends todmüde in die Betten, ohne auch nur die Hälfte von dem, was wir hätten schaffen müssen, geschafft zu haben. Hinzu kam, wie ich ja schon erzählt habe, dass ich nie Bauer sein wollte.«

»Sondern Forscher?«, fragte ich.

»Nein, in dem Alter nicht mehr, so vernünftig war ich inzwischen immerhin geworden.« Johann Christoph lächelte schief. »Aber ich wollte trotzdem nicht auf dem heimischen Hof versauern. Schon damals wurde der Dienst fürs Vaterland in den heroischsten Bildern gezeichnet, nur wusste ich da noch nicht, dass die Wahrheit immer das erste Opfer des Krieges ist. Entsprechend begeistert las ich die Berichte in den Zeitungen, so ich mal eine in die Hände bekam. Den Aufruf unseres Kaisers Wilhelm II. zur Mobilmachung hatte ich sogar herausgerissen und aufbewahrt: »Nun auf zu den Waffen! Jedes Schwanken, jedes Zögern wäre Verrat am Vaterland!«.

Zu den Waffen, das wollte ich ja! Nur saß ich hier fest, während mein Vater und meine Brüder in Frankreich ihre heldenhaften Schlachten schlugen. Zumindest glaubte ich das. Dass meine Träume von Ruhm und Ehre nichts mit der Wirklichkeit zu tun hatten, wurde mir erst später klar.« Johann Christoph lachte bitter.

»Jedenfalls hielt ich mich damals für besonders gewitzt und ersann einen – wie ich dachte – tollkühnen Plan: Ich erzählte meiner Mutter, dass ein Sohn, der inzwischen alt genug sei, den Vater vom Kriegsdienst auslösen könnte. Lediglich ihre Einwilligung würde ich dafür benötigen, und ihre Unterschrift.«

»Aber das war erfunden?«

»Es war gelogen, nennen wir es ruhig beim Namen. Trotzdem ließ sich meine Mutter darauf ein. Nicht, weil sie mich lieber als ihren Mann im Krieg gesehen hätte. Aber mein Vater war hier im Grunde unabkömmlich, während ich, nicht zuletzt auch durch meine Einstellung, nur einen unzureichenden Ersatz bot. Meine Mutter versuchte also nur zu retten, was zu retten war. Außerdem hatte ich ihr erzählt, dass ich ja erst mal meine militärische Ausbildung absolvieren müsste, bevor man mich an die Front schicken könne. Mit etwas Glück wäre der Krieg längst vorbei, wenn meine Ausbildung abgeschlossen sei und in der Zwischenzeit wäre der Vater schon zuhause, und damit zumindest zwei Männer der Familie in Sicherheit.«

Ich ahnte, was jetzt kam. »Und dein Vater?«

»Der kehrte kurze Zeit, nachdem ich meine Ausbildung begonnen hatte, tatsächlich heim. Allerdings als Krüppel, nachdem ihm eine Granate das rechte Bein weggerissen hatte.«

»Und du?«

»Ich wusste von alledem nichts. Inzwischen hatte ich die verkürzte Ausbildung zum Kriegsdienst absolviert und befand mich mit meinen Kameraden auf dem Weg an die Westfront, nach Verdun. Kurz hinter der ehemaligen Grenze stoppte der Zug dann plötzlich. Sabotage – einige Einheimische hatten das Gleisbett gesprengt. Wir also alle raus und ins nächste Dorf, um uns dort einzuquartieren und auf die Instandsetzung der Gleisanlage zu warten. Zum Marschieren sei es zu weit, sagte man uns. Natürlich, denn das hätte nur unnötig Kraft gekostet – und die wurde ja in den Schützengräben an der Front benötigt.« Johann Christophs schwieg für einen Moment, gefangen von seinen Erinnerungen. Sein Gesicht war ausdruckslos, während er auf die Tür der Milchkammer starrte, ohne sie wohl wirklich zu sehen. Dann gab er sich einen Ruck.

»Im Dorf war man natürlich nicht gerade glücklich über die Einquartierung des Feindes und ließ uns das auch deutlich spüren. Erst später erfuhr ich, dass wir nicht die Ersten waren, und die Kompanien vor uns den Einheimischen bereits übel mitgespielt hatten. So hörten wir nur, was untereinander die Runde machte: Dass die Einheimischen Giftpflanzen ins Essen mischen *und in Wein und Wasser spucken und pissen würden, um unsere Moral und Kampfkraft zu schwächen. Entsprechend aufgeheizt war die Stimmung im Dorf.*

Als ich am zweiten Abend gerade vor dem Bauernhaus stand, in dem ich untergebracht war, beobachtete ich auf der Straße ein paar Bengels, die zwei große Bullenbeißer dabeihatten, schwere, hässliche Hunde, denen der Geifer aus dem Maul tropfte. Zuvor hatte ich schon einen Jungen mit einem alten Sack gesehen, der in dieselbe Richtung gegangen war. Das kam mir verdächtig vor, also folgte ich der Bande mit etwas Abstand.

Ein gutes Stück außerhalb des Dorfes erreichten sie schließlich den ersten Jungen, der dort schon auf sie gewartet hatte. Ich war bereits gut dreißig Meter zuvor stehen geblieben und hatte hinter einem großen Baum Deckung gesucht. In dem Sack zappelte es kräftig, und es waren auch immer wieder erstickte Geräusche zu hören.

Einen Sprengstoffanschlag konnten sie also nicht geplant haben, trotzdem fragte ich mich, was sie vorhatten, denn die Hunde zerrten wie verrückt an ihren Stricken.

Während zwei der Jungs jetzt versuchten, die festgezogenen Knoten an den Hälsen der Tiere zu lösen, öffnete der erste Bengel den Sack und schüttelte ihn ein paar Schritte vor den Hunden aus.

Heraus purzelten eine Katzenmutter mit fünf Jungen, die Kleinen keine sechs Wochen alt. Bevor die Katzenmutter noch richtig auf den Beinen stand, hatte sie auch schon die Hunde erblickt und stellte sich böse fauchend und mit zum äußersten gesträubten Fell vor ihre wehrlosen Kätzchen. Sie hatte keine Chance gegen die Schlachterhunde, doch das war ihr vollkommen gleich – sie wollte ihre Kätzchen bis zum Letzten verteidigen.

Im ersten Moment war ich wie gelähmt über so viel Grausamkeit, dann zog ich ohne nachzudenken meine Pistole und feuerte sie zweimal ab. In der danach folgenden Totenstille schien die Zeit einen Augenblick lang wie eingefroren. Dann begann der erste der Bengel, der mich inzwischen neben dem Baum entdeckt hatte, schreiend wegzulaufen, seine Kumpane in der nächsten Sekunde hinterher. Keiner von ihnen kümmerte sich noch um die Katzen oder die beiden Hunde, von denen einer bereits tot und der andere schwer verletzt auf dem Boden lag. Das verletzte Tier erlöste ich anschließend mit einem Gnadenschuss.«

Ich starrte Johann Christoph fassungslos an, doch der fuhr mit seiner Erzählung fort. Den Blick immer noch auf die Tür gerichtet, schien er völlig vergessen zu haben, dass ich mich auch mit im Raum befand.

»Alarmiert durch die Schüsse trafen kurz darauf fünf meiner Kameraden ein. Keiner von ihnen sagte ein Wort, als sie sich das Schlachtfeld besahen. Schließlich wandten sie sich nacheinander ab und gingen wieder in Richtung Dorf. Ich blieb mit den Katzen, den toten Hunden und dem nach Kuhmist stinkenden Sack allein zurück.«

»Was hast du dann gemacht?«, fragte ich in die Stille hinein.

»Ich hatte Angst, dass die Jungs wiederkommen würden, um ihre Wut an den Tieren auszulassen. Also tat ich das Einzige, was mir einfiel: Ich packte die Kätzchen und die Mutter zurück in den Sack. Die Katze spuckte, biss und kratzte dabei wie der Teufel, aber irgendwie gelang es mir trotzdem. Den Sack hob ich dann vorsichtig auf und machte mich auf den Weg zu dem Haus, in dem wir untergebracht waren. Dort klopfte ich an die Tür der Altbäuerin. Als sie die Tür misstrauisch einen Spalt öffnete, drückte ich mich mit meinem ganzen Gewicht dagegen, trat in die Diele und hielt ihr den Sack vor die Brust. »Pass auf sie auf, als ob dein Leben davon abhängt, Mütterchen«, sagte ich zu ihr. »Nach unserem Sieg komme ich zurück, um sie zu holen – und Gnade dir Gott, wenn die Tiere bis dahin nicht mehr leben.«

Mit diesen Worten drehte ich mich wieder um und stürmte aus der Tür, zurück zu meinen Kameraden.

»Meinst du, sie hat dich verstanden?«

Das weiß ich nicht«, meinte Johann Christoph. »Am nächsten Tag lebten die Katzen jedenfalls noch. Und dann kam der Befehl zum Abmarsch.«

Ich sah ihn stirnrunzelnd an. »Und weil du die Katze gerettet hast, wird dein Hof jetzt Kattenhoff genannt?«

Johann Christoph lachte trocken auf. »Nein. Der Hof wird Kattenhoff genannt, weil diese Katze *mir* das Leben gerettet hat – nachdem ich vorher ihr Leben und das ihrer Kleinen gerettet hatte.«

Als er meinen ungläubigen Gesichtsausdruck bemerkte, krempelte er beide Ärmel seines Hemdes hoch. Darunter kamen Narben zum Vorschein, kleine und größere, die sich gegen die Sonnenbräune seiner Haut hell abhoben.

»Die Bisse und Kratzer, die ich bei meiner Rettungsaktion davongetragen hatte, entzündeten sich. Als wir einige Kilometer vor dem Frontverlauf ankamen, waren beide Arme bereits rot und schmerzten höllisch, aber ich tat so, als wäre alles in Ordnung. Und dann ...«, seine Stimme klang plötzlich erstickt, »dann erreichten wir Verdun, und ich ... ich vergaß vorerst die Schmerzen. Es war ... ich ...« Hilflos brach er ab. Der Schmerz war in seine Augen zurückgekehrt, sein Gesicht wie versteinert.

»Schon gut«, sagte ich voller Mitgefühl. »Du musst nicht weitererzählen, wenn du es nicht möchtest.«

Johann Christoph schüttelte den Kopf. »Nein, die ... die Geschichte ist fast zu Ende. Ich hatte tatsächlich Glück und blieb nur wenige Tage an der Front. Dann hatte sich die Entzündung durch meinen ganzen Körper gefressen, und ich brach während eines Munitionstransports einfach zusammen. Ein paar Tage blieb ich noch in einem der hinteren Gräben, wo man alle Verletzten dieses Abschnitts untergebracht hatte. Dann wurde ich zurück nach Deutschland transportiert, ins Lazarett nach Hamburg, wo es den Ärzten wider Erwarten gelang, mich dem Tod von der Schippe zu locken. Den rechten Arm konnte ich lange nicht benutzen, und das bewahrte mich davor, wieder an die Front geschickt zu werden. Selbst heute merke ich die Verletzungen noch, wenn das Wetter umschlägt. Trotzdem war es Glück, die Katze hat mir damit das Leben gerettet. Soweit ich weiß, überlebte keiner aus meiner Kompanie die Hölle von Verdun.« Er starrte einen Moment blicklos auf seine Arme, dann krempelte er die Ärmel wieder hinunter.

»Jetzt weißt du, warum der Hof auch Kattenhoff genannt wird. Seit ich ihn übernommen habe, werden alle Katzen genauso gut behandelt wie die Kühe und Pferde. Nein, sogar besser – selbst die Hofhunde lernen von klein auf, dass die Katzen unantastbar sind.«

Er schwieg wieder und vermied es, mich anzusehen.

»Es macht dir immer noch sehr zu schaffen, oder?«, fragte ich in die Stille.

Johann Christoph hob resigniert die Schultern. »Manchmal gibt es im Leben keine richtige und falsche Entscheidung«, meinte er dann, ohne auf meine Frage einzugehen. »Sondern nur falsche.«

»Du meinst deine Entscheidung, in den Krieg zu ziehen?«

»Ich hätte hierbleiben sollen. Aber ich war jung und hielt mich für unbesiegbar.«

»Du hast gemacht, was du damals für richtig hieltest.« Ich legte meine Hand auf seinen Arm. »Nicht immer treffen wir im Leben die richtigen Entscheidungen. Aber auch wenn du zuhause geblieben wärst, wäre dein Vater als Invalide zurückgekommen. Und später hätten sie dich womöglich trotzdem noch eingezogen.

»Meiner Mutter brach es das Herz, als kurz nacheinander die Nachrichten kamen, dass Christian und Hans Peter gefallen waren.«

»Auch daran hätte sich nichts geändert, wenn du zu Hause geblieben wärst. Jeder kann nur für sich selbst Verantwortung übernehmen, für niemanden sonst. Du musst dich nicht schuldig fühlen – nicht für andere, und auch nicht, weil du selbst überlebt hast.«

Johann Christoph blickte auf. Zu dem Kummer in seinen Augen hatte sich jetzt noch etwas anderes gemischt, etwas, das ich noch nicht benennen konnte.

»Danke, dass du dir meine Geschichte angehört hast.«

»Danke, dass du sie mir erzählt hast.« Ich lächelte ihn warm an. Dann nahm ich meine Milchkanne vom Boden auf.

»Komm gut nach Hause«, sagte er und küsste mich sanft auf die Lippen.

∞ ∞ ∞ ∞ ∞

Heute kamen die Jungs mit einer wahren Räuberpistole aus der Schule zurück: Im letzten Krieg hätten feindliche Soldaten im Nachbardorf Wilsede einen Bauern in seinem eigenen Backofen verbrannt, nachdem dieser ihn gerade erst mit viel Holz zum Brotbacken aufgeheizt hatte.

Ungläubig sah ich die Jungs an. Da hätten sie ihren Lehrer sicher falsch verstanden, erklärte ich den beiden. So etwas gäbe es nur im Märchen, und selbst das wären uralte Geschichten. Inzwischen würden wir im zwanzigsten Jahrhundert leben und niemand wäre mehr so barbarisch, nicht einmal die Menschen im Krieg.

Doch, das wäre wirklich so gewesen, widersprach mir Konrad ganz aufgeregt. Schließlich wisse doch jeder, wozu der Itaker fähig sei.

Ich sah Konrad überrascht an. Woher er diesen Begriff hätte?

Den hätte der Lehrer ihnen gesagt, antwortete Alexander an Konrads Stelle.

Natürlich, dachte ich indigniert. Wer sonst.

Ich kann mir vorstellen, dass diese Geschichte die Jungs fasziniert. Erst letzte Woche hatten wir Dörte beim Backen geholfen. Jeder größere Hof hat einen dieser wuchtigen Lehmöfen, wobei die Backhäuschen wegen der Brandgefahr meist ein gutes Stück abseits der anderen Gebäude stehen. Das Backen selbst ist mit relativ viel Aufwand verbunden, sicherlich auch ein Grund, warum nur alle drei Wochen gebacken wird.

Als wir mittags zum Hof kamen, erzählte uns Dörte, dass Alfred schon am Morgen Holz in den Ofen gestapelt und angezündet hatte. Inzwischen war das Holz verbrannt und der Ofen heiß genug, um mit dem Backen zu beginnen. Vorher musste Dörte allerdings, Kopf und Körper mit alten Kleidungsstücken gegen die unsägliche Hitze geschützt, erst einmal die Asche und letzten Kohlestückchen mit einem nassen Besen aus dem Ofen fegen. Dann kamen mit einem langen Schieber die vorbereiteten Brote in den Ofen, insgesamt beinah fünfzig Stück. Für die Jungs war das alles natürlich außerordentlich faszinierend – zumal nach dem Brot auch noch

Butterkuchen gebacken wurde. Zum Abschluss gab es dann zum Kuchen einen Becher Milch für die Jungs und Malzkaffee für die Erwachsenen in der groten Dönz. Auch Herlind war mit dabei gewesen, auch wenn sie sich wie immer nicht an den Gesprächen beteiligt hatte. Nur Alfred und Johann Christoph – oder Flettmester, wie ich ihn zu dieser Zeit ja noch nannte – hatten gefehlt, da beide nach Bispingen gefahren waren, um sich dort zwei Böcke für die Heidschnuckenherde des Hofes anzuschauen.

Alles in allem war es ein wirklich schöner Nachmittag gewesen. Und jetzt erzählt dieses Schandbild eines Lehrers solch eine Schreckensgeschichte!

∞ ∞ ∞ ∞ ∞

Als ich heute Nachmittag Milch holen ging, war Dörte da und erzählte mir von der Hundeköst. Schön wäre es gewesen, und Alfred und sie hätten sogar mal wieder getanzt. Durch die viele Arbeit auf dem Hof kämen sie ja kaum noch dazu, schon gar nicht mehr auf den Saal nach Handeloh, obwohl sie das früher so gern gemacht hätten. Dafür sei es aber vorgestern umso schöner gewesen. Als sie das sagte, wurde ich knallrot. Zum Glück bemerkte Dörte es nicht, denn sie war gerade dabei, die Milch in meine Kanne zu schöpfen.

Johann Christoph habe ich heute nicht gesehen – und weiß nicht, ob ich deswegen erleichtert oder enttäuscht bin. Seit vorgestern kehren meine Gedanken immer wieder zu ihm zurück. Nie hätte ich geahnt, dass sich hinter diesem stillen, in sich gekehrten Menschen ein so empfindsamer Mann verbirgt. Trotzdem war es nicht recht, dass er mich geküsst hat, und gleichzeitig lässt allein die Erinnerung daran mein Herz jedes Mal schneller schlagen. Es ist falsch und fühlt sich doch richtig an. Was soll ich nur machen?

∞ ∞ ∞ ∞ ∞

Heute Nacht hatte Konrad einen schlimmen Albtraum. Selbst in meinem Schlafzimmer hörte ich ihn weinen, und bevor Alexander noch klopfen konnte, war ich schon an der Tür.

Es dauerte lange, bis ich den Kleinen wieder beruhigt hatte. Zwischen seinen Schluchzern erzählte er, es wäre alles ganz dunkel gewesen und heiß, so heiß das er gedacht hatte, er müsste verbrennen …

Während beide Kinder unten in der Stube einen Becher Milch tranken, legte ich mehrere dicke Handtücher auf die Matratze, bevor ich ein neues Bettlaken aufzog. Zum Glück ist heute Sonntag, so dass wir alle etwas länger schlafen konnten.

Als die Jungs schließlich zum Frühstück herunterkamen, kasperte Konrad schon wieder herum. Den Kindern gegenüber lasse ich es damit auf sich beruhen, aber für mich selbst werde ich dieser Sache noch mal auf den Grund gehen. Wie kommt dieser Unmensch nur dazu, so etwas kleinen Kindern zu erzählen!

∞ ∞ ∞ ∞ ∞

Als ich heute Nachmittag auf der kleinen Bank saß, die ich mir draußen neben der Küchentür aus Ziegelsteinen und zwei Holzbrettern zusammengebaut hatte, trat plötzlich Johann Christoph um die Hausecke.

Er lächelte, als er mich so sitzen sah, die von der Gartenarbeit erdigen Hände im Schoß.

»Darf ich?«, fragte er und zeigte auf den freien Platz neben mir.

Von einem plötzlichen Anflug von Schüchternheit überwältigt, konnte ich nur nicken.

»Schön ist der Garten wieder geworden«, meinte Johann Christoph, als er sich neben mich gesetzt hatte. »Meine Großmutter hat ihn damals angelegt. Eine Zeitlang hatten meine Großeltern selbst in der Kate gewohnt, nachdem sie bereits umgebaut war. Seinerzeit waren wir fast dreißig Menschen auf dem Hof, allein mein Onkel und seine Familie waren schon sieben Leute. Dann meine beiden Schwestern, meine beiden

Brüder, meine Eltern und die zwei verwitweten Tanten meiner Mutter. Und natürlich die Knechte und Mägde, sowie deren Kinder – damals war der Flettmester-Hoff der größte Hof in Eickenloh. Das mag man heute kaum noch glauben, oder?«

Ich nickte nur, aus Angst, meine Stimme könne mein Herzklopfen verraten.

»Die Altenteilerstube hatte daraufhin mein Onkel mit seiner Familie bekommen. Sieben Leute in einem Zimmer – und das achte Familienmitglied bereits unterwegs. Aber damals war das ja üblich. Eigentlich wäre es sinnvoller gewesen, dass er mit seiner Familie in die Kate zieht, aber davon wollte seine Frau nichts wissen. Am Hof hatte sie mehr Unterstützung, gerade mit den ganz Kleinen, und es gab immer jemanden, der ein Auge auf die beiden großen Jungs haben konnte. Richtige Lümmels waren das, meine Cousins. Ich war damals vier oder fünf und habe sie abgöttisch bewundert, auch wenn sie für die Dummheiten, die sie ständig ausheckten, regelmäßig Dresche von ihrem Vater bekamen. Irgendwann hatten sie mich Hosenmatz auch mitgeschleppt, und als sie bei Bauer Sottmer anfingen, den jungen Roggen auszureißen, habe ich natürlich fleißig mitgemacht. Mein ältester Cousin Johann Matthies meinte, das wäre die Rache, dass Bauer Sottmer sie bei ihrem letzten Streich an den Vater verpetzt hätte. Dummerweise bekam er unsere Schandtat auch dieses Mal mit, und als wir abends zurück zum Hof kamen, begrüßte mein Onkel die beiden schon mit der Haselgerte. Und auch ich habe meinen Teil bekommen. Nicht so schlimm wie meine beiden Cousins, aber immerhin doch so, dass mein Vater sicher sein konnte, dass ich das nie wieder tun würde.« Er lachte leise. »Jahre später, kurz bevor mein Vater in den Krieg zog, kam er eines Abends zu mir, wieder mit der Haselgerte in der Hand. Ich muss ihn damals ziemlich verdutzt angesehen haben, denn ich war mir ausnahmsweise mal keiner Schuld bewusst. Was er damit wolle, fragte ich ihn deshalb. Er antwortete mir, dass er mir als Kind einige Male den Hosenboden versohlen musste, und immer zu Recht. Aber irgendwann käme die Zeit, da müsse ein Mensch die Verantwortung für all das übernehmen, was er im Leben getan hätte, egal, ob es richtig gewesen sei oder nicht.

Heute sei seine Einberufung für den Kriegsdienst gekommen, aber er wolle nicht gehen, solange er mit mir nicht im Reinen wäre. Mit diesen Worten gab er mir die Haselgerte und sagte mir geradeheraus, dass nicht nur ich als Kind Dummheiten gemacht hätte, auch er als Vater wäre mir gegenüber nicht immer unfehlbar gewesen.

Ich starrte erst meinen Vater an, dann auf die Haselgerte und dann wieder zu meinem Vater. Im ersten Moment wusste ich nicht, was ich tun sollte, doch dann zerbrach ich die Rute in viele Teile und nahm meinen Vater in die Arme. Als wir uns wieder voneinander lösten, hatten wir beide Tränen in den Augen.«

»Dein Vater muss ein besonderer Mann gewesen sein«, sagte ich leise.

»Ja, das war er«, meinte Johann Christoph ebenso leise und sah mich an. »Johanna, ich habe das Gefühl, dass du mir aus dem Weg gehst.«

Ich schüttelte den Kopf.

»Bin ich dir beim letzten Mal zu nahe getreten?«, fragte er mich sanft.

Sag ja! Mein Verstand beschwor mich eindringlich, dass dies die einzig richtige Antwort war. Doch ich schüttelte wieder den Kopf. Ich konnte nicht lügen, es ging einfach nicht. »Aber es ist falsch«, fügte ich mit schwacher Stimme hinzu.

»Ja, das ist es«, meinte Johann Christoph, ohne etwas zu beschönigen. »Und ich würde es lieber richtig machen, wenn ich es könnte. Aber ich kann es nicht, zumindest noch nicht. Alles, was ich dir bis dahin geben kann, ist mein Wort. Vertraust du mir?«

Als ich erneut nickte, küsste er mich, ein langer, tiefer Kuss.

»Wo sind die Jungs?«, fragte mich mein Geliebter, als wir uns wieder voneinander lösten.

»Nach den Hausaufgaben ins Dorf gegangen. Meist kommen sie erst gegen Abend wieder«, flüsterte ich, noch immer atemlos.

Johann Christoph stand auf und griff nach meinen Händen.

»Aber sie sind ganz schmutzig ...«, protestierte ich.

»Dann werde ich sie dir wohl erst einmal waschen müssen, du kleiner Dreckspatz«, meinte er, zwinkerte mir zu und nahm mich mit ins Haus.

∞ ∞ ∞ ∞ ∞

Als ich gestern gerade zu Bett gehen wollte, klopfte es leise an der Küchentür. Als ich sie öffnete, stand Johann Christoph vor mir.

»Störe ich?«

»Nein«, antwortete ich lächelnd. »Die Jungs sind schon im Bett.«

»Das hatte ich gehofft«, sagte er und lachte leise. »Darf ich reinkommen?«

Einladend hielt ich ihm die Tür auf.

»Du bist mir immer willkommen. Aber wirst du nicht ... auf dem Hof vermisst?« Ich wollte es nicht sagen, wollte ihren Namen nicht nennen. Trotzdem musste ich es wissen.

»Nein«, antwortete Johann Christoph schlicht. Als er meinen zweifelnden Gesichtsausdruck sah, setzte er sich auf einen der Stühle in der Stube und klopfte auf den Stuhl neben sich.

»Johanna, vielleicht muss ich dir etwas erklären.« Er sah mich ernst an. »Als ich Herlind damals heiratete, erschien es uns beiden das Beste. Sie hatte ihre große Liebe verloren, meinen Bruder.« Johann Christoph schluckte schwer, als er damit auch an seinen eigenen Verlust dachte. »Und ich hatte gerade den Hof übernommen, den ich nie wollte. Zwischen uns gab es keine Liebe, hat es sie nie gegeben. Trotzdem musste das Leben weitergehen. Der Stall brauchte ein neues Dach, die Tiere ihr Futter – der Winter kam. Und Herlind brachte trotz der schweren Zeit nach dem Krieg eine stattliche Mitgift mit in die Ehe. Auch nach Christians Tod wollte sie keinesfalls unter ihrem Stand heiraten, und unter den Männern, die der Krieg übriggelassen hatte, war ich scheinbar noch die beste Partie.« Er lachte freudlos auf. »Uns beiden war klar, dass unsere Ehe aus der Not geboren wurde. Wer fragt da schon nach Liebe? Die konnte noch kommen oder nicht – für unsere Entscheidung spielte es jedenfalls keine Rolle, die Zeiten waren auch so schwer genug. Unsere Hochzeit war kurz nach Epiphania, gerade zwei Monate nach Kriegsende, das Jahr 1919 hatte eben erst begonnen. Keine große Feier, das wäre nach den Verlusten beider Familien nicht angemessen gewesen. Aber auch nicht ärmlich, wir wussten schließlich, was von uns erwartet wurde.

In der Hochzeitsnacht hatte Herlind dann geweint. Ich saß daneben, gerade mal zwanzig Jahre alt, vollkommen hilflos. Ich wusste, ich würde ihr nie der Mann sein können, den sie eigentlich haben wollte – und so saß ich die halbe Nacht neben ihr und traute mich nicht einmal, sie zum Trösten in die Arme zu nehmen, nachdem sie mich vorher schon von sich gestoßen hatte.« Johann Christoph starrte zu Boden, von seinen Erinnerungen gefangen.

»Es war das erste und letzte Mal, dass ich sie in Tränen gesehen habe. Danach weinte sie nie mehr, selbst nicht, als fünf Jahre später kurz nacheinander unsere beiden Töchter starben, dahingerafft von einem Fieber, für das niemand Heilung fand.

Ich dagegen weinte – um meine Kinder, und auch, als mein Vater und meine Mutter starben. Und vor allem aus Scham, Schuldgefühl und Verzweiflung, wenn mich nachts die Gespenster meiner Kameraden und die Erinnerungen an einen völlig sinnlosen Krieg einholten.« Er sah mich an. »Ich weinte – und blieb allein in meinem Kummer, denn Herlind tat dann immer, als schliefe sie schon fest. Sie selbst hatte beschlossen, dem Schicksal keine Schwäche mehr zu zeigen, nie mehr – und nun lag sie Nacht für Nacht neben einem Mann, den der Krieg zu einem heulenden Krüppel gemacht hatte.«

Bei seinen letzten Worten hatte ich mich neben Johann Christoph gehockt und seine Hände genommen. Wie konnte ich ihn nur trösten, in all seiner Untröstlichkeit?

»Ich liebe dich«, sagte ich deshalb. »Ich liebe dich, mit all dem, was du bist. Für dein wunderbares Lachen und deine Ehrlichkeit. Aber auch mit deiner Vergangenheit und deinen Schwächen. Ich liebe dich.«

Johann Christoph strich mir eine vorwitzige Haarsträhne, die sich aus meiner Frisur gelöst hatte, zurück hinters Ohr.

»Du ahnst gar nicht, wie viel mir das bedeutet«, flüsterte er und lächelte mich zärtlich an.

»Mein ganzes Leben …« Er stupste mir auf die Nase, dann fuhr er ganz sacht mit der Fingerkuppe den Schwung meiner Lippen nach. »Stört es dich nicht, dass ich so viel älter bin als du? Immerhin sind es siebzehn Jahre.«

»Stört es dich, dass ich so viel jünger bin als du? Immerhin sind es siebzehn Jahre!«

Johann Christoph lachte und zog eine meiner Haarklammern aus meinem Dutt. »Sie liebt mich. Sie liebt mich nicht.« Die nächste Haarklammer. Und noch eine. »Sie liebt mich.«

»Sie liebt dich«, bestätigte ich ihm.

»Das sind aber verflixt viele Haarklammern«, beschwerte sich Johann Christoph bei mir.

»Einige«, meinte ich und lachte leise.

»Komm auf meinen Schoß«, flüsterte er. »Das ist für dich bequemer. Ich glaube, das kann hier noch etwas dauern.«

»Sie liebt dich. Sie liebt dich. Sie liebt dich«, flüsterte ich ihm mit jeder Haarklammer, die er nacheinander auf den Tisch legte, ins Ohr. Johann Christoph quittierte jedes meiner Bekenntnisse mit einem Kuss.

Als meine Haare endlich wie ein weicher Wasserfall hinabfielen, vergrub er sein Gesicht in der weichen Flut.

»Gibt es den Schlüssel oben noch?«, murmelte er und begann, mit seinem Finger am Kragen meiner Bluse entlangzustreichen.

»Den zur Verbindungstür?«, fragte ich atemlos. »Ja, natürlich.«

»Das ist gut«, meinte er mit seinem schelmischen Lächeln. »Das ist wirklich gut.«

Heute früh, lang vor dem ersten Hahnenschrei, verabschiedete sich mein Geliebter wieder von mir. Ich sah ihm zu, wohlig unter den dicken Decken eingepackt, während er sich Hemd, Hose und Stiefel anzog.

»Wird sie dich nicht fragen, wo du gewesen bist?«, fragte ich ihn leise. Auch wenn Herlind ihren Mann nicht liebte, würde sie es wohl kaum billigen, dass er zu einer anderen Frau ging.

»Sie wird überhaupt nicht mitbekommen haben, dass ich weg war«, antwortete Johann Christoph. »Seit unsere Söhne einberufen wurden, schläft sie in der Altenteilerstube. Anfangs kam sie zumindest noch morgens zurück in die grote Dönz, um den schönen Schein zu waren, aber inzwischen wissen es sowieso alle auf dem Hof. Sie kann also nicht wissen, ob ich nur rausgegangen bin, um nach den Tieren zu schauen – oder ob ich die ganze Nacht weg war.« Er zwinkerte mir im Schein der Deckenlampe zu. Dann gab er mir einen letzten Kuss und löschte an der Tür das Licht. »Wir sehen uns«, flüsterte er in die Dunkelheit. Das Schließen der Tür und Knarren der Treppenstufen war das Letzte, was ich von ihm hörte.

∞ ∞ ∞ ∞ ∞

Beim Milchholen vorhin erzählte mir Dörte, dass am kommenden Samstag wieder Backtag sei. Ob ich mit den Jungs vorbeikommen wolle? Gern könnten wir auch unsere eigenen Brote zum Backen mitbringen.

Ich war begeistert von ihrer Idee. Dann konnte ich im Anschluss auch noch ein Blech meines Lieblingsapfelkuchens für alle backen und damit gleich die Nutzung des Ofens ›bezahlen‹.

Von Bezahlung mochte Dörte zwar überhaupt nichts wissen, schließlich sei der Ofen ja nun so oder so heiß, aber neugierig auf das Rezept, das ich mal von einer schlesischen Freundin meiner Mutter bekommen hatte, war sie schon. Äpfel wären auch noch vom Winter im Speicher, inzwischen recht verschrumpelt, aber für Apfelkuchen gerade richtig. Und Platz genug wäre ja für alles im Ofen, seit auf dem Hof nicht mehr so viele Menschen versorgt werden mussten.

Als sie das sagte, fiel mir das Schauermärchen wieder ein, das Machandel den Kindern erzählt hatte, also sprach ich Dörte darauf an.

Doch, meinte sie, das stimmt. Jeder hier in der Gegend kenne die Geschichte von Carsten Hilmers, der in Wilsede von marodierenden Söldnern in seinem eigenen Backofen verbrannt worden war. Allerdings wäre das im Dreißigjährigen Krieg gewesen, also schon dreihundert Jahre her. Warum mich das interessieren würde?

Der Lehrer hätte es den Kindern erzählt, antwortete ich ihr.

Ah, Heimatkunde, hatte Dörte nur gesagt und das Thema dann fallengelassen.

Auf dem Weg zurück zur Kate ließ ich mir die Sache noch einmal durch den Kopf gehen. Nein, nach Heimatkunde hatte sich der Bericht der Jungs nicht angehört. Machandel hatte die alte Geschichte ganz bewusst in die Neuzeit gelegt, um bei den Kindern die Kriegseuphorie anzuheizen. Vermutlich war es vor allem für die Älteren gedacht gewesen, aber wenn die Jüngeren es gleich mitbekamen, war es umso besser.

Verärgert schlug ich den kleinen Pfad ein, der zur Kate führte. Hatte Johann Christoph nicht erzählt, der alte Lehrer wäre nicht linientreu genug gewesen? Diese Gefahr bestand bei Machandel mit Sicherheit nicht, denn der setzte sich mit Feuereifer für die Ziele der Nationalsozialisten ein – selbst wenn er dafür das ein oder andere ›anpassen‹ musste.

Die Wahrheit war immer das erste Opfer des Krieges.

∞ ∞ ∞ ∞ ∞

Als ich Johann Christoph heute Nacht von Machandels Propaganda berichtete, legte er mir im Licht der Kerze, die wir angezündet hatten, den Kopf auf die Brust.

»Es ist genau wie damals. Auch da hatte man uns ständig erzählt, wie arglistig und abgrundtief böse der Feind sei, und wie tapfer unsere Soldaten, die sich ihm mit brennenden Herzen entgegenstellten, um unser deutsches Vaterland zu verteidigen. Schon in der Schule riefen die Kinder »Wir sind bereit!«. Und die jungen Männer, so wie ich, konnten es kaum erwarten, in die Schlacht zu ziehen.«

»Also bist du in die Schlacht gezogen«, sagte ich, während ich seinen Kopf streichelte.

»Ja, obwohl ich zu dem Zeitpunkt schon keine Wahl mehr hatte. Meine Euphorie war bereits in den Baracken unseres Ausbildungslagers auf der Strecke geblieben. Es herrschte eine seltsame Stimmung dort. Immer wieder gab es Gerüchte. Der Feind würde rauben, morden und brandschatzen und alle deutschen Frauen, derer er habhaft werden könnte, erst vergewaltigen und dann an die Scheunentore kreuzigen. Nein, widersprach der Nächste, das sei das, was der Feind uns nachsage, um uns bei unseren Verbündeten in Verruf zu bringen.«

»Und wer hatte Recht?«

»Das weiß ich nicht. Vermutlich beide, denn nachdem ich den Krieg gesehen habe, weiß ich, wozu Menschen fähig sind. Damals im Lager sagte ich allerdings nichts dazu. Wie konnte ich auch? Das Ausmaß der Gewalt, das ich von den älteren Kameraden zu hören bekam, schockierte mich zutiefst. Natürlich wusste ich, dass es im Krieg andere Regeln gab – aber wie sehr ›anders‹, wurde mir erst in den Wochen meiner Ausbildung klar. Nur ahnte ich da noch nicht, dass selbst das, was wir zu hören bekamen, die Realität gerade mal streifte.«

»Hattest du nie daran gedacht, deine Meldung als Kriegsfreiwilliger zu widerrufen?«

»Nein. Die Möglichkeit gab es auch nicht, selbst wenn der Soldat, so wie ich, noch minderjährig war. Schließlich hatte meine Mutter für mich unterschrieben. Aber selbst wenn es möglich gewesen wäre, wie hätte das ausgesehen? Ein erbärmlicher Feigling, der schon vor der ersten Schlacht die Hosen voll hatte – nein, so wollte ich ganz gewiss nicht nach Hause zurückkehren. Ein deutscher Soldat war kühn, tapfer und voller Siegeswille – für Drückeberger gab es nur Verachtung, und für Deserteure das Zuchthaus oder die standesrechtliche Erschießung.«

»Und dir kam nie der Gedanke, dass ihr auch verlieren könntet?«, fragte ich ihn.

Johann Christoph lachte trocken auf. »Diese Option gab es für uns nicht. ›*Noch nie ward Deutschland überwunden, wenn es einig war.*‹ Diese Parole hatte Kaiser Wilhelm II. zu Kriegsbeginn herausgegeben, und niemand zweifelte an seinen Worten. Und falls doch, dann wurden diese Zweifel zumindest nie so laut geäußert, dass sie bei uns Rekruten ankamen. Selbst die Offiziere, die bereits an der Front gewesen waren und uns jetzt drillten, waren voll des Siegesmutes. So schien es uns jedenfalls – erst im Nachhinein wurde mir klar, dass sie keine andere Wahl hatten, als diese irrsinnige Kriegsmaschinerie weiterlaufen zu lassen.

Als wir schließlich erfuhren, dass unsere Kompanie in Verdun eingesetzt werden sollte, sagte das den meisten von uns nichts.

Aber ein Soldat stellt keine Fragen, er gehorcht Befehlen. Wir wunderten uns nicht mal darüber, dass wir bereits nach acht Wochen an die Front beordert wurden, obwohl die Ausbildung in Friedenszeiten zwei Jahre dauerte. Wir nahmen einfach unsere Ausrüstung, ließen uns in die Waggons des nächsten Zuges pferchen und fuhren gen Westen, ohne auch nur im Ansatz zu ahnen, was uns dort erwartete.« Johann Christoph machte eine lange Pause, bevor er weitersprach. Seine Stimme klang jetzt gequält, aber ich spürte, dass er erzählen wollte – nein, erzählen *musste* – was seit über zwanzig Jahren wie ein Krebsgeschwür auf seiner Seele lastete.

»Es war die Hölle. Viele nannten Verdun später die Knochenmühle, die Blutpumpe, ein endloses Leichenfeld. Aber keiner, der nicht selbst dort war, kann sich vorstellen, was das wirklich bedeutete«, fuhr er fort. »Wir waren noch kilometerweit von der Front entfernt, als uns eine verwüstete Landschaft empfing, die ich mir vorher in meinen schrecklichsten Träumen nicht hätte ausmalen können. Bereits im Hinterland begann das Grabensystem, in dessen Schutz wir schließlich die Front erreichten. Es war eine Szene wie aus dem Weltuntergang der Bibel: Soweit das Auge reichte, gab es zwischen den Gräben, die wie Wühlmausgänge das Land hinter der Frontlinie durchzogen, nur nackte, aufgewühlte Erde, die von den einschlagenden Granaten und Bomben ständig neu aufgerissen wurde. Die aufspritzenden Erdmassen begruben dabei immer wieder Kameraden unter sich, nur um im gleichen Zug die Leichen der Soldaten freizulegen, die bei einem früheren Einschlag verschüttet worden waren. Dazwischen dröhnten die Sperrfeuer der Maschinengewehre, Tag und Nacht, um die Gegner beider Seiten zu zermürben.

Stahlgewitter nannten wir es an der Front, und selbst die Luft war graugelb von der Erde und den Steinen, die bei den unzähligen Einschlägen zu feinstem Staub zermahlen wurden. Und manchmal auch vom Giftgas, das beide Seiten hinter die feindlichen Linien schossen.

Oft genug mussten wir deshalb mit unseren Gasmasken schlafen, wenn an Schlaf überhaupt zu denken war. Aber mit der Zeit gewöhnt man sich selbst daran, genau wie an die Nässe und den Schlamm, die Ratten, die sich an den Toten zu schaffen machten, die Läuse überall am Körper, den Gestank der eigenen Exkremente und dem Verwesungsgeruch, der über allem lag.

Fast noch schlimmer waren allerdings die Feuerpausen. Eine plötzlich gespenstische Stille nach dem infernalischen Lärm, nur unterbrochen vom Schreien und Wimmern der Verletzten, die angeschossen, mit abgerissenen Gliedmaßen und schwärenden Wunden im Niemandsland zwischen den Schützengräben lagen oder hilflos sterbend in den Stacheldrahtverhauen festhingen. Wir konnten sie hören und sehen und trotzdem nicht helfen. Wir konnten ihnen einfach nicht helfen!« Johann Christoph schluchzte, Tränen rannen über meine nackte Brust. Es dauerte eine ganze Weile, bis er sich so weit gefangen hatte, dass er weitererzählen konnte.

»Manche von uns versuchten es trotzdem und bezahlten ihren Einsatz mit dem Leben. Sobald eine Bewegung zwischen den Schützengräben auszumachen war, wurde sofort wieder das Feuer eröffnet. Den Gegner ausbluten zu lassen, das war die Parole. Und mit Blut wurde die Erde von Verdun getränkt. Mehr wurde jedoch nicht erreicht, denn beide Seiten hatten sich längst wie die Maulwürfe eingegraben und konnten weder mit Granaten, Flammenwerfern oder Giftgas endgültig besiegt werden. Es gab nur Verletzte und Tote. Hunderttausende Menschen als Kanonenfutter in einem völlig sinnlosen Stellungskrieg, bei dem keine Seite mehr als ein paar Meter Boden gewinnen konnte, monatelang.«

Fassungslos hörte ich Johann Christoph zu, der vergessen zu haben schien, dass er sich bei mir befand, in Sicherheit. Er war wieder im Krieg, wieder in Verdun, und erlebte den Schrecken und all das Entsetzen erneut.

»Als wir ankamen, wurde ich zum Tragen der Munitionskisten abgestellt, denn mein Gewehr konnte ich mit meinen entzündeten Armen schon nicht mehr halten. Tragen, das ging noch, mit den Schultergurten als Hilfe. Wie die Mäuse liefen wir durch die Gänge der Schützengräben, immer in der Gewissheit, dass der nächste Einschlag in der Nähe auch uns in die Luft jagen *könnte. Zumindest wäre es ein schnelles Ende gewesen. So aber schleppte ich noch zwei Tage die Kisten in ständiger Todesangst, bis ich schließlich durch das Fieber zusammenbrach und in einen der Lazarettgräben gebracht wurde. Und das war mein Glück, denn der Kamerad, mit dem ich gerade noch die letzte Kiste getragen hatte, wurde kurz danach mit meiner Ablösung von einer Granate getroffen. Beinahe hundert Kameraden in der Nähe kamen ebenfalls ums Leben, als die Munitionskiste explodierte.« Inzwischen zitterte Johann Christoph am ganzen Leib, aber das einzige, was ich für ihn tun konnte, war ihn fest in meinen Armen zu halten.*

»Auch der Lazarettgraben wurde mehrfach getroffen. Zweimal wurde ich verschüttet, aber ich befand mich beide Male am Rand der Erdmassen und konnte gerettet werden, bevor mir die Luft ausging. Andere hatten das Glück nicht und erstickten jämmerlich, lebendig unter Tonnen von Erde begraben. Bis heute träume ich nachts davon, wie dieses unglaubliche Gewicht auf mich stürzt und mir die Luft aus den Lungen drückt. Ich ... ich sterbe, den Mund voll mit Erde, die mich hindert zu schreien und mich qualvoll erstickt. Im Moment meines Todes wache ich dann auf, schweißgebadet, verrückt vor Angst - nur um zu wissen, dass ich das Grauen jede Nacht erneut durchleben werde, immer und immer wieder, den Rest meines Lebens.«

Nachdem Johann Christoph gegangen war, lag ich noch lange wach und dachte über das nach, was er mir erzählt hatte.

Bislang hatte ich mir nie weiter Gedanken über den Großen Krieg gemacht. Geboren 1915, stammen die ersten Bilder, an die ich mich aus meiner Kindheit erinnern kann, von dem Ausflug, den wir an meinem dritten Geburtstag machten, um im nahen Park Schlitten zu fahren. Meine Kindheit war unbeschwert, behütet – war ich doch ein Geschenk für meine Eltern, mit dem sie überhaupt nicht mehr gerechnet hatten.

Nach Carstens Geburt hatte unsere Mutter zwei weitere Kinder während der Schwangerschaft verloren. Der Arzt sagte meinen Eltern damals, dass sie sich an den Gedanken gewöhnen sollten, nur diesen einen Sohn zu haben, da meine Mutter offen-

bar nicht mehr in der Lage sei, noch weiteren Kindern das Leben zu schenken.

Meine Mutter litt damals sehr unter dieser Aussage, kam sie doch selbst aus einer großen Familie und hatte immer davon geträumt, ebenfalls viele Kinder zu haben. Mein Vater stand ihr bei, so gut es ihm möglich war. Im Gegensatz zu anderen Ehemännern räumte er auch ein, dass es durchaus an ihm liegen mochte, denn zu Kriegsbeginn war er schon Mitte Fünfzig und nicht mehr ganz in der Blüte seiner Jahre. Meine Mutter, 24 Jahre jünger als mein Vater, liebte ihn für diese liberale Sicht mehr als zuvor – trösten konnte es sie indes nicht.

Umso größer war daher die Freude, als ich mich ganz unverhofft ankündigte und nach einer vollkommen problemlosen Schwangerschaft, wie meine Mutter immer wieder betonte, am zweiten Februar 1915 das Licht der Welt erblickte.

Wenn ich an meine ersten Jahre zurückdenke, erinnere ich mich vor allem an das Lachen meiner Mutter und das ungetrübte Glück im Kreise unserer Familie. Aber auch später in der Schule wurde alles, was mit dem Großen Krieg in Verbindung stand, weitestgehend vermieden. Das Deutsche Reich hatte ihn verloren und im Anschluss daran die alleinige Schuld übernehmen müssen – das war nichts, worauf man stolz sein konnte. Und Stolz war das Einzige, was vielen Menschen blieb, denn die Wirtschaft lag seit Kriegsende am Boden und erholte sich auch nach der Währungsreform nur langsam wieder.

Erst jetzt fällt mir auf, dass mir ein ganzes Kapitel unserer Geschichte fehlt. Während der Schulzeit lernten wir alles über das Heilige Römische Reich, endlose Schlachten und Bündnisse, die sofort wieder in Vergessenheit gerieten, sobald man das Wissen nicht mehr brauchte. Daran schloss die Ära Bismarcks an, die dann im Deutschen Kaiserreich mündete, nur um dann unvermittelt in die Weimarer Republik zu springen. Vier Jahre, die plötzlich fehlten, obwohl ich selbst in dieser Zeit geboren wurde – und ich hatte es nicht einmal bemerkt.

Auf der anderen Seite war es aber auch bezeichnend für die Stimmung jener Tage. Kaum einer sprach darüber, trotzdem war *es jedem bewusst, dass es etwas gegeben hatte, was sich zwar verdrängen, aber niemals vergessen ließ. Kaum eine Familie, in die der Krieg keine Lücken gerissen hatte. Auch in meiner Familie waren Verwandte gefallen, der jüngste Bruder meines Vaters, zwei Cousins meiner Mutter. Zurück blieben Bilder, trauerumflort auf den Nachtschränken, aber geredet wurde darüber nicht, weder zu Hause, noch in der Schule. Für mich blieb der Verlust daher abstrakt, anders als für meinen elf Jahre älteren Bruder, der die Kriegsopfer unserer Familie noch kennengelernt hatte. Doch auch er sprach nie darüber, und so bedeutete der Große Krieg für mich vor allem eine Ansammlung von Fotos und Gedenksteinen auf den Friedhöfen – bis ich Johann Christoph kennenlernte.*

Damit endete das zweite Tagebuch. Rose konnte kaum glauben, dass sie es fast in einem Rutsch durchgelesen hatte. Inzwischen setzte draußen schon die Dämmerung ein, der Blick auf die Uhr zeigte kurz nach neun an. Auch ihre Augen brannten wieder, trotzdem fiel es Rose schwer, in die Gegenwart zurückzufinden.

Also hatten Johanna Maria und Johann Christoph wirklich eine Affäre miteinander begonnen. Zuerst hatte sich Rose dabei unangenehm an ihre eigene Situation mit René erinnert gefühlt. Nur zu gut konnte sie sich in die Rolle der betrogenen Herlind versetzen, die scheinbar noch nichts von dem Betrug ihres Mannes ahnte. Doch dann hatte sie die Liebe zwischen den beiden mitgerissen. Eine Liebe, die viel mehr war als nur ein oberflächliches Abenteuer, und auf tiefem Verständnis und der bedingungslosen Annahme des jeweils anderen beruhte. Schlussendlich hatte Rose den beiden ihre persönliche Absolution gegeben, auch wenn es ihnen nach all den Jahren nichts mehr nutzte. Und erstaunlicherweise hatte sie dadurch selbst das Gefühl, als sei eine große Last von ihren Schultern genommen worden.

Wie mochte die Geschichte der beiden wohl ausgegangen sein? Nicht gut, das wusste Rose ja – zumindest nicht aus Sicht der Eickenloher. Ob sie das Dorf damals zusammen verlassen hatten, um irgendwo anders noch mal ganz neu anzufangen?

Rose stützte nachdenklich das Kinn in ihre Hände. Darüber gab wahrscheinlich das letzte Heft Aufschluss. Trotzdem sträubte sich etwas in ihr, jetzt schon die endgültige Gewissheit zu bekommen. Vielleicht, weil ihr ein leises Stimmchen sagte, dass die Ursache des späteren Eklats nicht ganz so banal gewesen sein konnte …

Gedankenverloren blätterte sie noch einmal das Heft durch. Den Illustrationen und kleinen eingeklebten Erinnerungen hatte sie beim Lesen kaum Beachtung geschenkt, doch jetzt nahm sie sich Zeit, um alles in Ruhe zu betrachten: Die blauen Glockenblumen, so zart gezeichnet und koloriert, dass es schien, ein Windhauch könne sie vom Papier wehen. Gelb blühender Ginster. Der lilafarbene Flor des Sandthymians, der gleich den kompletten unteren Rand einer Doppelseite bedeckte. Eine weitere Ansicht des Heidehofes, den Rose bereits aus dem ersten Heft kannte. Zwei eingeklebte Postkarten aus Hamburg, unterschrieben von Carsten und Marianne: *Liebe Grüße an euch, uns geht es gut.* Belanglose Sätze – heile Welt für die Kinder. Außerdem ein paar gepresste Blüten, über die Jahrzehnte ins Grau verblasst, ein vierblätteriges Kleeblatt und eine kleine, braune Vogelfeder. Vielleicht von einer Heidelerche?

Es waren kleine Zeugnisse und Andenken an ein Leben, längst vergangen und verweht wie die Liebe und das Glück.

Rose seufzte. Vermutlich sollte sie wirklich erst mal eine Pause einlegen.

Kapitel 16

Eigentlich hatte sie nur einige Kleinigkeiten einkaufen und anschließend zu Käthe weiterfahren wollen, um ihr endlich die Murano-Schale vorbeizubringen. An diesem Entschluss hatte auch Renés Auftritt gestern nichts geändert – sie hatte zwar noch keine Meinung, wie sie mit seiner Offenbarung umgehen sollte, trotzdem wollte sie alle zweifelhaften Erinnerungen an ihre gemeinsame Zeit aus der Wohnung haben.

Danach sollte es weiter zum Blumenshoppen gehen, nachdem sie ihren Garten in den letzten Tagen sträflich vernachlässigt hatte. Und vorher noch auf ein Eis nach Schneverdingen? Ja, warum eigentlich nicht – schließlich schien die Sonne aus allen Knopflöchern, und warm sollte es heute auch wieder werden. Grund genug also, um sich unter die Leute zu mischen. Einfach mal raus und an was anderes denken, sich das Leben so angenehm wie möglich machen – trotz der Nackenschläge der letzten Tage. Oder besser gesagt: Gerade deswegen.

Das war zumindest der Plan, den Rose auf dem Weg nach Handeloh gefasst hatte. Als sie jedoch auf den kleinen Parkplatz des Supermarktes fuhr, stand dort bereits ein gewisser weißer Lieferwagen.

Ihr erster Impuls war, gleich wieder umzudrehen, um eine unangenehme Begegnung zu vermeiden. Doch schon im nächsten Moment siegte ihr Trotz. Wer hatte sich denn ohne Erklärung oder Entschuldigung nicht mehr gemeldet? Außerdem hätte Johanna Maria in so einer Situation ganz bestimmt nicht gekniffen – es wurde also allerhöchste Zeit, dass auch Rose nicht mehr vor irgendwelchen Typen kuschte.

Als sie ihren Wagen demonstrativ neben dem Lieferwagen abstellte, kam Bent gerade aus dem Supermarkt. Er stutzte kurz, setzte dann aber den Weg zu seinem Fahrzeug fort.

»Moin«, meinte Rose trocken, als sie just ausstieg, als er einsteigen wollte.

Bents Blick war schwer zu deuten, aber er erwiderte den Gruß.

»Moin.«

»Schön, dass ich dich hier treffe. Dann kann ich mich ja gleich noch mal dafür bedanken, dass du mir zumindest abgesagt hattest, nachdem wir uns Samstag eigentlich treffen wollten.« Sollte er bloß nicht glauben, dass er ihr so leicht davonkam.

Bent nickte. »Ja, den Rüffel habe ich wohl verdient.«

Hoppla, was war denn das für eine Antwort?

»Ach. Und?«

»Nichts und.« Bevor er die Fahrertür schließen konnte, hielt Rose die Tür fest. Ein kleiner Teil von ihr wunderte sich über sie selbst – noch vor wenigen Tagen hätte sie sich das nicht getraut. Der deutlich größere Teil in ihr ärgerte sich allerdings maßlos, dass Bent sie hier einfach stehen lassen wollte.

»Meinst du nicht, dass ich ein paar mehr Worte verdient hätte?«

Bent zuckte die Achseln. »Was soll ich sagen? Ich bin ein Idiot, und es war eine dumme Idee. Reicht dir das? Dann lass bitte die Tür los, ich habe zu tun.«

Rose sah ihn völlig perplex an, kam aber seiner Forderung nach. Und tatsächlich zog er im nächsten Augenblick die Tür zu, startete den Motor und fuhr los.

»Das ist doch …« Sie starrte dem Lieferwagen hinterher, der an der Hauptstraße nach rechts abbog und hinter den Häusern außer Sicht geriet.

So etwas hatte sie noch nicht erlebt. Was bildete sich dieser Typ eigentlich ein? Kochend vor Wut griff sie nach ihrem Korb, schloss den Wagen ab und ging einkaufen. Dreckskerle! Sollten sie ihr doch allesamt gestohlen bleiben!

Als sie eine Viertelstunde später zum Auto zurückkam, klingelte gerade das Handy, das sie im Handschuhfach zurückgelassen hatte. Konnte es etwa …?

Aber es war keine bekannte Nummer, sondern ein WhatsApp-Anruf von diesem Joshua.

»Das darf doch wohl nicht wahr sein!« Wutentbrannt drückte Rose den Anruf weg und blockierte die Nummer endgültig. Schon heute Morgen hatte sie eine weitere Nachricht von diesem Typen auf dem Handy gehabt. Oder sollte man besser sagen: Von diesem Virus?

Hey, antworte doch mal! Es ist wichtig!

Ja, klar. Ganz wichtig, Mr. Hacker.

Und jetzt rief er sogar an? Womöglich eine Abo-Falle oder irgendwas anderes Kostspieliges, bei dem man gleich seine Seele verkaufte, sobald man unbedacht seinen Namen nannte oder ›Ja‹ sagte.

Von wegen, Kumpel. Auf miese Typen falle ich nicht mehr rein – und auf miese Abzocke schon gar nicht.

Klei mi ann Mors, ihr asigen Schietkerls!

»Kindchen, was für eine Freude! Komm doch rein!«

»Ich wollte eigentlich nur …«

»Nein, nein, keine Ausreden, ich habe eben erst Tee gemacht. Eine neue Sorte, die musst du unbedingt probieren! Und lass die Schuhe an!« Damit drehte sich Käthe um und verschwand in der Wohnung.

Rose fügte sich seufzend, schloss die Tür hinter sich und folgte ihr.

»Als ob ich es geahnt hätte. Setz dich doch, Kindchen!« Käthe hatte bereits zwei Gedecke auf dem Tisch und die Teekanne in der Hand. Neben den Tassen stand ein Teller mit Butterkuchen.

»Ja … danke.« Ergeben setzte sich Rose auf ihren üblichen Platz auf dem Sofa.

»Eigentlich wollte ich nur fragen, ob du die Schale haben magst …«, Rose wickelte sie ein wenig umständlich aus der

Noppenfolie, »… bei mir passt sie nicht mehr so richtig in die Wohnung.«

Mit einem fragenden Blick hielt Käthe kurz beim Einschenken inne. Als das Murano-Glas zum Vorschein kam, schien sie erst verblüfft, dann verklärte sich ihr Gesichtsausdruck.

»Oh, Kindchen, das kann ich nicht annehmen. Die Schale ist aus Venedig, oder?«

»Ja, stimmt. Aber ich dachte, sie gefällt dir vielleicht …«

»Sie gefällt mir sogar sehr. Ich weiß allerdings auch, was so etwas kostet.«

»Das ist doch egal«, wiegelte Rose ab. »Ich … ich möchte sie ehrlich gesagt nicht mehr in der Wohnung haben, deshalb dachte ich … also … na ja …« Sie brach ab, als ihr klar wurde, wie sich das gerade anhören mochte.

Aber Käthe verstand es genau richtig. »Unliebsame Erinnerungen, ja?«

Rose nickte unglücklich.

Ihre Vermieterin stellte die Teekanne ab und ging zu ihrer Anrichte. Dort öffnete sie die unverglaste Mitteltür und nahm etwas heraus, bevor sie zurückkam.

»Die hatte mir damals meine Mutter aus Italien geschickt.« Sie stellte ein Schälchen auf den Tisch, ein deutlich kleineres, aber fast identisches Ebenbild von Roses Urlaubssouvenier.

»Das ist ja ein Zufall!« Verdutzt nahm Rose das Schälchen in die Hand und betrachtete es von allen Seiten.

»Ja, nicht wahr? Es ist schon einige Jahrzehnte alt. Meine Mutter wohnte damals in der Toskana, sie hatte es mir zum Hochzeitstag geschickt.«

»Ehrlich? Ich liebe die Toskana. Hat sie lange dort gelebt?«

»Ein paar Jahre.«

»Das finde ich mutig. Ich glaube, ich hätte mich das nicht getraut.«

Käthe lächelte versonnen. »So etwas weiß man vorher nie, Kindchen. Aber genug der alten Geschichten. Dann bedanke ich mich ganz herzlich für die Schale. Ich werde sie in Ehren halten und mit wundervollen neuen Erinnerungen füllen.«

Rose war sich nicht sicher, wie Käthe das nun wieder meinte, aber die alte Dame sah recht glücklich aus, also ließ sie es auf sich beruhen.

Ihre Vermieterin maß jetzt in jede Tasse einen gestrichenen Teelöffel Zucker und setzte im Anschluss noch einen Schuss Sahne in die gelbgoldene Flüssigkeit, bevor sie Rose den verführerisch duftenden Tee reichte.

»Probieren!«

Rose pustete vorsichtig über den Tee und nahm dann einen Schluck.

»Sehr gut«, meinte sie anerkennend.

»Ein guter Tee hilft für und gegen alles«, erklärte Käthe nachdrücklich und nippte selbst an ihrer Tasse.

Eine Weile lang schwiegen sie beide, bis Rose wieder das Wort ergriff.

»Die seltsamen Vorkommnisse im Haus haben sich übrigens aufgeklärt, das meiste zumindest.«

»Ach, wirklich? Nimm dir doch von dem Kuchen, Kindchen.«

»Ja, danke. Es war mein Ex. Er sagt, er liebt mich immer noch und möchte mich gern zurückhaben, deshalb hätte er das alles inszeniert.«

Käthe nahm sich ebenfalls einen Streifen Butterkuchen, bevor sie antworte.

»So, möchte er das. Und was möchtest du?«

»Das weiß ich nicht«, musste Rose zugeben, während sie versuchte, dem Butterstreifen mit der Kuchengabel Herr zu werden.

»Einfach mit der Hand essen, so fein sind wir hier nicht. Die Gabel dient nur dazu, um die Streifen von der Kuchenplatte zu nehmen.«

»Oh, na gut«, meinte Rose etwas verlegen. Sie nahm ihr Stück vom Teller und biss herzhaft hinein. Eine wahre Geschmacksexplosion aus cremiger Butter und Zucker umschmeichelte Zunge und Gaumen.

»Hmm, ist der lecker!«

»Im Lehmofen gebacken, nach alter Tradition. Ganz frisch von den Landfrauen, der beste, den es gibt!«

Im ersten Moment war Rose versucht zu erzählen, dass sie davon schon gelesen hatte, doch dann hielt sie sich zurück. Was, wenn es Käthe missfiel, dass sie die Tagebücher las? Ob sie überhaupt wusste, dass sie auf dem Dachboden gelegen hatten? Vielleicht sollte sie ihre Vermieterin mal irgendwann unverfänglich nach Johanna Maria fragen – sicherheitshalber aber erst, wenn sie auch mit dem letzten Heft durch war. Schließlich musste sie unbedingt wissen, wie es ausging – nicht, dass Käthe womöglich darauf bestand, die Hefte unverzüglich bei ihr abzuliefern …

Rose fiel auf, dass sie gar keine Ahnung hatte, wie Käthe zu der Sache von damals stand. Kam sie ursprünglich aus Eickenloh oder hier aus Handeloh? Das konnte einen großen Unterschied machen, wie Rose inzwischen wusste – nur war jetzt gerade nicht der richtige Zeitpunkt, um nachzufragen. Obwohl …

»Nun, ich kann jedenfalls nicht sagen, dass ich das Verhalten deines Exfreundes sonderlich gutheiße«, unterbrach Käthe in diesem Augenblick ihre Gedanken. »Zu meiner Zeit hatte man der Frau seines Herzens noch den Hof gemacht und Blumen geschenkt. Ihr dumme Streiche zu spielen gehörte eher nicht dazu.«

»Er meinte, er hätte sich nicht mehr anders zu helfen gewusst.« Rose wusste nicht warum, aber sie hatte das Gefühl, René verteidigen zu müssen.

Käthe musterte sie ernst. »Wirklich? Gut, vielleicht gibt es eine Erklärung, warum er so ist, wie er ist. Womöglich kann man dafür sogar Verständnis aufbringen. Aber reicht das?«

»Wie meinst du das?«

»Ich meine, dass es für eine Partnerschaft mehr braucht als Verständnis. Vor allem braucht es Vertrauen. Vertrauen ist das Wichtigste, wenn man sich einem anderen Menschen öffnen will. Dieser René scheint allerdings eher jemand zu sein, der andere herabsetzt, um sich selbst zu erhöhen, und alle

Register zieht, um seinen Willen zu bekommen. Kann man so einem Menschen vertrauen?«

Rose seufzte aus tiefstem Herzen. »Er hat mir versprochen, sich zu ändern.«

»Hat er das? Ach Kindchen … wie lange wart ihr zusammen?«

»Fast zehn Jahre.«

Käthe nickte.

»Eben. Warum sollte er sich jetzt noch ändern? Wärst du ihm wichtig gewesen, hätte er das längst getan. Ein Mensch kann dir alles Mögliche erzählen, aber an seinem Verhalten erkennst du, wie er tatsächlich zu dir steht. Und für ihn war es viel einfacher, seine Partnerin auszutauschen, als an sich selbst zu arbeiten, das hat er dir bereits gezeigt. Das ist das, was ich eben meinte: Du kannst Verständnis für ihn aufbringen. Du darfst ihm auch verzeihen. Nicht, weil er es verdient hätte, sondern weil es dir hilft, deine verletzten Gefühle zu heilen. Aber um ihn wieder näher an dich heranzulassen, müsstest du ihm vertrauen können.« Sie sah Rose mitfühlend an. »Diese Frage solltest du dir deshalb zuallererst stellen: Kannst du ihm wirklich vertrauen, nur weil er *behauptet*, er würde sich ändern?«

Ratlos hob Rose die Schultern. »Ich weiß nicht. Aber ich würde ihm gern glauben, dass er sich ändern möchte.«

»Das ehrt dich. Aber bis du Gewissheit hast, solltest du dein Herz schützen. Und eins gilt es noch zu bedenken: Unser eigenes Glück hängt niemals von anderen Menschen ab. Dafür sind wir ganz allein verantwortlich – deshalb solltest du es auch nicht zulassen, dass es dir jemand nimmt.«

Rose schwieg, weil sie nicht wusste, was sie dazu sagen sollte. Käthe musterte sie prüfend. Sie schien tief in Roses Innerstes zu sehen.

»Hat er dich geschlagen?«, fragte sie leise in die Stille.

»Nein, das nicht.«

»Aber er ist dir gegenüber schon mal grob geworden? Auch körperlich?«

Verlegen senkte Rose ihren Blick auf den Teller. Das war ein Thema, über das sie bisher mit niemandem gesprochen hatte, nicht einmal mit Steffi.

»Ach, Kindchen. Weißt du, mein Mann und ich haben uns auch gestritten, manchmal sogar sehr heftig. Aber er hätte es nie – niemals! – gewagt, mir weh zu tun. Er wusste genau, dass ich ihn in dem Fall mit der Mistforke aus dem Haus gejagt hätte. Aber er hatte es auch nie nötig, handgreiflich zu werden. Das ist eine Frage des Charakters.«

Rose ließ den Kopf hängen. »Er meint, dazu gehören immer zwei. Manche Frauen würden geradezu danach betteln.«

»So, meinte er das. Und woran macht er das fest? Nur an seiner eigenen Meinung? Glaubt er, dass seine Sicht der Dinge über allen anderen steht?«

»Ja, das tut er wohl«, musste Rose eingestehen.

»Tatsächlich«, konterte Käthe. »Und bei seinen Eltern? Hat er es dort auch so kennengelernt?«

»Nein, ich glaube nicht.« Rose dachte einen Moment nach, dann schüttelte sie den Kopf.

Käthe musterte sie skeptisch. »Gut, ich kenne weder deinen Exfreund noch seine Eltern. Aber eins kann ich dir sagen, Kindchen: Ich bin fest davon überzeugt, dass es kein Zeichen von Liebe ist, wenn jemand einen anderen Menschen absichtlich verletzt oder demütigt, sei es körperlich oder verbal. Und deshalb glaube ich auch nicht, dass dieser René wirklich weiß, was es heißt, einen anderen Menschen aufrichtig zu lieben. Sich selbst vielleicht, und womöglich nicht einmal das. Aber dich ganz bestimmt nicht, so leid es mir tut. Auch deine Nachfolgerin wird das bereits erfahren haben, es sei denn, sie zahlt es ihm mit gleicher Münze heim. Aber das soll nun wirklich nicht mehr dein Problem sein.«

»Sie haben sich schon wieder getrennt.«

»Ach. Und jetzt tut ihm plötzlich alles leid und er möchte dich zurückhaben?«

Rose nickte unglücklich. Käthe hatte eine ziemlich spitzfindige Art, den Dingen auf den Grund zu gehen. Zum Glück war sie aber auch feinfühlig genug, um im Anschluss das Thema zu wechseln – nur leider war das auch nicht besser.

»Sag mal, war das vorhin nicht wieder der junge Sage, mit dem du dich am Supermarkt unterhalten hast?«

Oh nein – ausgerechnet, dachte Rose. Woher wusste ihre Vermieterin denn das nun schon wieder? Aber Käthe gab keine weitere Erklärung, sondern lächelte Rose nur erwartungsvoll an.

»Unterhalten wäre zu viel gesagt«, antwortete Rose deshalb. »Abgekanzelt trifft es eher. Eigentlich wollten wir uns letzten Samstag in Eickenloh treffen, aber er scheint plötzlich stinksauer auf mich zu sein. Und ich weiß nicht mal, weswegen.« Rose spürte, wie ihr die Tränen in die Augen stiegen.

»Komm, komm, nicht weinen!« Käthe sah sie bestürzt an. »Vielleicht hat ihn irgendwas gekränkt.«

»Aber ich habe doch gar nichts gemacht!«, schniefte Rose und schämte sich gleichzeitig, dass sie heulte.

»Das habe ich auch nicht gesagt, Kindchen.« Käthe setzte ihre Tasse ab und kam zu Rose herüber. »Komm, steh doch mal auf.«

Als Rose sich erhob, nahm Käthe sie fest in den Arm. »Manches braucht seine Zeit. Und oftmals länger, als uns lieb ist. Aber am Ende wird alles gut, das verspreche ich dir.«

Sie sagte das so voller Überzeugung, dass Rose sich seltsam getröstet fühlte. Und obwohl die alte Dame mehr als einen Kopf kleiner war als sie selbst, strahlte sie nicht nur Persönlichkeit, sondern auch eine besondere Kraft aus. Rose fühlte sich wieder an damals erinnert, wenn ihre Großmutter sie tröstete. Behütend. Beschützend. Selbst in den größten Stürmen, die ein Kind erleben konnte, sich ihre Eltern mal wieder gestritten hatten und ihre Mutter behauptete, nur sie, Rose, wäre an allem Schuld.

Oma Grete war ihr Fels in der Brandung gewesen – bis sie irgendwann nicht mehr dagewesen war. Bald danach hatten sich ihre Eltern getrennt, und ihre Mutter hatte keinen Hehl daraus gemacht, dass sie Rose auch daran die Schuld gab.

»Schsch, ist ja gut, Kindchen. Ist ja alles gut.« Sacht klopfte Käthe ihr auf den Rücken, und langsam versiegten ihre Tränen.

»Ich weiß nicht, was ich machen soll«, schniefte sie schließlich und löste sich aus Käthes Umarmung. »Ich dachte, ich könnte hier ganz neu anfangen. Und jetzt …«

Käthe reichte ihr ein Papiertaschentuch. »Aber du hast doch hier neu angefangen.«

»Ja, schon. Aber ich dachte, jetzt wird alles besser …«

»Das wird es auch. Aber nicht immer sofort. Und auch nicht alles auf dem direkten Weg. So etwas gibt es nur in Romanen.«

»Kann das Leben nicht auch mal wie in einem Roman sein?«, fragte Rose trotzig und schnäuzte sich geräuschvoll.

Käthe lachte leise. »Nur äußerst selten, Kindchen. Das ist vielleicht einer der Unterschiede zwischen deiner Generation und meiner. Auch wir haben von dem Ritter auf dem weißen Pferd geträumt. Aber wir wussten, dass er uns nicht retten würde.«

Rose setzte sich wieder, das Taschentuch zerknäult in der Hand. »Das ist eine sehr … nüchterne Einstellung. Ich finde es schade, wenn man keine Träume mehr hat.«

»Ich habe auch nicht gesagt, dass unsere Einstellung besser war als eure heute. Sie war nur pragmatischer, gerade nach dem Krieg. Keine Frau heiratete einen Prinzen, sondern einen Mann, mit dem sie der Vorstellung eines guten Lebens am nächsten kam – oder es zumindest glaubte. Das Bedürfnis nach Sicherheit war ein großes Thema, das war damals noch anders als heute. Unverheiratet zu bleiben war für die meisten Frauen undenkbar. Manche hatten Glück, und es wurden gute Ehen, so wie bei mir. Doch bei anderen zerbrachen selbst die kleinsten Wünsche und Träume mit der Zeit.

Aber es half ja nichts. Scheidungen waren noch nicht üblich, schon gar nicht hier auf dem Land. Also arrangierte man sich zwangsläufig mit den Gegebenheiten. Aber viele, viel zu viele sind dadurch über die Jahre hart geworden. Hart im Leben und hart im Herzen.« Käthe nickte sinnend. »Nein, besser war unsere Einstellung nicht, nur anders.«

»Das klingt ziemlich desillusioniert.«

»Tut es das? Das soll es nicht. Ich wollte damit auch nicht sagen, dass unser Leben freudlos war. Aber wir mussten eben schon früh lernen, dass es keinen Sinn machte, sich falschen Hoffnungen hinzugeben.«

Rose stopfte das zerknüllte Tempo in ihre Hosentasche. »Manchmal glaube ich, dass es so etwas wie Liebe in Wirklichkeit gar nicht gibt.«

»Doch, die Liebe gibt es«, erwiderte Käthe lächelnd. »Und sie ist noch viel größer als alles, was man über sie sagt.«

»Tja, dann ist mir diese Erfahrung wohl nicht vergönnt.«

»Ach Kindchen, du bist doch noch jung. Alles braucht seine Zeit. Und außerdem zeigt sich die Liebe nicht immer so, wie wir es erwarten. Manchmal will sie auch erst entdeckt werden.«

Rose dachte an Bent und schüttelte unbewusst den Kopf. Dieses Thema fiel ganz eindeutig in die Kategorie ›Wunschdenken und anderer Selbstbetrug‹. Wie Käthe schon gesagt hatte: Anstatt sich sinnlos falschen Hoffnungen hinzugeben, sollte man lieber den Tatsachen ins Auge blicken.

»Und was würdest du jetzt an meiner Stelle tun? In Bezug auf René, meine ich.«

Käthe trank einen Schluck Tee, bevor sie antwortete. »Die Entscheidung kann ich dir leider nicht abnehmen, Kindchen. Aber vielleicht kann ich noch etwas zu bedenken geben. Natürlich ist es richtig, jemandem eine zweite Chance zu gewähren, wenn der andere es verdient hat. Oft genug ist das aber nicht der Fall. Dann tut man es eigentlich nur, um sich selbst nicht eingestehen zu müssen, dass man schon beim ersten Mal einen Fehler gemacht hatte. Also probiert man es noch mal – und noch mal. Und fällt wieder auf die Nase. Häufig sogar schlimmer als beim ersten Mal.«

»So habe ich es noch nie betrachtet. Und was wäre die Lösung?«

»Ehrlich zu sich selbst zu sein. Jeder von uns macht Fehler. Das ist auch völlig in Ordnung, denn dadurch entwickeln wir uns weiter. Trotzdem will sich das heutzutage keiner mehr eingestehen, aus Angst und Scham, sich dann bloßgestellt zu fühlen, oder weniger liebenswert. Als ob ein gemachter Fehler den persönlichen Wert schmälern würde, wie eine Beule bei einem Auto.«

»Aber bedeutet das im Umkehrschluss nicht, auch anderen Menschen Fehler zu verzeihen?«

»Verzeihen sollst du ja, Kindchen – aber für eine zweite Chance sollte dir gegenüber auch Einsicht, Wertschätzung und ein gewisses Entgegenkommen erkennbar sein. Oder, wie meine Mutter mal sagte: Wer dich nicht ehrt, hat es auch nicht verdient, von dir geehrt zu werden. Dann müssen sich die Wege halt trennen.«

Kapitel 17

Als ich Carsten heute in der Klinik erreichte, klang er müde und abgekämpft. Doch, er freue sich, meine Stimme zu hören. Natürlich. Ob es mir und den Kindern gut ginge?

Ich bejahte und berichtete, dass Konrad bereits seine ersten Wörter schreiben könne und Alexander, seit wir hier in Eickenloh wohnen, bestimmt zwei Fingerbreit gewachsen war. Inzwischen trägt er seine Hosen mit Hochwasser, was aber durch die Stiefel zum Glück noch nicht so auffällt. Carsten lachte leise am Telefon und versprach mir, neue Hosen für die Jungs zu schicken. Ob ich auch etwas aus meiner Garderobe benötigen würde?

Ich verneinte. Meine Stadtkleidung kann ich hier auf dem Land kaum tragen, wenn ich nicht wie ein Pfau unter Spatzen auffallen will. Für meine Röcke und Mieder bin ich daher längst auf die derberen, aber robusten Stoffe wie Wolle, Leinen und Beiderwand umgestiegen, wie sie hier von den Frauen verwendet werden. Dörte hatte mir genug Stoff für jeweils drei Röcke und Blusen verkauft, und da die Stoffe ebenfalls auf dem Hof hergestellt werden, benötige ich dafür nicht einmal meine Reichskleiderkarte.

Inzwischen habe ich mir sogar eine pedalgetriebene Nähmaschine angeschafft. Erika hatte sie für mich bestellt, dasselbe Modell, das auch in Dörtes und Alfreds Häuschen steht, und als sie endlich da war, hatte mich Dörte in ihren Gebrauch eingewiesen. Die ersten Ergebnisse sind ganz passabel, wie ich finde – auf jeden Fall bin ich unheimlich stolz darauf und erzählte Carsten, dass seine Schwester jetzt unter die Schneiderinnen gegangen sei. Nur an die Hosen traue ich mich nicht, aber ich muss ja nicht alles können – schließlich würden wir ja irgendwann wieder nach Hamburg zurückkehren.

Stille antwortete mir, und ich hatte bereits Sorge, dass die Leitung tot war. Dann räusperte sich mein Bruder, und eröffnete mir mit belegter Stimme, dass wir bis auf weiteres in der Heide bleiben müssten. Ob ich heute schon Rundfunk gehört hätte?

Ich verneinte.

Hitler hätte die Westoffensive begonnen, sagte Carsten. Die Soldaten wären bereits in den Niederlanden, Luxemburg und Belgien einmarschiert, und es stünde zu befürchten, dass die gegnerische Luftwaffe Angriffe auf Deutschland fliegen würde, besonders auf Hamburg.

Schlagartig war meine gute Laune verflogen. Und ihr, fragte ich erschüttert, was ist mit euch?

Carsten versuchte mich zu beschwichtigen. Auf dem Gelände des Universitätskrankenhauses sei längst mit dem Bau von Bunkern begonnen worden, die ersten seien schon nutzbar.

Ja, im Krankenhaus, meinte ich. Aber zu Hause? Und was sei mit Marianne und den Kindern?

Wieder Schweigen am anderen Ende, dann Carstens Stimme, so leise, dass ich sie kaum verstehen konnte. Es sehe nicht gut aus, für sie nicht und auch nicht für die Mädchen. Eine Zugehfrau kümmere sich inzwischen um sie, wenn er arbeiten müsse, und er bemühe sich gerade, sie in eine Pflegestelle des Krankenhauses verlegen zu lassen. Aber kein Wort zu den Jungs, beschwor er mich, sie sollten sich nicht auch noch Sorgen machen.

Keine Sorgen machen? Wie er sich das vorstelle, fragte ich meinen Bruder. Ob ich ihnen vielleicht die Ohren zuhalten solle, wenn die Nachrichten über die ersten Bombenangriffe im Radio kämen?

Das natürlich nicht, aber ich könne den Jungs ja sagen, dass ihre Eltern auf dem Krankenhausgelände in Sicherheit seien.

Aber das ... begann ich.

Er müsse jetzt aufhören, unterbrach mich Carsten. Ich solle die Jungs von ihren Eltern grüßen und küssen – aber kein Wort über den Zustand ihrer Mutter! Dann war die Leitung tatsächlich tot.

∞ ∞ ∞ ∞ ∞

Du wirkst nachdenklich.« Johann Christoph fuhr mit seinem Zeigefinger die Linie meines Schlüsselbeins nach. Neben dem Bett brannte die Kerze und erschuf uns eine Insel der Geborgenheit in der nachtschwarzen Kammer.

»Ja«, antwortete ich schlicht.

»Das Gespräch mit deinem Bruder?«

Ich nickte.

»Ich weiß, wie es sich anfühlt«, sagte mein Geliebter und legte mir seine Hand an die Wange. »Aber es hilft nichts, sich Sorgen zu machen. Was passiert, passiert.«

»Das hat Carsten auch gesagt, und ich versuche es ja. Aber es sind im Moment so viele Dinge, die mich beschäftigen.«

»Du meinst uns?«

»Nein, uns nicht. Aber deine Frau. Und Machandel. Ich mache mir Sorgen um die Kinder. Alexander wird immer schweigsamer, und ich weiß nicht, woran es liegt.«

»Hast du ihn darauf angesprochen?«

»Er weicht mir aus. Ich glaube, er ahnt, dass es nicht gut um seine Mutter steht. Heute hat er mich gefragt, ob wir nicht mal zu Besuch nach Hamburg fahren könnten, er hätte für seine Mutter eine Katze geschnitzt.« Ohne dass ich es verhindern konnte, lief mir eine Träne über die Wange. Johann Christoph fing sie sanft mit seinem Zeigefinger auf.

»Was hast du ihm gesagt?«

»Das, was mir Carsten aufgetragen hat. Das Hamburg in der nächsten Zeit womöglich nicht mehr sicher sei, aber die vier den bestmöglichen Schutz im Krankenhaus hätten. Ich habe behauptet, Carsten und Marianne würden demnächst mit den Zwillingen in ein eigenes Appartement auf dem Krankenhausgelände ziehen.«

»Was ja nicht völlig falsch ist.«

»Doch, das ist es. Es ist gelogen, sagen wir es doch, wie es ist.«

»Manchmal muss man lügen, weil die Wahrheit zu grausam wäre. Gerade für ein Kind. Wenn du dir schon Sorgen um deine Schwägerin machst, wie wird es dann erst den Jungs gehen?«

»Ja, ich weiß. Trotzdem fühlt es sich falsch an. Und dann die Sache mit Machandel. Ich glaube, dass es auch da noch krachen wird. Hatte ich dir erzählt, dass er mir Avancen gemacht hat?«

Johann Christoph sah mich überrascht an. »Ernsthaft?«

Ich nickte. »Er hat mir angeboten, mich bei der Erziehung der Jungs zu unterstützen, auch außerhalb der Schulzeit. Ich glaube, meine Zurückweisung hat er überhaupt nicht ernst genommen. Vielleicht glaubt er ja, dass es sich für eine echte deutsche Frau ziemt, sich erst einmal zu zieren.«

»Soll ich mal mit ihm reden?« Johann Christophs Tonfall klang gefährlich ruhig.

»Damit das ganze Dorf mitbekommt, woher der Wind weht? Und vor allem deine Frau – willst du das wirklich?«

»Na ja, ich bin auch euer Vermieter. So unwahrscheinlich wäre es nicht, dass du dich mit deinen Sorgen an mich wendest.«

Ich schüttelte den Kopf. »Wir würden trotzdem ins Gerede kommen. Und so, wie ich Machandel kenne, wird er zusätzlich Öl ins Feuer gießen und seinen Ärger an den Kindern auslassen. Nein, mach bitte erst einmal nichts. Solange es halbwegs ruhig bleibt, möchte ich nicht an der ganzen Sache rühren.«

»Gut. Bleibt also noch meine Frau.«

Ich schwieg. Was sollte ich auch sagen?

»Johanna, ich habe dich gebeten, mir zu vertrauen.«

»Das tue ich auch, das weißt du.«

»Ja, natürlich. Und ich hatte dir versprochen, die ganze Sache ins Reine zu bringen, sobald es möglich ist.«

Ich nickte.

»Johanna, wenn ich könnte, würde ich die Ehe mit Herlind umgehend auflösen. Selbst auf dem Dorf ist es inzwischen kein Kapitalverbrechen mehr, wenn sich zwei Menschen trennen. Noch immer ungewöhnlich, aber nicht unmöglich. Aber es geht nicht. Noch nicht.«

Ich nickte wieder. Was hatte ich auch erwartet?

»Johanna.« Johann Christoph strich mir zart über die Wange. »Herlind und ich führen schon lange keine eheliche Beziehung mehr. Nicht im vollumfänglichen Sinne, wenn du verstehst, was ich meine.« Er sah mich ernst an. »Es … es ging irgendwann nicht mehr. Ich spürte nur noch ihre Verachtung, ihre Abneigung. Und dadurch ... ich ...« Mühsam nach Worten ringend schloss er die Lider.

»Ich verstehe dich schon«, flüsterte ich und küsste ihn. »Aber ... hm, nein. Das kann ich nicht bestätigen.«

»Circe!«, flüsterte mein Geliebter und lachte leise, als ich ihn wieder freiließ. »Nein, warte! Es gibt einen Grund, warum ich mich nicht von Herlind trennen kann, zumindest noch nicht.«

»Deine Söhne?«, fragte ich.

»Nein. Oder ja, auch, aber nicht direkt. Jan-Hinrik und Bernhard sind inzwischen erwachsen. Mit ihnen kann ich reden. Nicht dass es ihnen gefallen wird, aber sie werden es akzeptieren. Nein, das Problem ist Herlind selbst, oder besser gesagt, ihr Vater.«

Ich sah Johann Christoph fragend an. Der seufzte.

»Ich begehe jetzt einen Vertrauensbruch, aber ich möchte, dass du verstehst, warum ich zur Zeit noch so handeln muss. Wie du sicher weißt, kommt Herlind ebenfalls aus Eickenloh, vom Beckmannschen Hof. Herlind ist eine geborene Seffers, und bis 1923 war der Beckmannsche Hof noch der Seffers-Hoff, der reichste Hof in Eickenloh. Allerdings hatte der alte Richard Seffers keine Söhne, nur drei Töchter. Damit hätte eigentlich Herlind als älteste Tochter den Hof erben müssen, aber Seffers verfügte, dass die mittlere den Hof bekommen sollte, während die anderen beiden Töchter lediglich abgefunden wurden.«

Ich sah Johann Christoph an. Worauf wollte er hinaus?

»Diese Regelung ließ im Dorf erneut alte Gerüchte aufkochen. Herlind sei gar nicht Richards Tochter, und entsprechend hätte er sie nur mit dem Allernötigsten abgefunden. Nun ja - für mich war es trotzdem ein Vermögen.« Er grinste schief.

»Moment«, sagte ich. »Nicht seine Tochter?«

Johann Christoph nickte. »Richard war fast dreißig Jahre älter als seine Frau Maria. Zu dieser Zeit nichts Ungewöhnliches, aber glücklich war sie mit diesem Arrangement sicher nicht. Ihre Ehe war eher eine familiäre als eine persönliche Entscheidung.

Nun, jedenfalls hatte Richard nicht nur den großen Hof, sondern war auch Landwirtschaftsinspektor, und viel unterwegs. Auch Maria war dadurch öfter in Hamburg, und entdeckte dort anscheinend ihre Liebe zum Theater.«

Ich ahnte, was jetzt kam. »Aber nicht nur zum Theater?«

»So munkelte man. Johanna, ich hoffe, du verstehst mich nicht falsch. Ich bin der Letzte, der einen anderen Menschen verurteilen würde, weil er seiner Liebe folgt. Aber es gibt andere, die das anders sehen. Und der junge Mann, mit dem Maria einige Mal gesehen wurde, war nicht nur ein gutaussehender und überaus talentierter Schauspieler, sondern eben auch Jude.«

»Das heißt ...«

»Ich weiß es nicht«, beantwortete Johann Christoph meine unausgesprochene Frage. »Und Herlind weiß es ebenfalls nicht. Als Vater eingetragen wurde damals Richard Seffers, aber bei der Testamentseröffnung teilte ihr der Anwalt mit, dass es spätere Dokumente gäbe, in denen Richard die leibliche Vaterschaft in Frage stellte.«

»Mein Gott – wie kann ein Vater seiner Tochter so etwas antun?«

»Opportunismus. Richard trat bereits 1920 als einer der ersten in die NSDAP ein, obwohl er da schon an die siebzig gewesen sein musste. Er distanzierte sich nie öffentlich von seiner Tochter, aber für den Fall der Fälle wollte er sich offenbar absichern und deponierte bei seinem Notar die entsprechenden Dokumente. Dort müssten sie seit seinem Tod Anfang der Dreißigerjahre immer noch liegen, in irgendeinem Archiv. Sollte ich mich jetzt scheiden lassen, könnte es also sein, dass diese Papiere wieder zum Vorschein kämen. Und das kann und will ich nicht verantworten, und zwar nicht nur, weil Herlind die Mutter meiner Söhne ist.«

Bevor Johann Christoph mich heute Morgen wieder verließ, versprach er mir, trotz der Umstände nach einer Lösung zu suchen. Vielleicht konnte er mit Herlind reden, vielleicht gab es auch noch einen anderen Weg. Im Zweifelsfall müssten wir einfach durchbrennen, meinte er scherzhaft, doch natürlich wussten wir beide, dass das keine Lösung sein konnte. Wohin auch? Hitler war dabei, die Welt zu erobern.

Uns blieb also nichts anderes übrig, als hier eine Lösung zu finden – und so lange mussten wir unser Versteckspiel weiterspielen.

∞ ∞ ∞ ∞ ∞

Dieses Dreckschwein!

Machandel hat den Kleinen heute in der Schule geschlagen, fünf Mal, mit dem Rohrstock in beide Handflächen. Konrad sagte beim Heimkommen keinen Ton, aber beim Mittagessen fiel mir auf, dass er kaum den Löffel für die Suppe halten konnte. Als ich ihn fragte, was er denn hätte, druckste er nur und auch Alexander sah betreten zu Boden.

Misstrauisch ließ ich mir seine Hände zeigen. Als er auf meine Berührung hin zusammenzuckte, konnte er sich nicht mehr herauswinden. Dieses elende Schwein, ein Kind so hart zu schlagen, nur weil Konrad ihm nicht sagen konnte, wie der neue Reichskommissar der eroberten Niederlande heißt. Im Rundfunk hätten sie es schließlich immer wieder erwähnt. Konrad müsse lernen, in Zukunft besser zuzuhören und sich nicht nur mit Kleinkinderkram zu beschäftigen, sonst könne er auch gleich mit Puppen spielen, wie die Mädchen.

Dieses Monster!

In den Händen sind die Striemen nur schwer zu erkennen, müssen aber höllisch brennen. Trotzdem wollten sich beide mir nicht anvertrauen, aus Angst, vor ihren Mitschülern dann als Muttersöhnchen und Feiglinge dazustehen. Konrad fing sogar an zu weinen. Es dauerte ziemlich lange, bis ich ihn wieder soweit beruhigt hatte, dass er zum Spielen nach draußen gehen mochte.

Morgen ist Sonnabend, da werde ich Machandel kaum zur Rechenschaft ziehen können, da er an den Wochenenden immer zurück auf den elterlichen Hof fährt, irgendwo hinter Soltau. Außerdem will ich vorher mit Carsten telefonieren – schließlich soll er wissen, was dieses verkommene Subjekt von einem Dorfschullehrer seinen Kindern antut. Damit kommt er nicht durch, das schwöre ich!

∞ ∞ ∞ ∞ ∞

Hamburg wurde bombardiert!

Ich kann es immer noch nicht richtig fassen. Zuerst hörte ich es vorhin im Dorf, und auch im Rundfunk eben war es dem Sprecher zumindest eine kurze Meldung zwischen den Siegesnachrichten von der Westfront wert. Der feige, hinterhältige Angriff der Briten, nachts um halb eins – Altona, St. Pauli, Harburg und der Hafen seien getroffen. Also hatte Carsten doch Recht behalten – und ich sitze hier und vergehe fast vor Sorge, denn als ich vorhin bei Erika versucht hatte, das Krankenhaus zu erreichen, war die Leitung ständig besetzt.

Die Kinder haben es natürlich auch schon gehört, aber sie vertrauen darauf, dass ihre Eltern und die beiden Schwestern in den Bunkern des Krankenhauses in Sicherheit sind. Ich bemühe mich, nach außen ebenfalls Zuversicht zu verbreiten – aber es fällt mir schwer, so unendlich schwer. Ich werde nachher auf jeden Fall noch einmal versuchen, das Krankenhaus anzurufen, selbst wenn Carsten nicht mehr Dienst haben sollte. Aber auf seiner Station können sie mir bestimmt sagen, dass unsere Liebsten in Sicherheit sind.

∞ ∞ ∞ ∞ ∞

Die Luftangriffe auf Hamburg gehen weiter. Noch habe ich keine Nachricht von Carsten, die Leitungen sind nach wie vor überlastet. Der Schwerpunkt der Angriffe lag dieses Mal auf dem Hafengebiet, die Werft von Blohm & Voss wurde getroffen.

Der Rundfunkempfänger ist jetzt aus, ich habe den Kindern erzählt, dass die Batterien leer seien und ich morgen erst neue besorgen müsse. Falls Eppendorf bei den nächsten Angriffen ebenfalls getroffen werden sollte, möchte ich nicht, dass die Jungs es aus dem Radio erfahren.

Nachtrag: Eben kam Otto junior mit einem Telegramm zu unserer Kate. Von einem Carsten Spaeth, sagte er mir, und gab mir den Zettel. Carstens Nachricht war kurz und präzise: Sind umgezogen – KH – alles bestens – melden uns wieder – Gruß + Kuss C+M+2.

Also sind sie inzwischen tatsächlich auf dem Krankenhausgelände untergekommen. Mir fällt ein riesengroßer Stein vom Herzen.

∞ ∞ ∞ ∞ ∞

Nachdem ich Carsten immer noch nicht erreichen konnte, war ich heute Mittag im Alleingang in der Schule.

Als ich Machandel mit meinem Vorwurf konfrontierte, baute er sich vor mir auf und bedachte mich mit einem herablassenden Blick. Ein deutscher Junge lerne nicht durch Nachsicht, sondern nur durch Disziplin und Härte, erklärte er mir näselnd. Außerdem würde er sich auch von mir nachdrücklich mehr Respekt ausbitten, es wäre bei meiner Einstellung ja kein Wunder, dass die beiden Jungs jeglicher guter Erziehung entbehren.

Ich musterte ihn eiskalt. Was bildete sich dieser Kerl eigentlich ein?

Meine Kinder werden nicht mehr geschlagen, beschied ich ihn knapp und unmissverständlich.

Er werde weiterhin tun, was dem Gedeihen seiner Zöglinge dienlich sei, schnarrte Machandel zurück. Als Frau wäre ich sowieso außerstande, deutsche Tugenden wie Disziplin, Gehorsam und Aufopferungsbereitschaft zu erfassen. Schlamm sei auf der Seele der Frau, wie bereits Nietzsche gesagt hätte.

Pfaffen und Schulleute quälen unendlich, konterte ich kalt. Goethe. Es käme halt immer darauf an, wen man fragt.

Die Schimpftirade, die mir Machandel hinterherschrie, bekam ich nur noch ansatzweise mit, denn mit den letzten Worten hatte ich auf den Hacken kehrtgemacht und das Schulzimmer verlassen.

Es musste etwas passieren, das stand fest. Und es würde etwas passieren, darauf konnte Machandel Gift nehmen!

Nur widerwillig schlug Rose das Heft zu. Sie musste unbedingt eine Pause machen, sonst las sie es wirklich noch in einem Rutsch durch. Und damit käme dann auch das Ende – zwangsläufig.

Doch zur Zeit konnte und wollte sie sich noch nicht von Johanna Maria trennen. Die junge Frau war für sie längst so etwas wie eine liebe Freundin geworden, und schon der Gedanke, von ihr Abschied nehmen zu müssen, tat Rose in der Seele weh. Eigentlich verrückt, wenn man bedachte, dass die Tagebücher inzwischen über achtzig Jahre alt waren und Johanna bestimmt seit vielen Jahren tot … aber so war es nun mal.

Deshalb hatte sich Rose vorgenommen, nur noch ein oder zwei Einträge pro Tag zu lesen, um den Abschied möglichst lange hinauszuzögern. Doch dann hatten sie die Ereignisse wieder mitgerissen … also war jetzt erst mal Schluss bis morgen. Oder zumindest bis heute Abend. Schließlich wartete im Garten noch einiges an Arbeit auf sie. Nach dem Kuchen bei Käthe war sie gestern natürlich nicht mehr zur Eisdiele gefahren, dafür hatte sie im Gartencenter wieder ordentlich zugeschlagen – den hochsommerlichen Blütenmeeren hatte sie einfach nicht widerstehen können. Unwillkürlich musste sie grinsen. Ob zwanghaftes Blumenkaufen auch als Sucht zählte? Egal, sie hatte vorher nie einen Garten gehabt und jetzt einiges nachzuholen. Das konnte man bestimmt als mildernde Umstände geltend machen, dachte sie schmunzelnd.

Allerdings hatte sie es gestern nicht mehr geschafft, all ihre neuen Schätze einzupflanzen. Deshalb war das eigentlich ihr Plan für heute Vormittag gewesen – doch dann hatte sie sich wieder in den Tagebüchern verloren. Die Arbeit an ihrer neuesten Illustration war dadurch natürlich auch liegengeblieben …

Rose seufzte. Ein Blick auf den Reisewecker zeigte zehn Uhr – eine gute Stunde hatte sie also noch, bis die Sonne wieder ums Haus herumkam. Und heute Abend musste sie dann wohl oder übel auch noch ein paar Stunden investieren. Garten hin oder her, die Broschüre musste langsam mal fertig werden.

Während der Rechner hochfuhr, trank sie den letzten Rest Tee, der inzwischen längst kalt geworden war. Die Tasse in den Händen haltend sah sie auf den Bildschirm, auf dem sich jetzt die unterschiedlichen Fenster öffneten.

Gestern Abend hatte sie noch mit der Skizze eines reetgedeckten Schafstalls begonnen, die würde sie als Allererstes fertigstellen und kolorieren. Vielleicht gelang ihr das sogar in ähnlich zarten Andeutungen wie Johanna Maria – damit konnte sie ihr Portfolio dann um einen ganz neuen Stil erweitern. Überhaupt hatte sie von den Illustrationen der Tagebücher schon einiges an Inspiration mitgenommen, und der Schafstall würde dadurch etwas Altehrwürdiges, aber zugleich auch Zeitloses erhalten. Rose dachte einen Augenblick darüber nach, dann nickte sie. Doch, das gefiel ihr. Zuerst hatte sie überlegt, einen der typischen alten Heidehöfe zu zeichnen, aber das mochte Probleme mit den Eigentümern geben, also hatte sie schlussendlich darauf verzichtet. Sie musste ihr Projekt ja nicht gleich mit schlechter Publicity starten …

Die Schafställe sahen dagegen alle ähnlich aus, dagegen konnte vermutlich niemand etwas sagen. Und sobald sie hier in der Gegend bekannter war, konnte sie immer noch fragen, ob sie das eine oder andere reetgedeckte Wohnhaus zeichnen und für ihre Arbeit verwenden durfte.

Den Hof aus den Tagebüchern hatte sie dagegen nicht gefunden, obwohl sie gestern auf dem Rückweg noch einmal alle Straßen von Eickenloh abgefahren war. Doch keiner der Höfe glich den Illustrationen in den Heften. Ob Johanna Maria die Ansichten mehr aus der Fantasie gezeichnet hatte? Oder den Hof gab es nicht mehr …

Unvermittelt hatte Rose ein Haus vor Augen, das lichterloh in Flammen stand. Bei diesem Gedanken lief ihr ein kalter Schauer über den Rücken, aber sie schüttelte ihn gleich wieder ab. Schluss jetzt mit der Spökenkiekerei! Energisch stellte sie die Tasse zur Seite und griff zum Stift ihres Grafiktabletts.

Als sie jedoch gerade das Zeichenprogramm öffnen wollte, begann plötzlich der Mauszeiger ohne ihr Zutun über den Bildschirm zu wandern.

Verblüfft verfolgte sie den Cursor, der jetzt eigenständig ein Fenster im Hintergrund schloss. Was war denn das? Gab es da irgendein Programm-Update, das sich selbst installierte? Oder war sie das selbst? Sie streckte den Arm mit dem Stift zur Seite, weg vom Grafiktablett, aber der Pfeil auf dem Bildschirm setzte seinen Kurs unbeeindruckt fort.

Irritiert griff Rose mit der linken Hand zur Maus und ruckelte probehalber damit. Sofort unterbrach der Zeiger seinen Weg und folgte jetzt ihrer Bewegung. Und dabei blieb es auch, selbst als sie wieder zu Stift und Grafiktablett wechselte.

Sehr seltsam. War es doch ein Virus? Oder war so was normal?

Zweifelnd schüttelte sie den Kopf. Am besten fragte sie mal jemanden, der wirklich Ahnung hatte. Nur wen? Der Einzige, der ihr spontan einfiel, war René, aber so richtig glücklich war sie mit der Idee nicht. Vermutlich würde er sie wieder auslachen – außerdem wartete er immer noch auf seine Antwort. Und die konnte sie ihm nicht geben, zumindest noch nicht. Zumal sie sich auch ziemlich schäbig vorkommen würde, wenn sie ihn erst um Hilfe bat und ihm anschließend einen Korb gab …

Irgendwie war gerade alles ziemlich kompliziert. Am besten konzentrierte sie sich erst mal auf das Nächstliegende – und das waren ihre Zeichnungen. Außerdem war die Ursache womöglich tatsächlich harmlos, und sie machte sich ganz unnötig Gedanken. Und falls nicht – dann gab es ja immer noch die Sicherheitskopien.

Halbwegs beruhigt vertiefte sich Rose in ihre Arbeit.

Als sie eine Stunde später die fertige Illustration speicherte, hatte sie den Vorfall schon fast wieder vergessen.

Kapitel 18

Erhitzt strich sich Rose die feuchten Haarsträhnen aus dem Gesicht. Ein bisschen verrückt war es schon, in der größten Hitze des Tages Löcher zu buddeln und zu pflanzen, aber es machte ihr einfach Spaß. Auch ihre Gedanken konnte sie dabei treiben lassen, allerdings kehrten diese meist zu Johanna Maria und dem Kattenhoff zurück.

Mau, die unter einem der Sträucher lag und gerade ihr Mittagessen verdaute, war daran nicht ganz unschuldig. Ob sie wohl eine der Nachfahren der damaligen Kattenhof-Katzen war? Rose grübelte gerade, die wievielte Generation das nach achtzig Jahren sein mochte, als überraschend ihr Handy klingelte. Hastig wischte sie sich ihre erdigen Hände an der alten Jeans ab und angelte dann das Telefon aus der Hosentasche.

Ach nee, nicht schon wieder …

Das Display zeigte ihr eine Nummer mit ausländischer Vorwahl an. Dieses Mal also ein indisches Callcenter. Oder doch eher – Moment. War die +61 nicht die Landesvorwahl für Australien?

»Hermanns?«

»Rose! Na endlich! Sag mal, warum meldest du dich nicht mehr?«

»Mensch Steffi, du bist es! Aber wieso ich? Ich dachte schon langsam, dir wäre was passiert! Ich habe seit über zwei Wochen nichts mehr von dir gehört!«

Totenstille.

»Steffi? Bist du noch dran?«

Am anderen Ende war lautes Schnauben zu hören. »Was hat dieser Drecksack jetzt wieder ausgebrütet?«

»Was?«

»Dein Ex. Zumindest hoffe ich, dass er noch dein Ex ist.« So wütend wie jetzt am Telefon klang Steffi selten.

»Aber … ich verstehe nicht …«

»Schätzchen, ich habe dir in den letzten zwei Wochen fünf Mails geschrieben, und auf keine eine Antwort bekommen.«

Rose schüttelte ungläubig den Kopf, bis ihr einfiel, dass ihre Freundin das nicht sehen konnte. »Ich … Steffi, ehrlich, hier ist nichts angekommen. Sonst hätte ich mich doch zurückgemeldet.«

»Das weiß ich. Entweder das – oder dir wäre was passiert. Deshalb rufe ich an. Du glaubst gar nicht, wie erleichtert ich bin, dass es dir gut geht.«

»Mir geht es prima. Aber ich verstehe immer noch nicht –«

»Aber ich«, fiel ihr Steffi ins Wort. »Sitzt du gerade oder bist du mit dem Auto unterwegs?«

»Nein, ich bin im Garten.«

»Okay, dann setz dich irgendwo hin.«

Rose nahm das Handy vom Ohr und sah es befremdet an. Dann ging sie die paar Schritte zur Gartenbank.

»Gut, ich setze mich jetzt langsam und unauffällig hin. Ganz vorsichtig … okay, ich sitze. Auftrag ausgeführt, Officer! Und jetzt?«

»Lach du nur, das wird dir gleich vergehen«, unkte Steffi dumpf.

»Du machst es aber spannend.«

»Wart's ab, es wird noch spannender. Warum hast du mich bei WhatsApp blockiert?«

»Was? Sag mal, hast du irgendwas genommen?«

»Also nicht. Dachte ich mir.«

»Steffi, mal langsam. Rufst du mich jetzt extra um Mitternacht australischer Ortszeit an, um mich auf den Arm zu nehmen? Ich freue mich auch so, deine Stimme zu hören!«

»Es ist erst kurz vor elf hier. Aber ich bin eben erst im Hostel in Alice Springs angekommen. Im Outback hatte ich vorher kein Telefon gefunden. Und mein Handy scheint bei dir auf allen Kanälen blockiert zu sein, und ich … hallo? Rose? Bist du noch dran?«

»Ich … ja. Aber ich …«, stammelte Rose. Sie wusste beim besten Willen nicht, was sie dazu sagen sollte. Doch das war auch gar nicht nötig, Steffi lief sich langsam warm.

»Würdest du nie machen. Weiß ich. Ist aber so – und jetzt darfst du mal raten, wer dahintersteckt. Ich verwette jedenfalls meinen restlichen Urlaub darauf, dass der Name des Scheißkerls mit ›R‹ anfängt.«

»Wer … René? Aber wie soll der …«

»Genauso, wie er offenbar auch auf deinen Rechner zugreift. Entweder persönlich oder über ein kleines Programm. Spyware.«

Inzwischen war Rose heilfroh zu sitzen. In ihrem Kopf drehte sich alles. René hatte Zugriff auf ihren Rechner?

»Rose, ich habe auf der Rundreise jemanden kennengelernt, Joshua.«

Joshua?

Aber Steffi redete schon weiter. »Netter Kerl, aber das ist gerade nebensächlich. Viel wichtiger: Er ist Informatiker. Deshalb hatte ich ihm erzählt, dass von deinem Rechner Dateien verschwunden sind. Ich wollte einen Witz daraus machen und es auf dein Spukhaus schieben, aber er meint, das könnte sich nach einem Trojaner anhören.«

»Der Spuk hat sich inzwischen aufgeklärt. Das meiste zumindest«, warf Rose tonlos ein.

»Kann ich mir denken. Dieser Bastard!« Steffi war jetzt richtig in Fahrt. »Jedenfalls hatte ich Joshua danach auch noch den Rest erzählt. Er sagt, dann ist es wohl doch kein Trojaner, sondern würde eher dafür sprechen, dass jemand deinen Rechner gekapert hat.«

»Aber … warum? Ich mache doch nicht mal Online-Banking vom Rechner. Welchen Vorteil –«

»Um dich persönlich anzugreifen. Sagt dir der Begriff ›Gaslighting‹ etwas?«

»Nein.« Mehr brachte Rose nicht heraus.

»Solltest du mal im Internet recherchieren, du wirst überrascht sein. Jedenfalls habe ich dann eins und eins zusammengezählt. Und das Ergebnis war nicht ›Zwei‹, sondern dein Ex, der dich unbedingt zurückhaben will – am besten, indem er selbst als strahlender Held dasteht, dieser miese Narzisst!« Steffi war am anderen Ende immer lauter geworden, dämpfte dann aber wieder ihre Stimme. »Ich hatte dir das schon in der ersten Mail geschrieben. Als keine Reaktion von dir kam, dachte ich noch, dass das vielleicht Zufall sei. Aber als auch auf die nächsten Mails keine Antwort kam, war für mich klar, dass da irgendwas im Busche sein musste. Deshalb wollte ich dir eine WhatsApp schreiben – nur um zu sehen, dass ich dort ebenfalls blockiert bin. Auch meine Telefonanrufe liefen immer ins Leere, nur das Freizeichen, nicht mal die Mailbox. Und selbst die Nachrichten, die ich dir über Joshuas Handy geschickt habe, wurden blockiert und der Anruf weggedrückt.«

DER Joshua? Oh, Mist ….

»Das … ich kann es einfach nicht fassen.«

»Kann ich mir vorstellen, Schätzchen. Deshalb wollte ich auch, dass du sitzt.«

»Ja … und was mache ich jetzt?«

»Keine Sorge, Joshua hat mir einiges an Tipps für dich gegeben. Als Erstes nimmst du nachher den Rechner vom Netz und gehst nicht wieder rein, bis du ihn komplett neu aufgesetzt hast. Obwohl … halt, nein. Vorher schaust du noch in den Einstellungen deines Rechners, mit welchem Passwort sich dein Mailprogramm bei deinem Email-Anbieter einloggt. Das schreibst du auf, es kann nämlich sein, dass er das ebenfalls geändert hat. Auf jeden Fall nimmst du das Passwort dann mit zu einem anderen Rechner. Hast du da eine Möglichkeit?«

»Ich denke schon … Ich könnte in die Bücherei nach Buchholz fahren. Die haben Internet-Terminals.«

»Gute Idee. Okay, dann loggst du dich dort direkt bei deinem Mailanbieter ein, und änderst als allererstes dieses Passwort. Damit dürfte dein Ex keinen Zugriff mehr darauf haben – vorausgesetzt, er erfährt das neue Passwort nicht wieder über deinen Rechner oder dein Handy. Deshalb beides erst plattmachen und komplett neu aufsetzen, bevor du wieder ins Netz gehst.«

»Aber … alles löschen? Meine ganzen Dateien?«

»Nee, die werden vorher gesichert, aber ohne Makros und dem ganzen Mist, in denen sich Malware verbergen kann. Steht aber alles in meinen Mails, die schicke ich dir dann noch einmal. Kannst du die in der Bücherei ausdrucken lassen?«

»Das weiß ich nicht, aber ich werde fragen.«

»Gut. Sobald du ein neues Passwort hast, sagst du mir Bescheid, am besten per Mail – dann schauen wir, ob die Verbindung wieder sauber ist.«

»Ist gut. Aber … muss das wirklich alles sein?«

»Sorry, Süße – aber ja, das muss wirklich alles sein. Hey … du weinst doch nicht etwa?«

»Nur ein bisschen.« Rose versuchte ihrer zittrigen Stimme einen festeren Klang zu geben und wischte sich mit der Hand die Tränen von der Wange.

»Ach, Schätzchen … heute fährst du jedenfalls nicht mehr nach Buchholz, am besten setzt du dich gar nicht mehr ins Auto. Wie sieht es morgen aus, hast du da schon was vor?«

»Nichts, was gerade wichtig wäre«, schniefte Rose.

»Kopf hoch, Süße, wir packen das! Wann machen die auf?«

»Um zehn Uhr, soweit ich weiß.«

»Super, dann hast du morgen um zehn einen Termin in Buchholz – und ich werde hier am anderen Ende der Welt auf dich warten. Okay, Schätzchen?«

Rose räusperte sich. »Ja, okay. Ich muss das nur erst mal sacken lassen. Ich hatte eigentlich gedacht, der ganze Spuk wäre vorbei.«

»Stimmt, das musst du mir auch noch erzählen! Aber eins nach dem anderen. Jetzt schießen wir erst mal die Wanze zum Mond, danach sehen wir weiter. Und wie es deinem Heidjer geht, interessiert mich natürlich auch brennend!«

Der letzte Satz war sicher als Aufmunterung gedacht, erreichte aber genau das Gegenteil. Was für ein Desaster. Am liebsten hätte Rose jetzt wirklich losgeheult.

»Oh, shit …«, hörte sie ihre beste Freundin plötzlich am anderen Ende fluchen. »Du, ich muss Schluss machen, wir haben die PrePaidKarte komplett verbraucht. Wir funken morgen wieder, dann per Mail. Hab dich lieb Süße – und lass den Kopf nicht hängen, du hast schon ganz andere Sachen gemeistert! Bis morgen!«

»Ja, hab dich auch –«

Doch da kam bereits der Piepton, dass die Verbindung unterbrochen war.

Als Rose am nächsten Tag gegen Mittag in einem Café am Rande der Buchholzer Innenstadt saß, schwirrte ihr immer noch der Kopf. Die ganze Nacht hatte sie wachgelegen und Gedanken gewälzt. Konnte René wirklich so niederträchtig sein, sie auszuspionieren? Alles in ihr sträubte sich dagegen, das zu glauben – doch je länger sie darüber nachdachte, umso klarer wurde ihr, dass er selbstsüchtig genug war, um genau das zu tun. Er war schon immer ein schlechter Verlierer gewesen, selbst bei so banalen Dingen wie Brettspielen mit Freunden. Wobei sie sich in den letzten Jahren kaum noch mit Freunden getroffen hatten. Angeblich wegen ihrer Arbeit, wie René behauptete, aber vor allem, weil er sich zunehmend mit seiner Marotte, überall im Mittelpunkt stehen zu müssen, unbeliebt gemacht hatte. Außerdem konnte er hundsgemein werden, wenn er glaubte, dass sich jemand auf seine Kosten einen Scherz erlaubte. Als Pierre, der Mann ihrer Freundin Franzi, ihm mal vor Jahren einen harmlosen Streich gespielt hatte, hatte er ihn übelst beleidigt und war dann wutentbrannt aus der Wohnung gestürmt. Rose war damals nichts anderes übriggeblieben, als sich ebenfalls hastig zu verabschieden und René hinterherzueilen, sonst wäre er ohne mit der Wimper zu zucken allein nach Hause gefahren. Mit ihrem Auto, wohlbemerkt. Dabei hatte sie nicht mal mitbekommen, um was es eigentlich gegangen war – sie und Franziska waren in der Küche gewesen, während die Männer im Wohnzimmer zu Anfang noch über Politik und Fußball diskutiert hatten.

Voll das Klischee. Rose schüttelte den Kopf, als sie jetzt daran zurückdachte. *Die Frauen machen das Essen und die Männer disputieren über die Welt, bis sie sich plötzlich wie die Kinder im Sandkasten die Schäufelchen auf den Kopf kloppen.*

Die Freundschaft zu Franzi war daran zerbrochen, trotzdem hatte René ihr, Rose, noch Jahre später Vorhaltungen deswegen gemacht. Als ob es ihre Schuld gewesen wäre … und das war nur eine der Geschichten, die sie im Laufe der Zeit mit ihrem Exfreund erlebt hatte.

Gedankenverloren rührte Rose einen weiteren Löffel Zucker in ihren Latte macchiato.

Dass René geltungsbedürftig war, hatte sie von Anfang an gewusst. Sie hatte es sogar attraktiv gefunden – ein Mann, der wusste, was er wollte, und sich auf seinem Weg nicht beirren ließ, von niemandem. Ein Karrieretyp, schon erfolgreich, als sie ihn kennenlernte.

Und ein Mann, der schützte, was er liebte. Einer seiner Lieblingssprüche. Auch davon hatte sie sich geschmeichelt gefühlt. Damals. Mit der Zeit war ihr allerdings klar geworden, dass René vor allem nur einen Menschen liebte: sich selbst. Doch auch dafür hatte sie Verständnis aufgebracht und es auf seine Vergangenheit geschoben, seine Kindheit. Darüber hatte er nur selten gesprochen, von dem kleinen, dicklichen Jungen, der ständig gemobbt worden war. Jetzt wollte er es allen zeigen – und schoß manchmal über das Ziel hinaus.

Trotzdem hatte sie lange geglaubt, dass es besser werden würde, wenn sie ihm nur ausreichend Rückhalt gab. Schließlich konnte man in einer Partnerschaft an vielen Dingen arbeiten. Zusammen. Bis sie vor einigen Monaten feststellen musste, dass es für René kein *wir*, sondern nur noch ein *ich* gab. Und womöglich auch immer nur gegeben hatte. Rose seufzte. Sie hatte sich was vorgemacht, hatte die Wahrheit nicht sehen wollen. All die ganzen Jahre.

Und dennoch … gab es tief in ihrem Herzen diese eine Stelle, die nicht glauben wollte, dass der Mann, dem sie so lange vertraut hatte, sie jetzt böswillig sabotierte, nur um sein angekratztes Ego zu rächen. Vielleicht gab es irgendeine andere Erklärung, eine Verkettung unglücklicher Umstände – irgendetwas, das ihr die Hoffnung ließ, sich nicht völlig in ihm getäuscht zu haben.

Gedankenverloren sah sie dem vorbeifließenden Verkehr zu. Nur noch austrinken, und dann ab nach Hause. Dort wartete bereits ein Berg Arbeit auf sie: Der Rechner musste gelöscht und komplett neu aufgesetzt werden, bevor sie wieder damit arbeiten konnte. Und das war leichter gesagt als getan.

Nachdem sie vorhin ihr altes Passwort geändert und Steffi per Mail benachrichtigt hatte, trudelten umgehend die fünf verschollenen Mails in ihrem Postfach ein, die ihre beste Freundin in Alice Springs noch einmal abgeschickt hatte. Dazu eine weitere Mail, in der Steffi und Joshua akribisch aufgelistet hatten, wie sie Schritt für Schritt beim Neuaufsetzen des Rechners vorgehen sollte und was es dabei unbedingt zu beachten gab. Insgesamt zwölf eng beschriebene Seiten, die die nette Bibliothekarin für sie ausgedruckt hatte und die jetzt zusammengefaltet in ihrer Handtasche lagen.

Rose nahm einen weiteren Schluck von ihrem Latte macchiato. Steffi und Joshua hatten seit gestern vermutlich kaum geschlafen, um alles für sie zusammenzustellen. Und auch die Bibliothekarin hatte sofort ihre Hilfe angeboten, als Rose ihr das Dilemma unglücklich und mit zitternder Stimme umrissen hatte. Dafür war Rose ihnen von Herzen dankbar – und trotzdem wurde ihr Widerwille gegen die notwendigen Maßnahmen immer größer, je länger sie daran dachte.

Am liebsten würde sie ihren alten Rechner einfach entsorgen. Alles wegschmeißen und stattdessen ganz von vorn anfangen, genau wie vor einigen Wochen … was sie auf eine Idee brachte.

Die freundliche Bedienung im Café hatte ihr das Geschäft empfohlen, vor dem sie jetzt stand. Es lag ein ganzes Stück außerhalb der Fußgängerzone, war aber ein Insidertipp unter den Jugendlichen, wie ihr die Dame verraten hatte. Ihre beiden vierzehn- und fünfzehnjährigen Enkelsöhne würden nahezu ihr komplettes Taschengeld dorthin tragen.

Okay, Rose hatte schon schlechtere Empfehlungen gehört, obwohl der Laden von außen keinen besonders modernen Eindruck machte. Auch drinnen sah er für Rose, die bisher nur die stylischen IT-Geschäfte der Hamburger Innenstadt kannte, ziemlich chaotisch aus. Aber sie hatte auch keine Lust, jetzt noch einen anderen Laden zu suchen, also versuchte sie ihr Glück und trat ein.

Irgendwo hinter einem Kartonstapel kam ein junger Mann auf sie zugewuselt. Mitte zwanzig, die dunklen Haare bereits licht werdend und eine dick umrahmte Brille auf der Nase. Der typische Nerd.

»Moin. Kann ich dir helfen, oder willst du dich erst mal umschauen?«

Rose setzte ihr strahlendstes Lächeln auf. »Ich suche einen neuen Rechner. Mein jetziger ist … hm, schon etwas betagter.« Was nicht mal geflunkert war. Ihr alter Computer hatte inzwischen fast zehn Jahre auf dem Buckel.

»Dann ist heute dein Glückstag! Wie der Zufall es will, verkaufen wir Rechner. Du bist also genau richtig!« Der Verkäufer grinste breit.

Ein Witzbold, auch das noch.

»Ähem – ja. Was kostet denn ein neuer Computer?«

Das Grinsen erlosch und machte einem fragenden Gesichtsausdruck Platz.

»Das kommt darauf an … was du – ähm – möchtest?«

Rose zuckte die Achseln. »Gute Frage, das weiß ich noch gar nicht so genau. Ist schon etwas länger her, seit ich den letzten Rechner gekauft habe.«

Der Verkäufer murmelte etwas, das wie ›darauf wette ich‹ klang, aber Rose konnte sich auch verhört haben.

»Was hattest du denn bisher«, fragte er dann mit normaler Stimme. »Laptop oder Desktop?«

»Einen Desktop. Obwohl …« Warum eigentlich nicht gleich die Chance nutzen? »… ich glaube, ein Laptop wäre eine super Idee.«

»Gut, dann zeige ich dir erst mal ein paar Modelle. Abgesehen vom Preis unterscheiden sie sich natürlich auch hinsichtlich der Monitorgröße und Leistung, also Prozessor, Arbeitsspeicher … dein alter Rechner hat vermutlich noch eine HDD-Festplatte, oder? Nein, sag nichts, ich weiß schon. Okay, bei einem Laptop würde ich dir immer eine SSD empfehlen, gerade wenn du ihn oft bewegst. Nur wenn du wirklich viel Speichervolumen brauchst, wäre eine HDD-Platte besser, allerdings ist sie deutlich langsamer als eine SSD. Und was man ebenfalls bedenken sollte …«

Schon nach dem ersten Satz hatte Rose den Anschluss verloren, während ihr Gegenüber unbeirrt weitersprach und ganz begeistert auf unterschiedliche Laptops deutete. Deshalb ließ sie den Blick unauffällig durch den ganzen Laden schweifen, aber alles, was sie sehen konnte, waren Kartons mit bunten Aufdrucken, Rechner in allen möglichen Größen und unzähliges Zubehör, von dem sie das meiste nicht mal annähern zuordnen konnte.

Mit einem Mal hatte sie auf all das keinen Bock mehr. Sie war Mediengestalterin, keine IT-Spezialistin, und wollte so schnell wie möglich eine Lösung für ihr Problem haben. Außerdem hatte sie wirklich Besseres zu tun, als sich den Kopf mit Dingen vollzumüllen, die gefälligst zu funktionieren hatten, es aber nicht taten.

Es wurde Zeit für pragmatische Lösungen.

»Okay, nehme ich.«

»… und das … ähem, was?«, fragte der Verkäufer, sichtlich aus dem Konzept gebracht.

»Ich nehme den Rechner.«

»Äh … ich habe eben von den unterschiedlichen Schnittstellen gesprochen. Welchen Rechner meinst du?« Der Verkäufer sah Rose an, als erwarte er, dass sie sich gleich in ein Alien verwandeln würde.

»Egal. Welchen würdest du mir jetzt empfehlen?«

»Das … ähm … kommt immer noch darauf an, wofür du ihn brauchst?«

»Für Zeichnungen. Und Texte. Wobei mir gerade einfällt: Können ein Drucker oder ein Grafiktablett Schadsoftware von einem Rechner zum anderen übertragen?«

Der Verkäufer musterte sie, als sei sie jetzt völlig übergeschnappt.

»Üblicherweise nicht. Man könnte zwar über die IP-Adressen auf die externen Geräte zugreifen, aber der Drucker kann keinen Virus von einem Rechner zum anderen übertragen.« Dann schien ihm etwas zu dämmern. »Du hast Malware auf deinem alten Rechner?«

Rose hob unbestimmt die Schultern. Eigentlich hatte sie das Thema gar nicht ansprechen wollen.

»Warst du schon bei der Polizei?«

»Nein. Muss ich?«, fragte sie unglücklich.

»Musst du natürlich nicht. Solltest du aber.«

»Na ja, bisher ist es mehr … ein Verdacht.«

»Hmm. Und wie äußert sich dieser Verdacht?«

»Schwierig zu erklären.« Genau genommen war es ihr vor allem peinlich. Aber andererseits war der Verkäufer ein völlig Fremder, es konnte also kaum schaden, oder?

»Na ja, einige Dateien waren verschwunden, sind dann aber wieder aufgetaucht. Zumindest teilweise. Mein … hm … Exfreund meint allerdings, ich hätte sie wohl nur an der falschen Stelle gespeichert. Oder versehentlich gelöscht.«

»Dein Exfreund, aha. Informatiker?«

»Nicht direkt. Aber er kennt sich mit Computern gut aus.«

»Wer hätte das gedacht«, murmelte der Verkäufer. Lauter sagte er dann: »Und du hast die Dateien an anderer Stelle wiedergefunden?«

»Nein, eigentlich genau da, wo ich sie ursprünglich auch gespeichert hatte. Trotzdem waren sie zwischendurch weg!«

»Ja, gut möglich.«

Rose sah den Verkäufer überrascht an. »Du meinst, ich habe mir das nicht nur eingebildet?«

»Ich glaube eher, dass dir da jemand einen ausgesprochen üblen Streich gespielt hat. War sonst noch was auffällig?«

»Es sind auch mehrere Mails nicht angekommen.«

»In einem bestimmten Zeitraum oder von einer bestimmten Person?«

»Von meiner besten Freundin. Sie mag meinen Ex nicht sonderlich und wollte mich vor ihm warnen.«

»Und dein … hm … Exfreund? Hat der noch die Möglichkeit, an deinen Rechner zu kommen?«

»Jetzt nicht mehr. Ich sehe ihn nur noch selten, und inzwischen habe ich den Rechner auch mit einem Passwort geschützt.«

»Inzwischen, okay. Und trotzdem sind danach noch Mails und Dateien verschwunden?«

Rose nickte bedrückt.

Der Verkäufer sah sie ernst an. »Das macht die Sache leider recht eindeutig, fürchte ich. Natürlich kann ich nicht sagen, wer sie installiert hat, aber du hast mit ziemlicher Sicherheit Spyware auf deinem Rechner. Und die Fakten sprechen nicht gerade dafür, dass dein Ex unschuldig ist.«

»Ja, so etwas in der Art hatte meine Freundin auch schon gesagt.« Nur dass Steffi René kannte und sich absolut sicher war, aber das sagte Rose dem Verkäufer lieber nicht.

»Okaaaaay ... dir ist auch klar, dass das einen massiven Eingriff in deine Privatsphäre bedeutet? Der Täter weiß jetzt praktisch alles über dich.«

»Das weiß er sowieso«, flüsterte Rose.

»Trotzdem handelt es sich um eine Straftat. Du solltest sie auf jeden Fall zur Anzeige bringen.«

Rose schüttelte den Kopf. Was, wenn sie René vielleicht doch zu Unrecht bezichtigte? Möglicherweise zog es dann Kreise, im schlimmsten Fall sogar bis zu seinem Arbeitgeber, wenn die Polizei auch seinen Firmenrechner einsehen wollte.

Wie schnell hätte sie damit seine Karriere zerstört? Nein, das kam nicht in Frage – sie wollte nur ihre Ruhe, keine Rache.

»Gut, musst du selbst wissen.« Der Verkäufer sah sie skeptisch an. »Trotzdem solltest du die Malware schnellstmöglich von deinem Rechner entfernen. Dafür musst du aber keinen neuen Rechner kaufen.« Er lächelte jetzt.

Rose erwiderte sein Lächeln. »Das ist aber nicht sehr geschäftstüchtig.«

»Das nicht, aber eine seriöse Beratung. Irgendwie müssen wir uns ja von den Internetshops abgrenzen.« Er zwinkerte ihr zu.

»Stimmt. Und Dankeschön, ich weiß das zu schätzen.« Rose atmete einmal tief durch. »Gut, dann noch mal von vorn. Ich nehme ihn!«

Jetzt musste der Verkäufer doch lachen.

»Okay, alles klar. Wo waren wir stehengeblieben? Ach ja, genau. Wofür brauchst du den Rechner denn vorrangig?«

Eine knappe Stunde später verließ Rose den Laden mit einem Laptop aus dem mittleren Preissegment. Kein Porsche, wie der Verkäufer angemerkt hatte, aber genug Speicher für unzählige Fotos und Zeichnungen und einem brillanten, relativ großen Display. Fertig aufgesetzt war er auch schon, jetzt musste sie nur noch ihre alten Daten übertragen.

Mit neuer Zuversicht fuhr sie nach Hause.

Kapitel 19

Gegen Mittag des nächsten Tages saß Rose mit einer Tasse Tee auf der Bank vor der Küche, schaute über ihren Garten und versuchte langsam wach zu werden. Sie hatte bis tief in die Nacht die wichtigsten Programme auf den neuen Laptop gespielt, dazu alle Dateien, die sie in absehbarer Zeit benötigen würde. Außerdem hatte ihr der Verkäufer noch weitere wertvolle Tipps mitgegeben, auch für das Internet und die Cloud, und zusätzlich empfohlen, auch ihr Smartphone auf das neueste Betriebssystem upzudaten.

Rose schwirrte immer noch der Kopf, denn trotz des neuen Rechners hatte sie den Aufwand unterschätzt. Das Update des Smartphones war dabei noch das Einfachste gewesen. Es hatte eigentlich nur Zeit benötigt, ohne dass sie sich weiter darum kümmern musste. Deutlich aufwändiger war dagegen der Rest gewesen. Zum Glück hatte sie auch noch die Schritt-für-Schritt-Anleitung von Steffi und Joshua gehabt, sonst hätte sie die Hälfte garantiert vergessen.

Der neue Rechner lief jetzt, und inzwischen war auch die Testmail von Steffi mit den übelsten Schimpftiraden gegen René angekommen. Es schien alles wieder zu funktionieren.

Was zurückblieb, war ein äußerst schaler Nachgeschmack. Der alte Rechner würde vorerst nicht mehr ans Netz gehen, entsprechend konnte auch keiner mehr auf ihn zugreifen und sich erneut in ihr Netzwerk einschleichen. Allerdings wusste sie auch nicht, was sie damit machen wollte, sobald die letzten Dateien gesichert waren. ›Plattmachen‹, hatte der Verkäufer gesagt – also alles löschen. Und danach neu aufsetzen, um ihn wieder nutzen zu können.

Ja, okay. Aber nicht jetzt, und auch nicht in den nächsten Tagen.

Rose fühlte sich innerlich vollkommen ausgebrannt. Vielleicht sollte sie erst mal die Technik Technik sein lassen und was komplett anderes machen. Irgendwas Schönes. Spazieren gehen und Fahrrad fahren. Wandern. Was besichtigen, was sie hier in der Gegend noch nicht kannte – und auf dem Rückweg vielleicht noch ein paar Blumen kaufen.

Sie schmunzelte in ihre Tasse. Doch, das hörte sich nach einem Plan an. Gegen seelischen Frust gab es nichts Besseres als Gartenarbeit, das hatte sich schließlich schon mehrfach bewährt. *Viel* Gartenarbeit, um genau zu sein. Am besten pflanzte sie auch gleich einige Bäume – das konstruktive Äquivalent zum Holzhacken sozusagen, und bei der verfilzten Grasnarbe dort hinten vermutlich ähnlich anstrengend.

Und als Ausgleich dann die Tagebücher … obwohl, nein. Noch mehr Hiobsbotschaften konnte sie im Moment einfach nicht ertragen. Am besten legte sie wirklich erst mal ein paar Tage Pause ein, bis sie den Kopf wieder frei hatte.

Also erst mal raus und was unternehmen. Entschlossen trank sie den letzten Schluck Tee aus der Tasse und ging nach drinnen, um sich umzuziehen.

Sie war schon fast an der Treppe, als ihr auffiel, dass draußen ein Fahrzeug stand. Stirnrunzelnd ging sie zum Fenster.

Oh, nein. Das hat mir gerade noch gefehlt …

Der A8 parkte mitten auf dem Hof und glänzte in der Sonne. Von ihrem Exfreund war allerdings nirgends etwas zu sehen. Ob er bereits vor der Tür stand?

Rose trat unwillkürlich einen halben Schritt zur Seite, damit sie von draußen nicht erkannt werden konnte. Und jetzt? Unwillig schüttelte sie den Kopf. Der wirklich letzte Mensch, den sie gerade sehen wollte, war René.

Ob sie einfach so tun sollte, als wäre sie nicht zu Hause?

Ja, genau. Sie würde nicht reagieren, wenn er klingelte. Auf ewig konnte sie die Konfrontation zwar nicht hinauszögern, das war ihr klar – aber nicht so bald, und schon gar nicht heute. Am besten verkrümelte sie sich nach oben, bis er wieder weggefahren war.

Als sie sich jedoch umwandte, fuhr sie zu Tode erschrocken zusammen. René stand direkt hinter ihr.

»Himmel, hast du mich erschreckt. Wie bist du reingekommen?«

»Durch die Tür zum Garten.« Er deutete mit dem Daumen über die Schulter. »Ich hatte geklingelt, aber du hast nicht reagiert.«

»Ach, und das ist ein Grund, hier einfach unaufgefordert reinzuschneien?«

»Ich habe mir Sorgen gemacht. Mal wieder, Rose.« Er war wie immer tadellos gekleidet, ganz der souveräne Business-Typ. Nur seine leicht hochgezogenen Augenbrauen verrieten, dass er sich über irgendetwas ärgerte.

»Sorgen, natürlich. Andere Leute rufen dann an.« Ob er schon mitbekommen hatte, dass er nicht mehr auf ihren Rechner zugreifen konnte? Oder war es nur ein weiterer dummer Zufall, dass er ausgerechnet jetzt auf der Matte stand? Ein winziger Teil von ihr wollte das immer noch glauben, trotz allem.

»Das hatte ich versucht. Sogar mehrmals, aber es kam immer nur die Ansage, dass der gewünschte Teilnehmer nicht erreichbar sei.« Damit hatte er sogar recht, schließlich war das Telefon seit vorgestern Abend ausgeschaltet gewesen.

»Stimmt, ich hatte ein Update laufen. Aber das ist keine Entschuldigung, hier reinzuschleichen und mir einen halben Herzinfarkt zu bescheren!«

»Rose! Entschuldige bitte, ich habe mir wirklich Sorgen um dich gemacht. Du bist hier mutterseelenallein, dir könnte sonst was passieren. Ich hatte schon damit gerechnet, dich leblos auf dem Boden liegend zu finden!«

»Mir geht es super, wie du siehst. Nur übermüdet, die letzten Nächte waren ziemlich lang.«

Und rate mal weswegen.

»Das beruhigt mich. Trotzdem habe ich deinetwegen extra eine verlängerte Mittagspause … ach, egal. Ich merke schon, du weißt das sowieso nicht zu schätzen. Aber hey, wo ich jetzt hier bin, kann ich dir auch gleich noch was zeigen. Ich habe nämlich eine Überraschung für dich.«

»Eine *Überraschung*«, konterte Rose säuerlich. Doch René schien den feinen Unterton nicht zu bemerken.

»Ja, genau. Ich habe eine superschöne Wohnung für uns gefunden. Sie ist sogar schon für uns reserviert, bevor sie uns jemand anderes wegschnappt. Moment, sie ist hier auf dem Handy –«

»René, ich komme nicht zu dir zurück.«

So, jetzt war es raus. Doch ihr Exfreund schien ihr überhaupt nicht zuzuhören, sondern tippte und wischte auf seinem Smartphone herum.

»Ach Mist, mal wieder kein Empfang in der Pampa. War ja klar. Kann ich mal schnell in dein WLAN?«

»Nein.«

René sah überrascht auf. »Aber … warum nicht?« Sein Blick zeigte nichts als gekränkte Unschuld.

Immer noch dieser verdammte Zweifel. Sie mochte einfach nicht glauben, dass es René gewesen war, der sich in ihren Rechner eingeklinkt hatte. Trotzdem wollte er jetzt, nachdem sie alles neu aufgesetzt hatte, unbedingt in ihr WLAN …

»Komm schon Rose, mach nicht so einen Aufstand«, meinte René ungeduldig, während er erneut auf seinem Smartphone herumtippte. »Wie lautet das Passwort? Ich will es dir nur schnell zeigen!«

Rose reagierte nicht, bis ihr Exfreund wieder aufblickte.

»Was ist los? Vertraust du mir nicht?«

Genau das war das Problem.

René fuchtelte mit seinem Handy vor ihrer Nase herum. »Rose, du wirst langsam echt paranoid. Ich will nur ins Internet, nicht deine Kontovollmacht. Ich bin es doch, René! Keiner kennt dich so gut wie ich, nicht mal deine Mutter. Und sogar die macht sich inzwischen Sorgen um dich!«

»Ich habe … *was*? Meine Mutter? Warum … was hast du ihr erzählt?«

»Nur den aktuellen Stand der Dinge. Und sie war erschüttert! Rose, du warst früher schon psychisch labil, und –«

»Ich war was?«, fiel Rose ihm ins Wort. Sie begann zu zittern, aber sie konnte nichts dagegen tun.

»Lass mich ausreden, Rose«, René hob beschwichtigend die Hände. »Dieses Haus hier, die ganze Gegend – das alles tut dir nicht gut. Du merkst es nur nicht, Rose. Du bist hier völlig allein, mitten im Wald …«

Rose spürte, wie der Ärger in ihr hochstieg und das Zittern verdrängte. »René, das Thema hatten wir bereits.«

»Ja, aber es ist aktueller denn je. Du hast es doch selbst gesagt, das ganze Haus ist voller Geräusche –«

»Deutlich weniger, seit du hier nicht mehr spukst!«

René hielt kurz inne und grinste schief. »Ja, aber dafür habe ich mich entschuldigt. Außerdem war es mein Ernst, ich hatte nur das Beste für dich im Sinn. Ich liebe dich doch immer noch, mein Schatz!«

»Auch darüber haben wir bereits gesprochen. Und hör auf, mich *Schatz* zu nennen!« Rose konnte ihren Ärger kaum noch unterdrücken.

Doch René ließ sich nicht beirren.

»Rose, ich habe die Tage mit unserem Hausarzt gesprochen. Auch Dr. Klettwig findet das alles bedenklich. Er glaubt, dass du in deinem Leben viel zu viel verdrängt hast. Die Scheidung deiner Eltern, der Stress mit deiner Mutter. Die enttäuschten Hoffnungen in deinem Job.«

»Du hast mit unserem Hausarzt gesprochen? Über *mich*?«

»Aber doch nur aus Sorge um dich!«, versuchte René abzuwiegeln. »Schau, du steigerst dich schon wieder in das Thema rein!«

»Natürlich steigere ich mich da rein! Was nimmst du dir eigentlich heraus?«

»Rose, du bist ja völlig hysterisch! Merkst du das eigentlich nicht? Du brauchst Hilfe, mein Schatz.«

»Wie bitte? Ich brauche keine Hilfe, und schon gar nicht von dir! *Und hör endlich auf, mich ›Schatz‹ zu nennen!*« Rose merkte, dass sie immer lauter wurde, aber sie konnte nichts dagegen tun.

»Okay, okay, beruhige dich! Aber du brauchst wirklich Hilfe. Nicht von mir, Rose. Von einem Experten. Merkst du das nicht? Du bist völlig neben der Spur, schlimmer als je zuvor. Stattdessen flüchtest du dich immer mehr in irgendwelche Traumwelten … diese Tagebücher sind das beste Beispiel dafür.«

Zutiefst empört wollte sich Rose verteidigen, doch dann schloss sie den Mund wieder und musterte René.

»Welche Tagebücher?«, fragte sie schließlich mit ruhiger Stimme.

»Die vom Dachboden natürlich.« René schien überrascht.

»Ich habe dir nie von den Tagebüchern erzählt.«

René lachte kurz auf. »Aber natürlich hast du mir das erzählt. Wie sollte ich sonst davon wissen? Und von dem schlechten Gewissen, das du hast, weil du sie liest?«

Genau, wie sollte er davon wissen? Rose war sich absolut sicher, dass sie René nichts von den Heften erzählt hatte. Und ganz bestimmt hatte sie ihm gegenüber nie ihr schlechtes Gewissen erwähnt. Das hatte sie nur Steffi geschrieben – in der Mail, auf die sie nie eine Antwort bekommen hatte, weil Steffi vermutete, dass René sie abgefangen haben musste …

Eiskalte Wut überkam Rose. Nicht nur abgefangen, sondern auch gelesen. All ihre persönlichen Mails. Und das vermutlich nicht erst, seit sie hier in der Heide wohnte, denn hier hatte René keine Gelegenheit mehr gehabt, um auf ihrem Rechner Spyware zu installieren. Also bereits in Hamburg. Sie hatte ihren Rechner nie mit einem Passwort gesichert. Wozu auch? Er blieb ja immer in der Wohnung – und sie hatte René vertraut.

»Raus!«

»… und ich … was?« René sah sie überrascht an. »Rose, was ist …«

»Raus aus meinem Haus!«, fiel ihm Rose mit klirrender Stimme ins Wort. »Scher dich zum Teufel, ich will dich nie wieder sehen! Nie wieder, hörst du?«

»Sag mal, bist du jetzt völlig übergeschnappt?«

»Im Gegenteil, ich habe noch nie so klar gesehen wie jetzt. Steffi hat sich bei mir gemeldet.«

Renés Blick flackerte kurz, aber er hatte sich sofort wieder im Griff.

»Was hat das damit zu tun? Schön für sie – lange genug hatte sie dich ja jetzt hängengelassen!«

»Hatte sie nicht. Sowohl ihre Telefonnummer als auch WhatsApp waren bei mir auf dem Handy blockiert.«

»Dann bist du vermutlich irgendwo auf die falsche Taste gekommen. Oder du hast sie unbewusst blockiert. Bei deinem Zustand zur Zeit würde mich das nicht wundern. Sieh dich doch an, du bist weiß wie eine Wand!«

»Stimmt, aber das liegt nicht an Steffi. Bis zuletzt dachte ich tatsächlich noch an eine Verkettung dummer Zufälle.«

»Rose, du glaubst doch nicht ernsthaft –«

»Steffi hat mir noch mal sämtliche Mails weitergeleitet, die sie mir in den letzten zwei Wochen geschickt hatte«, fiel Rose ihm harsch ins Wort. »Davon war vorher keine einzige bei mir angekommen. Und du weißt auch ganz genau, warum!«

»Stop mal, langsam!« Abwehrend hob René die Hände. »Sag mal, seid ihr Weiber jetzt völlig übergeschnappt? Bei Steffi war mir das klar, die konnte mich noch nie ausstehen – kein Wunder, diese Eso-Tussi schwebt sowieso in ganz anderen Sphären. Aber bei dir hätte ich mir echt einen Rest von Vernunft erhofft. Meine Kumpels hatten mich schon gewarnt, und Dr. Klettwig …«

»René, raus! Verschwinde aus meinem Haus, sonst rufe ich die Polizei. Und verschwinde aus meinem Leben. Ich will dich nie wieder sehen!«

Renés Blick flackerte jetzt eindeutig. »Du willst mich rausschmeißen? Du? Und wenn ich mich nicht rausschmeißen lasse?«

Er packte Rose an den Schultern und drängte sie rückwärts an die Wand am Kamin. Dort stützte er seine Arme links und rechts neben ihr auf, so dass sie ihm nicht mehr ausweichen konnte, und starrte ihr voller Hass in die Augen.

»Und jetzt, Rose? Was machst du jetzt? Niemand sieht uns hier. Niemand!«

Aber Rose ließ sich nicht mehr einschüchtern. Nie mehr.

»Raus, René. Sofort! Dann verzichte ich auch auf eine Anzeige wegen Nötigung.«

»Ach, wirklich?«, höhnte René. »Und wer soll dir das glauben?«

»Steffi kennt dich und wird bezeugen, dass es nicht das erste Mal ist. Und Joshua weiß es auch.«

»Joshua? Etwa der Typ, der letztens vor deiner Tür stand?«

»Vor meiner …?«, setzte Rose an.

In diesem Moment fiel der Chagall neben ihnen von der Wand. Das Glas zerschellte auf dem Fußboden in tausend Scherben und übersäte Renés Anzughose mit unzähligen nadelfeinen Splittern.

»Verdammt!«, fluchte er, gab Rose frei und schüttelte nacheinander beide Beine. Dann zog er eins der Hosenbeine hoch. Darunter kamen rote Punkte zum Vorschein, die schnell größer wurden – etliche der Splitter hatten sich durch die Wucht des Aufpralls wie Geschosse durch den dünnen Stoff der Hose gebohrt.

Hastig versuchte René, sich das Blut abzuwischen. »Scheiße, das brennt wie Feuer. Ich brauche Pflaster!«

Rose verschränkte die Arme vor der Brust und blieb, wo sie war. »Im Verbandkasten deines Autos dürftest du genug finden. Allerdings solltest du lieber zu einem Arzt gehen, falls auch Glassplitter in den Wunden stecken.«

»Bist du bescheuert? Ich brauche Hilfe!«

»Du bist kaum tödlich verletzt. Außerdem wolltest du gerade gehen. Dort drüben ist die Tür!«

René starrte abwechselnd seine Beine und Rose an. Dann humpelte er endlich in Richtung Windfang. »Du bist ja völlig irre!«, schrie er, während er die Tür öffnete und sich noch mal zu ihr umwandte. »Total durchgeknallt, ein Fall für die geschlossene Anstalt! Mich siehst du nie wieder!« Und mit diesen Worten verschwand er nach draußen und ließ die Haustür hinter sich zuknallen.

»Ich bitte darum«, murmelte Rose leise. Dann ließ sie sich langsam an der Wand herabgleiten und setzte sich zitternd neben die Scherben auf den Boden. Es dauerte eine ganze Weile, bis ihr auffiel, dass kein einziger der Splitter sie getroffen hatte.

Der Vertrauensbruch ihres Hausarztes saß tief.

Inzwischen saß Rose wieder draußen auf ihrer Bank, in den Händen ein Glas Orangensaft. Auch Mau hatte es sich nur zwei Schritte entfernt gemütlich gemacht, aber im Moment konnte sich Rose nicht so richtig darüber freuen. Stattdessen blieb sie mit ihren Gedanken immer wieder bei dem hängen, was Dr. Klettwig über sie gesagt hatte. Rose konnte es einfach nicht verwinden. War er tatsächlich der Meinung, sie wäre psychisch labil? Ihr gegenüber hatte er das nie geäußert. Oder hatte sie es damals nur nicht wahrhaben wollen?

Doch auch wenn – warum hatte er mit René darüber gesprochen? Gab es die ärztliche Schweigepflicht nicht mehr? Immerhin war sie nicht mit ihrem Ex verheiratet gewesen. Und selbst dann …

Letztendlich war es aber auch egal, denn dieses Verhalten war unentschuldbar. Und es ärgerte sie, und zwar maßlos. Auch wenn sie zukünftig nicht mehr zu ihrem alten Arzt gehen würde, mochte sie das so nicht einfach stehen lassen.

Am besten forderte sie die Einsicht ihrer Krankenakte an. Das stand ihr schließlich zu, außerdem wollte sie nicht, dass ihr zukünftiger Hausarzt sie auch gleich abstempelte, wenn er ihre Unterlagen bekam. Nicht auszudenken, was da womöglich noch alles drinstand …

Vielleicht sollte sie gleich reinen Tisch machen – sie war gerade in der richtigen Stimmung dazu.

Wütend wählte sie die Nummer der Praxis.

»*... bleibt unsere Praxis wegen Urlaubs vom 15. Juli bis einschließlich zum 09. August geschlossen. Unsere Vertretungsärzte sind ...*«, erklang die kratzige Stimme einer Arzthelferin vom Band.

Rose nahm das Handy vom Ohr und starrte verblüfft auf die Datumsanzeige im Display. Heute war der achte August. Die Praxis war also die letzten Wochen gar nicht geöffnet gewesen. Das bedeutete ...

»Du elender Drecksack! Du mieser, intriganter Bastard!«, fluchte sie so laut, dass Mau panisch die Flucht ergriff.

Er hatte sie eiskalt belogen. Wieder einmal.

Stocksauer knallte sie das Handy auf die Bank neben sich. Sollte ihr René irgendwann noch mal über den Weg laufen, konnte sie für nichts mehr garantieren.

Wieder zitterte sie, aber dieses Mal, weil sie vor Wut nicht wusste, was sie jetzt machen sollte. Und irgendwas war doch noch gewesen, was René vorhin gesagt hatte. Sie kam nicht gleich drauf, aber es ließ ihr auch keine Ruhe. Irgendwas mit Steffi? Nein, sondern mit ... Joshua, genau.

Ob das der Typ gewesen wäre, der vor ihrer Tür gestanden hätte.

Kaum, dachte Rose und zog eine Grimasse. Schließlich war Joshua mit Steffi in Australien. Aber wen konnte er sonst ...?

Plötzlich fiel es ihr siedendheiß ein.

Bent.

Natürlich. Bent, der plötzlich so kalt und abweisend gewesen war, ohne dass Rose eine Erklärung dafür gefunden hatte. Anscheinend war er hier gewesen, hier bei ihr zu Hause, und dabei unglücklicherweise René in die Arme gelaufen, ohne dass sie es mitbekommen hatte. Aber wann?

Nur ein verirrter Wanderer, hörte sie Renés Stimme und sah sein selbstgefälliges Grinsen wieder vor sich. *Ich habe ihn in den Wald geschickt.*

Rose spürte, wie ihr alle Farbe aus dem Gesicht wich. »René, du mieser Scheißkerl«, flüsterte sie tonlos. »Was hast du ihm gesagt?«

Kapitel 20

Je länger Rose über alles nachdachte, umso mehr wurde ihr das gesamte Ausmaß des Betrugs bewusst. Renés Besuche, bei denen er offenbar jedes Mal irgendetwas manipuliert hatte. Seine Unterstellungen, sie würde langsam den Verstand verlieren. Und dann diese unfassbare Sache mit der Spyware: Damit hatte er nicht nur Zugriff auf ihren Rechner gehabt, sondern ihr auch ganz bewusst und absichtlich geschadet – die beiden Dateien, die immer noch fehlten, würden vermutlich auf ewig verschollen bleiben. Die ganze Arbeit, völlig umsonst. All das war ein abgekartetes Spiel gewesen – und das nur, um sie zu verunsichern und an sich selbst zweifeln zu lassen, bis sie ihm beinah geglaubt hätte, dass sie langsam verrückt wurde.

Rose schüttelte fassungslos den Kopf. Wie konnte ein Mensch einem anderen so etwas nur antun? Und warum?

Selbst wenn sie René hintergangen hätte, wäre damit kaum diese unglaubliche Niedertracht zu erklären gewesen. Aber nicht sie, sondern René hatte sie betrogen und ihre Beziehung beendet. Womit hatte sie das also verdient?

Wie sie es auch drehte und wendete, sie fand nichts, was Renés Verhalten auch nur ansatzweise rechtfertigte. Dafür kamen ihr jetzt wieder Steffis Worte in den Sinn. Ob ihr der Begriff … wie hatte ihre Freundin es doch gleich genannt? *Gas* … ja, genau, *Gaslighting* etwas sagen würde. Wieder schüttelte Rose den Kopf, dieses Mal aus Ratlosigkeit. Was sollte das sein?

Aber gut, zumindest in diesem Punkt konnte der Unwissenheit Abhilfe geschaffen werden – und wenn Steffi es für so wichtig hielt, dass sie es in Bezug auf René extra betonte, sollte Rose es vielleicht auch mal in Erfahrung bringen.

Seit einer halben Stunde recherchierte Rose jetzt im Netz. Was sie bisher gefunden hatte, trug allerdings nicht unbedingt dazu bei, ihren Seelenfrieden wieder herzustellen, im Gegenteil.

Der Begriff *Gaslighting* ging auf das Theaterstück *Gas Light* von Patrick Hamilton aus den Dreißigern zurück, in dem diese Form des psychischen Missbrauchs zum ersten Mal thematisiert wurde. Wenige Jahre später folgte dann der Film *Das Haus der Lady Almquist*, und seit den Sechzigerjahren hatte die Bezeichnung auch Eingang in die Psychologie gefunden.

Grundsätzlich ging es beim Gaslighting darum, das Opfer so lange in seiner Wahrnehmung zu manipulieren, bis es schließlich nicht mehr wusste, was Realität und was Einbildung war, und ernsthaft zu glauben begann, verrückt zu sein. Im Theaterstück war das Motiv des Täters Habgier gewesen, tatsächlich wurde Gaslighting aber häufig von Menschen mit dissozialer oder narzisstischer Persönlichkeitsstörung betrieben. In fast allen Fällen spielte dabei auch Machtausübung über das Opfer eine wesentliche Rolle, basierend auf dem meist geringen Selbstwertgefühl der Täter.

Rose atmete tief durch. Das musste sie erst mal sacken lassen. René – ein geringes Selbstwertgefühl? Nie im Leben hätte sie das geglaubt. Aber je mehr sie zu diesem Thema las, umso mehr Puzzleteile fügten sich ineinander und ließen sich nahtlos auf ihren Exfreund übertragen.

Die bewusste Verleugnung real existierender Dinge.

Die unzähligen Behauptungen, er hätte etwas so nie gesagt oder getan.

Der Versuch, die Menschen in ihrem sozialen Umfeld zu manipulieren und auf seine Seite zu ziehen, indem er ihnen irgendwelche Märchen über Rose erzählte.

Die Lüge, dass sich auch andere längst Sorgen um sie machen würden, und ihr Verhalten äußerst bedenklich fänden.

Seine Behauptungen, sie würde ständig ›hysterisch‹ oder ›übersensibel‹ reagieren.

Der Vorwurf, nicht er selbst, sondern Rose wäre maßgeblich Schuld an seiner Affäre mit Anett gewesen.

Die Liste im Internet zog sich gefühlt endlos weiter, und in den meisten Punkten erkannte sich Rose wieder. Der Dosenöffner, den sie angeblich verlegt, und den René ganz *zufällig* wiedergefunden hatte. Die Inszenierung mit dem Infrallschall. Das Tropfen in der Küche.

Und die Lügen, die er Bent offensichtlich über sie erzählt hatte.

Längst liefen Rose die Tränen über die Wangen. Zu tief, zu vollständig war der Vertrauensbruch, der jetzt wie eine unaufhaltsame Welle über ihr zusammenschlug.

Aber warum? Was hatte sie René getan, damit sie all das verdient hatte?

Die Antwort fand sich ein paar Klicks weiter: Nichts.

Nicht sie war das Problem, wenn man mal davon absah, dass sich Narzissten vorrangig empathische Menschen suchten, die sie manipulieren konnten. Menschen, die anderen kaum etwas Böses unterstellen mochten, bis es sie selbst mit voller Wucht traf – ausgerechnet von denjenigen, denen sie am meisten vertrauten und es am wenigsten erwarteten.

Das Problem war der Narzisst selbst. Genauer gesagt: die fatale Eigendynamik der narzisstischen Persönlichkeitsstörung. Rose hatte bisher gedacht, dass René nur einen Menschen liebte – sich selbst. Doch in Wahrheit konnte er offenbar nicht einmal das – und traute es deshalb auch niemand anderem zu. Als Konsequenz aus diesem erdrückenden Mangel an Selbstwertgefühl wurde nahezu alles, was nicht unter überschwängliche Glorifizierung fiel, als Angriff und Kränkung seiner Person betrachtet. Und dagegen galt es sich mit aller Macht zu verteidigen, mit sämtlichen zur Verfügung stehenden Mitteln.

Dabei war es auch vollkommen gleich, ob die Kränkung tatsächlich oder nur in der Einbildung des Narzissten stattgefunden hatte. Er wollte – nein: musste! – sein Gegenüber geradezu zwanghaft erniedrigen, um sich selbst wieder als strahlenden Helden seines fragilen Kartenhauses sehen zu können. Nicht die anderen, sondern *er* war grundsätzlich das Opfer, dem Unrecht widerfuhr – und um dieses Unrecht wiedergutzumachen, war ihm jedes Mittel recht.

Menschen, die empathisch agierten und ihr eigenes Verhalten immer wieder in Frage stellten, kamen dem Narzissten dabei besonders entgegen. Bei ihnen fanden sich neben einem ausgeprägten Verständnis für die Bedürfnisse ihrer Mitmenschen auch genügend Ansätze für Selbstzweifel, während sie gleichzeitig von dem Wunsch beseelt waren, es möge dem Anderen gutgehen. All das schmeichelte dem angekratzten Selbstwertgefühl des Narzissten – während er immer offensiver auslotete, wie weit er mit seinem perfiden Spiel gehen konnte, sich über andere zu erhöhen.

Und das war oft erstaunlich weit, häufig über Jahre, im Zweifelsfall bis zur völligen Vernichtung der Selbstachtung des Opfers. Nicht jedem gelang es, rechtzeitig Grenzen zu ziehen – und diejenigen, die es irgendwann doch schafften, traf plötzlich die volle Wucht an Repressalien. Denn dadurch fühlte sich der Narzisst erst recht gekränkt und zurückgesetzt, und schlug jetzt mit aller Gewalt zurück. Viele Opfer knickten dann wieder ein und versuchten zu vermitteln – und dasselbe Spiel aus Erniedrigung und psychischem Missbrauch begann erneut.

Auf einer weiteren Internetseite erfuhr Rose, dass typische Opfer von Narzissmus häufig Menschen waren, die schon als Kinder psychischen Missbrauch kennenlernen mussten, sei es durch den Vater, die Mutter, oder beide. Sie hatten nie lernen dürfen, sich abzugrenzen, und hielten es deshalb auch für normal, für Schuld und Streit verantwortlich gemacht zu werden – bis sie irgendwann tatsächlich glaubten, Schuld *zu haben*. Außerdem waren viele von ihnen überzeugt, sich Liebe und Zuneigung nur durch besondere Anstrengungen verdienen zu können – bis hin zur Selbstaufgabe. Dass sie auch liebenswert waren, ohne erst irgendetwas leisten oder beweisen zu müssen, hatten sie nie erfahren. Das nutzte der Narzisst aus. Und nicht nur das: Häufig wurde den Opfern das schwierige Verhältnis zu ihren Eltern sogar noch zum Vorwurf gemacht und vom Narzissten als Rechtfertigung für sein eigenes Verhalten angeführt – ein Teufelskreis der Beweisführung, aus dem es kaum ein Entrinnen gab.

Entsprechend falsch war es auch, beim Opfer von ›Schuld‹ zu reden. Er oder sie ließ diesen Missbrauch freiwillig zu, das war richtig – nur war dieser für sie gerade zu Anfang kaum zu erkennen, eben aufgrund der eigenen Vorgeschichte. Außerdem taktierten die meisten Narzissten überaus geschickt, hielten sich zurück und konnten durchaus liebevoll erscheinen, bis sie sich ihres Opfers sicher waren. War dies dann erst einmal in diesem Hamsterrad gefangen, kostete es durch die manipulativen Spielchen des Narzissten fast übermenschliche Kraft, sich daraus wieder zu lösen – zumal viele schon bei ihren Eltern gelernt hatten, dass es aus dieser Form der Abhängigkeit im Grunde kein Entrinnen gab.

Erschwerend kam dann hinzu, dass die meisten Opfer weiterhin verzweifelt hofften, es könne irgendwie, irgendwann doch noch alles besser werden – wenn sie sich selbst nur ausreichend bemühten und anstrengten und ihre Liebe immer und immer wieder unter Beweis stellten. Und genau das war der fatale Denkfehler, denn aus dieser Selbstaufgabe zog der Narzisst die Bestätigung seines Tuns.

Natürlich konnte sich ein Narzisst theoretisch irgendwann ändern, praktisch passierte es allerdings fast nie. Kaum ein Narzisst war bereit zu akzeptieren, dass er derjenige war, der Hilfe benötigte. Zu groß und umfassend war das Vernichtungsgefühl, dass sich aus dem Einsturz seiner Traumwelt mit sich selbst als strahlendem Helden ergeben würde – und zu perfekt und unangreifbar sein eigener Selbstbetrug, den er mit aller Gewalt nach außen verteidigte.

Entsprechend hoffnungslos war es deshalb auch zu glauben, einem Narzissten ›helfen‹ zu können. Der einzige Ausweg bestand darin, dieses arglistige Spiel nicht länger mitzuspielen, sobald man es erkannt hatte, und schon aus reinem Selbstschutz jeglichen Kontakt abzubrechen. Denn auch ›Freunde bleiben‹ gab es für einen Narzissten nicht – für ihn war selbst das nur Mittel zum Zweck, um weiterhin Kontrolle und Macht über sein Opfer ausüben zu können.

Leider war das leichter gesagt als getan. Dazu kam, dass der Narzisst sich plötzlich äußerst charmant und verständnisvoll zeigen konnte, bis das Opfer überzeugt war, er hätte sich tatsächlich geändert. Dieser Gesinnungswandel hielt allerdings nur bis zu dem Zeitpunkt vor, an dem der Narzisst glaubte, wieder alles unter Kontrolle zu haben – um dann erneut in seine alten Verhaltensmuster zurückzufallen.

Dem Opfer blieb daher nichts anderes übrig, als einzusehen, dass jegliches Entgegenkommen nur erneut in toxischer Manipulation und psychischem Missbrauch gipfeln würde. Und das oftmals schlimmer als zuvor – denn ein hineininterpretiertes ›Schuldeingeständnis‹ war die Steilvorlage, auf die der Narzisst nur gewartet hatte, um sich für das vermeintlich erlittene Unrecht Genugtuung zu verschaffen. Entsprechend mussten sich Opfer psychischer Gewalt klarmachen, dass sie trotz bester Absichten dem Narzissten in seinem Dilemma nicht helfen oder ihn sogar ›retten‹ konnten, sie aber auch keine Schuld an seinem Verhalten traf. Stattdessen war es wichtig zu erkennen, dass es ihr ureigenstes Recht war, eine Beziehung, in der sie sich nicht wertgeschätzt fühlten, sofort zu beenden und sich von der betreffenden Person zu distanzieren. Und zwar vollständig und endgültig – ohne sich dabei Schuldgefühle einreden zu lassen, oder sich gegenüber dem Täter oder dem sozialen Umfeld, das oft genug ebenfalls zu intervenieren versuchte, dafür rechtfertigen zu müssen.

Rose konnte nicht anders, sie musste erst mal eine Pause machen. Viel zu viel stürmte gerade auf sie ein, ihr ganzes Leben schien plötzlich ein einziger Scherbenhaufen. Mit fahrigen Bewegungen speicherte sie die wichtigsten Seiten als Lesezeichen, dann klappte sie den Laptop zu.

Ja, sie hatte die erhofften Antworten auf ihre Fragen bekommen. Allerdings hatte sie während des Lesens auch immer mehr das Gefühl gehabt, ungebremst auf einen Abgrund zuzurasen. Inzwischen zitterte sie am ganzen Körper, aufgewühlt und erschüttert bis ins Mark.

Für heute hatte sie eindeutig mehr erfahren, als sie verkraften konnte.

Als sie drei Stunden später auf ihrem Sofa im Wohnzimmer aufwachte, waren ihre Tränen getrocknet. Im ersten Moment hatte sie das verwirrende Gefühl der Unwirklichkeit – bis ihr Blick auf die Scherben fiel, die immer noch neben der Tür zur Küche auf dem Boden verstreut lagen. Gleichzeitig kamen die Erinnerungen mit voller Wucht zurück, und mit ihnen heftige Kopfschmerzen.

Mühselig rappelte sie sich vom Sofa hoch und ging in die Küche, um sich ein großes Glas Wasser zu holen. Draußen schien nach wie vor die Sonne aus allen Knopflöchern, so als wäre die letzten Stunden nichts gewesen.

Und vielleicht war das auch genau die richtige Einstellung, dachte Rose, während sie ihr Wasser in kleinen Schlucken trank. Der Spuk war schließlich vorbei – endgültig.

Ab sofort war es an der Zeit, nach vorne zu schauen, und zwar nur noch nach vorn. Ihre Recherche über Gaslighting und Narzissmus konnte sie auch irgendwann anders weiterführen – später einmal, wenn ihr das alles nicht mehr so nahe ging.

Rose atmete tief durch.

Die Küchenuhr zeigte inzwischen kurz nach sechs an – Zeit für Mau's Abendessen, und noch etwa drei Stunden Tageslicht, um sich zumindest einem Teil der Grasnarbe hinten im Garten mit aller Kraft und Konzentration zu widmen.

Kapitel 21

Beim Milchholen gestern Abend öffnete Herlind auf mein Klopfen. Ich grüßte höflich, was von ihr aber nicht erwidert wurde. Ahnt sie vielleicht etwas?

Auf meine Frage nach Dörte nickte sie nur mit versteinertem Gesicht in Richtung Milchkammer, dann schloss sie die Tür vor meiner Nase.

Als ich vorhin Johann Christoph darauf ansprach, schüttelte er jedoch den Kopf.

»Herlind hat vorgestern die Nachricht bekommen, dass ihre Schwester schwer erkrankt ist.«

»Die, die den Hof geerbt hat?«, wunderte ich mich. Gerwine Beckmann war mir heute auf dem Rückweg zur Kate entgegengekommen und hatte auf mich eigentlich einen gesunden Eindruck gemacht.

»Nein, die jüngste der drei, Wilrun. Sie lebt inzwischen in Buchholz. Herlind will kommendes Wochenende zu ihr fahren und ihr einige Tage zur Seite stehen, bevor die Heuernte beginnt. Im Moment ist das Wetter noch zu unbeständig, um zu mähen.«

»Aha«, meinte ich nur.

»Und bei dir? Gibt es schon was Neues von deinem Bruder und seiner Familie?« Johann Christoph und ich hatten uns die letzten zwei Abende nicht getroffen. Nach den Bombenangriffen auf Hamburg wollte ich auch nachts für die Kinder da sein, falls einer von beiden plötzlich Angst oder Heimweh nach seinen Eltern bekommen sollte. Vor allem Alexander hatte schockiert auf die Nachrichten reagiert, während für den kleinen Konrad vieles noch zu abstrakt war. Stattdessen war er mit ausgebreiteten Armen durch die Stube gelaufen und hatte mit durchdringender Stimme abwechselnd Flugzeuggeräusche und das Rattern von Maschinengewehren nachgemacht, zumindest so, wie er es von seinen älteren Schulkameraden gehört hatte.

Ob er denn blöd wäre, hatte Alexander ihn angeschrien, schließlich sei Hamburg angegriffen worden. Der Kleine hatte zurückgeschrien, dass er gerade den Vergeltungsschlag gegen die feigen Briten flöge und Alexander selber blöde sei, wenn er das nicht wüsste.

Ich ging dazwischen, und nachdem ich den Jungs noch mal erzählt hatte, dass ihre Eltern in Sicherheit seien und Eppendorf auch nicht Ziel der Angriffe gewesen war, schickte ich beide ins Bett. Trotzdem richtete ich mich auf eine unruhige Nacht ein. Als Johann Christoph später vor der Tür stand, bat ich um sein Verständnis. Er hatte gelächelt und mich geküsst. Ich solle mich melden, wenn er helfen könne, hatte er zum Abschied gesagt und war dann zum Hof zurückgegangen.

»Sie sind in Sicherheit«, antwortete ich jetzt auf seine Frage. Johann Christoph nahm mich in die Arme.

»Das ist gut«, meinte er. »Denn eigentlich wollte ich dich am Wochenende entführen.«

Ich muss ihn wohl ziemlich verdutzt angesehen haben, denn er lachte leise.

»Nein, nicht ganz fort. Noch nicht.« Er lächelte wieder sein schelmisches Lächeln. »Aber ich möchte dir trotzdem etwas zeigen. Herlind wird ja bei ihrer Schwester sein, wir werden also endlich mal richtig Zeit füreinander haben.«

»Aber was ist mit dem Hof? Und den Kindern?«

»Um den Hof werden sich Alfred und Dörte kümmern, Alfred weiß schon Bescheid.« Johann Christoph zwinkerte mir zu. »Samstag wird es dann Hundeköst auf dem Flettmester-Hoff geben, das erste Mal seit vielen Jahren. Und die Kinder sind ja am Wochenende im Sommerlager.«

»Welches Sommerlager?«

»Das Zeltlager, das jedes Jahr vor den Sommerferien stattfindet, dieses Jahr im Büsenbachtal. Sag bloß, du weißt davon nichts.«

Ich schüttelte den Kopf. Das hörte ich jetzt zum ersten Mal.

»Früher wurde das Sommerlager jedes Jahr von einer anderen Schule organisiert«, klärte mich Johann Christoph auf. »Inzwischen hat sich die Hitlerjugend dazwischengeschaltet, aber für die Kinder ist es immer noch der Höhepunkt des Schuljahres.«

Ich sah ihn zweifelnd an. »Aha. Und wo liegt das Büsenbachtal?«

»Ein Stück nördlich von Handeloh, in Wörme. Durch den Wald und entlang der Seeve sind es gut 15 Kilometer, würde ich sagen. Die Jungs werden nach der Wanderung gut schlafen können.« Er lachte wieder leise. »Mach nicht so ein Gesicht«, ermahnte er mich liebevoll und küsste mich.

Doch, dachte ich, das mache ich. Natürlich war es möglich, dass die Kinder nach der Aufregung der letzten Tage schlicht vergessen hatten, mir vom Zeltlager zu erzählen. Das hieß aber noch lange nicht, dass ich die Idee deshalb gutheißen musste.

»Du machst dir trotzdem Sorgen, richtig? Wegen Machandel?«, fragte mein Geliebter.

Ich nickte.

»Das musst du nicht«, beruhigte mich Johann Christoph. »Die Eickenloher Kinder werden zusammen mit der Weseler Schule zum Büsenbachtal wandern. Und der Lehrer Büsching aus Wesel ist ein verständiger Mann, genauso wie der Disselhorst aus Undeloh. Die werden Machandel schon im Zaume halten.«

»Wenn du es sagst. Und wie soll ich mir das vorstellen mit dem Zeltlager?«

»Wie ein Ferienlager. Die größeren Kinder werden Übungen und sportliche Wettkämpfe machen, die jüngeren vor allem Spiele wie Völkerball und Schnitzeljagd spielen. Und ja, untermalt wird das Ganze von den Botschaften und Parolen der NSDAP. Aber dem können die Kinder auch in der Schule nicht entgehen, das weißt du.« Johann Christoph küsste mich wieder. »Johanna, du wirst das nicht ändern können. Und du kannst die Jungs nicht ausgrenzen. Alle Schulkinder gehen ins Sommerlager, und normalerweise freuen sie sich auch darauf. Außerdem wird Alexander sowieso in die Hitlerjugend eintreten müssen, sobald er im September seinen zehnten Geburtstag feiert.«

Ich seufzte und nickte. Immerhin gibt mir das eine Gnadenfrist, denn vor dem Zeltlager werde ich nichts mehr gegen Machandel unternehmen können. Und bis nächste Woche habe ich dann hoffentlich auch Carsten erreicht.

∞ ∞ ∞ ∞ ∞

Ich saß gestern gerade auf meiner Bank in der Sonne und sah zufrieden auf den Garten, als Johann Christoph um die Hausecke trat.

»Was für ein entzückendes Stillleben!«, meinte er und küsste mich zur Begrüßung in den Nacken.

»Er ist wunderschön geworden, nicht wahr? Alles grünt und blüht. Kaum zu glauben, was ein wenig Zuwendung, Arbeit und Liebe ausmachen.«

»Das kann ich aus eigener Erfahrung nur bestätigen«, meinte er, und strich mir mit einem Finger über die Brust. Ein wohliger Schauer rieselte mir über den Rücken – und nicht nur da.

»He!«, protestierte ich. »Was soll das denn werden? Und was, wenn uns die Kinder sehen?«

Johann Christoph lachte. »Lügnerin! Die Kinder sind schon unterwegs, die ganze Horde ist vorhin fröhlich lärmend am Hof vorbeigezogen. Inzwischen müssten sie längst hinter Wehlen sein. Die können dich nicht mehr retten.« Er streckte mir die Hände entgegen und zog mich in seine Arme. »Und was das werden soll?« Er sah mir tief in die Augen. »Nun, mal sehen – vielleicht bringe ich dich auch zum Blühen, wer weiß? Jedenfalls hätte ich da die eine oder andere Idee – jetzt, wo wir ungestört sind.«

Als wir später in der Stube saßen und im letzten Licht des Tages ein einfaches Mahl einnahmen, versuchte ich herauszubekommen, was Johann Christoph für den nächsten Tag geplant hatte.

»Du willst mich morgen also entführen?«

»Ja«, antwortete Johann Christoph. »Tief in den Wald, wo du mir vollkommen ausgeliefert sein wirst.«

Ach, dachte ich. Na warte, das Spiel können auch zwei spielen.

Ich stand auf, um die Kaffeekanne zu holen, die zum Warmhalten in der Küche auf dem Herd stand. Als ich zurückkam, stellte ich mich hinter ihn, beugte mich über seine Schulter und begann, seine Tasse wieder aufzufüllen.

»Ausgeliefert, sagtest du?«, schnurrte ich. Johann Christoph wartete, bis ich die Tasse gefüllt hatte, dann drehte er sich halb zu mir und nahm mir die Kaffeekanne aus der Hand. »Biest! Nicht nur eine Lügnerin, sondern auch eine Erpresserin!«

»Eine alleinstehende Frau wie ich muss sehen, wo sie bleibt«, flüsterte ich ihm ins Ohr, als er mich in seine Arme zog.

»Bei mir«, antwortete Johann Christoph heiser. »Oder hast du daran noch irgendeinen Zweifel?«

∞ ∞ ∞ ∞ ∞

Was hast du deinen Leuten auf dem Hof eigentlich erzählt, warum du das ganze Wochenende nicht da bist?«, fragte ich, als wir heute früh zu unserer Wanderung aufbrachen. Johann Christoph trug einen Rucksack, in dem wir Brote und zwei große Flaschen mit Wasser verstaut hatten, aber verraten, wohin wir gingen, wollte er mir immer noch nicht.

Mein Geliebter lächelte wieder sein Lausbuben-Lächeln, das ich so sehr liebe. »Dass ich mich mit meinem Onkel in Soltau treffe, um über meinen Nachlass und die Erbregelung zu sprechen. Alfred hat mich gestern zur Bahn nach Handeloh gefahren.«

»Aha. Und was hast du Alfred erzählt? Oder hat er dich tatsächlich mit dem Fuhrwerk nach Handeloh gefahren?«

»Alfred weiß Bescheid. Nein, Johanna«, beschwichtigte er mich, »keine Sorge. Er ist schon lange mein Vertrauter. Er wird unser Geheimnis hüten wie ein Grab – bis ich die Gelegenheit finde, mit meiner Frau zu sprechen.«

»So. Und was hält er von dem ›Geheimnis‹? Und Dörte weiß es dann ja sicher auch?«

»Nein, Dörte weiß es nicht, obwohl Alfred meint, dass sie etwas ahnt. Frauen haben da ja so ihre Antennen«, neckte er mich. »Ansonsten hält er sich mit seiner Meinung zu diesem

Thema zurück. Aber bevor wir uns gestern verabschiedet haben, meinte er noch, dass die junge Frau Spaeth ein ganz patentes Mädel sei, zumindest für eine Frau aus der Stadt.«

»Soll das ein Kompliment sein?«, fragte ich misstrauisch.

Johann Christoph lachte laut auf. Hier im Wald konnte uns niemand hören – und falls doch, war es ihm offensichtlich egal. »Das beste Kompliment, dass du dir von Alfred erhoffen kannst. Selbst bei seinem Heiratsantrag hatte er damals nur zu Dörte gesagt, dass sie anscheinend tüchtig anpacken könne, und ganz hässlich sei sie ja auch nicht.«

Ich lachte ebenfalls. Die Szene, die sich zwischen den beiden abgespielt haben musste, konnte ich mir lebhaft vorstellen.

Wir wanderten beinah eine Stunde durch den Wald, bis wir wieder die offene Heide erreichten. Jetzt, Ende Mai, zeigten sich die ersten grünen Zweige an der Besenheide. Noch zwei Monate, dann würde sie blühen und die Landschaft in ein lilafarbenes Meer tauchen.

»Du wirst sie lieben«, meinte Johann Christoph zu mir.

Ich lächelte. »Als ich damals ankam, schien mir die Lüneburger Heide der einsamste und trübsinnigste Ort auf der ganzen Welt zu sein. So kalt und abweisend.«

»Und, siehst du es immer noch so?«

»Nein«, antwortete ich. Schon im Wald hatte sich ein Frieden in mein Herz geschlichen, den ich mit Worten kaum benennen konnte. Dazu der weiche, federnde Waldboden und die Sandwege, die sich verwunschen zwischen den Bäumen entlangschlängelten. Dunkle Nadelwälder, die sich mit lichten, majestätischen Eichen- und Buchenwäldern abwechselten. Und die Luft unter den Bäumen duftete – warm, schwer, erdig.

Als wir den Rand des Waldes erreichten, öffnete sich über uns der Himmel. Es war eine Weite, die ich nie zuvor kennengelernt hatte, und plötzlich war ich ein Teil von ihr. Ich breitete meine Arme aus und atmete tief ein, während über uns die Lerchen sangen.

Johann Christoph lachte leise. »Sie ist eine spröde Schönheit, meine Heide. Aber wenn du ihr ein wenig Zeit lässt, wird sie dich *umfangen. Und irgendwann wirst du dich fragen, wie du jemals ohne sie sein konntest.«*

Ich drehte mich zu ihm um, nahm ihn in die Arme und küsste ihn.

»Das frage ich mich jetzt schon«, flüsterte ich.

Unser Weg führte weiter durch die offene Landschaft. Links und rechts Wacholderbüsche, einige Kiefern und Birken und ab und an ein Wildrosenstrauch am Weg, der jetzt zu Beginn des Sommers in voller Blüte stand. Dazwischen gelber Ginster, lilafarbene Heidenelken und Sandthymian, die von unzähligen Hummeln, Bienen und Schmetterlingen besucht wurden.

»Magst du mir nicht endlich verraten, wohin wir gehen?«, fragte ich, nachdem wir eine Weile schweigend weitergewandert waren.

»Das nächste Dorf ist Wilsede. Es ist ähnlich wie Eickenloh, aber inzwischen wurden dort viele Höfe vom ›Verein Naturschutzpark‹ aufgekauft, um den Ort als typisches Heidedorf für die Nachwelt zu erhalten.«

»Und das wolltest du mir zeigen?«

»Nein, das nicht. Warte noch ein bisschen, es ist nicht mehr weit.«

Wilsede, das ich bisher nur aus Machandels Schauermärchen kannte, war Eickenloh tatsächlich recht ähnlich. Alte, reetgedeckte Fachwerkhäuser hinter halbhohen Findlingsmauern, Treppenspeicher, Bienenzäune. Alles wirkte adrett und gepflegt, weniger wie ein Dorf, mehr wie ein Museum. Wir waren auch nicht die einzigen Besucher, denn mit uns promenierten einige Paare und Familien mit Kindern durch den malerischen Ort, der Kleidung nach überwiegend Städter.

Hinter Wilsede ging der Weg dann weiter zwischen zwei kleineren Ackerflächen hindurch, bevor er wieder in die Heide überging. Links und rechts des Weges standen jetzt knorrige, uralte Eichen und Buchen, die ihre Äste weit über den Weg ragen ließen und uns wie wohlwollende Schutzgeister behüteten. Doch schon bald öffnete sich der Weg wieder und gab den Blick auf ein atemberaubend schönes Heidetal frei.

»Der Totengrund«, sagte Johann Christoph neben mir, und legte seinen Arm um meine Schultern.

»Er ist bezaubernd«, antwortete ich ehrfürchtig. »Aber warum hat etwas so Schönes einen so düsteren Namen?«

»Das weiß niemand mehr so genau.« Johann Christoph küsste mich auf den Scheitel. »Vermutlich weil das Tal für die Bauern damals nutzlos, also im Grunde tot war. Nur Heidekraut, Wacholder und kein Wasser, abgesehen von einem winzigen Quellmoor unten im Tal.«

»Muss denn alles einen Nutzen haben?«

»Nein, natürlich nicht. Aber die Heide war schon immer eine sehr arme Gegend, kaum, dass sie ihre Bewohner ernähren konnte. Viel Raum für Romantik gab es damals nicht, also benannte man die Dinge so, wie man sie wahrnahm. Erst seit einigen Jahrzehnten sieht man die Heide auch als Naturdenkmal, das es für die Nachwelt zu erhalten gilt.«

Lange standen wir beide so nebeneinander, Arm in Arm, und schauten ins Tal.

»Ich hätte dir den Totengrund gern zum ersten Mal gezeigt, wenn die Heide blüht«, brach Johann Christoph schließlich unser Schweigen. »Die Aussicht ist dann märchenhaft, das ganze Tal ein einziges, verwunschenes Blütenmeer. Aber ich wusste nicht, ob wir es später noch schaffen würden, hierherzukommen. Die Ernte steht an, und ohne die jungen Männer wird es noch schwerer als sonst, alles rechtzeitig einzubringen. Auf dem Hof wird dann jede Hand gebraucht.«

Ich legte den Kopf an seine Schulter. »Es macht nichts, dass sie noch nicht blüht. Das Tal strahlt einen unglaublichen Frieden aus, trotz des Namens.«

Mein Geliebter drückte mich fester an sich. »Namen sind Schall und Rauch. Viel wichtiger ist, dass man mit der Seele sieht. Und irgendwann werde ich dir den Totengrund zeigen, wenn die Heide blüht. Das verspreche ich dir.«

Ich lächelte, als er mir den Kopf zudrehte und mich küsste. »Darauf freue ich mich schon«, sagte ich leise, als er mich wieder freiließ.

Johann Christoph lächelte zärtlich zurück.

»Oder hättest du lieber Rosen?«

Ich schüttelte den Kopf »Nein, auf keinen Fall. Schließlich bekommt nicht jede Frau ein ganzes Tal zu Füßen gelegt.«

Johann Christoph nahm mich fest in die Arme. »Du bekommst beides. Ein blühendes Tal zu deinen Füßen und Rosen vor dein Haus, damit jeder weiß, dass hier die Liebe wohnt.«

Ich lächelte ihn zaghaft an. »Ich fürchte, das wird jemandem nicht sonderlich gefallen.«

Johann Christoph zuckte die Achseln. »Darum lass uns jetzt keine Gedanken machen. Wir werden schon eine Lösung finden.« Dann küsste er mich wieder.

Rose seufzte glücklich. Wie wundervoll! Wenigstens für Johanna Maria war die Welt damals in Ordnung gewesen. Na ja, zumindest halbwegs. Von der befürchteten Katastrophe war bisher jedenfalls nichts zu spüren – und womöglich machte sie sich auch ganz unnötig Gedanken, und das ›Dorfgeheimnis‹ von Eickenloh bezog sich tatsächlich nur darauf, dass die beiden später zusammen durchgebrannt waren. Sie wünschte es ihnen von ganzem Herzen.

Gut die Hälfte des letzten Heftes hatte sie jetzt noch zu lesen, und nach dem letzten, berührenden Eintrag war sie neugieriger denn je, wie die Geschichte ausgehen mochte. Ob sie vielleicht doch …?

Rose haderte einen Moment mit sich selbst, schüttelte dann aber den Kopf. Nein, sie wollte sich das Ende noch ein bisschen aufheben – außerdem wartete draußen längst ein Haufen Arbeit auf sie. Nachdem sie gestern Abend noch die Scherben im Wohnzimmer aufgefegt hatte, war sie anschließend in den Garten marschiert und hatte dort kräftig mit dem Spaten hantiert. Allerdings hatte sich die alte Grasnarbe dabei widerspenstiger gezeigt als gedacht – ein Gutteil der Fläche harrte immer noch darauf, gerodet zu werden.

Aber im Anschluss daran konnte sie sich vielleicht noch ein oder zwei Einträge gönnen, bevor sie sich dann zum Abend hin wieder an ihre Illustrationen setzen musste – doch, das klang nach einem guten Plan für den heutigen Tag.

Lächelnd klappte sie das Tagebuch zu und streckte sich ausgiebig, bevor sie nach unten ging.

Stunden später stützte sie ächzend die Hände in den Rücken und richtete sich neben dem Mount Everest auf, den sie inzwischen aus Erdsoden und Unkrautbüscheln errichtet hatte. Von dem verfilzten Wildwuchs war inzwischen nichts mehr zu sehen – in jedem Spatenstich hatte sie ihre ganze Wut und den Frust gegen René gelegt.

Mit spitzen Fingern zupfte Rose an ihrem T-Shirt, das ihr durchgeschwitzt am Körper klebte, und versuchte sich damit Luft an die Haut zu fächeln. Eigentlich war es wieder viel zu heiß, um im Garten zu schuften, aber dafür fühlte sie sich endlich besser. Jetzt hatte sie sich wirklich eine Pause verdient – und außerdem brauchte sie unbedingt etwas zu trinken.

Als sie jedoch gerade ins Haus gehen wollte, klingelte das Handy.

Nicht schon wieder. Unwillig angelte Rose das Telefon aus ihrer Hosentasche. Hauptsache, es war nicht René, denn der brauchte sich ganz bestimmt nicht mehr einzubilden …

Aber es war nicht ihr Ex, sondern eine Hamburger Festnetznummer, die sie nicht kannte. Sollte sie trotzdem drangehen?

Rose schnaufte. Musste sie wohl, schließlich konnte sie nicht bei jedem unbekannten Anrufer kneifen, schon gar nicht, wenn sie sich erst mal selbstständig gemacht hatte. Und falls es doch René war, würde sie halt kommentarlos auflegen.

»Hermanns?«

»Mensch Rose, schön, dass ich dich gleich an der Leitung habe. Hier ist Lennard!«

Renés Chef? Was wollte der denn?

»Rose, ich rufe an, weil ich einen Job für dich habe.«

»Einen Job?«, fragte Rose verblüfft. »Etwa bei euch in der Firma?« Behüte, das hatte ihr gerade noch gefehlt.

Lennard lachte am anderen Ende gekünstelt. »Nein, natürlich nicht bei uns. Wir bleiben unseren Kernkompetenzen treu. Massenhaft Kohle scheffeln, *haha.* Das Kreative überlassen wir dann lieber den Leuten, die es können.«

Rose hatte Lennard in der Vergangenheit einige Male bei Weihnachtsessen oder anderen Veranstaltungen getroffen und ihn schon damals als dezent hyperaktiv eingeschätzt. Heute benahm er sich allerdings wie ein Duracell-Häschen auf Speed. Ob René ihn vorgeschickt hatte? Angeblich war das Verhältnis der beiden ja angespannt, doch andererseits konnte man nie wissen, was ihr Ex als Nächstes ausheckte.

»Danke für das Angebot, Lennard, aber ich habe mich inzwischen selbstständig gemacht.«

Schweigen am anderen Ende. Dann ein Räuspern. »Du möchtest nicht mal wissen, wo diese Stelle wäre?«

»Danke, nein. Wie gesagt, ich bin jetzt meine eigene Chefin.«

»Ja … okay. Das … freut mich für dich.«

Rose hatte ein bisschen Mitleid mit Lennard, schließlich traf ihn keine Schuld an der ganzen Misere.

»Trotzdem danke, dass du an mich gedacht hast. Ich weiß deine Mühe zu schätzen«, sagte sie deshalb und erwartete, dass er das Telefonat damit beendete. Und nein, sie würde René auf keinen Fall grüßen lassen.

Doch anstatt aufzulegen druckste Lennard am anderen Ende herum. »Hm, ja. Und sonst? Wie gefällt es dir in der Heide?«

Was sollte das denn nun werden? Smalltalk, ausgerechnet von Lennard? Aber gut, Rose beschloss, erst einmal mitzuspielen.

»Wunderbar. Ich habe hier ein niedliches Häuschen gefunden und lebe jetzt dort, wo andere Urlaub machen. Besser hätte ich es mir gar nicht wünschen können!«

»Das hört sich … großartig an. Und deine Selbstständigkeit, was macht … hm … die so?« Lennard kam immer mehr ins Eiern. Rose runzelte die Stirn. Das wurde ja immer skurriler!

»Ich habe gerade erst angefangen, Lennard, bisher kann ich noch nicht viel erzählen. Aber nun verrat mir doch bitte mal, warum du mich wirklich anrufst. Über die Schönheit der Landschaft wolltest du doch sicher nicht mit mir sprechen. Wobei sie tatsächlich sensationell ist, vor allem jetzt während der Heideblüte.«

»Na ja … ja. Rose … ich weiß nicht, wie ich es dir sagen soll …«

»Vielleicht einfach so, wie es ist?« Im nächsten Moment hatte sie plötzlich den furchtbaren Gedanken, dass Lennard ihr womöglich auf sehr umständliche Art mitteilen wollte, dass René etwas passiert war. Hatte er sich nach dem Rauswurf gestern was angetan? Ein eiskalter Schreck durchfuhr sie. Sie wollte zwar nichts mehr mit ihrem Ex zu tun haben, aber das bedeutete noch lange nicht, dass sie ihm irgendwas Schlechtes wünschte.

»Ist was mit René?«, fragte sie tonlos.

»René?« Die Stimme in der Leitung klang verblüfft. »Nein, dem geht es gut, ich habe ihn eben noch hier rumlaufen sehen. Warum fragst du?«

»Weil ich mir sonst keinen Grund vorstellen kann, weshalb du bei mir anrufst und versuchst, auf Biegen und Brechen Small Talk zu machen.«

»Ach so – nein, es ist nicht wegen René. Obwohl …«

»Obwohl was?«, schnappte Rose. Langsam verlor sie wirklich die Geduld.

»Na ja, irgendwie schon seinetwegen. Aber ich … ach verdammt, ich sag es dir jetzt einfach. Aber verrate ihm bitte nicht, dass ich es dir erzählt habe.«

»Ich soll René nicht …«, echote Rose. Was ging denn hier ab? Das war ja schlimmer als in jeder drittklassigen Soap!

»René hat … also er meinte, dass du seit einiger Zeit ziemlich depressiv bist. Und er hat … na ja, er hat durchblicken lassen, dass du suizidgefährdet sein könntest.«

»Ich bin *was*?« Rose machte sich gar nicht erst die Mühe, ihre Stimme zu senken.

»Sag ihm bloß nicht, dass du das von mir hast! Aber ich wollte … ach Rose, ich mache mir solche Vorwürfe!«

So langsam fragte sich Rose, ob sie gerade Opfer eines Telefonstreichs wurde. Absurder ging es wohl kaum noch …

Sie atmete tief durch. »Lennard, ich weiß nicht, was René dir erzählt hat«, sagte sie dann betont ruhig, »aber ich bin weder depressiv, noch habe ich Selbstmordgedanken. Im Gegenteil, mir geht es großartig, seit ich hier in der Heide bin. Und warum zum Teufel machst ausgerechnet *du* dir Vorwürfe?«

»Bist du sicher? Na gut … und die Vorwürfe, tja … weißt du, schließlich war ich es, der dem Abteilungswechsel von Anett zugestimmt hat. Dabei hätte ich mir eigentlich denken können, dass …«

»Dass die Beiden was voneinander wollen?«

»Na ja … ja.«

»Ich bin sicher, das hätten sie auch ohne dich und den Abteilungswechsel hinbekommen. Da mach dir mal keine Gedanken.«

»Ich bin froh, dass du das so gelassen hinnimmst.«

Inzwischen ja, dachte Rose zähneknirschend – wobei ihr gerade noch rechtzeitig einfiel, dass es genau deswegen dicke Luft zwischen René und Lennard gab. Aber was nutzte es, wenn sie aus Rache die Sache jetzt noch weiter anfeuerte? Zum einen wäre sie dann nicht besser als ihr Ex – und zum anderen stand der dann womöglich demnächst wieder vor ihrer Tür, um sie zur Rechenschaft zu ziehen. Nein danke, darauf konnte sie wirklich verzichten. Also versuchte sie das Thema abzuwiegeln, indem sie ihrer Stimme einen bewusst neutralen Klang gab.

»Schon okay. Außerdem ist das ja auch längst Geschichte.«

»Wie meinst du das?« Lennards Stimme klang erstaunt.

»Na ja, sie haben sich doch inzwischen wieder getrennt, richtig?«

»Getrennt …?«, entfuhr es Lennard, bevor er sich selbst unterbrach. Rose spürte, wie ihr alle Farbe aus dem Gesicht wich.

»Oder nicht?«

»Ja, ist gut, ich komme sofort!«, war Lennards Stimme in diesem Moment gedämpft zu hören. Dann war er wieder deutlicher zu verstehen. »Du, sorry – ich muss hier weitermachen. Jedenfalls freue ich mich, dass du in der Heide so gut Fuß gefasst hast. Und für deine Selbstständigkeit wünsche ich dir viel Erfolg – ich werde dich auf jeden Fall empfehlen! Also alles Gute, ciao!«

Und damit legte er auf.

Völlig konsterniert starrte Rose auf ihr Handy. Was war denn das jetzt gewesen?

Erst im nächsten Augenblick wurde ihr die Bedeutung von dem, was sie gerade erfahren hatte, im vollen Umfang klar.

René und Anett waren immer noch zusammen. Alles, was er ihr erzählt hatte – die Trennung, die intriganten Spielchen von Anett – waren ebenso wie der angebliche Streit mit Lennard nichts anderes gewesen als eine einzige, große Lüge. Genauso wie seine Behauptung, er wolle sie, Rose, unbedingt zurückhaben, um noch einmal ganz von vorn anzufangen.

Diese plötzliche Erkenntnis riss Rose buchstäblich den Boden unter den Füßen weg, alles begann sich zu drehen. Blind tastete sie mit der freien Hand hinter sich, dann ließ sie sich kurzerhand neben dem neu angelegten Beet auf die nackte Erde fallen. Minutenlang hockte sie dort, die Arme um die angezogenen Knie geschlungen, und starrte blicklos geradeaus. Die Gedanken rasten durch ihren Kopf. Was für ein gigantischer, niederträchtiger Betrug – und dazu minutiös geplant und ausgeführt.

Rose musste an das denken, was sie gestern Abend über Narzissten gelesen hatte. Demnach hatte René alles von langer Hand inszeniert. Aus Rache, aber auch um zu sehen, ob er immer noch Macht über sie hatte – Macht, um sie ihr neu aufgebautes Leben abbrechen zu lassen und zurück nach Hamburg zu locken. Dort hätte er sie dann fallen lassen, entweder sofort, oder nachdem er noch eine Weile sein mieses Spiel weitergespielt hätte. Roses Selbstwertgefühl wäre damit endgültig vernichtet worden – die perfekte Vergeltung für jemanden, der nur seine eigene eingebildete Kränkung sehen konnte und dabei jeglichen Sinn für die Verhältnismäßigkeit verloren hatte.

Rose war fassungslos über so viel bösartigen, zerstörerischen Egoismus – und noch nie in ihrem ganzen Leben hatte sie sich so gedemütigt gefühlt.

Es dauerte eine ganze Weile, bis sie wieder halbwegs klar denken konnte. Inzwischen fror sie trotz der Sommerhitze, ihre Haut war eiskalt.

Wenn sie sich jetzt nicht noch einen Sonnenstich holen wollte, sollte sie erst mal aus der prallen Sonne raus. Und was trinken, viel trinken.

Wie eine alte Frau rappelte sie sich mühselig auf, während vor ihren Augen Sternchen tanzten. Trinken, duschen – und dann hinlegen, bevor ihr Kreislauf völlig die Grätsche machte. Alles andere musste bis später warten, und auch im Garten würde sie heute bestimmt nicht mehr weiterarbeiten – von diesem Tiefschlag musste sie sich erst mal erholen.

Kapitel 22

Die letzten vier Stunden hatte sie geschlafen wie ein Stein.

Als sie erwachte, war das Gefühl der Ohnmacht einer seltsamen Leere gewichen, untermalt von einer leisen Trauer.

Immerhin fühlte sie sich inzwischen wieder fit genug um aufzustehen, und auch ihr Kreislauf fuhr kein Karussell mehr, als sie vom Wohnzimmer in die Küche ging, um das Abendessen für Mau rauszustellen.

Jetzt, im Nachhinein, konnte sie nur den Kopf schütteln, dass sie sich so lange hatte hinters Licht führen lassen. Und sie blödes Schaf hatte im ersten Moment sogar noch Angst um René gehabt, als Lennard anrief! Dabei hätte ihr längst klar sein müssen, dass René kein Mann war, der sich irgendwas antat – er tat nur anderen etwas an, und das ohne Rücksicht auf Verluste. Manipulation und Machtmissbrauch – und das alles nur, um sich vor sich selbst zu glorifizieren.

Aber vielleicht sollte sie es einfach positiv sehen. Zumindest wusste sie jetzt ohne den Rest eines Zweifels, woran sie war. Lennards Anruf war dabei nur das letzte Puzzleteilchen gewesen, und das hässlichste dazu. Der finale Paukenschlag – und jede Minute, die sie noch weiter mit sich haderte, war eine zuviel.

Was hatte sie sich schließlich vorgenommen? Genau: Ab sofort wurde nur noch nach vorne geschaut. Und deshalb würde sie es sich den Rest des Abends einfach gut gehen lassen. Eine Tüte Chips, ein Glas Wein – und sich dann mit ein paar Kissen draußen in den Schatten der Bäume setzen und lesen, wie Johanna Maria und Johann Christoph doch noch durchgebrannt und in der Ferne glücklich geworden waren.

Ein Happy End – wenigstens für die beiden. Das klang doch perfekt, oder?

Die leise Stimme in ihrem Kopf, die ihre Zweifel anmeldete, ignorierte sie dabei resolut.

Johann Christoph hat recht behalten: Konrad und Alexander kamen begeistert aus dem Sommerlager zurück. Es hätte ganz viele Spiele gegeben, plapperte Konrad, und abends hätten überall die Lagerfeuer gebrannt. Und im Feuer wären Stockbrot und Kartoffeln gebacken worden, und alle hätten gesungen, das wäre großartig gewesen.

Auch Alexander schien zum ersten Mal seit einiger Zeit wieder glücklich und gelöst zu sein. Die Kameradschaft wäre schön gewesen, meinte er. Alle hätten einander geholfen und gemeinsam die gestellten Aufgaben gemeistert. Nur das Herumgeschreie der Gruppenführer hätte ihn gestört, und das Exerzieren. Wozu das gut sein solle?

Ich erklärte den beiden, dass das militärische Übungen seien.

»Genau!«, krähte Konrad. »Was sind wir? Pimpfe! Und was wollen wir werden? Soldaten!«

Da sei Gott vor, dachte ich, und schickte die Kinder zum Händewaschen vor dem Abendessen in die Küche.

∞ ∞ ∞ ∞ ∞

Natürlich hatte nach dem letzten Streit mit Machandel die Ruhe nicht lange angehalten. Heute kamen die Jungs erneut mit der Aufforderung nach Hause, ich habe mich umgehend an der Schule einzufinden.

Nun gut, dann werde ich das mal machen. Aber erst morgen – und diesmal werde ich die Partie eröffnen.

∞ ∞ ∞ ∞ ∞

Vermutlich hatte sich Erika über meinen Einkauf gewundert, vielleicht war sie auch davon ausgegangen, dass ich die Flasche zur Bestechung benötige. Jedenfalls verstaute ich sie in meinem Korb unter einigen Tüchern, bevor ich mich auf den Weg zur Schule machte. Seit lan-

ger Zeit trug ich mal wieder eins meiner Kostüme, zusammen mit Hut und Handschuhen. Ganz die distinguierte Dame aus Hamburg, mit Stil, Niveau und den entsprechenden Verbindungen.

Machandel stand draußen vor der Schule und gab ein paar Kindern Anweisungen, als er mich kommen sah.

Er hätte schon gestern mit mir gerechnet, schnarrte er mich an. Offenbar wollte er hier vor den Kindern seine Schau abziehen. Gut, das konnte er haben.

Ich baute mich vor ihm auf und musterte ihn kalt von oben herab. Dann griff ich in meinen Korb, zog den Wacholderschnaps unter den Tüchern hervor, schraubte den Verschluss auf und drehte die Flasche auf den Kopf. Machandel sah mir mit großen Augen dabei zu, zur Reglosigkeit erstarrt.

»So«, sagte ich, als der letzte Tropfen aus der Flasche gerollt und im Boden zwischen uns versickert war. »Und jetzt werden wir uns noch einmal wie Erwachsene unterhalten.«

∞ ∞ ∞ ∞ ∞

Johann Christoph musste sein Lachen in meinem Kissen ersticken, als ich ihm die Geschichte erzählte.

»Der arme Machandel«, meinte er schließlich, noch immer glucksend wie ein Schuljunge. »Da begegnet ihm einmal im Leben eine fleischgewordene Walküre, Traum seiner schlaflosen Nächte. Und dann benimmt sie sich doch tatsächlich nicht demütig und unterwürfig, sondern macht ihm richtig Feuer unterm Hintern! Meinst du, es hat gefruchtet?«

»Wenn nicht das, dann auf jeden Fall der dezente Hinweis auf die Verbindungen meines Bruders. Solange ich nichts höre, wird auch er nichts hören – ich denke, das hat selbst ein Betonpfosten wie Machandel verstanden.«

»Ach Circe, ich liebe dich!« Er musste wieder lachen.

»Walküre, Circe – was ich nicht alles sein soll«, meinte ich trocken.

»Auf jeden Fall bist du die Frau, die ich liebe.« Johann Christoph küsste mich, doch dann konnte er ein Gähnen nicht unterdrücken.

»Langweile ich dich etwa?«

»Mädchen, hab Erbarmen! Ich bin heute Morgen von hier aus direkt mit den anderen zur Wiese gefahren, um dort zu mähen. Herlind ist mit ihrem Fuß unter die Hufe gekommen – wie sie das geschafft hat, ist mir ein Rätsel, aber sie kann kaum noch humpeln. Alfred musste sie nach Hause bringen. Jetzt fehlt uns also noch ein Paar Hände, und das Heu muss eingefahren sein, bevor die Gewitter kommen. Lange wird sich diese drückende Luft nicht mehr halten.«

»Kann ich irgendwie helfen? «

Johann Christoph sah mich ernst an. »Ich will dir nichts vormachen: Wir können im Moment jede Hand gebrauchen. Aber das Heuen ist schwere Arbeit, besonders wenn die Ballen gehoben werden müssen. Traust du dir das zu?«

»Dörte macht die Arbeit, Herlind macht die Arbeit, sogar das Lenchen macht die Arbeit. Warum sollte ich mir das nicht zutrauen?«

»Weil man dafür an diese Arbeit gewöhnt sein muss. Versprichst du mir, dass du aufhören wirst, sobald es dir zu viel wird?«

»Ach komm. Du willst doch nur, dass ich abends noch munter genug bin, um dir das Bett anzuwärmen«, neckte ich ihn.

Johann Christoph drehte mich auf den Rücken und beugte sich über mich. »Genau, damit du mir zu Diensten sein kannst, wenn ich kaum mehr genug Kraft habe, die Treppe zu deinem Schlafzimmer hochzusteigen.« Dann wurde er wieder ernst. »Johanna, ich habe einen Entschluss gefasst. Ich werde mit Herlind reden.«

»Hältst du das für eine kluge Entscheidung?«, fragte ich zweifelnd.

»Ja. Ich werde ihren größten Traum erfüllen. Sie wird ihren Hof bekommen.«

Ich sah ihn verblüfft an. »Du willst ihr den Flettmester-Hoff geben?«

Johann Christoph nickte. »Ich werde einen Vertrag aufsetzen, wenn das Heu unter Dach und Fach ist. Herlind wird alleinige Besitzerin des Hofes, unsere Söhne die Erben. Herlind kann dann *machen, was sie will – und sobald eine Scheidung möglich wird, auch wieder heiraten. Außerdem werde ich bei der Scheidung alle Schuld auf mich nehmen.«*

»Und das machst du alles nur für mich?« Ich spürte, wie mir die Tränen in die Augen stiegen.

Johann Christoph küsste mich zärtlich. »Für dich, aber auch für mich. Über zwanzig Jahre habe ich mich zusammengerissen, funktioniert und den schönen Schein gewahrt – für einen Hof, den ich nie haben wollte und eine Ehe, in der ich nur Verachtung spürte. Innerlich war ich zerrissen, beinah schon tot.

Doch jetzt habe ich dich gefunden, nach all diesen Jahren. Du gibst mir Hoffnung, dass mein Leben eine Zukunft haben kann. Ich mache das für dich und für mich – aber vor allem für uns beide.«

∞ ∞ ∞ ∞ ∞

Wie Johann Christoph mich schon vorgewarnt hatte, war die Heuernte gestern sehr anstrengend gewesen. Es war der zweite Tag, an dem ich half, und nachdem wir vorgestern das gemähte Gras immer wieder in brütender Hitze gewendet hatten, mussten wir jetzt hinter dem von den beiden alten Pferden gezogenen Mähbinder einhergehen und die Heugarben einsammeln. Johann Christoph und Alfred erledigten dabei die schwerste Arbeit, das Hochwerfen der frisch ausgeworfenen Ballen auf den Erntewagen. Zwei von uns Frauen schleppten sie vorher schon zu Haufen zusammen, während zwei weitere von uns auf dem Erntewagen standen und dort die angereichten Garben möglichst fest neben- und aufeinanderschichteten, damit die Ladung später auf den holperigen Wegen zurück ins Dorf nicht ins Rutschen kam. Die fünfte von uns führte die Leinen des Pferdegespanns. Anfangs hatte ich mich noch gewundert, warum Herlind diese Aufgabe nicht übernehmen konnte, schließlich musste sie dabei nicht laufen. Doch dann hatte ich selbst auf dem Bock gesessen und gemerkt, wie oft ich mich bei den beiden ungebremsten Wagen mit den Beinen gegen die Fußbretter stemmen musste – mit einem geprellten oder sogar gebrochenen Fuß musste das die Hölle sein.

Nach einiger Zeit wurde unter uns Frauen gewechselt, während die Männer kurz umspannten, um auch den Erntewagen ein Stück weiterzuziehen. Vor dem Krieg, hatte Johann Christoph mir erzählt, hätten sie mit zwei Pferdegespannen arbeiten können, das wäre auch für die Tiere einfacher gewesen. Aber die beiden jungen Pferde waren letztes Jahr für den Kriegsdienst eingezogen worden, und jetzt fehlten sie vor allem in der Ente, genauso wie die Menschen.

Gegen Mittag kamen dann auch die Kinder von der Schule. Beide halfen nach Kräften mit, das liegengebliebene Heu zusammenzuharken, damit es dann im nächsten Durchgang noch aufgepresst werden konnte. Es dauerte nicht lange, bis sie selbst aussahen wie kleine Heuballen, die Haare und Kleidung voller Halme.

Irgendwann war jedoch auch die letzte Garbe aufgeladen, und mit Malzkaffee und Butterkuchen in Aussicht machten wir uns mit dem hochbeladenen Erntewagen auf den Weg zurück zum Hof. Bevor wir ihn allerdings erreichen konnten, wurden wir auf dem Dorfplatz von zwei Polizisten in Uniform angehalten.

Wer von uns Johanna Spaeth sei?

Wir sahen uns alle überrascht an, dann meldete ich mich.

Absteigen, forderte der diensthöhere Wachtmeister.

Moment, meinte Johann Christoph. Warum?

Gegen mich sei Haftbefehl erlassen, bellte der Polizist.

Haftbefehl? Ich sah Johann Christoph erschrocken an.

Was mir vorgeworfen werden würde, verlangte Johann Christoph zu wissen.

Das ginge ihn nichts an, beschied ihn der Polizist.

Johann Christoph wollte schon protestieren, aber ich hielt ihn zurück. Ich würde mitfahren und die Sache klären, meinte ich, schließlich könne das nur ein Missverständnis sein. Ob er sich so lange um die Jungs kümmern würde?

Johann Christoph sah aus, als ob er widersprechen wolle, doch dann nickte er.

Das letzte, was ich sah, als wir mit dem bereitstehenden Automobil abfuhren, waren die aufgerissenen Augen der Kinder und das aschfahle Gesicht meines Geliebten.

Nachdem ich die Nacht in einer unbequemen Zelle der Staatspolizei in Hamburg verbracht und kaum geschlafen hatte, wurde ich heute Morgen zum Verhör abgeholt. Bislang wusste ich immer noch nicht, was man mir eigentlich vorwarf.

Als ich in den Raum geführt wurde, saßen sich dort an einem wuchtigen Eichenschreibtisch bereits zwei Männer gegenüber. Der eine trug ein Dienstabzeichen der Gestapo und starrte mich kalt an, als ich den Raum betrat. Den zweiten erkannte ich im selben Augenblick, als er sich zu mir umdrehte.

Carsten.

Mir fiel ein Stein vom Herzen.

Ich wollte meinen Bruder schon begrüßen, wurde aber von dem Polizisten, der mich hergeführt hatte, daran gehindert.

Hinsetzen, blaffte er mich an und deutete auf den Stuhl neben Carsten.

Das Verhör begann, kaum dass ich saß. Oder besser gesagt, die Befragung, denn der Offizier richtete seine Aufmerksamkeit ausschließlich auf meinen Bruder.

Ob er diese Frau kenne? – Selbstverständlich, immerhin sei ich seine Schwester.

Ihr vollständiger Name? – Johanna Maria Auguste Spaeth.

Geburtstag und Ort? - Hamburg, am zweiten Februar Neunzehnfünfzehn.

Ehestand? – Ledig.

Beruf? – Erzieherin für seine beiden Kinder, Konrad, sechs Jahre, und Alexander, neun Jahre alt.

So ging es eine ganze Weile weiter, immer hin und her zwischen dem Offizier und meinem Bruder, als sei ich gar nicht anwesend.

Nach der ersten Freude, meinen Bruder wiederzusehen bemerkte ich jetzt, wie angespannt er war. Und das lag nicht nur an diesem Verhör, denn auch sein nach wie vor tadelloses Äußeres konnte nicht verbergen, dass er im letzten halben Jahr stark abgenommen hatte.

Gegen mich sei der Vorwurf der widerrechtlichen Verschleierung einer nichtarischen Abstammung erhoben worden, formulierte der Offizier jetzt endlich seine Anklage.

Schockiert starrte ich nacheinander den Offizier und meinen Bruder an, doch keiner von beiden achtete auf mich.

Dies sei eine haltlose Lüge, antwortete mein Bruder.

Ob er es beweisen könne, schnauzte der Offizier.

Selbstverständlich, konterte Carsten. Wie der Herr Offizier sicherlich wisse, sei es unmöglich, eine Position als leitender Oberarzt auszuüben, ohne zuvor den Nachweis einer arischen Abstammung erbracht zu haben.

Mit diesen Worten legte er seinen Ahnenpass auf den Tisch.

Der Offizier nahm ihn auf, musterte ihn ausführlich und reichte den Ausweis schließlich meinen Bruder zurück.

Warum ich meinen Ausweis nicht bei mir tragen würde, fragte er meinen Bruder. Carsten drehte den Kopf zu mir und sah mich fragend an.

Ich hätte bei der Ernte geholfen, antwortete ich. Eine schmutzige und schweißtreibende Arbeit, wie man an meiner Kleidung sicher gut erkennen könne. Die Ausweispapiere hätte ich daher zu Hause gelassen.

Warum ich nicht gesagt hätte, dass die Papiere bei mir zu Hause lägen, fragte der Offizier meinen Bruder.

Carsten schien diese Art des Frage- und Antwortspiels bereits leid zu sein und hob ironisch eine Augenbraue in meine Richtung.

Ich wurde direkt vom Erntewagen festgenommen und abgeführt, antwortete ich, und als ich etwas sagen wollte, wurde mir der Mund verboten. Ich bekam weder die Gelegenheit mich umzuziehen noch irgendetwas aus dem Haus zu holen, stattdessen wurde ich ohne ein weiteres Wort der Erklärung hierhergebracht und eingesperrt, ohne zu wissen, was man mir überhaupt vorwerfen würde.

Carsten runzelte ungehalten die Stirn, als er meine Antwort hörte. Wie es zu dieser Anklage gekommen sei, verlangte er vom Offizier zu wissen.

Der reichte ihm einen Zettel, den Carsten kurz durchlas und an mich weiterreichte.

Johanna Spaeth, wohnh. Eickenloh, ist eine Rasseschänderin!!! Parasit!!! Blutbeschmutzer!!!

Saubere Schrift, Bleifeder. Ausgefranste Kanten, wo das Papier vom Rest des Bogens abgetrennt worden war.

Sprachlos starrte ich auf die Schrift, eine Ewigkeit, wie es mir vorkam. Dann gab ich Carsten den Zettel zurück.

An Ausrufezeichen scheine es dem Verfasser nicht gemangelt zu haben, merkte mein Bruder trocken an, während er das Papier in kleine Stücke zerriss. Wer für diese haltlose Denunziation verantwortlich sei?

Woher er das wissen solle, raunzte der Offizier zurück, nachdem er mit großen Augen zugesehen hatte, wie Carsten die Schnipsel in den Abfallkorb neben dem Schreibtisch warf. Die Meldung wäre in Buchholz eingegangen, aber Professor Spaeth hätte ja mit eigenen Augen gesehen, dass kein Name auf dem Zettel stand, bevor er ihn zerriss. Was übrigens den Tatbestand der widerrechtlichen Vernichtung von Beweismitteln erfüllen würde, wie mein Bruder sicher wüsste.

Doch Carsten lies sich nicht einschüchtern. Es gäbe keinen Tatbestand, wie wir eben bereits festgestellt hätten. Somit hätte es sich auch nicht um ein Beweismittel gehandelt, sondern lediglich um eine infame Verleumdung.

Der Offizier schien etwas sagen zu wollen, besann sich dann aber eines Besseren und rief den Polizisten herein, der draußen vor der Tür gewartet hatte. Während er ihm Anweisungen gab, blieb mir ein kurzer Moment, um mit meinem Bruder zu sprechen.

»Du scheinst jemanden ziemlich verärgert zu haben.« Carsten grinste schief. »Den Lehrer?«

Ich schüttelte den Kopf. Machandel würde nach unserem letzten Gespräch kein Fass mehr aufmachen, schon gar nicht, wenn es auf ihn selbst zurückfallen könnte. Außerdem wäre der Zettel dann nicht aus Buchholz gekommen. Inzwischen war ich mir sicher, dass ich den Verfasser kannte, doch das war nichts, was ich jetzt und hier mit meinem Bruder besprechen wollte.

»Ich hatte versucht, dich zu erreichen«, sagte ich stattdessen. »Wie geht es euch?«

Carstens Blick bekam einen verschlossenen, mutlosen Ausdruck.

»Wir hoffen weiterhin auf Besserung«, meinte er nur.

Also unverändert oder sogar schlechter, dachte ich. Kein Wunder, dass er so müde und abgekämpft aussah.

»Und bei euch?«, fragte mich Carsten. »Dass du inzwischen unter die Landfrauen gegangen bist, sehe ich ja.« Er schmunzelte flüchtig. »Was machen die Jungs?«

»Haben auch bei der Ernte mitgeholfen und bekommen jetzt eine feste Anstellung als Kutscher«, versuchte ich zu scherzen. Aber ich wurde schnell wieder ernst. »Sie sind auf dem Flettmester-Hoff. Dörte und Johann Christoph kümmern sich um sie.«

»Johann Christoph, soso.« Carsten hob fragend eine Augenbraue. Ich spürte, wie ich errötete.

In diesem Augenblick kam einer der beiden Polizisten herein, die mich verhaftet hatten, salutierte mit Hitlergruß und meldete, dass der Wagen sofort abfahrbereit sei.

»Wir telefonieren«, sagte Carsten zum Abschied und nahm mich kurz in die Arme.

Ich nickte, dann folgte ich dem Polizisten zum Auto.

Als wir nach Eickenloh zurückkamen, hielten die Polizisten auf dem Dorfplatz. Darauf hatte ich bestanden, schließlich war ich auch vor den Augen des gesamten Dorfes abgeführt worden. Der ranghöhere Polizist hielt mir sogar den Wagenschlag auf und salutierte erneut mit Hitlergruß. Ich nickte ihm als Dank nur knapp zu, ein Affront, der eigentlich gleich die nächste Verhaftung nach sich gezogen hätte. Aber offensichtlich waren beide Polizisten gewillt, sämtliche Augen zuzudrücken, um die ganze Sache möglichst schnell hinter sich zu bringen.

Ich blieb kurz auf dem Dorfplatz stehen und sah dem abfahrenden Wagen hinterher. Inzwischen war ich zu Tode erschöpft, aber bevor ich nach Hause in mein Bett konnte, gab es noch eine Sache zu erledigen.

Wie erwartet öffnete Herlind auf mein Klopfen die Tür. Zuerst sah sie überrascht aus, doch dann hatte sie sich schnell wieder unter Kontrolle.

»Keiner da«, wies sie mich unfreundlich ab.

»Ich wollte zu dir«, stellte ich klar. »Und wenn du nicht möchtest, dass alle Nachbarn mitbekommen, was ich zu sagen habe, solltest du mich reinbitten.«

Herlind sah aus, als ob sie mir im ersten Moment die Tür vor der Nase zuschlagen wollte, doch dann besann sie sich eines anderen.

»Was?«, fragte sie, als sie die Tür hinter mir geschlossen hatte und wir im Halbdunkel des Fletts standen.

»Jemand hat mich bei der Gestapo denunziert. Der Verdacht erwies sich als haltlos, aber wie du sicher weißt, hätte die Sache auch anders ausgehen können.«

»Und was hat das mit mir zu tun? Jeder kann dich angeschwärzt haben. Du hast nicht nur Freunde im Dorf.«

Die Nebelbombe traf nicht. »Die Meldung kam aus Buchholz«, erwiderte ich knapp.

Herlind zuckte gleichgültig die Schultern. »Na und? Wird wohl die nächste Meldestelle für solche Fälle sein.« Sie ging zurück zur Haustür und legte die Hand auf die Klinke, um mich wieder hinauszukomplimentieren.

Ich ignorierte ihre Aufforderung. »Niemand fährt so kurz vor der Ernte noch nach Buchholz, nur um mich zu denunzieren«, stellte ich klar. »Niemand – außer dir, Herlind. Übrigens freut es mich, dass es deinem Fuß besser geht. Du humpelst gar nicht mehr.«

Herlind bekam große Augen, fing sich aber schnell wieder. »Du Flittchen!«, schrie sie mich plötzlich an. »Was bildest du dir eigentlich ein? Spazierst hier ins Dorf und spannst ehrbaren Frauen die Ehemänner aus. Aber das wird dir nicht gelingen! Johann Christoph ist mein Mann! Er gehört mir!«

»Kein Mensch ist das Eigentum irgendeines anderen Menschen«, konterte ich mit klirrender Stimme. »Schon gar nicht, wenn man diesen Menschen nur dazu missbraucht, um sich am Schicksal zu rächen. Aber das klappt nicht, Herlind, davon wird Christian auch nicht mehr lebendig. Und Johann Christoph ist der Letzte, der etwas für deine Wut kann, die du seitdem in dich hineinfrisst.«

»Was weißt du denn schon?«, kreischte Herlind, jetzt außer sich vor Zorn.

»Ich weiß genug«, antwortete ich. »Zum Beispiel weiß ich, dass nicht ich es bin, die Schande über die Familie Flettmester bringt. Und du weißt es auch. Sag mir, Herlind«, ich fixierte sie mit meinem Blick, »kannst du mir einen Grund nennen, warum ich dich beim Verhör hätte schützen sollen?«

Mit diesen Worten schob ich sie zur Seite und öffnete die Tür, um endlich nach Hause zu kommen.

Es dauerte keine halbe Stunde, bis die Jungs nach Hause gestürmt kamen und sich in meine Arme stürzten, überglücklich, dass ich wieder zurück war.

»Dörte hatte gesagt, dass das alles ein Missverständnis sein wird«, erzählte Alexander, während ihm die Tränen über die Wangen liefen. »Ich hatte solche Angst, dass du bei der Polizei bleiben musst.«

»Ich nicht«, krähte Konrad. »Janna hat sogar Machandel besiegt, die lässt sich auch von den Polizisten nichts sagen.«

Ich lächelte ob des grenzenlosen Vertrauens, dass der Kleine in mich hatte.

»Euer Papa war auch da. Und er hat mir geholfen, dass Missverständnis aus dem Weg zu räumen.«

Diese Nachricht versetzte die Kinder in helle Aufregung und sie bestürmten mich mit Fragen.

»Wartet, wartet!«, wehrte ich ab und rang mich zu einem Lächeln durch. »Ich soll euch ausrichten, dass es allen vieren gut geht. Und ich soll euch ganz fest drücken! Und« – ich gab beiden einen dicken Schmatz auf die Wange – »euch das von eurem Papa geben.«

Damit waren sie zufrieden. Danach schickte ich sie wieder nach draußen mit der Bitte, mich erst einmal ein paar Stunden schlafen zu lassen.

∞ ∞ ∞ ∞ ∞

Ich hatte gerade erst das Erlebte der letzten zwei Tage aufgeschrieben, als es hinten an der Küchentür klopfte und Johann Christoph im nächsten Moment in die Stube trat.

Er sagte nichts, sondern nahm mich nur wortlos in die Arme.

»Es ist nichts passiert«, beruhigte ich ihn, den Kopf an seiner Brust geborgen. »Es konnte alles geklärt werden. Carsten war auch da.«

»Was wurde dir denn überhaupt vorgeworfen?«

»Widerrechtliche Verschleierung einer nichtarischen Abstammung und Rassenschande.«

»Rassenschande? Aber ...«, begann mein Geliebter.

»Die Meldung kam aus Buchholz. Es war wohl das Einzige, was ihr als Anklage einfiel.«

Johann Christoph trat etwas zurück, ließ mich aber nicht los.

»Sie ...? Du glaubst ...?«

Ich nickte. »Ich weiß es sogar. Ich habe sie mit der Anklage konfrontiert, direkt nachdem mich die Ordnungspolizei wieder auf dem Dorfplatz abgesetzt hatte. Sie weiß von uns, und sie will dich nicht gehen lassen. Wenn sie ihr Glück nicht mehr haben kann, sollst du es auch nicht bekommen.«

Das musste Johann Christoph erst einmal verdauen.

»Sie weiß von uns?«, fragte er dann noch mal nach.

Ich nickte. »Vermutlich schon länger. Ihre Reise nach Buchholz war eine willkommene Gelegenheit, um sich an mir zu rächen, denke ich. Und auch ihr Unfall war gelogen, sie hat überhaupt nichts mit dem Fuß. Wahrscheinlich wollte sie sogar, dass ich bei der Ernte mithelfe, damit möglichst viele Menschen meine Verhaftung mitbekommen würden.«

Johann Christoph atmete tief ein. »Ich hätte schon früher mit ihr reden sollen.«

»Du konntest es nicht wissen. Niemand konnte ahnen, dass deine Frau zu so etwas fähig ist. Wer jemanden mit solch einer Anklage belastet, weiß schließlich auch, welchen Stein er damit ins Rollen bringt.«

»Zuchthaus oder Todesstrafe«, sagte Johann Christoph tonlos. »Was geht bloß in dieser Frau vor?«

»Ich weiß es nicht. Ich weiß nur, dass ich so etwas nie wieder erleben möchte.«

»Du musst vollkommen erschöpft sein. Soll ich morgen wiederkommen?«

»Nein, bleib«, bat ich ihn. »Ich habe vorhin schon geschlafen. Bleib bitte.«

Johann Christoph seufzte. »Ich werde morgen früh mit ihr reden. Und vielleicht finden wir bis dahin beide etwas Schlaf nach der ganzen Aufregung.«

Als Johann Christoph heute früh noch vor dem Morgengrauen ging, setzte ich mich in der Stube an den Tisch, um meine Gedanken zu ordnen. Natürlich war uns beiden klar gewesen, dass Herlind kaum mit Wohlwollen auf unsere Liebe reagieren würde. Andererseits liebt sie ihren Mann nicht, hat es nie getan.

War es also wirklich nur Missgunst gewesen, die sie zu dieser Tat getrieben hatte? Oder doch eher die Angst, ich könnte sie von Haus und Hof verdrängen? Was auch immer es war, sie hatte mich aus dem Weg räumen wollen, und dabei eiskalt Verleumdung und Zuchthaus, im schlimmsten Fall sogar meinen Tod in Kauf genommen. Wie kann ein Mensch nur so niederträchtig sein?

Ich hoffe, dass Johann Christoph Erfolg bei seinem Gespräch mit ihr hat. Sie bekommt den Hof, das ist alles, was sie immer wollte. Viel mehr Möglichkeiten bleiben ihr sowieso nicht, obwohl ich ihr glatt zutrauen würde, dass sie das Angebot aus reiner Böswilligkeit ablehnt, nur um Johann Christoph zu verletzen.

Doch damit wird sie nicht durchkommen, denn wir lieben uns – und nichts, was dieses rachsüchtige Weib sagen oder tun wird, kann etwas daran ändern.

Wenn das kein passender Schlusssatz für heute war. Rose blinzelte in die Dämmerung, die sich langsam über den Garten senkte. Die letzten Sätze hatte sie nur noch mühselig entziffern können – entweder las sie jetzt drinnen weiter, oder sie hob sich den Rest für morgen auf. Nachdenklich warf sie einen Blick auf die letzten Seiten des Heftes. Viele waren es nicht mehr, so sehr hatten sie die Einträge wieder mitgerissen.

Wut, Empörung, Erleichterung, Freunde – all das hatte sie mit Johanna Maria miterlebt, war ganz in die Ereignisse von damals eingetaucht. Fast so, als wäre sie selbst dabei gewesen. Auch bei dem Verhör durch die Gestapo. Sie hatte den Polizisten in seiner feldgrauen Uniform vor sich gesehen, seinen harten, unbarmherzigen Blick auf sich gespürt. Und den Schrecken, als sie Carstens verhärmtes, ausgezehrtes Gesicht zum ersten Mal nach Monaten wiedersah.

Noch nie hatte sie etwas so gefangen genommen wie diese Tagebücher, hatte nie zuvor so mitgefiebert, gebangt, gehofft. Dann die Erkenntnis, wer Schuld an der Denunziation war. Wie gut hatte sie sich in Johanna Maria hineinversetzen können – und wie sehr hatte Rose sie im Anschluss bewundert, wie sie trotz der erlittenen Strapazen ihre Haltung bewahrt und Herlind mit ihrem Verrat konfrontiert hatte.

Nachdenklich zerkrümelte sie ein trockenes Blatt zwischen ihren Fingern. Was würde sie dafür geben, selbst so zu sein wie damals Johanna Maria, die sich mutig allen Herausforderungen des Lebens gestellt hatte …

Obwohl – war sie das nicht auch, zumindest ein bisschen? Sie musste an ihre letzte Auseinandersetzung mit René denken, bei der sie sich eigentlich ganz gut behauptet hatte. Vielleicht war ja inzwischen ein wenig von Johannas Courage und Selbstbewusstsein auf sie abgefärbt?

Je länger sie über alles nachdachte, umso mehr fielen ihr jetzt sogar gewisse Parallelen zwischen René und Herlind auf. Wobei Herlind als betrogene Ehefrau überzeugt gewesen war, im Recht zu sein. Allerdings glaubte René das auch – und beide hatten völlig maßlos in ihrer Rache gehandelt.

War das der Grund, warum sie sich Johanna Maria so verbunden fühlte? Geteiltes Leid?

Auch darüber lohnte es sich sicher noch mal nachzudenken. Nur nicht mehr heute, dachte Rose, während sie erfolglos versuchte, ein Gähnen zu unterdrücken. So einfach, wie sie geglaubt hatte, ließen sich die Ereignisse des Tages dann doch nicht abschütteln, obwohl sie den halben Nachmittag verschlafen hatte. Aber morgen war auch noch ein Tag, selbst wenn sie es kaum abwarten konnte, wie dieses intrigante Biest Herlind auf Johann Christophs Angebot reagieren würde.

Ob sie vielleicht doch noch …? Aber dann spürte sie, wie bleierne Müdigkeit sie übermannte. Nein, die letzten Einträge mussten bis morgen warten.

Kapitel 23

Heute früh beim Einkaufen erfuhr ich die Nachricht, die sich längst wie ein Lauffeuer im Dorf verbreitet hat.

Sie ist tot.

Aufgehängt in der guten Stube, der groten Dönz.

Im Abschiedsbrief die Erklärung: eine unheilbare Krankheit. Viel zu lange hätte sie darunter gelitten, es still erduldet, bis es nicht mehr zu ertragen gewesen sei. Sie wolle keine Last mehr sein und hätte daher das getan, was für Mann und Kinder das Beste sei.

Das Beste?

Das ich nicht lache!

Eine unheilbare Krankheit, so kann man es wohl nennen. Zumindest wenn man Missgunst, Hartherzigkeit und ein niederträchtiges Wesen als Krankheit bezeichnen möchte. Doch daran stirbt man nicht, und eine Frau wie Herlind schon gar nicht.

Nein, in Wahrheit hatte sie ihren Tod als letzten Ausweg gesehen, als einzige Möglichkeit, zumindest ihre Söhne vor der Schande zu bewahren.

Und gleichzeitig ist es ihre Rache. Die bösartige, perfide Rache an Johann Christoph.

Sie hing gleich vorn, direkt hinter der Tür. Auch das war Teil ihres Plans, genauso wie ihr Brautkleid, dass sie dabei trug. Büßen soll ihr Mann für das, was er ihr angetan hat, sich den Rest seines Lebens daran erinnern und sie immer und immer wieder vor seinen Augen sehen. Vom Tisch aus, auf dem die Mahlzeiten eingenommen werden. Vom Lehnstuhl in der Ecke, wo er abends sitzt, um mit Alfred über den nächsten Tag zu sprechen. Und natürlich auch vom Schlafalkoven aus – falls

Johann Christoph dort jemals wieder Schlaf finden kann, dieses unauslöschliche Bild seiner toten Frau beständig vor Augen. Eine ewige Erinnerung, ein Gespenst, das für immer in dieser Kammer verbleiben wird, auch für die Frau, die den Alkoven einst wieder mit ihm teilt.

Diese Hexe.

Sie hatte gewusst, dass er sie als Erster finden würde, sobald er heute früh zurückkam.

Zurück aus der alten Fachwerkkate.

Zurück von mir.

∞ ∞ ∞ ∞ ∞

Johann Christoph stand heute Mittag vor meiner Tür, weinend, zitternd. Seine ersten Worte waren kaum zu verstehen, immer wieder brach seine Stimme. Als er die grote Dönz noch im Dunkeln betreten hatte, war er direkt hineingelaufen, ein schwerer, formloser Sack, der von der Decke hing. Als das Licht der Deckenlampe aufflammte, sah er, wie sie sich leicht am Strick drehte, seinen alten Stahlhelm von Verdun auf dem Kopf, während sich ihr Brautgewand sacht im Windzug der offenen Tür bauschte.

Alfred hatte schließlich geholfen, sie vom Balken abzunehmen. Keiner von beiden hatte einen Ton gesagt, während sie sie auf einem großen Schragentisch in der Diele aufbahrten. Als das getan war, hatte Alfred gemeint, dass sich Dörte und Anna um alles Weitere kümmern würden, und Johann Christoph weggeschickt.

Ich weiß nicht, wo er die letzten Stunden verbracht hatte. Er will es mir auch nicht sagen, aber seine Hände waren voll Blut. Seinem Blut.

Zumindest ließ er es zu, dass ich seine Wunden notdürftig verband, dann verschwand er wieder, ohne ein Wort des Abschieds. Ich habe Angst um ihn, und es tut mir in der Seele weh, ihn so leiden zu sehen.

∞ ∞ ∞ ∞ ∞

Am Abend, als die Kinder bereits im Bett waren, kam Johann Christoph zu mir zurück. Wie Herlind es beabsichtigt hatte, war es ihm unmöglich, in der groten Dönz zu schlafen. Auch die Altenteilerstube, in der Herlind in den letzten Monaten übernachtet hatte, kam nicht in Frage. Ich hatte ihm angeboten, ganz zu mir zu ziehen, aber daraufhin hatte Johann Christoph nur den Kopf geschüttelt. Wir würden sowieso ins Gerede kommen, aber vorerst wollte er die Gerüchte nicht zusätzlich anfachen, vor allem mir zuliebe.

Als ob mich interessieren würde, was irgendjemand im Dorf über mich dachte!

Aber Johann Christoph blieb dabei. In drei oder vier Monaten würde sich niemand mehr das Maul zerreißen, aber im Moment täte er mir damit keinen Gefallen, und den Kindern auch nicht.

In dieser Nacht fanden wir keinen Schlaf, denn kaum, dass ich das Licht gelöscht hatte, begann Johann Christoph wieder am ganzen Körper zu zittern. Ich konnte für ihn nichts anderes tun, als bei ihm zu sein und ihn in meinen Armen zu halten – so lange, bis endlich die Morgendämmerung heraufzog und alles in ihr aschiges Licht tauchte.

∞ ∞ ∞ ∞ ∞

Fast vier Wochen sind seit Herlinds Tod vergangen, doch noch immer findet Johann Christoph nicht die Kraft, um mit mir über das zu sprechen, was ihn belastet. Stattdessen verschließt er sich mehr und mehr. Ich würde ihm so gern helfen, weiß aber nicht wie. Was soll ich nur tun?

Auch um Carsten, Marianne und die Zwillinge mache ich mir große Sorgen, denn inzwischen haben die Alliierten angefangen, gezielte Angriffe gegen die Zivilbevölkerung zu fliegen. Das letzte Lebenszeichen von ihnen liegt schon fünf Tage zurück, doch während die Gerüchte über Tote und Verletzte wie Würmer durch das Dorf kriechen, erzählt der Sprecher im Rundfunk nur von den großartigen Erfolgen, die unsere Soldaten nach Frankreichs Kapitulation jetzt im Luftkrieg gegen England erzielen.

∞ ∞ ∞ ∞ ∞

Gestern Abend, als Johann Christoph zurück zur Kate kam, gab er mir zum ersten Mal seit der ganzen Zeit keinen Kuss, sondern bat mich stattdessen, mich mit ihm an den Tisch in der Stube zu setzen.

Verwundert sah ich ihn an, als er mir gegenüber auf der Bank Platz nahm.

»Johanna«, begann er, »ich muss dir eine Frage stellen, die mir keine Ruhe lässt, seit Herlind … seit sie sich das Leben genommen hat.«

Ich blickte ihn fragend an und nickte.

»Ich … ich habe mich immer und immer wieder gefragt, wie es dazu kommen konnte. Sicher, sie fühlte sich betrogen und in ihrer Ehre beschmutzt, aber das allein wäre kein Grund für sie gewesen, diesen letzten Schritt zu gehen.« Er sah mich an. In seinen Augen lag endlose Traurigkeit. »Johanna, du hattest mir erzählt, dass du direkt nach deinem Verhör noch mit Herlind gesprochen hattest. Ich muss dich das jetzt fragen: Was hast du ihr bei diesem Gespräch gesagt?«

Ich seufzte. Es hatte keinen Sinn, irgendetwas zu beschönigen. »Ich hatte ihr gesagt, dass nicht ich es wäre, die Schande über die Familie brächte und sie dann gefragt, ob sie mir nur einen Grund nennen könne, warum ich sie beim Verhör hätte schützen sollen.«

Johann Christoph schwieg eine lange Zeit.

»Hast du sie verraten?«, fragte er dann tonlos.

»Nein.« Ich schüttelte den Kopf, um meiner Aussage Nachdruck zu verleihen. »Nein, das habe ich nicht. Bei dem Verhör wurde gar nicht über den Denunzianten gesprochen. Es stand kein Name auf dem Zettel, natürlich nicht, und der Offizier wusste nur, dass die Meldung in Buchholz abgegeben wurde. Ich war mir selbst nicht ganz sicher, bis ich Herlind mit dem Vorwurf konfrontiert habe.«

»Hättest du denn einen Grund gehabt, sie nicht zu verraten?«

»Ich liebe dich«, antwortete ich ihm, während mir die Tränen die Wangen hinunterliefen. »Glaubst du wirklich, ich hätte irgendetwas getan, was dir so viel Leid und Kummer verursacht?«

Johann Christoph schwieg wieder.

»Nein«, meinte er schließlich und seufzte. »Nein, natürlich nicht.«

∞ ∞ ∞ ∞ ∞

Heute konnte ich Carsten endlich wieder im Krankenhaus erreichen. Inzwischen fliegen die Alliierten regelmäßige Angriffe auf Hamburg, keine Woche, in der die Menschen nicht in den Luftschutzräumen Schutz suchen müssen.

Carsten hat nur wenig erzählt. Den Zwillingen ginge es etwas besser, aber zu Marianne mochte er mir nichts sagen, nur dass er alle ganz lieb von ihr grüßen soll. Ich fürchte, es steht wirklich nicht gut um sie.

Seit sich Johann Christoph ganz offen zu mir bekennt, ist die Stimmung im Dorf ausgesprochen angespannt. Vor allem Gerwine, Herlinds Schwester, scheint die Gerüchte um Herlinds Tod nach Kräften anzuheizen. Man kann sich nur wundern, welch sanftmütiges, aufopferungsvolles und zurückhaltendes Wesen Herlind gehabt haben muss – von meinen angeblichen Charaktereigenschaften wollen wir dagegen lieber nicht reden.

Aber es ist mir egal – sollen sie mir doch vor die Füße spucken, die ganze Sippschaft, und den Menschen, die ihnen Glauben schenken, ihre Lügenmärchen erzählen.

∞ ∞ ∞ ∞ ∞

Gestern kam per Telegramm die Nachricht, dass Jan-Hinrik seinen Verletzungen, die er sich bei einem Gefecht vor Orléans zugezogen hatte, erlegen sei. Johann Christoph steht seitdem vollkommen unter Schock, denn bislang hatte er nicht einmal etwas von der Verwundung seines ältesten Sohnes gewusst. Jan-Hinriks letzter Brief war erst am Wochenende mit der Feldpost zugestellt worden, sein Schreiben zu diesem Zeitpunkt allerdings schon drei Wochen alt. Und nun das. Seit gestern scheint Johann Christoph um mindestens zehn Jahre gealtert zu sein, und es macht mich krank, ihn in seinem Leid nicht trösten zu können.

Meine Hoffnung liegt seitdem auf Bernhard, der seit einer Woche auf Heimaturlaub zu Hause ist – soweit man mit einem verheilenden Oberschenkeldurchschuss und einer Lungenentzündung überhaupt von Urlaub sprechen kann. Trotzdem ist er seinem Vater Trost und Stütze, und selbst wenn man das Verhältnis zwischen uns beiden bestenfalls als angespannt bezeichnen kann, versuche ich, ihnen möglichst viel Zeit miteinander zu ermöglichen.

∞ ∞ ∞ ∞ ∞

Als Johann Christoph gestern Abend nach Hause kam, wirkte er seltsam gelöst, so als sei eine große Last von seinen Schultern genommen. Er küsste mich zur Begrüßung, dann setzte er sich zu mir an den Tisch.

»Johanna, ich war heute in Buchholz, um mit dem diensthabenden Offizier unseres Wehrkreises zu sprechen.«

Mir schwante Böses. »Und?«

»Er wird die entsprechenden Maßnahmen in die Wege leiten, damit Bernhard nach seiner Verletzung nicht mehr an die Front zurückmuss.«

Ich sah ihn misstrauisch an. »Das wird er doch sicher nicht einfach so gemacht haben. Wir sind im Krieg – kein Soldat wird ohne triftigen Grund vom Wehrdienst entlassen.«

»Bernhard wird nach seiner Genesung den Flettmester-Hoff weiterführen. Das Vaterland braucht nicht nur Soldaten, sondern auch Bauern, die die Soldaten verpflegen.«

Schlagartig wurde mir klar, was er damit sagen wollte. Ich sah ihn fassungslos an. »Sag, dass das nicht wahr ist!«

Johann Christoph erwiderte ernst meinen Blick. »Johanna, ich weiß nicht, ob du das verstehen kannst. Aber ich könnte es unmöglich ertragen, wenn auch noch mein zweiter Sohn im Krieg fällt.«

»Und ich?«, fragte ich ihn mit erstickter Stimme. »Meinst du, ich könnte es ertragen, wenn du fällst?«

Johann Christoph schüttelte den Kopf. »Nein, natürlich nicht. Aber ich habe auch nicht vor, im Feld zu bleiben. Inzwischen bin ich älter, besonnener.«

»Als ob das eine Rolle spielt! Meinst du wirklich, es werden nur junge Soldaten erschossen?«

»Nein, das nicht. Aber ich habe mit dem Offizier gesprochen. Den richtigen Argumenten gegenüber war er ausgesprochen offen.« Johann Christoph zog eine Grimasse, ein Zerrbild seines früheren Lächelns. »Ich werde dem Sanitätsdienst zugeordnet und damit nicht selbst an den Gefechten teilnehmen.«

»Aber warum? Warum willst du zurück, nach allem, was dir der letzte Krieg bereits angetan hat?«

»Vielleicht gerade deswegen. Johanna, ich konnte den Gespenstern meiner Vergangenheit nie entkommen. Sie eine Weile beruhigen, das ja. Aber seit ... seit Herlinds Tod sind sie zurück, schlimmer als zuvor. Ich denke, es ist an der Zeit, mich ihnen dort zu stellen, wo sie entstanden sind.«

»Du glaubst, dass du sie besiegen kannst, während um dich herum die Granaten einschlagen und Menschen sterben? Glaubst du das wirklich?« Inzwischen strömten mir die Tränen über die Wangen.

»Nein, da nicht. Aber hinter den Linien, wo ich helfen kann. Nicht nur den körperlich Verletzten, sondern vor allem denen, deren Seele Schaden genommen hat.« Er sah mir ins Gesicht. Auch ihm standen inzwischen die Tränen in den Augen. »Johanna, keiner weiß so gut wie ich, wie sich das anfühlt. Und vielleicht kann ich für den einen oder anderen jungen Soldaten der rettende Fels in diesem Meer des Wahnsinns sein.«

Ich schluckte, dann versuchte ich mich zu fassen und meiner Stimme einen festeren Klang zu geben.

»Mich wundert, dass sich der Offizier auf diesen Kuhhandel eingelassen hat.«

Johann Christoph zuckte die Achseln. »Die Korrumpierbarkeit der Funktionäre ist ein offenes Geheimnis. Und irgendjemand muss die Arbeit im Feldlazarett machen – warum also nicht ich?«

Warum nicht irgendwer anders, wollte ich ihn anschreien. Doch Johann Christoph hatte längst seine Wahl getroffen, seinen ganz persönlichen Bußgang für all das, was auf seiner Seele lastete. Und ich konnte nichts mehr daran ändern.

»Wirst du zurückkommen?«, fragte ich ihn, als er mich in seine Arme schloss.

»Ja«, antwortete Johann Christoph schlicht. »Ich komme zurück. Das verspreche ich dir, bei allem, was mir heilig ist. Ich komme zu dir zurück.«

∞ ∞ ∞ ∞ ∞

Inzwischen ist Johann Christoph seit drei Monaten im Feld. Die Briefe, die seither von ihm ankamen, hebe ich unter meinem Kopfkissen auf, damit ich zumindest nachts das Gefühl habe, ihm ganz nah zu sein.

Es ginge ihm gut, schrieb er in seinem letzten Brief, und erzählte, dass ihm seine Arbeit genauso viel hilft, wie er seinen Kameraden helfen könne.

Das gibt mir Hoffnung – umso mehr, als dass er aller Voraussicht nach vor Weihnachten seinen ersten Heimaturlaub antreten kann. Für mich wäre es das größte Geschenk, denn ich vermisse ihn so unendlich. Und auch ich kann ihm dann ein Geschenk machen, denn seit einiger Zeit habe ich Gewissheit. Zum ersten Mal seit Monaten freue ich mich auf das Weihnachtsfest, und auf sein Gesicht, das er ganz bestimmt machen wird, wenn ich es ihm erzähle.

Damit endeten die handschriftlichen Aufzeichnungen. Der letzte Vermerk im Tagebuch war kein Eintrag mehr, sondern ein ins Heft eingeklebter Brief.

Dijon, im Felde, 13. Dezember 1940

Sehr geehrte Frau Spaeth,

heute habe ich die traurige Pflicht, Ihnen mitzuteilen, dass Ihr Verlobter, Sanitätsgefreiter Johann Christoph Flettmester, am 12.12.1940 gegen 15 Uhr bei einem Partisanenangriff aus dem Hinterhalt den Heldentod starb. Er fiel durch eine Kugel ins Herz getroffen, in soldatischer Pflichterfüllung getreu seines Fahneneides für unseren Führer und das Deutsche Vaterland. Die Beisetzung erfolgte auf einem Soldatenfriedhof ca. 8 Kilometer östlich von Dijon unter militärischen Ehren. Hiermit möchte ich, zugleich auch im Namen seiner Kameraden, Ihnen meine tief empfundene Anteilnahme ausrichten. Wir werden Ihrem Verlobten ein ehrendes Andenken bewahren.

In aufrichtigem Mitgefühl,
Oberleutnant von Tangen

»Nein! Oh bitte, nein – *nein!*«, flüsterte Rose fassungslos. Sie hatte völlig vergessen, dass sie sich auf den Kissen unter den Bäumen befand, auf denen die Sonnenstrahlen ein ständig wechselndes Farbspiel aus Licht und Schatten malten. Die Flasche mit dem Orangensaft war umgekippt, die Hälfte des Saftes versickerte im Boden.

Aber auch das bemerkte sie nicht. Sie sah nur die winterliche Szene im Garten, das Gras längst tot und vergilbt unter dem Raureif, der alles bedeckte – und die junge Frau, die gerade Wasser vom Brunnen holen wollte, als ihr Erikas Enkelsohn die Feldpost brachte.

Nein – sie sah die Szene *durch* die Augen der jungen Frau. Für einen Augenblick war sie Johanna Maria, die das Schreiben voll böser Vorahnungen entgegennahm, zögerlich öffnete und dann las, während die Welt um sie herum plötzlich in abertausende Scherben zerbarst, von der ihr jede einzelne tief in ihr Herz schnitt.

Nein! Mit einem Ruck fand Rose in die Wirklichkeit zurück, aber das Gefühl unendlichen Verlusts und abgrundtiefer Trauer hielt sie weiter gefangen. Tränen liefen ihr über die Wangen. Was für eine Tragödie sich damals abgespielt hatte!

Wie gelähmt starrte sie über den Garten, in dem Johanna Maria vor achtzig Jahren gestanden hatte, als ihre Zukunft und all ihre Träume mit einem Schlag vernichtet wurden.

Es dauerte eine Weile, bis sie sich halbwegs wieder fassen konnte. Ratlos drehte sie den vergilbten Feldbrief, der nur an einer Ecke hinter dem letzten handschriftlichen Eintrag eingeklebt war, hin und her.

Es war echt, daran bestand kein Zweifel. Kein böser Scherz, stattdessen bittere Realität – der furchtbare Abschluss einer Liebesgeschichte, die nie wirklich hatte erblühen dürfen. Die letzten Seiten des Heftes waren leer.

Mit einer fahrigen Geste wischte sich Rose die Tränen von den Wangen und rappelte sich mühselig hoch. So wenig Mitleid sie mit Herlind verspürt hatte, so sehr wühlten sie die daraus entstandenen Konsequenzen auf. Einen kläglichen Moment lang wünschte sie sich, sie hätte das Tagebuch nicht zu Ende gelesen. Aber was hätte es geändert? An dem, was damals passiert war, rein gar nichts – sie hätte sich nur wieder etwas vorgemacht, sich selbst belogen. Und diese Zeiten waren vorbei. Auch das hatte sie von Johanna Maria, die sie so gern ihre Freundin genannt hätte, gelernt. Johanna Maria, die jedem Unbill mutig entgegengetreten war, bis sich das Schicksal ihr persönlich in den Weg gestellt hatte, auf die allergemeinste Art und Weise.

Was wohl aus ihr geworden war? Vielleicht konnte Rose es noch in Erfahrung bringen – irgendwann, wenn ihr eigener Schmerz über den Verlust nicht mehr so wehtat.

Sie atmete tief durch. Was sollte sie jetzt machen? Inzwischen musste es kurz nach Mittag sein, aber Hunger hatte sie nicht. Natürlich nicht … Rose seufzte. Auf jeden Fall sollte sie das Heft erst mal reinbringen, bevor hier draußen noch etwas drankam, wenn sie es liegenließ.

Mit etwas wackeligen Beinen nach dem langen Sitzen stand sie auf, ging in Richtung Haus, kehrte um, griff nach dem Teller, auf dem ihr Frühstück gewesen war, ging wieder zum Haus, drehte wieder um und nahm auch noch die leere Saftflasche mit.

Mau, die einige Schritte weiter unter ihrem Lieblingsbusch gedöst hatte, warf ihr einen vorwurfsvollen Blick zu.

»Ich weiß, mein Schatz, ich bin gerade ein ziemlich unruhiger Geist. Was meinst du, soll ich erst mal ein paar Stunden hier raus, um auf andere Gedanken zu kommen?«

Mau zwinkerte ihr zustimmend zu. Dann rollte sie sich wieder zu einem perfekten Kringel zusammen, schloss die Augen und döste weiter.

Rose nickte sinnend. Ja, wegfahren und sich ablenken war bestimmt nicht die schlechteste Idee. Nur wohin? Jetzt Shoppen zu gehen kam ihr wie ein Sakrileg vor, selbst wenn es nur Blumen waren …

Aber wenn sie irgendwo ein, zwei Stunden spazieren ging? Keine Weltreise, nur ein Tapetenwechsel, um an etwas anderes zu denken. Schließlich hatte längst die Heideblüte begonnen, das war durch den Stress und die Aufregung der letzten Tage fast untergegangen. Wobei – die ausgeliehenen Bücher musste sie auch unbedingt zurückbringen, fiel ihr siedendheiß ein. Das könnte sie doch … obwohl, nein. Auf den Trubel in Buchholz hatte sie gerade erst recht keinen Nerv. Dann mussten die Bücher halt doch noch warten. Jetzt waren erst mal Stille und der weite blaue Himmel über der Heide angesagt.

Als Rose in die Küche zurückkam, umfing sie dort wieder der Rosenduft, fast wie eine tröstende Berührung.

Sie mag dich, hatte Käthe behauptet.

»Ich mag dich auch«, flüsterte Rose in die Stille. »Und ich bleibe hier, solange ich lebe.«

Sie lächelte leise, und schon im nächsten Moment war der Duft wieder verflogen.

Kapitel 24

An der Landstraße zwischen Wesel und Undeloh hatte Rose auf einem kleinen Parkplatz angehalten und war von dort aus direkt in die Heide gelaufen. Die Luft war herrlich, es roch nach Erde, Honig und dem Harz der Kiefern.

Aber auch heute brannte die Sonne wieder vom Himmel, und eine knappe Stunde später war sie dann doch ganz froh, zum Auto zurückzukommen. Trotzdem: Die Bewegung hatte ihr gutgetan – und wo sie schon mal hier war, konnte sie auch gleich noch die paar hundert Meter weiterfahren und einen Tee in Undeloh trinken.

Einen Wimpernschlag lang verspürte sie einen Stich, als sie an ihren letzten Besuch im *Teetied* dachte. Doch dann rief sie sich energisch zur Ordnung. Schließlich konnte sie nicht den Rest ihres Lebens sämtliche Orte meiden, mit denen sie irgendwelche unschönen Erinnerungen verband – sonst konnte sie bald nirgendwo mehr hin.

Im Gegenteil: Genau diese Orte wollte sie ab sofort mit positiven neuen Eindrücken füllen – und für den Auftakt bot sich das *Teetied* mit seinen sündhaft leckeren Kuchen und Torten geradezu an.

Die Plätze im Teegarten waren jetzt am frühen Samstagnachmittag schon fast alle besetzt, trotzdem fand Rose noch einen kleinen Tisch am Rand, direkt im Schatten der Bäume. Erleichtert ließ sie sich auf einen der beiden Metallstühle fallen, heilfroh, fürs Erste aus der Sonne und der größten Hitze raus zu sein.

Zufrieden schloss sie die Augen.

Es dauerte eine Weile, bis die Kellnerin an ihren Tisch kam. Trotz des Trubels war die junge Frau auch heute wieder genauso gut gelaunt wie beim letzten Mal.

»Hey, schön dich wiederzusehen! Weißt du bereits, was du möchtest?«

»Hey!«, grüßte Rose lächelnd zurück. »Ja, ich nehme eine große Apfelschorle. Und heute probiere ich auch die Heidelbeertorte.« Schon aus Prinzip, hatte sie beschlossen.

Nachdem die Kellnerin wieder gegangen war, sah sich Rose ein wenig um. Viele der Gäste waren offenbar Touristen. Rose hörte Schwäbisch, Sächsisch und drei Tische weiter sogar Holländisch. Überhaupt schien die Heide ein beliebtes Reiseziel für Niederländer zu sein, schon auf dem Weg hierher waren ihr mehrere Autos mit gelben Kennzeichen entgegengekommen. Und wer konnte es ihnen verdenken? Schließlich hatte die Heide nicht nur die traumhaft schöne Natur, sondern auch touristisch viel zu bieten.

»… der Heidschnuckenwanderweg wurde sogar als einer der schönsten Wanderwege in Deutschland ausgezeichnet«, sagte wie aufs Stichwort gerade eine Frau am Nachbartisch zu ihrem Partner.

»Nicht wieder in die Heide!«, quengelte das kleine, etwa achtjährige Mädchen, das neben ihr saß. »Ich will lieber Achterbahn fahren. Oder noch mal in den Vogelpark!«

Rose schmunzelte. Für Kinder war die Landschaft sicher nicht halb so spektakulär wie für Erwachsene, und auch die himmlische Stille bekam vermutlich erst ihren Reiz, wenn man schon länger im Hamsterrad zwischen zermürbender Arbeit und hektischem Alltag rotierte.

Zufrieden lehnte sich Rose auf ihrem Stuhl zurück. Im Grunde hatte sie ihren persönlichen Sechser im Lotto gezogen – sie konnte wohnen und arbeiten, wo andere Urlaub machten. Wäre vor einem halben Jahr nicht alles ganz anders gekommen als geplant, würde sie jetzt immer noch mit einer Siebzigstundenwoche in Hamburg sitzen – plus einem ungeliebten Job, einem miesen Chef und einem Partner, der ihr womöglich auch vor seiner Affäre schon nicht treu gewesen war. Erst jetzt im Nachhinein betrachtet hatte sich alles zum Besten gefügt – sie hätte es nur damals bereits wissen müssen, dann wäre ihr einiges an Kummer erspart geblieben.

Spöttisch verzog Rose das Gesicht. So betrachtet müsste sie René und Tom eigentlich Ansichtskarten aus der Heide schicken und sich bedanken, dass sie sich ihr gegenüber wie die letzten Arschlöcher verhalten hatten. Obwohl: Allein für die Sache mit Bent gebührte René keine Karte, sondern höchstens ein kräftiger Tritt dahin, wo es richtig weh tat. Und noch einen zweiten und dritten hinterher, weil er sie so mies hintergangen hatte.

Niederträchtige Dreckskerle, alle miteinander!

Sie war wirklich nach Strich und Faden gelinkt worden, dachte Rose, und atmete tief durch. Doch andererseits – war das ein Grund, keinem mehr zu vertrauen?

Unwillkürlich schüttelte sie den Kopf. Wenn sie jetzt deswegen glauben würde, alle Männer wären gleich, hätte René sein Ziel wirklich erreicht. Und Schuld daran war natürlich ganz allein sie selbst, weil sie dieses abwertende Verhalten immer wieder ›herausforderte‹ – was man nicht zuletzt auch an ihrem ehemaligen Chef und ihren Eltern sehen konnte. Eine scheinbar unwiderlegbare Argumentation – solange man nicht wusste, dass sie auf einer faustdicken Lüge beruhte.

Nein. Ihre einzige Schuld, wenn man es denn so nennen wollte, hatte darin bestanden, René zu vertrauen. Und ja, ihm nicht rechtzeitig genug Grenzen gesetzt zu haben – etwas, das in einer echten Partnerschaft eigentlich gar nicht nötig sein sollte. Aber genau das war es, worauf sie in Zukunft achten würde: einen Partner, der ihre Grenzen respektierte, ohne sie ständig und immer wieder in Frage zu stellen.

Sie seufzte unhörbar. Leider gab es keinen Zweifel, wer dieser Partner hätte sein können – hätte ihr Ex nicht alles zerstört, was gerade erst zart am Aufblühen gewesen war. Unglückliches Timing, voller Erfolg. Zumindest für René.

Diese elende Ratte!

Die Torte kam, und während Rose den ersten Happen mit der Gabel abteilte, überlegte sie, ob sie Bent nicht doch noch eine letzte Nachricht schreiben sollte. Keine Rechtfertigung, keine Entschuldigung, aber zumindest eine kurze Klarstellung, was ihr Ex verbrochen hatte. Und dass sie Bent natürlich alles Gute für die Zukunft wünschte.

Je länger sie darüber nachdachte, umso besser gefiel ihr die Idee. Doch, das klang souverän und erwachsen.

Als sie allerdings gerade ihr Handy aus der Tasche angeln wollte, wurde sie von hinten angesprochen.

»Hey, ich habe dein Auto an der Straße gesehen und dachte, dass ich dich vielleicht hier finde.«

Verblüfft drehte sich Rose um, obwohl sie die Stimme längst erkannt hatte.

Bent.

Sie blinzelte ihn an wie eine Erscheinung.

»Ich … ich würde gern mit dir reden. Ist es dir recht, wenn ich mich einen Augenblick zu dir setze?«

Rose nickte völlig überrumpelt.

»Ja … natürlich.«

»Danke.« Bent nahm ihr gegenüber Platz und sah sie mit ernstem Gesicht an.

»Nun … ich glaube, ich muss dir etwas erzählen. Und mich bei dir entschuldigen.«

»Nein, alles gut«, plapperte Rose los, um ihre Verblüffung zu überspielen. »Ich weiß schon – du warst nach unserem Ausflug im Pietzmoor nachmittags bei mir, richtig? Und bist dort meinem Exfreund in die Arme gelaufen.«

»Deinem Exfreund?«

»Ja, René. Wir sind seit über einem halben Jahr getrennt. Dass er den Tag da war, war reiner Zufall – eingeladen hatte ich ihn nicht.«

»Dein Exfreund«, wiederholte Bent tonlos.

»Ja, genau. Wieso, was hat er dir denn erzählt?«

»Er hatte behauptet, er wäre dein Verlobter. Und du wärst noch oben im Schlafzimmer …«

»Wie bitte?« Rose glaubte, sich verhört zu haben.

»Nein, ich war in der Küche. René war ziemlich angetrunken, als er bei mir auftauchte. Deshalb hatte er mir einen Kaffee abgeschwatzt, bevor ich ihn wieder vor die Tür gesetzt habe. Ich war gerade dabei, Wasser aufzusetzen, als es klingelte.«

»Dann hat mich mein Bauchgefühl also nicht getrogen«, murmelte Bent, mehr zu sich selbst. »Er erschien mir viel zu jovial. Ich meine, wer erzählt schon einem völlig Fremden an der Tür, dass er gerade … Außerdem war er picobello rausgeputzt. Aber das ist mir erst im Nachhinein aufgefallen.«

Rose verstand. »Und deshalb dachtest du …?«

Bent hob vage die Schultern. »Was sollte ich sonst denken? Ich wollte dich überraschen. Die Gauben waren nicht geliefert worden, und wir kamen auf der Baustelle nicht weiter … Jedenfalls wollte ich dich zum Kaffee einladen. Und dann öffnete dieser Typ deine Tür.«

»Mir hat er erzählt, es wäre nur ein verirrter Wanderer gewesen … wenn ich das gewusst hätte.«

»Dein Ex scheint es mit der Wahrheit nicht sonderlich genau zu nehmen, kann das sein?«

»Wenn's nur das wäre«, grollte Rose dumpf. »Du ahnst gar nicht, was er noch alles veranstaltet hat.« Sie fasste die Vorfälle der letzten Zeit grob zusammen. »… eine einzige große Lüge«, schloss sie schließlich.

»Das ist … krank«, kommentierte Bent kopfschüttelnd.

»Völlig krank – und typisch für Narzissten, wie ich inzwischen erfahren habe.«

Bent nickte abwesend. Ihm war anzusehen, dass ihn irgendetwas beschäftigte. Dann sah er Rose wieder an.

»Was sagt denn deine Familie zu dem, was sich dein Exfreund geleistet hat?«

»Das ist ein … schwieriges Thema«, druckste Rose und schob mit dem Finger ein paar Zuckerkörner zusammen, die auf dem Tisch verstreut lagen.

»Mist, gleich das nächste Fettnäpfchen, oder? Tut mir leid.«

»Nein, alles okay. Das kannst du ja nicht wissen. Aber ich habe keinen Kontakt mehr zu meinen Eltern. Ist eine längere Geschichte …«

»Du musst es mir nicht erzählen, wenn du nicht möchtest.«

»Nein, das ist kein Problem für mich. Nur nicht gerade jetzt, mir schwirrt völlig der Kopf. Jedenfalls habe ich von der Seite keine Unterstützung. Und meine beste Freundin hilft mir zwar, wo sie kann – nur ist Steffi zur Zeit in Australien.«

»Und ich habe dich auch noch hängengelassen.«

Rose lächelte ihn zögerlich an. »Du kannst doch am wenigsten was dafür. Der Einzige, der diesen ganzen Mist zu verantworten hat, ist mein Ex. Wenn ich überlege, wie naiv ich gewesen bin … « Sie atmete tief durch. Dann sagte sie mehr zu sich selbst: »Aber gut, zumindest bin ich an der Sache gewachsen. Wobei – die Tagebücher haben mir sicher auch geholfen –«

»Moment, warte mal«, unterbrach Bent ihre Gedanken. »Ich komme nicht ganz mit. Was meinst du? Welche Tagebücher?«

Rose wurde bewusst, dass sie sich gerade verplappert hatte. Aber jetzt war es zu spät zurückzurudern, wenn sie Bent nicht belügen wollte.

»Na ja, ich … ich habe auf dem Dachboden meiner Kate alte Tagebücher gefunden. Von Johanna Maria, der Frau, die im Krieg dort gewohnt hatte.«

»Ich kenne den Namen«, meinte Bent ausdruckslos. »Und von ihr gibt es Tagebücher?«

Rose nickte. »Ja, sie hat … ach Bent, es war alles so furchtbar!« Sie spürte, wie ihr schon wieder die Tränen in die Augen stiegen.

Bent legte ihr tröstend seine Hand auf ihren Arm.

»Du bist ganz schön aufgewühlt. Vielleicht sollten wir uns erst mal auf das Nächstliegende konzentrieren, meinst du nicht? Einen Schritt nach dem anderen. Von den Tagebüchern kannst du mir immer noch erzählen, okay? Später.«

»Ja, okay.« Rose versuchte, sich wieder zu fassen. »Und was wäre das jetzt?«

»Dein Exfreund.«

»René? Was hat der damit zu tun?«

»Mit den Tagebüchern nichts. Aber mit etwas anderem.«

Rose sah ihn fragend an, aber Bent hatte die Augen auf den Tisch gesenkt und begann jetzt selbst, die Zuckerkörner mit dem Finger herumzuschieben.

»Und was?« Rose schwante weiteres Unheil.

»Ich habe deinen Namen im Internet gegoogelt.«

Erleichterung durchflutete Rose. »Ist das alles? Das ist doch nicht schlimm. Ich ... na ja, ich war auch schon auf deiner Homepage und habe mir die Fotos angesehen.«

Bent sah kurz auf und lächelte verhalten. »Ich fühle mich geschmeichelt. Aber ... das meine ich nicht.«

»Sondern?«

»Rose ... ich weiß nicht, wie ich es sagen soll. Ich ... ich habe dich auf einschlägigen Seiten gefunden. Mit ... Fotos von dir.«

»Fotos? Was meinst du damit?«

»Na ja ... es sind sehr ... offenherzige Fotos.« Bent rang sichtlich nach Worten, während er sich wieder den Zuckerkörnern widmete.

Langsam dämmerte Rose, was er damit sagen wollte. »Was? Aber wie ... nein, das kann nicht sein! Es gibt keine ...« Sie verstummte, als ihr der Urlaub auf Kreta einfiel.

Doch, es gab Bilder von ihr. Zumindest zwei oder drei, auf denen sie ›Oben ohne‹ abgebildet war, entstanden aus der Leichtigkeit des Urlaubs heraus – und ja, der kretische Wein hatte vermutlich auch eine Rolle gespielt. Reiner Übermut, und René hatte versprochen, sie gleich wieder zu löschen ...

Offenbar hatte er es nicht getan. Und jetzt hatten sie ihren Weg ins Netz gefunden, auf ›einschlägige Seiten‹.

»Man kann dich gut erkennen auf den Bildern«, meinte Bent mit leiser, tonloser Stimme. »Zumindest auf dreien. Der Rest ist ... nun ja, sagen wir es mal so: Da steht nicht unbedingt dein Gesicht im Vordergrund.«

»Aber ...« Rose war völlig entgeistert.

»Kannst du dir vorstellen, was ich von dir denken musste?« Bent sah sie immer noch nicht an.

Das, was René will, was andere Menschen von mir denken sollen, wenn sie meinen Namen im Internet suchen. Wie ein unaufhaltsamer Erdrutsch wurde ihr klar, was das bedeutete.

»Das … das bin ich nicht«, flüsterte sie nahezu unhörbar. »Also … die Oben-ohne-Fotos schon, das kann ich erklären. Aber die anderen … das kann einfach nicht sein! Bitte Bent, das musst du mir glauben!«

Endlich sah Bent auf. »Ich glaube dir ja, Rose. Aber … na ja, als ich sie gerade gefunden hatte, da war ich einfach nur maßlos enttäuscht. Genauso wie über deinen angeblichen Verlobten.«

»Das wäre mir vermutlich ebenso gegangen«, murmelte Rose. »Aber wie kann René nur … ich fasse es einfach nicht!«

»Gekränkte Eitelkeit und Rachsucht, schätze ich, genauso wie bei seinen anderen Aktionen auch. Und nachdem ich jetzt weiß, wie dein Exfreund tickt, passt es leider auch ziemlich gut ins Bild. Vorher war mir nur irgendwann klar geworden, dass du die Bilder kaum selbst unter deinem echten Namen ins Netz gestellt hast. Das, und die Tatsache, dass dein Profil erst seit drei Monaten angemeldet war.«

»Vor drei Monaten war ich gerade erst umgezogen. Da hatte ich noch nicht mal Internet!«

»Ich weiß, Rose. Inzwischen weiß ich es.« Er sah ihr jetzt direkt in die Augen.

Sie antwortete nicht, sondern senkte den Blick beschämt auf die Tischplatte.

»Rose, darf ich ehrlich sein?

Sie nickte wieder, den Blick immer noch auf den Tisch gerichtet.

»Du solltest Anzeige erstatten. Das, was sich dein Ex da geleistet hat, geht weit über ein paar dumme Streiche hinaus. Die Bilder im Netz können sich sogar als geschäftsschädigend erweisen, wenn dein Name als Mediengestalterin erst mal bekannter ist.«

Damit hatte er natürlich recht. Nicht auszudenken, wenn potentielle Kunden im Internet nach ihrem Namen suchten und dann auf diese Seiten stießen …

»Alles okay, Rose?«, fragte er leise, als sie nicht reagierte.

»Ja … nein. Ich … ich weiß auch nicht. Am liebsten würde ich den Kopf in den Sand stecken und alles vergessen!«

Bent strich sacht über ihre Hand. »Ich kann dich gut verstehen. Aber wenn du möchtest, musst du das nicht allein durchstehen. Sollen wir zusammen zur Polizei fahren?«

»Würdest du das machen?«

»Natürlich, was ist denn das für eine Frage?« Seine Stimme klang so empört, das Rose aufsehen musste. Aber die Empörung war nur gespielt – er lächelte schon wieder und sah sie aufmunternd an.

»Also, wollen wir?«

»Jetzt gleich?«

»Jetzt gleich, damit du dieses unerfreuliche Thema endlich abschließen kannst. Wir können auch den Transporter nehmen, wenn du gerade lieber nicht selbst fahren magst.«

»Ja, das wäre … nicht schlecht. Danke. Ich muss eben nur noch bezahlen –«

»Darum kümmere ich mich, du trinkst in der Zwischenzeit in Ruhe aus.«

»Aber …«

»Ssssch! Weißt du nicht mehr? Die gute Tat – außerdem habe ich einiges wieder gutzumachen!«

Er hatte was gutzumachen? Das sah Rose zwar komplett anders, aber sie hatte gerade nicht die Kraft, darüber zu diskutieren. Also nickte sie nur.

Als Bent kurz darauf wieder an den Tisch kam, hatte Rose ihre Apfelschorle ausgetrunken. Den letzten Happen Kuchen hatte sie allerdings nicht mehr runterbekommen.

»Bereit?«

»Na ja, so bereit, wie man wohl sein kann.« Sie lächelte unglücklich.

»Dann los, bringen wir es hinter uns. Du wirst sehen, danach sieht die Welt gleich ganz anders aus.«

Da Rose völlig in ihre Gedanken versunken war, verbrachten sie die Fahrt zum Polizeikommissariat nahezu schweigend. Jetzt am Wochenende waren die Dienststellen auf den Dörfern nicht mehr besetzt, also fuhr Bent gleich weiter nach Winsen. Trotzdem hatte Rose das Gefühl, eben erst losgefahren zu sein, als er den Transporter schließlich auf dem Parkplatz vor dem roten Backsteinbau parkte.

»Soll ich mitkommen? Ich kann sonst auch hier auf dich warten.«

»Nein, ich ...« Rose musste sich räuspern. Schlagartig wurde ihr bewusst, dass sie gerade dabei war, René anzuzeigen und ihn damit einer Straftat zu bezichtigen. Hatte sie sich das wirklich gut überlegt?

»Es ... es wäre schön, wenn du mitkommst. Als Zeuge. Und als moralische Rückendeckung.«

»Sehr aufgeregt?«

Rose nickte bedrückt. »Irgendwie habe ich das Gefühl, einen Menschen ins Unglück zu stürzen. Ich fühle mich ziemlich mies.«

Bent sah sie ernst an. »Das spricht für dich. Aber nach allem, was ich weiß, ist es trotzdem das einzig Richtige, was du jetzt machen solltest.«

»Hmm.«

»Du bist ja kalkeimerweiß. Sollen wir wieder umdrehen?«

Sie sah ihn überrascht an. »Würdest du das machen? Nachdem wir extra hierher gefahren sind?«

»Ja, natürlich. Es ist allein deine Entscheidung.«

Rose überlegte einen Augenblick, dann schüttelte sie den Kopf. »Nein, du hast Recht - es ist das einzig Richtige. Bringen wir es also hinter uns.«

»Kann ich Ihnen helfen?« Der Polizeibeamte hinter der Glasscheibe an der Anmeldung musterte sie freundlich.

»Ja. Ich … ich möchte gern Anzeige erstatten.«

»Okay. Um was geht es?«

»Um … wie soll ich es sagen …«, stotterte Rose.

»Um Eingriff in die Privat- und Intimsphäre. Und um Cyberkriminalität«, kam ihr Bent zu Hilfe.

»Oh, ich verstehe. Moment, ich telefoniere kurz mit einem der zuständigen Kollegen, der Ihren Fall dann aufnehmen wird.«

»Vielen Dank. Wäre es auch möglich, mit einer ihrer Kolleginnen zu sprechen?«

Rose sah Bent dankbar an. Daran hatte sie überhaupt nicht gedacht. Wie unangenehm, dieses hässliche Thema ausgerechnet vor einem fremden Mann ausbreiten zu müssen!

»Das sollte sich machen lassen«, antwortete der Beamte, nahm den Telefonhörer ab und wählte kurz.

»Sophie? Ja, Klaus hier. Hast du Zeit? Hier ist eine junge Dame, die Anzeige erstatten möchte … ja genau. Ist gut, ich schicke sie dir hoch.«

»Soll ich hier so lange auf dich warten?«, fragte Bent.

»Nein, ich … ich fände es schön, wenn du mitkommen würdest. Wenn es dir nichts ausmacht, meine ich.«

»Nein, natürlich nicht. Ich halte mich dann im Hintergrund, bis du mich brauchst.«

»Ja, bitte?«, kam nach ihrem Klopfen eine Stimme aus dem Zimmer, das ihnen der Beamte genannt hatte. Als Rose die Tür öffnete, sah sie eine junge, sympathisch wirkende Frau, die hinter einem Schreibtisch voller Ablagen saß und sie anlächelte. Der Rest des Büros war bis auf etliche Aktenschränke eher spartanisch eingerichtet und strahlte eine sehr nüchterne Atmosphäre aus.

»Kommen Sie doch rein und setzen Sie sich.« Die Beamtin wies auf zwei einfache Stühle, die vor dem Tisch standen.

»Ja, danke.« Rose und Bent kamen ihrer Aufforderung nach.

»Ich bin Hauptkommissarin Sophie Büttner. Was kann ich für Sie tun?«

»Es … geht um meinen Exfreund. Eigentlich wollte ich ihn gar nicht anzeigen. Aber … es ist jetzt etwas passiert, das …« Rose unterbrach sich, weil sie nicht wusste, wo sie anfangen sollte zu erzählen.

»Verstehe«, half ihr die Polizeibeamtin. »Vielleicht nehmen wir erst mal die Personalien auf. Dann haben Sie noch ein wenig Zeit, sich zu sammeln, was meinen Sie?«

»Ja, das ist gut.« Rose war für das Verständnis der Beamtin mehr als dankbar. Nacheinander beantwortete sie alle Fragen, bis sich die Kommissarin Bent zuwandte.

»Okay, vielen Dank. Und in welchem Verhältnis stehen Sie zu Frau Hermanns, Herr …?«

»Sage, Bent Sage. Ich bin ihr Freund.«

Rose versuchte, sich ihre Verblüffung nicht anmerken zu lassen. Nicht *ein* Freund, sondern *ihr* Freund. Sollte das etwa heißen …?

Trotz der völlig unpassenden Situation spürte sie, wie eine Woge des Glücks sie erfasste.

»Sehr schön, dann habe ich das auch. Gut, dann berichten Sie doch mal bitte, was Sie auf dem Herzen haben, Frau Hermanns. Und alles in Ruhe, wir haben alle Zeit der Welt.«

Rose begann erst stockend, dann immer flüssiger zu erzählen, was in den letzten Wochen vorgefallen war. Schließlich endete sie mit den Fotos, die Bent im Netz gefunden hatte.

Die Hauptkommissarin nickte. Dann wandte sie sich wieder an Bent.

»Und Sie haben die Fotos ihrer Freundin im Netz gefunden.«

»Das stimmt.«

»Auf einer Porno-Seite.«

Autsch, der Verstand der Beamtin arbeitete wirklich messerscharf. Aber Bent ließ sich nicht aus der Ruhe bringen.

»Ja, genau.«

Die Hauptkommissarin ließ sich nicht anmerken, was sie davon hielt. Stattdessen wandte sie sich wieder Rose zu.

»Frau Hermanns, können Sie die Aussage so bestätigen?«

»Ja. Obwohl … ich habe die Bilder noch nicht gesehen, falls Sie das meinen. Wir sind gleich hierhergekommen, nachdem ich es erfahren habe.«

»Gut, das nehme ich so auf. Haben Sie eventuell eine Internetadresse für mich?« Sie wandte sich wieder an Bent. Der nannte den Namen einer Plattform, die Rose nichts sagte. Für die Beamtin schien es dagegen ein alter Bekannter zu sein, denn sie nickte wissend.

»Das kann ich in Erfahrung bringen, aber das müssen wir nicht jetzt machen. Frau Hermanns, können Sie mir sagen, woher Ihr Exfreund diese Bilder haben könnte?«

»Ja. Er … hat sie in einem unserer Urlaube gemacht. Mit meiner Einwilligung.«

»Und ins Netz gestellt hat er sie ebenfalls mit Ihrer Einwilligung? Und sie gleich noch um ein paar eindeutige Bilder erweitert?«

»Nein, natürlich nicht.« Rose konnte nur noch flüstern. »Sie glauben gar nicht, wie sehr ich mich gerade schäme.«

»Sie müssen sich überhaupt nicht schämen, schließlich sind wir alle irgendwann mal nackt. Der Einzige, der sich schämen sollte, ist ihr Ex – und da er das aller Voraussicht nach nicht von allein machen wird, werden wir mit einem Strafantrag nachhelfen.«

Rose nickte unglücklich.

»Ich weiß, es klingt verrückt, aber … ich hatte irgendwie gehofft, es ließe sich auch anders klären.«

»Natürlich ließe sich das. Niemand zwingt sie, Strafantrag zu stellen, wenn Sie das nicht möchten. Allerdings müssen Sie dann damit rechnen, dass Ihr Exfreund Sie womöglich weiter behelligen wird. Genau diese Schwachstellen nutzen Täter gern aus.«

»Kommt so etwas denn häufig vor?«, fragte Bent.

»Zumindest deutlich häufiger, als man glaubt. In Hamburg hatte ich jede Woche etliche Fälle. Leider werden die Opfer oftmals allein gelassen, denn in vielen Köpfen herrscht immer noch die Vorstellung, psychische Gewalt wäre längst nicht so schlimm wie physische. Und ein paar Bilder im Netz … selbst schuld, was machen die Betroffenen auch solche Fotos.« Der Gesichtsausdruck der Polizeibeamtin zeigte deutlich, was sie von solchen pauschalen Verurteilungen hielt. »Dazu kommt, dass erschreckend viele Menschen es sogar ›romantisch‹ finden, wenn die Täter kein ›Nein‹ akzeptieren und ihre Opfer weiter belästigen. Die Opfer zieren sich halt ein bisschen, um sich interessanter zu machen – und wenn es zu Übergriffen kommt, haben es die Betroffenen sicher selbst gewollt oder sogar provoziert. *Victim blaming* ist in unserer Gesellschaft immer noch üblich – zumal es sich für das direkte Umfeld auch hervorragend eignet, die eigene unterlassene Hilfeleistung nicht in Frage stellen zu müssen.«

Verzweifelt hob Rose die Schultern. »Vielleicht hätte ich die Fotos wirklich nicht machen sollen.«

Hauptkommissarin Büttner schüttelte den Kopf.

»Dann hätte Ihr Exfreund aller Voraussicht nach irgendetwas gefaked, um Sie zu diskreditieren. Sie glauben gar nicht, was heutzutage alles möglich ist – ich habe schon Videos gesehen, in denen die Opfer täuschend echt hineinkopiert wurden. Mit den modernen Rechnern ist das überhaupt kein Problem mehr, und ob es echte Nacktfotos gibt oder nicht, spielt meiner Erfahrung nach überhaupt keine Rolle. Den Tätern geht es um Rache und Machtdemonstration, und wer einen anderen Menschen erniedrigen und beschämen will, findet im Netz zahlreiche Programme und Apps, die die Realität – nun, nennen wir es mal: anpassen. Umso wichtiger ist es deshalb klarzustellen, dass es sich hierbei nicht um ein Kavaliersdelikt, sondern einen massiven Eingriff ins Persönlichkeitsrecht handelt. Und spätestens wenn solche Grenzen überschritten werden, sollte Schluss sein mit lustig. Dann hat man als Opfer selbstverständlich auch das Recht, den anderen dafür zu belangen.« Sie sah Rose offen ins Gesicht. »Oder möchten Sie inzwischen doch lieber von einem Strafantrag absehen?«

Statt einer Antwort schüttelte Rose nur den Kopf.

»Gut, kommen wir zum nächsten Punkt. Sie sagten vorhin, Ihr Exfreund hätte Lautsprecher in ihrem Haus installiert. Nur Lautsprecher? Oder auch Kameras?«

»Das … das weiß ich nicht. Wäre das denn möglich?«

»Möglich wäre es, natürlich. Oder der Täter nutzt die Kamera in Ihrem Computer.«

Rose schüttelte den Kopf.

»Der alte Rechner hat keine Kamera. Und der Laptop ist nagelneu, auf den kann er keinen Zugriff mehr haben.«

»Bleiben also eventuell noch versteckte Kameras. Vielleicht in ihrem Schlafzimmer?«

»Da ist er nie gewesen.« Zum Glück, dachte sie mit plötzlicher Erleichterung. Hätte sie damals die Hausführung mit René gemacht oder ihn bei sich übernachten lassen, hätte das womöglich anders ausgesehen.

»Oder im Bad?«

Rose hätte nicht gedacht, dass sie noch blasser werden konnte.

»Ja, das wäre möglich. Zumindest im unteren Badezimmer.«

»Könnte man die Kameras denn irgendwie aufspüren?«, schaltete sich Bent jetzt wieder in das Gespräch ein.

»Ja natürlich, das geht«, bestätigte die Beamtin. »Es gibt sogenannte *Hidden Camera Finder*, die kosten nicht mal übermäßig viel Geld. Oder sie suchen sich einen Fachmann, der sich darum kümmert.«

»Das Badezimmer soll sowieso komplett saniert werden«, merkte Rose mit schiefem Grinsen an.

»So weit müssten sie jetzt nicht gehen …«, meinte die Polizistin. »Aber gut, wenn das ohnehin ansteht, sind sie da ganz auf der sicheren Seite.« Sie zwinkerte Rose aufmunternd zu.

»Ich kümmere mich trotzdem um einen *Camera Finder* für dich«, meinte Bent. Rose warf ihm einen dankbaren Blick zu.

»Okay, dann wäre das auch geklärt. Und informieren Sie uns bitte, falls sich im Haus noch weitere unliebsame Überraschungen finden sollten. Aber kommen wir erst mal zum nächsten Punkt. Sie sagten vorhin, ihr Exfreund hätte auch Zugriff auf Ihren Rechner gehabt. Verstehen Sie mich bitte nicht falsch, ich glaube Ihnen das natürlich. Aber können Sie das eventuell auch belegen?«

»Ich weiß nicht«, antwortete Rose unsicher. »Meine beste Freundin meinte, er hätte Spyware auf meinem Rechner installiert. Die müsste sich doch finden lassen, oder?«

Hauptkommissarin Büttner nickte bedächtig. »Ja, ich denke schon. Allerdings muss ich Sie da an unsere Experten für IT-Kriminalität verweisen. Haben Sie den Rechner schon neu aufgesetzt?«

»Noch nicht, nein.«

»Das ist gut, das macht die Sache einfacher. Dann sollten Sie ihn die Tage vorbeibringen, damit ihn meine Kollegen mal komplett durchleuchten können. Wobei mir gerade einfällt: Hat Ihr Exfreund auch einen finanziellen Schaden verursacht?«

»Na ja, er hat zwei meiner Zeichnungen verschwinden lassen, die bislang nicht wieder aufgetaucht sind. Ich bin Mediengestalterin«, fügte Rose erklärend hinzu. »Aber das ist nicht so –«

Doch die Polizeibeamtin ließ sie nicht ausreden. »Also auch ein betriebswirtschaftlicher Schaden. Wie viel Zeit hatten Sie denn für die Zeichnungen aufgewendet?«

»Für beide? Etwa zehn, elf Stunden.«

»Okay, dann sind das sieben- bis achthundert Euro Arbeitslohn, wenn ich mal vom durchschnittlichen Stundensatz eines Freelancers ausgehe – damit haben wir einen weiteren Hebelpunkt für den Strafantrag. Da kommt für Ihren Exfreund einiges zusammen, würde ich sagen.«

Rose konnte wieder nur nicken.

»Gut. Haben wir damit alles? Dann würde ich ihre Aussagen jetzt zu Protokoll nehmen. Und Namen und Anschrift Ihres Exfreundes benötige ich natürlich auch noch, schließlich ist er der Hauptakteur in seinem selbstinszenierten Theaterstück.«

Rose gab ihr die gewünschte Auskunft. Nur bei Renés aktueller Anschrift musste sie passen. »Ich glaube, er wohnt bei seiner neuen Freundin. Aber ganz sicher bin ich mir nicht …«

»Wissen Sie denn, wo sie wohnt?«

»Nein, leider auch nicht. Ich weiß nur ihren Vornamen, und dass sie mit meinem Exfreund zusammen arbeitet.«

»Das ist doch ein Anhaltspunkt. Und wo arbeitet Ihr Exfreund?«

Verdammt, das hatte Rose doch eigentlich vermeiden wollen. Aber wenn sie sich jetzt nicht unglaubwürdig machen wollte, musste sie notgedrungen Auskunft geben.

Hauptkommissarin Büttner schien ihre Bedenken zu erahnen. »Keine Sorge, den Arbeitgeber kontaktieren wir nur, wenn wir seine aktuelle Adresse nicht über das Einwohnermeldeamt in Erfahrung bringen können. Auch für Ihren Exfreund gilt vorerst die Unschuldsvermutung, selbst wenn die Indizien ziemlich eindeutig sind. Gut, dann fasse ich jetzt noch mal zusammen.« Sie wiederholte sämtliche Punkte, während sie schon gleichzeitig alles in den Rechner eintippte. Rose konnte nur staunen, wie akkurat sich die Hauptkommissarin ihr Gespräch nahezu wortwörtlich gemerkt hatte. Im Anschluss musste sie das ausgedruckte Protokoll nur noch unterschreiben, und auch Bent setzte seinen Namen als Zeuge darunter. Danach waren sie entlassen – mit den besten Wünschen für die Zukunft und der Erinnerung daran, den Rechner in den nächsten Tagen noch vorbeizubringen.

Auch auf dem Rückweg verlief die Unterhaltung eher schleppend, und nachdem Bent bemerkt hatte, dass Rose immer wieder gedanklich abschweifte, ließ er sie in Ruhe. Rose hatte deswegen ein schlechtes Gewissen, aber sie konnte sich einfach nicht konzentrieren. Zu viel wirbelte ihr durch den Kopf, das sich nur schwer in Worte fassen ließ.

Komischerweise landete sie bei ihren ziellosen Grübeleien irgendwann wieder bei der *Schönen vom Eickenloher Moor* – Täuschung und Arglist schienen genauso wie die Liebe zu den ältesten Themen der Menschheit zu gehören. Durch nahezu alle Mythen und Sagen zogen sich diese Dramen wie ein roter Faden, und inzwischen konnte Rose nachvollziehen, warum es eindeutig angenehmer war, sich solche Geschichten am prasselnden Herdfeuer zu erzählen, als sie selbst zu erleben. Wie mochte sich die *Schöne* wohl in ihrer letzten Stunde gefühlt haben, verraten und zurückgelassen, den Tod im eisigen Moor vor Augen?

Während sie von Sahrendorf in Richtung Undeloh fuhren, erinnerte sich Rose daran, wie lebendig Bent die Erzählung hatte werden lassen. Überhaupt wusste er unglaublich viel über seine Heimat und die Geschichte der Lüneburger Heide – deutlich mehr, als sie es selbst von einem Einheimischen erwartet hätte …

»Bent?«

»Ja?«

»Sag mal, kann es sein, dass du früher irgendwas anderes gemacht hast? Bevor du Reetdachdecker wurdest, meine ich?«

Bent warf ihr einen überraschten Blick zu, als hätte er mit allem, aber nicht mit dieser Frage gerechnet. Doch dann schmunzelte er.

»Ja, stimmt – ich habe Kulturwissenschaften studiert. Den historisch orientierten Zweig, um genau zu sein.«

»Ach«, meinte Rose verblüfft. Also hatte sie ihr Gefühl nicht getrogen. »Und was macht man damit?«

Bent hob kurz die Achseln.

»Das hängt vom Schwerpunkt ab. Im Grunde alles, was Kultur ausmacht und womit sie definiert wird. Man kann beispielsweise in Richtung Geschichte, Archäologie oder Kunst gehen – und genauso vielfältig sind dann später auch die Betätigungsfelder. Die meisten Stellen gibt es allerdings in der kulturellen Bildung oder im Kommunikations- und Medienbereich.«

Das musste Rose erst mal sacken lassen.

»Also so was Ähnliches, wie ich auch mache?«, fragte sie dann nach einer kurzen Pause.

»Na ja, nicht ganz. Bei den Kulturwissenschaften geht es mehr um die allgemeinen kulturellen Entwicklungen und Errungenschaften der menschlichen Gesellschaft. Sozusagen die forschende und lehrende Fraktion, während Mediengestaltung ja eher im kreativ-tätigen Bereich liegt, also selbst kulturschaffend wirkt. Obwohl es bei beiden auch große Überschneidungen geben kann, das hängt ganz vom Aufgabengebiet und den eigenen Neigungen ab. Mir liegen beispielsweise Texte und erlebbar gemachte Geschichte. Vielleicht erzähle ich deshalb auch so gern.« Sein Schmunzeln vertiefte sich, während er sich weiter auf die Straße konzentrierte.

»Texte? Schreibst du auch?«

Bent schüttelte den Kopf. »Jetzt im Sommer nicht, eher im Winter, wenn ich nicht ganz so viel zu tun habe. Ist ein schöner Ausgleich für mich.«

Rose traute es sich kaum auszusprechen, aber die Frage stand zwischen ihnen im Raum.

»Und … was schreibst du so?«

»Ach, so dies und das, wozu ich gerade Lust habe. Geschichten für die Zeitung, Texte für den Heide-Tourismus, solche Sachen halt. Und die Chronik von Eickenloh ist auch von mir, falls du irgendwann mal darüber stolpern solltest. Ansonsten gibt es aus meiner Feder noch einiges an wissenschaftlichem Kram über die Zeit der Völkerwanderung hier in der Heide, aber das ist genauso staubtrocken und theoretisch wie die Funde aus dieser Zeit spärlich sind.«

»Das … erklärt natürlich einiges«, meinte Rose matt. *Und ich Döspaddel hatte damals seine Frage nach den Texten für meine Broschüre großspurig abgetan …*

»Entsetzt?« Bent drehte sich kurz zu ihr und zwinkerte ihr zu.

»Nein … nur etwas … überrascht. Ich dachte … na ja, sei mir nicht böse, aber … warum arbeitest du dann als Reetdachdecker?« Im selben Moment hätte sie sich am liebsten auf die Zunge gebissen. Wie herablassend sich das anhörte – als ob seine jetzige Arbeit irgendwie weniger wert war als seine akademische Ausbildung. Leider konnte sie ihre Worte nicht mehr zurücknehmen.

Bent ließ sich allerdings nicht anmerken, wie er ihren Kommentar aufgefasst hatte, sondern hielt den Blick weiter auf die Straße gerichtet.

»Ich glaube, ich hatte einfach die falsche Erwartungshaltung. Für mich gab es im Studium nicht genug Praxis – und die Stellen, die später ausgeschriebenen waren, sprachen mich alle nicht an. Oder ich hätte umziehen müssen, und das wollte ich auch nicht. Also habe ich mich nach meinem Abschluss neu orientiert und noch die Ausbildung drangehängt. Als Reetdachdecker kann ich aktiv mithelfen, unsere Kulturdenkmäler zu erhalten und ihre Geschichte durch die Jahrhunderte zu tragen. Und spannend finde ich es auch, gerade hier in der Gegend, wo ich fast jedes reetgedeckte Haus und seine Historie kenne.«

Inzwischen waren sie am *Teetied* angekommen. Da alle Parkplätze am Seitenstreifen belegt waren, wendetet Bent den Transporter und parkte ihn anschließend hinter Roses kleinen Wagen, halb in einer Einfahrt. Es war deutlich, dass er hier nicht lange stehenbleiben konnte – und vermutlich auch nicht wollte.

Anscheinend hatte sie ihn mit ihrer letzten Frage doch brüskiert, obwohl er sich weiterhin nichts anmerken ließ. Aber er war wieder wie zu Anfang, als sie sich kennengelernt hatten. Freundlich, aber unverbindlich. Und vielleicht auch nur höflich. Rose blinzelte gegen die Tränen an, die ihr schon wieder in die Augen steigen wollten. *Ihr Freund*, hatte er auf der Polizeistation gesagt, aber offensichtlich nur *ein Freund* damit gemeint. Sie hatte sich wieder etwas vorgemacht, sich von ihren naiven Hoffnungen in die Irre leiten lassen. Er hatte ihr helfen wollen, mehr nicht – das hatte sie endlich zu akzeptieren. Und bevor sie sich hier noch lächerlich machte, wurde es höchste Zeit, dass sie aus dem Auto raus kam.

»Ja … dann … sind wir ja schon wieder da. Nochmals vielen Dank für deine Hilfe.«

Bent musterte sie. In seinem Gesicht war nichts anderes zu erkennen als freundliche Anteilnahme. »Und, wie fühlst du dich?«

»Ich weiß es nicht«, antwortete Rose ehrlich, und meinte damit nicht nur die Sache mit René. Aber das musste er nun wirklich nicht wissen. »Aufgekratzt. Traurig. Vermutlich auch desillusioniert. Es war ein bisschen viel in der letzten Zeit.«

Sie schwiegen einen Moment, dann strich ihr Bent mit dem Zeigefinger sacht eine Träne von der Wange.

»Mach dir keine Sorgen mehr. Das Schlimmste hast du geschafft, und du hast dich mehr als wacker geschlagen.«

»Meinst du?«, schniefte Rose. Immerhin hatte sie in Bent einen guten Freund gefunden – vielleicht sollte sie damit zufrieden sein.

Bent lachte auf. »Das meine ich nicht nur, das weiß ich.«

»Ich habe mich eigentlich immer nur völlig hilflos gefühlt.«

»Es war auch eine verdammt harte Zeit für dich. Wäre es auch gewesen, wenn du nur deinen Job geschmissen hättest und hier in die Heide gezogen wärst. Und dann noch die Sache mit deinem Ex … aber hey, du hast das alles super hinbekommen.«

»Wenn du es sagst …« Rose seufzte abgrundtief. »Aber im Nachhinein frage ich mich trotzdem, wie ich all die Jahre so blind sein konnte. So viel Zeit – so sinnlos verschwendet.«

»Vielleicht war es gar nicht so sinnlos?«

»Wie meinst du das?«

»Na ja, vielleicht musstest du erst etwas lernen. Beispielsweise dich selbst zu finden. Und das hast du doch super gemeistert, denkst du nicht?«

»Findest du?«

»Das fragst du noch?« Bent grinste wie ein kleiner Junge über das ganze Gesicht.

Schüchtern erwiderte Rose sein Lächeln. Einen Moment lag eine seltsame Befangenheit über ihnen.

»Hast du morgen schon was vor?«, fragte Bent schließlich in die Stille hinein.

Rose schüttelte den Kopf. Ihrer Stimme mochte sie gerade nicht trauen.

»Was hältst du dann davon, wenn ich dir noch ein wenig von der Heide zeige?«

»Ja, gern.« Wenn sie flüsterte, konnte man nicht ganz so sehr hören, wie belegt ihre Stimme klang.

»Dann hole ich dich morgen Vormittag gegen neun ab, okay?«

Wieder konnte Rose nur nicken. Dann drehte sie sich zur Seite und öffnete die Beifahrertür.

»Hey, warte mal kurz.«

Fragend wandte sie ihm noch mal ihr Gesicht zu. Bent beugte sich zu ihr und gab ihr einen zarten Abschiedskuss auf die Wange. »Bis morgen.«

Kapitel 25

Als Bent seinen Transporter am nächsten Morgen auf dem Parkplatz gegenüber des Heideerlebniszentrums in Undeloh parkte, sah sich Rose neugierig um. Obwohl es erst kurz nach neun war, war bereits erstaunlich viel los – überall wimmelte es von Wanderern, Radfahrern und Spaziergängern, und auch die ersten Kutschen standen längst bereit.

»Warte noch eine Stunde, dann steppt hier der Bär«, meinte Bent zu ihrem verwunderten Kommentar. »Zurzeit sitzen die alle noch beim Frühstück.«

»Ich finde es jetzt schon fast so voll wie an der Alster.«

Bent lachte.

»Glaub mir, das ist noch gar nichts. Es gab bereits Tage, da habe ich fast eine halbe Stunde gebraucht, um durch Undeloh zu kommen, so voll war es mit Kutschen, Bussen und Autos.«

Rose sah ihn ungläubig an, aber es schien ihm völlig ernst zu sein.

»Keine Sorge«, meinte Bent und zwinkerte ihr zu. »Ich kenne die Wege, auf denen nicht ganz so viel Trubel herrscht. Den Undeloher Kutschweg«, er deutete auf die kopfsteingepflasterte Straße, die ins Naturschutzgebiet führte, »überlassen wir heute lieber den Gästen, auch wenn es die kürzeste Strecke ist.«

»Aha«, meinte Rose nur.

Bent hatte noch nicht viel verraten, als er sie eben an ihrer Kate abgeholt hatte. Nur das es zum Totengrund gehen sollte, was bei Rose kribbelnde Vorfreude ausgelöst hatte. Oder war es eher das Gefühl, überhaupt etwas mit Bent zu unternehmen?

»Ich dachte, wir gehen über den Pastor-Bode-Weg nach Wilsede. Das ist eine der schönsten Strecken hier, und das Radenbachtal ist einfach malerisch. Oder kennst du den Weg schon?«

Rose schüttelte den Kopf. »Ich glaube nicht, und wenn, war ich das letzte Mal Anfang April hier. Da sah alles noch ganz anders aus.«

»Das kann ich mir vorstellen. Dann mal los.« Bent grinste, platzierte seinen Dauerparkausweis an der Windschutzscheibe und öffnete die Tür.

Selbst jetzt am Morgen war es schon relativ warm, also ließ Rose die leichte Jacke, die sie vorsichtshalber eingepackt hatte, auf dem Beifahrersitz liegen. An Sonnencreme hatte sie allerdings nicht gedacht.

»Alles okay?«

»Ich hab die Sonnencreme vergessen«, antwortete sie zerstreut und kam sich im selben Moment absolut spießig vor.

»Im Handschuhfach. Das wichtigste Accessoire für den Dachdecker im Sommer.«

»Oh, danke.« Die Wärme, die Rose in die Wangen stieg, kam nicht von der Sonne draußen. Sie angelte die Tube mit Lichtschutzfaktor 50 aus dem Fach, cremte sich schnell Arme, Beine und den Nacken ein und sah dann zu, dass sie auch aus dem Wagen kam.

Gemeinsam gingen sie zum Heideerlebniszentrum hinüber, das in einem hübsch restaurierten Fachwerkhaus untergebracht war. Um diese Zeit hatte es noch geschlossen, aber Bent schlug vor, dass sie auf dem Rückweg mal reinschauen konnten, denn es gab dort nicht nur das Café, sondern auch eine kleine, aber sehr informative Ausstellung über die Lüneburger Heide.

»Und den Kaffee haben wir uns nachher auch verdient«, meinte er mit einem verschmitzten Schmunzeln.

»Klingt, als hättest du was Größeres vor.«

»Wie man's nimmt.«

»So wie im Pietzmoor?«, fragte Rose argwöhnisch.

»Na ja, nicht ganz …«

»Dann bin ich ja beruhigt.«

»… etwas weiter ist es schon. So zehn bis zwölf Kilometer, schätze ich.«

»Bent!« Rose sah ihn ungläubig an. Das war doch wohl ein Scherz, oder?

»Keine Sorge, wenn du nicht mehr kannst, trage ich dich.« Er grinste wieder sein freches Jungsgrinsen.

»So weit kommt's noch!«, schnaubte Rose und gab sich empört. Das würden sie ja sehen, wer hier wen zum Schluss tragen musste, schließlich hatte sie in den letzten Wochen ordentlich Kondition bekommen. Und ihr innerer Schweinehund – tja, der musste sich halt irgendwo auf eine Bank setzen und warten, bis sie von ihrer Wanderung zurückkamen.

Immerhin war durch die kleine Plänkelei auch der letzte Rest der Befangenheit verflogen, die sie seit ihrem Aufbruch verspürt hatte. Rose fühlte, wie mit einem Mal all der Kummer und die Last der vergangenen Wochen von ihr abfielen und sie eine Woge des Glücks überflutete. Die Sonne schien, das Leben war schön – und heute war genau der richtige Tag, um endgültig alles hinter sich zu lassen und ein neues Kapitel in ihrem Leben zu beginnen. Übermütig erwiderte sie Bents nichtsnutziges Feixen, während sie den kleinen Pfad einschlugen, der am Erlebniszentrum ins Naturschutzgebiet führte.

Nachdem sie Undeloh hinter sich gelassen hatten, schlängelte sich der Sandweg wie ein verwunschener Pfad durch das scheinbar endlose lilafarbene Meer der blühenden Heide. Außer ihnen war keine Menschenseele zu sehen. Alles war still – bis auf ein paar vorbeibrummende Hummeln und Bienen und das Lied eines Vogels, der hoch oben am wolkenlos blauen Himmel seine Freude über das Leben erschallen ließ. Eine Heidelerche?

Rose wollte zuerst fragen, doch Worte hätten in diesem Moment den Zauber zerstört, der über allem lag. Stattdessen ließ sie ihren Blick über die sanft gewellte Landschaft schweifen, über die leuchtende Heide, die dunkelgrünen Wacholderbüsche, die knorrigen Kiefern und silbrigen Birken.

»Es ist so schön!«, flüsterte sie schließlich, weil ihr Herz vor Glück überzulaufen drohte.

»Sie ist eine spröde Schönheit, meine Heide«, antwortete Bent ebenso leise. »Aber wenn du dir Zeit nimmst und ihr die Zeit lässt, dann werdet ihr euch finden. Und irgendwann wirst du dich fragen, wie du jemals ohne sie sein konntest.«

Rose lächelte ihn an, während seine Worte wie ein Echo in ihr nachhallten.

Nach einer Weile wurde die Landschaft hügeliger. Rechts ihres Weges führte jetzt ein Holzzaun entlang, dahinter fiel eine urwüchsige Weide bis zum Radenbach hinab, der sich in der Senke weiter durch das Tal schlängelte. Eine Informationstafel klärte den Wanderer über die ›Wilseder Roten‹ auf, eine besondere Rinderrasse, die hier zusammen mit Dülmener Wildpferden die Heidepflege übernahmen, indem sie aufkommendes Gehölz kurzhielten.

Leider war weder von den Rindern noch den Pferden etwas zu sehen. Dafür trafen sie kurz darauf den Schäfer wieder, den Rose bereits im Frühjahr kennengelernt hatte. Inzwischen hatte sich seine Herde weiter vergrößert, und die Lämmer, die vor wenigen Monaten noch so winzig gewesen waren, reichten jetzt schon fast an ihre Mütter heran. Nur ihre schwarze Farbe verriet, dass sie erst dieses Jahr geboren worden waren, und schmächtiger als die Alttiere waren sie auch noch.

Während Bent einige Worte mit dem Schäfer wechselte, versuchte Rose, die Lämmer auszumachen, die sie damals mit der Flasche gefüttert hatte. Aber es war hoffnungslos – nicht nur, dass alle Tiere durcheinanderwuselten, derweil sie Heidekraut und Gras schnuckend wie ein stetiger Strom weiterwanderten, es sahen auch alle Jungtiere gleich aus. Nur die Ziegen, die ebenfalls in der Herde mitliefen und sich lieber an die jungen Bäume und Sträucher hielten, ließen sich durch die unterschiedliche Scheckung halbwegs auseinanderhalten. Schließlich gab sie es auf und freute sich einfach an dem schönen Bild, das die Heide schon seit Hunderten von Jahren prägte.

Als sie die ersten reetgedeckten Gebäude von Wilsede erreichten, waren sie bereits zwei Stunden unterwegs, obwohl es Rose nicht annähernd so lang vorgekommen war. Trotzdem war sie froh, in den Schatten der alten Bäume eintauchen zu können, die den Weg in den Ort hinein säumten. Aufatmend wischte sie sich mit der Hand den Schweiß von der Stirn.

»Warm?«, fragte Bent. Im Gegensatz zu Rose sah er noch genauso frisch aus wie am Morgen.

»Und wie. Dir nicht?«

»Es geht. Vermutlich habe ich mich durch die Arbeit längst daran gewöhnt.«

»Du Glücklicher. Ich dachte, ich könnte inzwischen auch mehr ab. Aber hier unter den Bäumen ist es ganz angenehm.«

»Das ist gut. Ab jetzt bleiben wir auch die meiste Zeit im Schatten.«

»Das hört sich verlockend an. Und auf dem Rückweg?«

»Nehmen wir eine andere Strecke. Über den alten Hellweg durch den Wald, das ist dann auch nicht mehr so weit wie der Hinweg. Wir sind jetzt praktisch einen Bogen gegangen, aber ich dachte, das Radenbachtal und der Pastor-Bode-Weg würden dir gefallen.«

»Und wie! Was für eine traumhaft schöne Landschaft. Ich glaube nicht, dass sich das toppen lässt.«

»Wir werden sehen«, meinte Bent schmunzelnd.

Es waren nur noch ein paar hundert Schritte bis in den Ort. Und obwohl sich hier wieder deutlich mehr Menschen aufhielten, war Rose von Wilsede verzaubert. Das Dorf wirkte komplett aus der Zeit gefallen mit seinen Kopfsteinpflasterstraßen und reetgedeckten Fachwerkhäusern, den trutzigen Steinmauern, auf denen winzige weiße und lilafarbene Blümchen wuchsen und den riesigen Buchen und Eichen, die die weit auseinanderliegenden Höfe wie Wächter behüteten.

Schließlich kamen sie an ein uriges, holzverkleidetes Gebäude, in dem ein Andenkenladen, die *Tante Dora Stuv,* und ein kleines Restaurant untergebracht waren. Fasziniert war Rose allerdings von dem Gebäude auf der gegenüberliegenden Seite, einem aufwändig restaurierten Bauernhaus unter Reet.

»*Dat ole Hus*«, meinte Bent erklärend, als er ihrem Blick folgte. »Das Heimatmuseum von Wilsede und eins der ältesten Freilichtmuseen in Deutschland. Ein typisches *Rookhus* dieser Gegend, das mit seiner Ausstattung originalgetreu erhalten wurde. Damals wurde noch über einem offenen Feuer geheizt und gekocht, ohne Schornstein. Der Rauch musste über die Eulenlöcher im Giebel abziehen.« Bent deutete auf den Dachfirst, bei dem sich unter den hölzernen Pferdeköpfen eine ähnliche Aussparung wie bei ihrer Kate befand. »Die Häuser waren früher permanent verqualmt, einschließlich ihrer Bewohner und sämtlicher Einrichtungsgegenstände. Heutzutage kaum mehr vorstellbar, oder? Und gesund war es natürlich auch nicht – die Menschen starben damals oft an Atemwegserkrankungen. Trotzdem war es im Winter drinnen kaum wärmer als draußen, nur direkt am Feuer ließ es sich halbwegs aushalten. Das ist auch der Grund, warum nach dem letzten Krieg viele Rauchhäuser abgerissen und durch die modernen Klinkerbauten ersetzt wurden, die man inzwischen überall auf den Dörfern findet. Bis den Einheimischen in den siebziger Jahren klar wurde, welche Schätze die alten Häuser waren, vor allem in Hinsicht auf den Tourismus – nur leider hatte man da bereits viel an alter Bausubstanz vernichtet.«

»Wie schade«, merkte Rose bedauernd an.

»Ja, absolut – wenn auch aus Sicht der Bauern nachvollziehbar. Die Rauchhäuser ließen sich mit den damaligen Möglichkeiten kaum modernisieren, waren dafür aber aufwändig und teuer in der Instandhaltung. Ein Reetdach hält selbst bei bester Pflege kaum länger als dreißig bis vierzig

Jahre, muss also in fast jeder Generation einmal komplett ersetzt werden. Bei den großen Hofgebäuden damals war das kein Pappenstiel, also griff man zu pragmatischen Lösungen, als es möglich wurde. Doch zum Glück gab es auch damals schon Menschen, die sich für den Erhalt unseres Kulturerbes eingesetzt haben. Pastor Bode beispielsweise, der auch den Totengrund für den Naturschutz aufkaufte, oder Peter Rademacher, der ehemalige Gemeindevorsteher von Wesel und Wehlen. Und ohne Bernhard Dageförde gäbe es *Dat ole Hus* hier nicht.« Er sah wieder zu Rose. »Wenn du möchtest, können wir auf dem Rückweg einen Abstecher in die Ausstellung machen – vielleicht findest du da noch weitere Ideen für deine Broschüre.«

An die Broschüre hatte Rose weniger gedacht, dafür hatten Bents Worte den Flettmester-Hoff vor ihrem inneren Auge auferstehen lassen. Zu gerne wollte sie selbst sehen, was Johanna in ihren Tagebüchern beschrieben hatte, das Flett, die grote Dönz und die Altenteilerstube. Rose vermutete, dass die alten Rauchhäuser alle ähnlich aufgebaut gewesen waren. Fragen konnte sie allerdings nicht, sonst hätte sie Bent auch erzählen müssen, wie sie darauf kam. Und das wollte sie nicht – zumindest noch nicht. Also lächelte sie nur und nickte.

Bent erwiderte ihr Lächeln. »Wie sieht's aus, wollen wir erst eine Pause machen, bevor wir weitergehen?« Er zeigte auf das kleine Restaurant auf der linken Straßenseite. »In der *Milchhalle* ist zwar Selbstbedienung, aber der Kuchen ist lecker. Was meinst du?«

»Das klingt verführerisch. Aber … wenn ich ehrlich bin, kann ich es kaum erwarten, den Totengrund zu sehen, nachdem ich schon so viel von ihm gehört habe. Wie weit ist es denn noch?«

»Nicht mehr weit, zehn Minuten vielleicht. Und klar, wenn das *Tal von überirdischer Schönheit* ruft, muss ich mit meinem Kuchen zurückstehen.«

»Überirdisch?«, fragte Rose amüsiert, als sie den Sandweg neben der Milchhalle einschlugen. Hinter den Sitzplätzen auf der Rückseite des Restaurants kam ein Kutschenparkplatz in Sicht, auf dem bereits mehrere Wagen standen. »Die Heide besteht nur aus Superlativen, oder?«

»Selbstverständlich«, bestätigte Bent grinsend. Es schien fast, als könne er es selbst kaum erwarten, den Totengrund wiederzusehen. Dabei war er bestimmt schon unzählige Male dort gewesen. »Wobei die Bezeichnung nicht von mir stammt, sondern von einem der Tourismusportale. Trotzdem haben sie Recht, weil … ach, lass dich einfach überraschen!« Er zwinkerte ihr zu.

Rose erwiderte seinen Blick zweifelnd, sagte aber nichts mehr.

Schweigend wanderten sie zwischen den Feldern mit Lupinen hindurch, bevor der Weg unter uralten Bäumen eintauchte. Je weiter sie jetzt gingen, umso mehr glaubte Rose die Szene wiederzuerkennen, die Johanna in ihrem Tagebuch beschrieben hatte: Mächtige Buchen und Eichen, die ihre Äste über den Weg bis weit auf die andere Seite streckten. Rose kam es vor, als hielten sie ihr Grün schützend über sie und Bent – so wie sie einst ihre Blätter schon über Johanna und Johann Christoph gehalten hatten.

Bis auf das Zwitschern einiger Vögel und das leise Rascheln des Laubs blieb alles still, während sie andächtig weiterwanderten. Schließlich lichtete sich das Blätterdach vor ihnen wieder, doch noch war nichts zu erkennen als blauer Himmel.

»Halt mal an«, flüsterte Bent. Rose kam seiner Bitte nach und sah ihn an.

»Augen zu!« Auf Roses fragenden Blick lächelte er sie warm an. »Keine Sorge, ich mache keine Dummheiten. Aber ich habe meine Gründe – du wirst gleich sehen, warum. Also Augen zu! Ich führe dich die letzten Schritte.«

Rose hätte eigentlich nichts gegen eine kleine Dummheit gehabt, wollte ihm aber den Spaß nicht verderben. Also schloss sie die Augen und reichte ihm ihre Hand.

Es war alles andere als unangenehm, von Bent geführt zu werden, und obwohl es dann doch etwas mehr als nur ein paar Schritte waren, kam es ihr kaum länger als einen Augenblick vor. Was vermutlich auch an dem Kribbeln lag, das sie plötzlich bis in die Fingerspitzen erfüllte. Besonders in der rechten Hand … nur mit äußerster Anstrengung widerstand Rose der Versuchung, zwischendurch mal zu blinzeln. Stattdessen konzentrierte sie sich darauf, vorsichtig einen Fuß vor den anderen zu setzen, denn der Boden war leidlich uneben.

»Und … halt. Jetzt kannst du die Augen öffnen«, flüsterte Bent neben ihrem Ohr.

Im ersten Moment sah Rose nichts, nur das helle Sonnenlicht.

Dann erkannte sie das Heidetal. Ein Meer aus lilafarbenem Heidekraut senkte sich vor ihnen hinab, verschwenderisch, überwältigend – eine überbordende Fülle in den kräftigsten und zugleich sanftesten Farben, wie sie nur die Natur zustande bringen konnte. Dazwischen die Tupfer der Sträucher und Bäume – leuchtendgrün die Birken, dunkler die Kiefern und unzähligen Wacholder. Darüber lag der trunken machende Honigduft der blühenden Heide, betörend, verführend – und über ihnen, im klaren Blau des Augusthimmels, erklang wieder das Lied der Heidelerche.

Rose spürte, wie ihre Augen feucht wurden, so ergriffen war sie von dem überwältigenden Anblick, der sie völlig gefangen nahm. Eine Träne rann ihre Wange herab.

»Rose?«, fragte Bent besorgt. »Alles in Ordnung?«

»Es ist so wunderschön!«, flüsterte Rose. »So unglaublich schön! Aber ich … ach Bent, er hatte es ihr versprochen! Er hatte Johanna ganz fest versprochen, dass er ihr irgendwann den blühenden Totengrund zeigen würde – und dann … dann ist er in den Krieg gezogen … und nie mehr zurückgekommen!« Die letzten Worte gingen schon fast in ihren Schluchzern unter.

Bent sagte nichts, sondern zog sie einfach in seine Arme.

Eine Zeit lang standen sie so da. Immer wieder erzitterte Rose unter ihren Weinkrämpfen, bis sie nach einer Weile endlich verebbten. Zum Schluss löste sie sich beschämt aus Bents Armen.

»Ich … entschuldige. Ich weiß überhaupt nicht, was in mich gefahren ist.« Sie wollte sich von ihm abwenden, aber das ließ er nicht zu. Stattdessen umfing er sie wieder. »Alles gut, mien Leev, alles gut«, flüsterte er in ihre Haare. »Manchmal müssen erst alle Dämme brechen, um wirklich ganz von vorn beginnen zu können.«

Befangen blickte Rose zu ihm auf. Nur am Rande bemerkte sie, dass sich noch weitere Personen am Aussichtspunkt befanden, doch die gaben taktvoll vor, sich um ihre eigenen Belange zu kümmern. Trotzdem spürte Rose, wie flammende Röte ihre Wangen überzog. Sie räusperte sich verlegen.

»Du hältst mich nicht für … hysterisch?«

Bent sah sie verblüfft an. »Hysterisch? Weil du Mitgefühl zeigst?«

»Na ja, also … irgendwie … ja.«

Bents Gesichtsausdruck war ernst, aber voller Wärme. »Nein«, machte er dann unmissverständlich klar. »Aber ich glaube, es wird Zeit, dass ich auch mal die Tagebücher lese.«

»Die Tagebücher?«, fragte Rose verwirrt. »Ich … ich weiß nicht … sei mir nicht böse, Bent, aber die sind sehr … persönlich. Ehrlich gesagt habe ich selbst immer noch ein schlechtes Gewissen, weil ich sie gelesen habe.«

In Bents Lächeln las sie tiefe Zuneigung. »Rose, ich kann deine Bedenken verstehen. Allerdings glaube ich nicht, dass sie noch auf dem Dachboden gelegen hätten, wenn niemand gewollt hätte, dass sie gelesen werden. Dann wären sie längst vernichtet worden – Gelegenheit dazu hat es weiß Gott genug gegeben.«

»Na ja … schon.« Ganz überzeugt war Rose noch nicht. Zu intim erschien ihr das, was in den Tagebüchern stand – von einer Frau, mit der sie sich längst über all die Jahrzehnte hinweg verbunden fühlte.

»Rose, bitte vertrau mir. Ich weiß, dass du schlechte Erfahrungen machen musstest, aber ich würde nie in die Privatsphäre eines anderen Menschen eingreifen, wenn ich nicht einen triftigen Grund dafür hätte. Schon gar nicht aus Eigennutz. Aber in diesem Fall wäre es wichtig. Auch für … Johanna. Ich denke, es wird Zeit, dass wir uns endlich mal die andere Seite anhören.«

Es dauerte einen Moment, bis Rose begriff, was er damit sagen wollte.

»Du meinst …?«

Bent nickte. »Womöglich hast du es schon geahnt. Johann Christoph Flettmester war mein Urgroßvater, sein Sohn Bernhard, der als Einziger der Flettmester-Männer den Krieg überlebt hatte, mein Großvater. Er starb bereits vor über zwanzig Jahren, trotzdem ist meine Familie bis heute unversöhnlich gegenüber der Geschichte von damals. Für sie ist Johanna schuld am Tod meiner Urgroßeltern – genauso, als hätte sie damals selbst Hand angelegt. Sie hat Schande über meine Familie gebracht, bis meine Urgroßmutter es nicht mehr ertragen konnte und den Freitod wählte. Und meinen Urgroßvater trieb sie im Anschluss in den Krieg, wo er ebenfalls den Tod suchte, nachdem er mit seiner Schuld, die Familie zerstört zu haben, nicht mehr leben konnte.«

»Aber … so war es doch überhaupt nicht!«, begehrte Rose auf. »Und außerdem, warum sollte ich –«

»Hey, warte! Ich sage doch gar nicht, dass ich dir nicht glaube.« Bent strich ihr zärtlich mit der Hand über die Wange. »Ich wollte dir nur erzählen, was ich bisher immer geglaubt habe. Glauben *musste*, weil das die Sicht meiner Familie auf die damaligen Ereignisse ist. Deshalb finde ich, dass jetzt auch mal Johanna zu Wort kommen sollte, meinst du nicht?«

»Ja … ja, natürlich. Wie dumm von mir …«

Bent lachte auf. »Jetzt hör aber mal auf, dich ständig zu entschuldigen. Weißt du denn immer noch nicht, dass ich gerade dein Mitgefühl besonders liebenswert finde?«

»Mein Mitge…«, stotterte Rose. »Aber ich … meinst du das ernst? Ausgerechnet deswegen?«

»Na ja, nicht nur. Aber auch. Schlimm?«

Wieder dieses jungenhafte Grinsen.

Rose schüttelte den Kopf, während ihr Herz Konfetti zwischen den aufstiebenden Schmetterlingen umherwarf. In ihrer Verwirrung griff sie nach dem Erstbesten, was ihr zuvor durch den Kopf gegangen war.

»Ja, also … ich … ich gebe sie dir nachher gleich mit. Die Tagebücher, meine ich«, stotterte sie. »Es kann allerdings sein, dass dir die Rolle deiner Urgroßmutter nicht besonders gefallen wird.«

Bent lächelte etwas schief. »Davon gehe ich aus. Und vermutlich wird noch einiges mehr drinstehen, was mir und meiner Familie nicht gefallen wird. Aber nachdem du dich deinen Gespenstern gestellt hast, kann ich mich schlecht vor meinen drücken, oder?«

Rose schüttelte den Kopf. »Gespenster sind es nicht«, flüsterte sie. »Aber eine Liebe, die größer war als alles, was ich mir bis dahin vorstellen konnte.«

»Die Tagebücher haben ganz schön Eindruck bei dir hinterlassen, kann das sein?«, fragte Bent ebenso leise.

Rose nickte. »Es war alles so … so wirklich für mich. Fast, als wäre ich dabei gewesen. Und dann war da noch der Ärger mit René … vermutlich waren die Aufzeichnungen für mich auch ein wenig Weltflucht«, gab sie kleinlaut zu.

Sachte hob Bent ihr Kinn mit seinem Finger an.

»Du kannst die Zeit nicht zurückdrehen, Rose. Was geschehen ist, ist geschehen. Aber wir können die alten Kapitel schließen und ein neues beginnen, meinst du nicht?«

Rose war sich nicht sicher, ob Bent damit die Tagebücher oder René meinte – oder beides. Aber es war ihr auch völlig egal – als sie ihm entgegenkam, wusste sie, dass jetzt nicht nur ein Kapitel, sondern eine ganz neue Geschichte ihren Anfang nahm.

Epilog

»Ach Kindchen, was für eine schöne Überraschung, komm doch rein!«

Rose war heilfroh, aus dem Regen herauszukommen, obwohl sie von ihrem Wagen bis zu Käthes Haustür nur wenige Schritte hatte laufen müssen. Nach den letzten sonnigen Tagen des Spätsommers war es jetzt kalt, nass und windig geworden – der Herbst gab sein erstes Gastspiel und schien bei dieser Gelegenheit gleich dableiben zu wollen. Eigentlich scheuchte man bei so einem Wetter keinen Hund vor die Tür. Selbst Mau hatte inzwischen festgestellt, dass das Leben als verwöhnte Hauskatze gewisse Vorteile mit sich brachte und setzte, sobald es auch nur etwas tröpfelte, keine Pfote mehr nach draußen. Sollten die Menschen doch ihren verrückten Ideen nachgehen und sich nassregnen lassen – als Rose vorhin ihren Autoschlüssel vom Esszimmertisch genommen hatte, war sie auf dem Sofa nur kurz aufgewacht, hatte verständnislos geblinzelt und sich dann erneut zum Weiterschlafen zusammengerollt.

»Ich wollte gar nicht lange stören, sondern nur etwas vorbeibringen. Und dir Bescheid sagen, dass …«

»Papperlapapp, Kindchen. Komm, zieh die Jacke aus, ich habe frischen Tee gemacht.«

Da Widerspruch sowieso zwecklos war, ließ Rose Jacke und Schuhe im Flur und folgte Käthe in die Wohnung. Entgegen ihrer Begrüßung musste die alte Dame ihren Besuch auch schon geahnt haben, denn auf dem Tisch im Esszimmer standen bereits zwei Gedecke und ein Teller mit Butterkuchen.

Rose setzte sich an ihren üblichen Platz, lehnte die mitgebrachte Baumwolltasche ans Sofa und sah dann zu, wie ihre Vermieterin den Tee einschenkte.

»Und ihr wohnt jetzt zu zweit in der Kate?«, fragte diese in die Stille hinein, die zuvor nur vom Plätschern des Tees und dem Ticken einer Uhr unterbrochen worden war. Rose sah sie völlig verdutzt an – und musste dann lachen.

»Und ich dachte, ich könnte dir mal was Neues erzählen. Das war wohl nichts, oder?«

Statt einer Antwort schmunzelte Käthe nur, als sie die Teekanne auf dem Tisch abstellte und sich in ihren Sessel setzte.

Eigentlich hätte Rose klar sein müssen, dass das auf dem Dorf kein Geheimnis bleiben konnte, obwohl sie und Bent erst vorgestern beschlossen hatten, zusammenzuziehen. Aber die Nachbarn hatten bestimmt schon länger vermutet, dass sich da etwas anbahnte – kein Wunder, nachdem Bent bei seiner Eickenloher Verwandtschaft ein paar Dinge richtiggestellt hatte. Und Käthe – nun, die hatte ja sowieso ihre Quellen.

Die erste, die vor einigen Wochen von ihrem Glück erfahren hatte, war allerdings Steffi gewesen – sie hatte tatsächlich angeboten, ihren Urlaub abzubrechen und Rose bei ihrem Ärger mit René beizustehen, nachdem sie vorher wochenlang keine Möglichkeit für einen Rückflug gehabt hatte. Rose hatte ihr nur kurz zurückgeschrieben: *›Brauchst du nicht, mein Heidjer und ich warten auch auf dich. Gruß an die Kängurus und Wombats – und natürlich an Joshua.‹*

Gefühlt war das jetzt auch schon wieder eine Ewigkeit her. Vermutlich war Bent daran nicht ganz unschuldig, denn er hatte mit seiner ruhigen, überlegten Art viel dazu beigetragen, dass Rose endlich zur Ruhe kommen konnte. Inzwischen dachte sie kaum mehr an die Sache mit René. Das Verfahren gegen ihn würde zwar noch einige Zeit laufen, nachdem die Kripobeamten gleich drei Spyware-Programme auf ihrem alten Rechner sowie eine umfangreiche Fotosammlung mit weiteren – größtenteils manipulierten – Bildern auf einem externen Server gefunden hatten. Neuere Fotos waren allerdings nicht dabei gewesen, genauso wie sie und Bent trotz intensiver Suche keine versteckten Kameras im Haus entdeckt hatten.

»Du siehst aus, als ob dich etwas beschäftigt, Kindchen.«

Rose nickte versonnen. »Ich musste gerade daran denken, wie sehr sich mein Leben auch in den letzten Wochen noch geändert hat. Du hattest übrigens recht: Alles braucht seine Zeit. Auch, um manche Erfahrungen abhaken zu können – wenn man denn endlich erkannt hat, dass man sie abhaken sollte.«

»Das ist das Beste, was du machen kannst. Wobei ich es immer tröstlich fand, dass unsere vermeintlich schlimmsten Erfahrungen oftmals diejenigen sind, die uns zu unserem größten Glück führen.«

»Da ist was Wahres dran.« Rose pustete in ihren Tee, bevor sie einen Schluck trank.

»Irgendeinen Vorteil muss das Alter ja haben, und wenn es nur die Lebenserfahrung ist. Auch wenn das nicht immer geschätzt wird.«

Rose sah überrascht auf.

»Doch, geschätzt schon …« Verflixt, schon wieder ertappt! Verlegen knabberte sie an ihrem Streifen Butterkuchen herum.

»Aber?«

»Na ja«, druckste Rose kleinlaut, »anfangs dachte ich manchmal, du wärst ein bisschen … also –«

»Schrullig?«

»Nein, so würde ich es nicht … obwohl … doch, ja.« Rose lächelte entschuldigend, aber anstatt beleidigt zu sein, begann Käthe herzlich zu lachen.

»Du bist ehrlich, Kindchen, das wusste ich von Anfang an zu schätzen. Und? Hältst du mich immer noch dafür?«

Rose schüttelte den Kopf. »Obwohl ich mich öfter gewundert habe, wenn du zwischendurch so abrupt das Thema gewechselt … wobei – Moment. Es waren eigentlich immer nur bestimmte Themen, oder?« Rose musterte ihre Vermieterin streng. Die strahlte sie verschmitzt an.

»Es ließ sich nicht immer vermeiden. Schließlich war es dein Weg, also solltest du auch deine eigenen Schlüsse ziehen. Außerdem hat man in meinem Alter Narrenfreiheit, das muss man manchmal auch ausnutzen. Welchen Spaß hat man denn sonst noch im Leben?«

Rose fiel in das Lachen ein, dann beugte sie sich, immer noch grinsend, zur Seite. »Ich habe dir übrigens was mitgebracht.« Sie nahm die Baumwolltasche auf den Schoß und zog eins ihrer druckfrischen Exemplare *›Fabelhafte Lüneburger Heide‹* heraus.

Erstaunt nahm Käthe die Broschüre entgegen und blätterte sie andächtig durch.

»Von dir? Ach Kindchen, die ist ja wunderschön geworden. Allein die Zeichnungen … es erinnert mich … oh, vorn steht ja eine Widmung!«

»Ich weiß, normalerweise ist das bei einer Broschüre nicht üblich. Aber es erschien mir so passend.«

»*›Für Käthe. Für alles.‹*«, las die alte Dame halblaut und sah dann erstaunt auf. »Für mich? Aber … ich weiß gar nicht, was ich jetzt sagen soll!«

Zum ersten Mal, seit Rose sie kannte, erlebte sie die alte Dame sprachlos. Vor Rührung standen ihr die Tränen in den Augen, und Rose jubelte innerlich, dass ihr zumindest diese kleine Überraschung gelungen war.

Käthe rappelte sich vom Sessel hoch, ging um den Tisch herum und nahm Rose, so wie sie auf dem Sofa saß, in den Arm.

»Nein, bleib sitzen! Kindchen, du glaubst gar nicht, was du mir für eine Freude damit gemacht hast. Ich war mir nicht sicher …« Sie beendete den Satz nicht, sondern wischte sich stattdessen ein Tränchen aus dem Augenwinkel, als sie sich wieder aufrichtete.

Eigentlich hätte Rose gern gewusst, womit sich Käthe nicht sicher gewesen war. Doch das musste erst noch mal zurückstehen, denn sie wollte ihrer Vermieterin bei dieser Gelegenheit auch gleich noch ein Geständnis machen, vor dem sie sich viel zu lange gedrückt hatte.

»Ich habe da noch etwas …«, meinte sie befangen, als Käthe wieder saß, und zog die drei Hefte aus der Tasche. »Ich hatte sie auf dem Dachboden gefunden und dachte, hier wären sie sicher besser aufgehoben.«

Mit allem hatte Rose bei ihrer Eröffnung gerechnet, aber nicht, dass die alte Dame plötzlich über das ganze Gesicht zu strahlen begann.

»Dann hast du sie tatsächlich gefunden. Und auch gelesen?«

»Ich … also … ja«, stotterte Rose. »Auch wenn es bestimmt nicht richtig war … aber ich konnte irgendwann einfach nicht mehr aufhören. Tut mir leid, ich … «

»Nicht doch, nicht doch!« Käthe tat ihre gestammelte Entschuldigung mit einer nachlässigen Handbewegung ab. »Ich war mir nur nicht sicher, ob du die alte Schrift lesen kannst.«

»Doch, ich habe … Moment mal, heißt das, du wolltest, dass ich die Tagebücher lese?«

»Natürlich. Warum hättest du sie denn nicht lesen sollen?«

Rose war so verblüfft, dass sie im ersten Moment nicht wusste, was sie sagen sollte. »Na ja, ich habe geglaubt … Bent hat da so etwas angedeutet …«

»Dass Johanna Maria meine Mutter war? Ach Kindchen, ich dachte, das hättest du längst geahnt.«

»Ja, aber … ich verstehe nicht … und trotzdem wolltest du, dass ich die Tagebücher lese? Ich meine … die sind doch ziemlich persönlich, oder nicht?«

»Ja, das stimmt – und ein Vermächtnis. Glaub mir, ich hatte meine Gründe, warum du sie finden solltest.«

»Ich sollte …?«, echote Rose.

»Selbstverständlich. Schließlich muss das alles endlich mal ein Ende haben. Ein ganzes Dorf, seit Jahrzehnten durch Hader und verbitterte Feindschaft entzweit, nicht nur meiner Familie, sondern auch den Nachbarn gegenüber. Und das nur, weil sich immer noch alle gegenseitig vorwerfen, sie hätten vor achtzig Jahren für die falsche Seite Partei ergriffen. All die Zeit, so unnütz vertan.«

Käthe schüttelte resigniert den Kopf. »Als Kind hatte ich geglaubt, das müsse so sein, aber je älter ich wurde, umso klarer wurde mir, dass sich die Sache längst verselbstständigt hatte. Und so lange Hass und Unversöhnlichkeit am Leben gehalten werden, kann keine Heilung stattfinden, bei niemandem. Doch auf mich mochte ja niemand hören – die meisten wollten ja nicht mal mit mir sprechen.«

»Und da hast du ...?«

»Es ist zumindest einen Versuch wert, dachte ich. Und mal ehrlich: Wer hätte geahnt, dass die scheußliche Kaffeemühle meiner Schwiegermutter mal so viel Gutes bewirken würde?«

Rose konnte nicht anders, sie musste lauthals lachen.

»Das war ganz schön raffiniert«, schnaufte sie, als sie wieder Luft bekam.

Die alte Dame zwinkerte ihr verschmitzt zu. »Und mein Plan ist aufgegangen. Allerdings habe ich dich dafür benutzen müssen – ich bin also diejenige, die sich bei dir entschuldigen sollte.«

»Alles gut«, meinte Rose immer noch glucksend. »Damit hast du nicht nur den Eickenlohern geholfen, sondern auch mir. Ich weiß nicht, wo ich heute stehen würde, wenn ich nicht die Tagebücher gefunden hätte. Mit ihrem Selbstbewusstsein ist mir Johanna Maria in den letzten Wochen oft ein großes Vorbild gewesen.«

»Es hätte sie sicher gefreut, das zu hören.« Käthe lächelte. »Sie und du – ihr seid euch ähnlicher, als du dir vorstellen kannst, Kindchen.«

»Ja, sie war zum Schluss fast wie eine Schwester für mich«, bestätigte Rose. »Aber auch die anderen, von denen in den Heften die Rede war. Ich ... ich hoffe, du empfindest es nicht als verletzend, aber ... magst du mir vielleicht erzählen, was aus ihnen geworden ist? Die Aufzeichnungen endeten so abrupt, nachdem ... oh!« Unvermutet fügte sich für Rose das letzte Puzzleteil in das Gesamtbild ein.

»Nachdem mein Vater im Krieg gefallen war, meinst du?«

»Ja. Entschuldige, ich wollte nicht …«

»Schon gut, meine Liebe. Ich habe leider keine Erinnerung an ihn, außer den Erzählungen meiner Mutter. Als ich geboren wurde, war er bereits seit drei Monaten tot. Und inzwischen ist es so lange her … Aber von den anderen erzähle ich dir gern, auch wenn es da gar nicht mehr so viel zu berichten gibt.«

Käthe rührte einen Moment lang gedankenverloren in ihrem Tee, bevor sie weitersprach. »Maria und Mia, meine kleinen Cousinen, habe ich nicht mehr kennenlernen dürfen, sie starben, kurz nachdem mein Vater gefallen war. Meine Mutter sagte, sie hätten beide einen Herzfehler gehabt, und durch den Krieg, die Luftangriffe und die zahllosen Verletzten mussten die geplanten Operationen immer wieder verschoben werden, bis es zu spät war. Meine Tante Marianne folgte ihnen wenige Zeit später. Sie hatte den Tod ihrer beiden Jüngsten nicht verwinden können, dazu ihre schweren Depressionen … sie verlosch einfach, wie eine Kerze im Wind, und mein Onkel stand hilflos daneben, ohne ihr helfen zu können.«

In der darauffolgenden Stille war wieder nur das Ticken der Uhr zu hören. Käthe schien ganz in ihre Erinnerungen versunken, und Rose mochte sie dabei nicht stören. Doch schließlich atmete die alte Dame tief durch und erzählte weiter.

»Mein Onkel Carsten kam uns hier in der Heide in den darauffolgenden Jahren einige Male besuchen. Ich weiß noch, wie alt er mir als kleines Mädchen vorkam, viel älter als meine Mutter. Anfangs dachte ich sogar, es wäre ihr Vater, bis Konrad und Alexander ihn mit ›Papa‹ ansprachen und ihm in die Arme fielen.« Käthes Blick verlor sich weit in der Vergangenheit. Sie schien alles um sich herum vergessen zu haben, während sie noch einmal die geliebten Menschen ihrer Kindheit heraufbeschwor. »Manchmal konnte er auch einige Tage bleiben. Darüber freute ich mich jedes Mal, weil meine Mutter dann ihre eigene Trauer für eine Weile vergessen konnte, obwohl sie immer versucht hatte, es vor uns Kindern zu verbergen. Das waren schöne Zeiten …

Doch dann wurde in den letzten Tagen des Krieges der Zug bombardiert, mit dem mein Onkel auf dem Weg zurück nach Hamburg war. Carsten hatte Glück, sein Waggon wurde nicht getroffen, aber es gab zahlreiche Verletzte, und natürlich versuchte mein Onkel, ihnen zu helfen – bis direkt neben ihm ein Spätzünder explodierte.«

Rose sah die alte Dame schockiert an. »Was? Aber … das ist nicht fair!«

Käthes Blick kam in die Gegenwart zurück. »Fair? Das hat im Krieg niemanden interessiert, Kindchen, die Alliierten nicht, und die Deutschen schon gar nicht. Ich war damals noch sehr klein, aber das Erste, was ich gelernt habe, war, dass es im Krieg keine Fairness oder Gerechtigkeit gibt. Und auch keine Gewinner. Alle haben verloren, selbst die, die sich als ruhmreiche Sieger wähnten. Alle.«

»Trotzdem – so viel Leid in einer Familie …«

»Nicht nur in meiner, Kindchen, nicht nur in meiner. Egal wer, es gab kaum eine Familie, die keine Opfer dieses elenden Krieges zu beklagen hatte. Und die Welt fiel in Trümmer – obwohl wir hier auf den Dörfern sogar noch Glück hatten, weil wir nicht in der Einflugschneise der alliierten Bomber lagen. Trotzdem wähnte man sich in Eickenloh doppelt und dreifach gestraft.«

»Und Schuld daran gab man allen Ernstes deiner Mutter?«

»Ihr, dem Krieg oder auch dem Nachbarn, der eine andere Meinung zu den Vorfällen hatte als man selbst. Jeder legte sich damals seine eigene Wahrheit zurecht, vermutlich auch, um das Unfassbare irgendwie doch greifbar machen zu können. Und dann gab es auch noch diejenigen, die immer wieder Öl ins Feuer gossen …«

»So wie Machandel?«

»Ja. Er sah in den letzten Kriegsjahren seine große Stunde gekommen. Außerdem hatte er es nie verwinden können, dass meine Mutter ihn hatte abblitzen lassen. Meine beiden Cousins mussten darunter besonders leiden, bis Carsten ihn sich endlich mal zur Brust nahm. Danach war Ruhe, zumindest vordergründig – hinter dem Rücken meiner Mutter intrigierte er trotzdem weiter, und das schlimmer als zuvor.«

»Und was ist aus ihm geworden? Konnte er irgendwann zur Rechenschaft gezogen werden?«

Käthe schüttelte den Kopf. »Wie so viele seiner Gesinnung besaß er ein feines Gespür, aus welcher Richtung der Wind kam. Als abzusehen war, dass wir den Krieg verlieren würden, verschwand er plötzlich bei Nacht und Nebel. Manche sagten, nach Süddeutschland, andere behaupteten, er hätte in den Wirren der letzten Kriegstage eine neue Identität angenommen und würde seitdem einen gehobenen Posten bekleiden. Was davon letztendlich stimmt, weiß ich nicht, und es war auch egal – uns war nur wichtig, dass wir hier nie wieder etwas von ihm hörten.«

»Vielleicht hat ihn ja irgendwann seine Vergangenheit eingeholt.«

»Vielleicht. Aber selbst das hätte für uns nichts geändert.«

»Nein, aber es wäre doch schön zu wissen, dass es so etwas wie Karma gibt, oder?«

Käthe musterte Rose mit nachsichtigem Blick.

»Du denkst nicht zufällig auch gerade an deinen Exfreund, oder?«

Ertappt grinste Rose und wechselte lieber das Thema.

»Und deine beiden Cousins, Konrad und Alexander, was wurde aus denen? Sie sind ja vermutlich wie Brüder für dich gewesen, oder?«

Käthe lächelte versonnen. »Das stimmt. Nach Carstens Tod nahm meine Mutter sie an Kindes statt an, obwohl sich für uns eigentlich nicht viel änderte. Später gingen sie dann auf ein Internat, auf den ausdrücklichen Wunsch meines Onkels. Er hatte in seinem Nachlass umfangreiche Vorsorge für beide getroffen. Für mich übrigens auch, dafür bin ich ihm bis heute dankbar. Denn dadurch konnte mich meine Mutter später ebenfalls aufs Internat schicken, um mich vor den Anfeindungen hier im Dorf zu schützen.«

»Das muss eine schwere Zeit gewesen sein. Aber wäre es nicht besser gewesen, einfach umzuziehen? Dann hättet ihr zusammenbleiben können.«

»Auch darüber hatte meine Mutter damals mit uns gesprochen. Aber Konrad und Alexander waren begeistert vom Internatsleben, also wollte ich das auch.« Käthe nahm noch einen Schluck Tee, bevor sie weitersprach. »Die Zeit auf Schloss Luisenhöhe gehört für mich zu den schönsten Erinnerungen meiner Kindheit, obwohl ich meine Mutter anfangs sehr vermisst hatte. Aber sie kam mich oft besuchen, und in den Ferien trafen wir uns alle hier in der Heide wieder. Es waren wunderbare Jahre …

Erst viel später wurde mir klar, welches Opfer es für meine Mutter bedeutet hätte, zurück in die Stadt zu ziehen. Hier war alles voller bittersüßer Erinnerungen an meinen Vater, nirgends sonst fühlte sie sich ihm näher. Das ließ selbst die Repressalien im Dorf in den Hintergrund treten. Außerdem liebte sie ihre Kate im Wald. Sie aufzugeben hätte ihr vermutlich das Gefühl gegeben, sein Andenken zu verraten, nachdem ihr mein Vater die Kate schon zu Lebzeiten überschrieben hatte – also blieb sie hier. Zumal sich auch im Dorf nicht alle gegen sie stellten – doch genau das trieb den Keil nur noch tiefer zwischen die Fronten.«

»Aber sie hatte doch nur die Kate bekommen, und nicht den Flettmester-Hoff selbst, oder?«

»Ja, und nicht einmal die wollte sie anfangs haben. Mein Vater musste sie damals beknien, damit sie das Haus annahm. Er wollte ihr gesicherte Verhältnisse hinterlassen, falls ihm etwas passieren würde – ein Argument, das bei meiner Mutter nicht gerade auf Wohlwollen traf, wie du dir sicher denken kannst.«

Oh ja, das konnte sich Rose tatsächlich lebhaft vorstellen. Ob Johann Christoph seinen Tod damals schon vorausgesehen hatte? Oder war es durch seinen Dienst an der Front nur naheliegend gewesen, Johanna abgesichert zu wissen?

Daran, dass er den Tod absichtlich gesucht hatte, mochte Rose schlichtweg nicht glauben – nicht, nachdem sie die Liebe zwischen ihm und Johanna Maria erlebt hatte.

»Und was ist aus dem Hof geworden? Bent sagte nur, er wäre irgendwann Ende der Fünfziger abgerissen worden. Ich dachte vorher, er sei womöglich abgebrannt, weil ich mir nicht vorstellen konnte, dass man dieses schöne Gehöft aus den Tagebüchern einfach abreißt. Das war doch der Kattenhoff, oder?«

Käthe nickte nachdenklich.

»Ja, das war er, aber gebrannt hatte es dort nicht. Er war nur schon sehr alt, und Bernhard wollte nach dem Krieg alles modern haben. Und vielleicht sollten mit dem Neubau auch endlich die unleidigen Erinnerungen begraben werden. Gelungen ist es ihm leider nicht.«

Das war also der Grund gewesen – nicht nur Johann Christoph, auch sein Sohn mochte anscheinend nicht mehr in den Räumen wohnen, die ihn an den Tod seiner Mutter erinnerten. Damit war auch das Rätsel gelöst, denn Bent hatte nur erzählt, dass sein Großvater nie über den alten Hof gesprochen hatte, genauso wenig wie über seine Zeit im Krieg. Auch Bents Mutter, die beim Abriss gerade erst zwei Jahre alt gewesen war, konnte sich nicht an das alte Rookhus erinnern, von dem es nicht einmal mehr Fotos gab – ebenfalls aus gutem Grund, wie Rose vermutete.

»Grübele nicht zu viel darüber nach, Kindchen. Das sind alte Geschichten, und lange her.« Wieder einmal schien Käthe ihre Gedanken zu erraten.

Rose nickte zustimmend. »Was ich trotzdem nicht verstehe – Bent hat erzählt, dass es damals noch jahrelange Rechtsstreitigkeiten gab. Warum wollte man deiner Mutter mit aller Gewalt die Kate wegnehmen? Finanzielle Gründe können es doch kaum gewesen sein – im Vergleich dazu muss der Hof schon damals ein Vielfaches an Wert gehabt haben. Und hat es bis heute – Bent meinte, außer dem Hofcafé gäbe es noch vierzehn Gästezimmer im Haus, und der Tourismus hätte sich seit den Siebzigerjahren als kleine Goldgrube erwiesen.«

Rose war ziemlich verblüfft gewesen, als sie erfahren hatte, dass es sich bei dem Hofcafé in Eickenloh um den ehemaligen Flettmester-Hoff handelte. Nachdem Bents Tante die Anlage von ihrem Vater übernommen hatte, war er in »Schnucken-Hof« umbenannt worden – vermutlich ein weiterer Versuch, die Vergangenheit hinter sich zu lassen.

»Da ging es vor allem ums Prinzip. Für Bernhard und auch Herlinds Familie war meine Mutter die Wurzel allen Übels, die Überschreibung der Kate auf ihren Namen nur eine weiterere Demütigung. Also wollten sie sie aus Eickeloh weghaben – egal wie.«

»Obwohl alle wussten, dass sich dein Vater und Herlind schon lange vorher nichts mehr zu sagen hatten und nur noch nebeneinanderher lebten?«

Käthe hob vage die Schultern. »Die Menschen auf dem Land hatten damals ein anderes Verständnis von Anstand und Sitte, und manche haben es heute noch. Für sie betrieben meine Eltern beständigen Ehebruch, und das quasi direkt unter Herlinds Augen und denen des ganzen Dorfes.«

»Aber bei einer Trennung wären doch beide wieder frei gewesen, auch Herlind. Sie hätte noch mal ganz neu anfangen können, um selbst endlich glücklich zu werden – zumindest glücklicher, als sie es mit deinem Vater gewesen war.«

»Das sind moderne Ansichten, Kindchen. Damals ging es für die meisten Frauen um Sicherheit und das Ansehen der Familie, auch für die gemeinsamen Kinder. Glück war da höchstens eine nette Dreingabe, eine Trennung immer ein Makel, vor allem für die Frau. Deshalb wurde bei einer Scheidung auch grundsätzlich die Schuldfrage festgelegt. Selbstverständlich hätte mein Vater die übernommen, er wollte ja Herlind den Hof sowieso überschreiben. Wenn sie nur einen Tag oder wenigstens ein paar Stunden länger mit ihrem Entschluss gewartet hätte ... wobei ich glaube, dass sie dem Ganzen trotzdem niemals zugestimmt hätte. Hass und Rache sind zerstörerische Gefühle – für den, der hasst, ebenso wie für den, den es trifft.«

»Und deren Nachwehen über Generationen weitergetragen werden – wie ich am eigenen Leib erfahren durfte, obwohl ich nur zufällig in die Geschichte reingestolpert bin.«

Einen Wimpernschlag lang schien Käthe etwas auf der Zunge zu liegen. Doch dann nahm sie einen Schluck Tee und knüpfte im Anschluss wieder an ihr ursprüngliches Thema an.

»Tja, so war das damals. Als ich mit knapp zwanzig Jahren nach Eickenloh zurückkehrte, gab es das alte Rookhus schon nicht mehr. Alexander hatte zu dieser Zeit bereits sein Studium in Hamburg beendet, ebenfalls Medizin, genauso wie sein Vater. Und Konrad hatte nach seinem Schulabschluss ein Jahr in den USA verbracht und war gleich zum Studieren dortgeblieben. Damit gab es nur noch mich, und als ich kurz darauf Hans kennenlernte, beschloss meine Mutter, uns das Haus zu überschreiben.«

»Leben denn deine Cousins noch?«

Käthe lächelte leise. »Nur Konrad. Er ist inzwischen weit über achtzig, aber rüstig, und hält seine vielköpfige Familie drüben in den Staaten beschäftigt. Ein bisschen ist er immer noch der Junge von damals geblieben, der alles ausprobieren will. Seine Enkel und Urenkel kostet es manchmal ganz schön Nerven – er erzählt es mir jedes Mal, wenn wir telefonieren. Leider hat er inzwischen eine Herzerkrankung und soll auf Anraten seines Arztes nicht mehr fliegen. Aber er hat schon angekündigt, dann einfach nächstes Jahr mit dem Schiff zu kommen – und so, wie ich ihn kenne, macht er das tatsächlich. Du wirst ihn mögen, wenn du ihn kennenlernst – und er wird dich lieben, da bin ich mir sicher.«

Rose hatte ein wenig Schwierigkeiten, sich den kleinen Jungen aus den Tagebüchern als hochbetagten Herrn vorzustellen. Trotzdem war sie gespannt und hoffte sehr, dass er sich im kommenden Jahr noch reisefähig fühlen würde.

»Alexander starb leider schon vor fünfzehn Jahren«, unterbrach Käthe ihre Gedanken. »Auch er hat eine große Familie, die allerdings überwiegend in Süddeutschland und der Schweiz wohnt. Aber wir sehen uns manchmal, und wenn sie mich wieder besuchen kommen, bist du herzlich eingeladen, sie kennenzulernen. Wir wühlen dann immer in alten Fotoalben und essen massenhaft Kuchen. Wobei – mir fällt gerade etwas ein …«

Bevor Rose reagieren konnte, war Käthe schon aufgesprungen und marschierte zielstrebig nebenan ins Schlafzimmer. Kurz darauf kam sie mit einem Bilderrahmen zurück.

»Ich werde wohl doch langsam tüddelig. Das Wichtigste hätte ich beinahe vergessen. Hier, schau mal. Das war sie, meine Mutter Johanna Maria.«

Überrascht nahm Rose das Foto entgegen. Auf der Schwarzweiß-Aufnahme war eine hübsche junge Frau in einem Kostüm der vierziger Jahre abgebildet.

Verblüfft starrte Rose auf das Foto. Es dauerte einen Moment, bis sie sich wieder etwas gefasst hatte.

»Sie … ist mir ziemlich ähnlich, oder?«, fragte sie schließlich.

»Sie ist dir wie aus dem Gesicht geschnitten, Kindchen. Was meinst du, warum ich mich damals so erschrocken hatte, als ich dich zum ersten Mal sah?«

»Aber … wie ist das möglich?« Rose räusperte sich mehrmals, doch der Kloß in ihrem Hals ließ sich nicht vertreiben.

»Wer kann das schon sagen? Das Leben geht manchmal seltsame Wege.« Die alte Dame lächelte ihr unergründliches Lächeln.

Rose sah wieder auf das Foto.

»Glaubst du an Wiedergeburt?«, fragte sie dann leise.

»Da fragst du die Falsche, Kindchen. Mit solchen Dingen habe ich mich nie beschäftigt. Aber falls es dir als Antwort reicht: Ich glaube ganz fest, dass wir eine zweite Chance bekommen, wenn etwas wirklich wichtig war. Immer.«

Rose konnte einfach nicht den Blick abwenden, so erschüttert war sie von dem Foto. »Was ist aus ihr geworden?«, flüsterte sie in die Stille hinein.

»Als ich in die Heide zurückkam, begann meine Mutter zu reisen«, antwortete Käthe, nachdem sie sich wieder in ihren

Sessel gesetzt hatte. »Sie begab sich auf die Spuren meines Vaters. Leider konnte sie nie sein Grab finden, obwohl sie mehrmals nach Dijon fuhr. Vielleicht wäre sie sogar dort geblieben, doch die Anfeindungen gegenüber den Deutschen waren auch Jahre später noch erschreckend – wenn auch irgendwie verständlich. Der Krieg war noch nicht lange vorbei, und meine Mutter suchte nach einem Soldaten, der auf französischem Boden gegen die Franzosen gekämpft hatte … das Entgegenkommen der Einheimischen hielt sich also sehr in Grenzen. In die Heide wollte sie zum Schluss aber auch nicht mehr zurück, deshalb zog sie schließlich in die Nähe von Florenz.«

»Italien? Warum gerade dahin?«

»Das war wohl ein Traum meines Vaters gewesen. Meine Mutter erwähnte mal, dass ihm ein Kamerad damals im Lazarett von dem goldenen Licht der Toskana erzählt hätte. Ihm, der vorher nur die karge Landschaft der Heide und die zerbombten Schlachtfelder von Verdun kannte und gerade erst knapp mit dem Leben davongekommen war, musste es vermutlich wie der Garten Eden erschienen sein. Oder vielleicht erinnerten ihn auch die Zypressen, die er auf Bildern gesehen hatte, an die Wacholderbüsche seiner Heimat, wer weiß? Meine Mutter sagte jedenfalls, er habe nur ein einziges Mal davon gesprochen, doch voller Sehnsucht. Ich denke, sie wollte ihm und seinem Traum möglichst nahe sein – und ihn zumindest in ihrem Herzen dorthin tragen.«

»Ist sie dort geblieben?«

Käthe nickte. »Sie starb 1969, nachdem sie alles geordnet hatte und mich von Hans gut versorgt wusste, im Alter von 54 Jahren. An gebrochenem Herzen, auch wenn auf ihrem Totenschein ein anderer Grund vermerkt wurde.«

»Das tut mir sehr leid.«

»Das muss es nicht, Kindchen. Ein jeder vollendet den Kreis, der für ihn vorgesehen ist.«

Rose lächelte wehmütig, gab sich dann aber einen Ruck und wechselte taktvoll das Thema.

»Habe ich eigentlich schon erwähnt, dass vor unserer Kate wieder ein Rosenstock steht? Bent hat ihn mir mitgebracht. Ich dachte zuerst, er hätte den Arm voller Äste, aber dann erzählte er mir, dass vor der Tür früher mal ein Rosenstrauch geblüht hatte.«

Käthe sah sie überrascht an. Dann zog ein Leuchten über ihr Gesicht.

»Das stimmt, es waren weiße Rosen. Aber er war schon sehr alt, und er ging in dem Jahr ein, als meine Mutter starb. Und Bent … hat dir einen neuen Rosenstock mitgebracht?«

»Ja, er meinte, seine Großmutter hätte ihm davon erzählt – und Bent fand, es wäre ein schönes Zeichen für unseren Neuanfang.«

»Ach Kindchen, ich freue mich so für euch.« Käthe war sichtlich gerührt. Dann stand sie erneut auf, ging zur Anrichte hinüber und zog die oberste Schublade auf. Einen Moment später kam sie zu Rose zurück.

»Ich muss dir noch etwas zeigen.« Sie reichte Rose ein weiteres Foto mit weißem, gewellten Rand. »Wir haben sie auf ihren Wunsch dort beerdigen lassen, unter der goldenen Sonne der Toskana. Dies hier ist ihr Grabstein.«

Rose nahm die schon recht abgegriffene Schwarzweiß-Fotografie entgegen und hielt sie ins Licht.

Johanna Maria Flettmester, geb. Spaeth, stand auf dem Stein, und darunter *Johann Christoph Flettmester.* Sonst nichts, keine Geburts- oder Sterbedaten. Nur noch ein Sinnspruch auf Italienisch: *Se son rose, fioriranno.*

»Und was heißt das?«, fragte Rose und wischte sich verstohlen eine Träne aus dem Augenwinkel.

Käthe lächelte. »Es ist eine Aussage von großer Weisheit, Kindchen: *Wenn es Rosen sind, werden sie blühen.*«